마오쩌둥
주요 문선

이 책은 2017년도 한국연구재단
'대학 인문역량 강화사업(CORE)' 지원에 의해 출판되었음

전남대학교 아시아문화연구소 총서 **8**

마오쩌둥
주요 문선

실천론 · 모순론 · 지구전론 · 신민주주의론
당팔고에 반대함 · 옌안 문예좌담회에서의 연설

마오쩌둥毛澤東 저 · 이등연 역

學古房

옌안에서 강연하는 마오쩌둥

1966년 홍위병 대표 접견 모습

기념관 안의 유체

톈안먼 광장의 초상화

현대 중국의 가장 대표적 정치가 마오쩌둥, 위대한 혁명가이자 잔인한 독재자라는 명암이 교직되는 평가 속에서 그는 지금도 베이징 톈안먼 광장에서 거대한 초상화로, 바로 옆 기념관 수정유리관 안에서 '불후(不朽)'의 모습으로 기억되고 있다. 그는 중국의 오랜 전통사회 유물인 봉건주의를 타파하고, 일본으로 대표되는 제국주의 열강의 침략에 맞선 항전 끝에 '중화인민공화국'이란 신중국을 건설하는 과정에서 가장 중추적 역할을 담당했던 '영웅적 혁명가'였다. 그러나 이후 권력의 최고 위치에 올라 신중국을 통치하는 과정에서는 점차 '독재적 지도자'의 길로 나아가 끝내 '문화대혁명'이라는 전대미문의 혼란을 조성한 실패자가 되고 말았다.

이러한 마오쩌둥의 공과(功過) 문제를 두고 마오쩌둥 사후 1981년 6월 중국공산당은 '제11기 중앙위원회 제6차 전체회의'에서 통과시킨 〈건국 이래 당의 몇 가지 역사 문제에 관한 결의(關於建國以來黨的若干歷史問題的決議)〉를 통해 역사적 평가를 내렸다. 즉, '문화대혁명'은 전면 부정하되, 이 과정에 책임이 있는 마오쩌둥의 과오와 이전의 공적을 명확히 구분하지 않으면 안된다고 명시했다. 당시의 지도자 덩샤오핑 역시 이 결의안의 초안에 대한 의견과 서방 기자와의 대담 등을 통해 마오쩌둥이 문화대혁명 기간에 과오를 저질렀다고 할지라도 그의 전체 생애를 놓고 보면 중국 혁명에 대한 공적이 그 과오를 한층 능가한다는 전제 아래 이른바 '공적이 일차적이고 과오는 이차적(功績是第一位的, 錯誤是第二位的)'이며, '공적이 7할이고 과오가 3할(七分功三分過)'이라는 점을 강조했다. 그리고 그때로부터 30여 년이 지난 2013년, 마오쩌둥 탄생 120주년 기념대회에서 당대(當代) 지도자 시진핑 또한 앞 평가를 이어받아 마오쩌둥은 "위대한 마르크스주의자, 위대한 무산계급혁명가·전략가·이론가, 마르크스주의 중국화의 위대한 개척자, 근대 이래 중국의 위대한 애국자이자 민족영웅, 당의 제1세대 중앙 영도체제의 핵심, 중국 인민이 자신의 운명과 국가의 면모를 철저히 변화시키도록 영도한 시대적 위인"이지만, 그러한 혁명영웅일지라도 신이 아닌 인간이었기에 만년의 과오를 평가할 때는 주관적·개인적 책임과 함께 반드시 당시 사회적·역사적 조건의 한계를 함께 고려해야 한다고 강조했다. 그리하여 '공적이 일차적이고 과오는 이차적'이기에 변함없이 마오쩌둥 사상이라는 기치를 높이 받드는 원칙을 견지해야 한다고 했던 덩샤오핑의 평가를 준수해나갈 것을 거듭 확인했다.(〈在紀念毛澤東同志誕辰120周年座談會上的講話〉 2013.12.26.)

주지하는 바와 같이, 1949년 10월 1일 중화인민공화국 성립 이전과 이후를 막론하고 중국은 갖가지 곤궁과 혼란, 그에 대한 저항과 극복을 거치며 오늘날에 이르렀다. 그 결과, 목전의 중국은 정치적·경제적으로 세계 최강국으로 부상했음은 자타가 공인하는 바이다. 특히 그러한 중국과 오늘날은 물론 앞으로도 불가분의 관계를 유지할 수 밖에 없는 한국으로서는 그들의 정치·경제·문화·사회 전반의 구체적 특징을 정밀하게 이해하지 않으면 안될 처지다. 중국은 1980년대 개방·개혁 이후 비록 과감한 자본주의 시장 방식을 활용하고 있지만 정치적으로는 건국 이래 지금까지도 줄곧 이른바 '중국 특색의 사회주의 국가 건설'을 표방하는 나라다. 이 점은 1930, 40년대 마오쩌둥이 공산당 혁명을 이끌면서 마르크스·레닌주의를 '중국식'으로 해석하고 변화시켜 실천했던 '전통'이 여전히 강조되고 있음을 말해준다. 요컨대, 건국 이후 현실정치에서 제기된 마오쩌둥의 크고 작은 과오에도 불구하고 중국 공산당 쪽에서는 덩샤오핑 이래로 이러한 과오보다는 공적을 앞세우는 평가 시각을 변함없이 견지해오고 있다. 이는 마르크스·레닌주의를 '중국식'으로 해석해냈던 그의 정치·사상적 관점을 여전히 중국 정치의 핵심으로 수용하려는 방침과 맞물려 있는 셈이다. 그리고 바로 이런 이유 때문에 오늘날은 물론 향후 중국 정치의 내면과 향방을 제대로 가늠하려면 여전히 마오쩌둥의 정치·사상 관점의 특징을 우선적으로 파악할 필요가 있는 것이다.

마오쩌둥이 발표한 방대한 문장은 일찍이 1944년 5월에 晉察冀日報社에서 비교적 간략한 『毛澤東選集』(5권본)을 최초 출간한 이래, 1950년대부터 새로운 선정·편집을 거친 선집과 전집 등 총서 형태와 단행본이 다양하게 간행되어 왔다. 예컨대, 『毛澤東選集』(총 3권, 人民出版社, 1951~1952), 『毛澤東選集』제4권(人民出版社, 1960), 『毛澤東選集』(이상 총 4권의 제2판－수정본, 인민출판사, 1991), 『毛澤東選集』제5권(人民出版社, 1977), 『毛澤東著作選讀』(총2권, 人民出版社, 1986), 『毛澤東文集』(총 8권, 人民出版社, 1993~1999), 『Selected works of Mao zedong』(총 3권, Foreign Languages Press, 1967), 『Selected works of Mao zedong』제4권(Foreign Languages Press, 1969), 『Selected works of Mao zedong』제5권(Foreign Languages Press, 1977), 『建國以來毛澤東文稿』(총 13권, 中央文獻出版社, 1987~1998), 『毛澤東軍事文集』(총 6권, 軍事科學出版社·中央文獻出版社, 1993) 등 총서 형태가 대표적이다. 이외에 『毛主席詩詞』(人民文學出版社, 1976) 등 문학작품이나 개별 논제를 묶은 단행본, 『毛澤東年譜』(1893~1949 / 1949~1976 각 3권, 中央文獻出版社 / 2013)와 같은 관련 자료집도 있다.

이 가운데 『모택동선집』의 경우, 제1권에서 제4권까지가 1949년 이전의 문장으로 저자의 검토를 거친 것이고, 제5권은 1949년 9월부터 1957년까지 발표한 문장으로 사후 출간되었다. 그 이후 시기의 문장을 엮은 제6권과 제7권이 편집된 바 있으나 공식적으로 출간되지는 않았다. 이 '선집'과 달리 주로 간부 및 대중 교육용으로 편찬한 『모택동저작선독』이 1960년대와 1980년대에 단행본 형태로 출간된 바 있다. 1960년대에는 甲種本(人民出版社, 1964)

과 乙種本(中國靑年出版社, 1964) 2종으로 나뉘어 출간되었고, 1986년에 다시 상·하 2책으로 된 신판이 나왔다. 60년대 구판은 『모택동선집』에 수록된 1949년 이전의 문장 중 일부와 이 선집에 수록되지 않은 1949년 이후의 문장을 추가해 편집했다. '출판설명'에 따르면, 해제와 주석을 달 때 '선집'에서 뽑은 문장일지라도 따로 조정하거나 수정했다고 했다. 아울러, 갑종본은 주로 일반 간부의 마오쩌둥 저작 학습을 위해, 을종본은 노동자·농민에 속하는 청년 및 일반 대중의 학습을 위한 것이라고 밝혔다. 이 책은 이처럼 간부 또는 노·농 계층의 마오쩌둥 사상 학습용 교본 성격이기에 『모택동선집』과 여러 모로 구별된다. 예컨대, '선집'(1991년 수정본 기준)이 4권이나 되는 방대한 분량에 1949년 이전의 문장까지만 수록했다면, 이 책은 200쪽(을종본) 내지 400쪽(갑종본) 이내의 단행본에 1949년 이전 및 이후 1960년대 문장까지 포함시킨 것이다. 1986년에 출간된 신판의 경우, 상·하 총 890쪽으로, 구판에 비해 편폭이 상당히 늘었지만, 편찬 의도는 같은 맥락이다. 즉, 수많은 간부와 청년들에게 마오쩌둥의 가장 중요하고도 기본적인 저작 내용을 제공해 그들이 중국공산당이 영도해온 혁명과 건설 역사를, 마르크스주의의 기본원리와 중국혁명에서의 실천 문제를 결합시킨 과학적 성과로서의 '마오쩌둥 사상'을 학습·연구할 때 일조하겠다는 것이다. 전체 내용은 1921년부터 1965년까지의 문장 68편을 선정했는데, 이 가운데 '선집'(1966년판)에서 가져온 게 51편이고 나머지 17편은 따로 수집·정리한 것이며, 구판과 마찬가지로 '선집'에서 가져온 것일지라도 원래의 해제나 주석을 편찬자가 따로 수정·보충했다고 밝혔다. 특히, 신판 첫머리에는 위에서 언급했던, 1981년 6월 중국공산당 '제11기 중앙위원회 제6차 전체회의'에서 통과시킨 〈건국 이래 당의 몇 가지 역사 문제에 관한 결의〉 가운데 마오쩌둥의 공적과 만년의 과오에 대한 평가가 담긴 제7부분 내용을 전재했다. 간부·청년의 학습용이란 성격에 맞추어 독서의 방향을 제시한 것이다. 이처럼 이 책은 『모택동선집』에 수록된 1949년 이전의 문장 중 일부와 이 선집에 수록되지 않은 1949년 이후의 문장을 추가해 편집하면서 편찬자 나름대로 해제와 주석을 조정해 달았다는 점에서 '선집'과 구별된다. 이후, 마오쩌둥 탄생 100주년이 되는

1993년부터 기존 『모택동선집』에 수록되지 않았던 것과 그 이후 시기의 문장을 온전하게 정리, 수록한 『모택동문집』(총 8권)이 순차적으로 출간되었다.

상술한 바와 같이, 마오쩌둥의 정치활동은 1920년대 공산당 가입 후 혁명과 항일 운동에 매진했던 1930~40년대 전반기와, '신중국' 건국 후 일련의 정책 실패를 만회하기 위해 독재자의 길로 나선 후반기로 뚜렷이 구분된다. 이 점을 고려하면, 마오쩌둥의 방대한 문헌 중에서도 전반기에 이루어진, 〈실천론〉(1937) · 〈모순론〉(1937) · 〈지구전론〉(1938) · 〈신민주주의론〉(1940) 등 일련의 문장은 마르크스주의를 중국 실정에 맞도록 해석해낸 마오쩌둥 사상과 전술 및 역사관의 핵심을 담은 것들이라 할 수 있다. 아울러, 1940년대 초 항일근거지 옌안에서 정풍운동을 전개하면서 당시 공산당이 지양 또는 지향해야 할 문예의 성격을 밝힌 〈당팔고를 반대함〉과 〈옌안 문예좌담회에서의 연설〉 역시 당시는 물론 이후 현대문학 창작의 원칙을 규정했다는 점에서 매우 중요한 역사적 의미를 지닌다.

이런 맥락에서 일찍이 1980년대 말, 우리 사회에 격동의 변혁이 진행되고 있던 그 시기에 나는 마오쩌둥의 사상 · 철학 · 문학관의 핵심을 담은 이 문장 여섯 편을 선정, 번역해 세 권의 문고판(〈실천론 · 모순론〉, 〈지구전론 · 신민주주의론〉, 〈연안문예강화 · 당팔고에 반대한다〉, 이상 두레출판사, 1989)으로 출판한 바 있다. 당시 타이완 유학에서 갓 귀국한 후 중국현대사와 현대문학을 새롭게 만나는 과정에서 진행했던 작업이었다. 아직 중국과는 수교하기 전이었고, 튼실한 중한사전조차 없는 상황에서 지금처럼 컴퓨터 작업이 아니라 200자 원고지를 메꿔나갔던 기억이 새롭다. 그 뒤로 서른 해가 흘러 '검은 머리 희게 변한' 지금, 옛 원고를 다시 읽다보니 아쉬운 점이 많아 이를 수정, 보충해 이 개정판을 출간하게 되었다. 당시 문고판이라는 형식 때문에 원문이나 주석을 생략하거나 원고지 내용의 식자(植字) 과정상의 오류가 일부 있었는데, 이번 작업에서 최대한 바로잡았다. 또한, 번역문 자체를 새로 다듬거나 주석을 보충한 대목도 적지 않다. 다만, 후반부 '해설' 내용은 당시 중국쪽 학자의 일면적 관점이란 점을 고려해 재수록하지 않았다. 초판을 검토하면서 크고 작은 오자, 오류를 만날 때마다 새삼 진땀이 솟

곤 했는데, 이 개정판에도 그런 대목은 또 있을 것이다. 문자를 일로 삼는 사람은 끝내 이 고통에서 벗어나기 어려운 노릇이리라.

원문 텍스트는 초판과 마찬가지로 『모택동저작선독』(상·하 총2권, 인민출판사, 1986)을 사용했다. 내가 번역한 문고판이 나온 후 〈실천론〉·〈모순론〉·〈신민주주의론〉을 번역한 다른 문고판(『실천론·모순론(외)』김승일 역, 범우사, 1994)이 나왔고, 이어 『모택동선집』(총 4권, 인민출판사, 1991년 수정본)의 완역본(김승일 옮김, 범우사, 2001)이 출간된 바 있어 이번 개정 과정에서 많은 도움이 되었다. 다만 일부 원문에 대한 해독 방식, 우리말 용어나 문체의 차이 등 여러 면에서 다른 부분이 적지 않을 것이다.

무릇 어떠한 정치적 사상과 이념일지라도 대부분 '인간'을. 부당한 억압에서의 해방을, 이상적인 사회 건설을 내세우며 출발하는 게 상례다. 그러나 그러한 지향을, 초심을 시종일관 한결 같이 견지하기란 또한 얼마나 지난한 일인가. 사실 어찌 정치만 그러하랴, 마오쩌둥의 문장을 다시 톺아보며 그동안 내 학문 여정을 되새기며 새삼 확인하게 되는 화두였다. 아무쪼록 이 책이 관심 가진 독자들께 조금이나마 도움이 되길 기원하며, 강호 제현의 아낌없는 질정을 바란다.

2018년 2월
이등연

일러두기

1. 중국 인명과 지명은 현대중국어 발음에 의거해 표기하되, 현대 이전의 경우에는 우리에게 익숙해진 한자음 그대로 옮겼다.
   예 毛澤東 → 마오쩌둥, 曹操 → 조조, 上海 → 상하이, 赤壁 → 적벽

2. 각주에서 원주(原註)는 별다른 표시를 하지 않고 번역자가 추가한 주석만 '역주'라 표시했다. 각 독립된 문장별로 두 주석을 구분하지 않은 채 일련 번호를 매겼다.

3. 우리말과 한자음을 병기할 때, 직접 대응하는 경우나 풀어쓴 경우나 다 같이 괄호로 표기했다. 문구의 원문을 제시하는 경우도 역시 괄호로 통일했다.
   예 적대(敵對), '자극해 부추기는 방식(激將法)', "양미간을 좁히면 꾀가 나온다(眉頭一皺計上心來)"

4. 마르크스·엥겔스·레닌·스탈린 등 마르크스주의 이론가들이 쓴 논저를 인용할 때 원주에서는 관련 서지사항을 중국에서 출판된 판본에 의거 명시했는데, 이는 국내 독자들에게는 별 의미가 없다고 여겨져 생략한 채 제목만 제시했다.

제1부

실천론
인식과 실천의 관계 — 앎[知]과 함[行]의 관계에 대하여

(1937년 7월)

중국공산당 내에는 오랜 중국혁명의 경험을 무시하고 "마르크스주의는 도그마가 아니라 행동에 대한 지침이다"라는 진리를 거부하며 마르크스주의 저작에서 주워 모은 단편적 어구로 인민을 기만해 온 교조주의적인 동지들이 일부 있었다. 그리고 오랜 동안 자신의 단편적 경험에 집착하고 있기 때문에 혁명의 실천에 있어 이론의 중요성을 이해할 수도 없고 혁명적 상황의 전체를 바라볼 수 없는, 따라서 비록 열심일지는 모르나 맹목적으로 일을 해온 경험주의적인 동지들도 일부 있었다. 이러한 두 부류 동지들의 그릇된 사상, 특히 교조주의 사상은 1931~1934년 사이 중국혁명에 커다란 피해를 끼치게 되었다. 그러면서도 교조주의자들은 마르크스주의자로 가장하여 수많은 동지들을 현혹시켰다. 마오쩌둥의 이 문장은 마르크스주의적 인식론의 관점에서 당내의 이러한 주관주의적 오류인 교조주의와 경험주의, 특히 교조주의를 폭로하기 위해 쓴 것이다. 「실천론」이라는 제목은 실천을 경시하는 교조주의라는 주관주의의 폭로에 중점을 두었기 때문에 붙인 것이다. 「실천론」의 이러한 관점에 입각하여 마오쩌둥은 옌안(延安)의 '항일군사정치대학(抗日軍事政治大學)'에서 강연한 바 있다.

마르크스 이전의 유물론은 인간의 사회성과 인간의 역사적 발전을 떠난 채 인식 문제를 관찰했다. 그리하여 인식이 사회적 실천에 대해 갖는 의존관계, 즉 생산과 계급투쟁에 대한 인식의 의존관계를 이해할 수 없었다.

마르크스주의자는 우선, 인간의 생산활동이 가장 기본적인 실천활동이며 그 밖의 다른 모든 활동을 결정짓는 것이라고 여긴다. 인간의 인식은 주로 물질적 생산활동에 의존하며 [이를 통해] 자연의 현상과 성질, 법칙성, 그리고 인간과 자연의 관계 등을 점차 이해하게 된다. 동시에, 인간은 [이러한] 생산활동을 통해, 여러 가지 상이한 정도로 인간과 인간 사이의 일정한 상호관계도 점차적으로 인식하게 된다. 이 모든 지식들은 생산활동을 떠나서는 얻을 수 없는 것이다. 계급이 없는 사회 속에서 각 개인은 사회의 한 구성원으로서 다른 구성원들과 협력하여 일정한 생산관계를 맺고 생산활동에 종사함으로써 인간의 물질적 생활 문제를 해결한다. 각종 계급 사회에서는 각 계급의 사회구성원들이 역시 여러 상이한 방식으로 일정한 생산관계를 맺고 생산활동에 종사하면서 인간의 물질적 생활 문제를 해결한다. 이것이 인간의 인식발전의 기본적 원천이다.

인간의 사회적 실천은 생산활동이라는 한 가지 형태로 한정되는 것이 아니다. 이 외에도 다른 여러 형태, 즉 계급투쟁·정치활동·과학 및 예술활동 등이 있다. 종합적으로 말하자면, 사회적 인간은 사회의 실제 생활의 모든 영역에 참가하고 있는 것이다. 그러므로 인간의 인식은 물질적 생활뿐만 아니라 [물질생활과 밀접한 관계가 있는] 정치생활·문화생활 등을 통해서도, 각각 정도의 차이는 있지만, 인간 사이의 여러 가지 관계를 알게 된다. 그 중에서도 특히 각종 형태의 계급투쟁은 인간의 인식발전에 깊은 영향을 주게 된다. 계급사회에서 모든 사람은 저마다 일정한 계급적 지위에 따라 생활하고 있으며, 모든 사상에는 예외

없이 어떤 계급적 낙인이 찍혀 있다.

　마르크스주의자는, 인류사회의 생산활동은 낮은 단계에서 높은 단계로 한걸음씩 한걸음씩 발전해 나가기 때문에 자연계나 사회에 대한 인간의 인식도 낮은 단계에서 높은 단계로, 즉 얕은 것에서 깊은 것으로, 일면적인 것에서 다면적인 것으로 점차 발전하는 것이라고 여긴다. 오랜 역사 속에서 인간은 사회의 역사에 대해서 그저 일면적으로 이해할 수밖에 없었다. 이는 한편으로는 착취계급의 편견이 역사를 줄곧 왜곡했기 때문이고, 다른 한편으로는 생산 규모가 협소하여 인간의 시야가 제한되었기 때문이다. 인간이 사회의 역사적 발전에 대해 전면적이고 역사적인 이해를 하면서 사회에 대한 인식을 [하나의] 과학으로 전화시킬 수 있었던 것은 거대한 생산력 — 대규모 산업과 함께 근대 무산계급이 출현하고 나서야 비로소 가능했던 것인데, 이것이 바로 마르크스주의 과학이다.

　마르크스주의자는 인간의 사회적 실천만이 외부 세계에 대한 인간 인식의 진리성 여부를 가늠하는 기준이라고 생각한다. 실제로, 사회적 실천과정(물질적 생산과정, 계급투쟁과정 또는 과학실험과정)을 통해 사람들이 사상 속에서 예상했던 결과에 도달했을 때에만 그 인간의 인식은 비로소 검증되는 것이다. 인간이 자신의 작업을 성공적으로 수행하려면, 즉 기대했던 결과들을 획득하려면 인간은 자신의 사상을 객관적 외계의 법칙에 합치시켜야만 한다. 만약 합치시키지 못한다면 실천에서 실패할 것이다. 실패한 뒤에라도 그 실패에서 교훈을 얻어 자신의 사상을 외계의 법칙에 적합하도록 바르게 고친다면 실패를 성공으로 변화시킬 수 있을 것이다. 이것이 바로 "실패는 성공의 어머니" 또는 "하나의 좌절을 맛보면 하나의 지혜를 얻는다"는 말의 의미다. 변증법적 유물론의 인식론은 실천을 첫째 지위에 두고 모든 인간의 인식은 실천과 조금도 분리될 수 없다고 여기며, 실천의 중요성을 부정하거나 인식을 실천으로부터 분리시키는 일체의 잘못된 이론을 거부한다. 레닌은 이렇게 말한 바 있다. "실천은 [이론적] 인식보다 우월하다. 왜냐하면 실천은 보편성이라는 가치뿐만 아니라 직접적인 현실성이라는 장점도 가지고 있기 때문이다."1) 마르크스주의 철학인 변증법적 유물론은 뚜렷한 두 가지 특징을 가지고 있다. 하나는 계급성으로서, 변증법적 유물론은 무산계급에 봉사한다는 것을 공공연하게 언명한다. 다른 하나는 실천성으로서, 이론의 실천에 대한 의존관계, 즉 이론의 기초는 실천이며 그 이론은 다시 실천에 봉사한다는 것을 강조한다. 인식 또는 이론의 진리 여부는 사람이 주관적으로 어떻게 느끼는가에 의해 결정되는 것이 아니라 객관적으로 사회적 실천의 결과가 어떠한가에 따라 판정된다. 오직 사회적 실천만이 진리의 기준이 될 수 있다. 실천적 관점은 변증법적 유물론의 인식론에서 제1의, 기본적 관점이다.2)

그러면 인간의 인식은 도대체 어떻게 실천에서 발생하고 다시 실천에 봉사하는가? 이것은 인식의 발전과정을 살펴보면 명백해진다.

원래 인간은 실천과정에서 처음에는 각 사물들의 현상, 각 사물들의 일면적인 부분, 각 사물들 사이의 외적 연관 밖에 보지 못한다. 예를 들어 외부 사람들이 옌안(延安)에 시찰하러 왔다고 했을 때, 그들은 처음 하루 이틀 동안은 옌안의 지형·거리·가옥을 보고, 많은 사람들을 만나고, 연회(宴會)·야회(夜會)·군중집회 등에 참가하고, 여러 가지 이야기를 듣고, 여러 가지 자료들을 읽을 것이다. 이러한 것들이 바로 사물의 현상, 사물의 각 일면, 사물의 외적 관계이다. 이것을 인식의 감성적 단계, 즉 감각과 인상의 단계라고 한다. 즉 옌안에서 있었던 여러

---

1) 헤겔의 저서 『논리학』 제3권 제3편의 「이념」에 대한 레닌의 언급에서 인용, 레닌, 「헤겔의 저서 『논리학』의 요점」(1914.9월-10월)
2) 마르크스, 「포이에르바하에 관한 테제」 및 레닌, 『유물론과 경험 비판론』(1908년 하반기) 제2장 제6절 참조

가지 일들이 옌안 시찰단원의 감각기관에 작용하여 그들의 감각을 일으켜 그들의 두뇌 속에 수많은 인상과 그 인상들 사이의 대략적인 외적 관계를 만들어내는데, 이것이 인식의 제1단계이다. 이 단계에서 인간은 아직 심화된 개념들을 형성하거나 논리적인 결론을 이끌어낼 수 없다.

사회적 실천이 계속되면서 실천과정 속에서 인간의 감각과 인상들을 일으키는 일이 여러 번 반복된다. 그러면 인식과정상에서 인간의 두뇌에 갑작스런 변화(즉 비약)가 일어나 개념이 형성된다. 그러한 개념들은 더 이상 사물의 현상, 사물의 여러 가지 일면적인 부분, 사물의 외적 관계를 반영한 것이 아니라 사물의 본질, 사물의 전체성과 내적 관계를 파악한 것이다. 개념과 감각은 양적 차이뿐만 아니라 질적 차이도 있다. 이렇게 계속 반복해 나아가서 판단과 추리라는 방법을 사용하면 우리는 논리적 결론을 이끌어낼 수 있다. 『삼국지연의(三國志演義)』의 "양미간을 좁히면 꾀가 나온다(眉頭一皺計上心來)"는 표현이나 일상생활에서 흔히 쓰이는 "좀 더 생각해 보자(讓我想一想)"는 말은 바로 인간이 두뇌 속에서 개념을 운용하여 판단과 추리를 진행함을 의미한다. 이것이 인식의 제2단계이다. 외부에서 온 시찰단원들이 여러 가지 자료를 모아서 그 자료들을 "이리저리 살펴보았다"고 한다면 그들은 "공산당의 항일민족통일전선정책(抗日民族統一戰線政策)은 철저하고 성실하고 진실한 것이다"라는 판단을 내릴 수 있을 것이다. 더욱이 그들이 구국을 위한 단결이라는 면에서 역시 진지하다고 한다면 한걸음 더 나아가 "항일민족통일전선은 능히 성공할 수 있다"는 결론을 내릴 수 있을 것이다. 이러한 개념·판단·추리의 단계는 인간이 사물에 대해 인식하는 전 과정 속에서 한층 중요한 단계인 이성적 인식 단계이다. 인식의 진정한 과제는 감각을 거쳐 사유에 도달하고, 더 나아가서 객관적 사물의 내적 모순, 그것들의 법칙 그리고 하나의 과정과 다른 과정 사이의 내적 관계를 이해해 나가는 것, 즉 논리적 인식에 도달하는 것이다. 다시 말하면 논리적 인식이 감성적 인식과 다른 까닭은 감성적 인식이 사물의 일면적 부분, 현상, 외적 관계에 관계된 반면, 논리적 인식은 크게 한걸음 나아가서 사물의 전체성, 본질, 내적 관계에 도달하여 주변세계의 내적 모순을 드러내주기 때문이다. 그럼으로써 논리적 인식은 주변세계의 발전을 그 전체 속에서, 모든 측면의 내적 관계 속에서 파악할 수 있는 것이다.

실천에 기초하여 피상적인 데서 심오한 데로 나아간다는 인식의 발전과정에 관한 이러한 변증법적 유물론을 마르크스주의 이전에는 누구도 이렇게 해결하지 못했다. 마르크스주의 유물론이 맨 처음 이 문제를 정확히 해결했던 바, 인식의 심화 과정, 사회적 인간이 생산과 계급투쟁이라는 복잡하고도 지속적으로 반복되는 실천활동 속에서 감각적 인식이 논리적 인식으로 발전하는 과정을 유물론적이고 변증법적인 방법으로 설명했던 것이다. 레닌은 "물질이라는 추상, 자연법칙이라는 추상, 가치라는 추상 등 한 마디로 모든 과학적(즉 정확하고 진지하며 허구나 피상적인 것이 아닌) 추상은 자연을 더 심오하고 더 정확하고 더 완전하게 반영한다"[3]고 말했다. 마르크스 · 레닌주의는 인식과정의 두 단계의 특징에 대해 이렇게 파악한다. 즉, 낮은 단계에서는 인식이 감성적인 형태로 나타나고 높은 단계에서는 논리적인 형태로 나타나지만 어떤 단계이건 모두 통일적 인식과정 속의 단계이다. 감성과 이성은 성질이 서로 다르나 서로 분리되지 않고 실천의 기초 위에서 통일되어 있다. 감각된 것은 바로 이해할 수 없으나 이해된 것만은 보다 깊이 감각될 수 있다는 사실을 우리의 실천은 증명해준다. 감각은 단지 현상의 문제를 해결할 뿐이며, 이론만이 본질의 문제를 해결할 수 있다. 이러한 문제의

---

3) 헤겔의 저서 『논리학』 제3권 「주관적 논리학 또는 관념론」에 대한 레닌의 언급에서 인용, 레닌, 「헤겔의 저서 『논리학』의 요점」

해결은 결코 실천과 분리될 수 없다. 누구든지 어떤 사물을 인식하려면 그 사물과 접촉하지 않고서는, 즉 사물의 환경 속에서 생활(실천)하지 않고서는 해결할 수 있는 방법이 없다. 봉건사회에서 자본주의사회의 법칙을 미리 인식할 수 없었던 것은 자본주의가 아직 출현하지 않았고 그에 상응하는 실천이 없었기 때문이다. 마르크스주의는 자본주의의 산물일 수밖에 없다. 자본주의의 자유경쟁단계에 살았던 마르크스는 제국주의시대의 특수한 법칙들을 미리 구체적으로 인식할 수 없었다. 그것은 제국주의라는 자본주의의 최후단계가 아직 등장하지 않았고 그에 상응하는 실천도 존재하지 않았기 때문이다. 레닌과 스탈린만이 이 과제를 담당할 수 있었다. 마르크스·엥겔스·레닌·스탈린이 그들의 이론을 만들어낼 수 있었던 것은 그들이 천재였다는 이유도 있겠지만, 중요한 것은 그들이 당시의 계급투쟁과 과학실험이라는 실천에 몸소 참여했다는 데 있다. 아무리 천재라 할지라도 그러한 실천이 없었다면 성공할 수 없었을 것이다. 기술이 발달하지 못한 옛날에는 "학자는 문 밖에 나가지 않아도 세상천하를 다 안다(秀才不出門, 全知天下事)"[4]는 말이 한낱 공론에 지나지 않았다. 하지만 기술이 발달한 현대에는 이 말이 타당할 수 있다. 그러나 진정으로 몸소 알고 있는 사람은 세상에서 실천하고 있는 사람들이다. 이러한 사람들이 자기 실천과정에서 '앎[知]'을 얻고 그 지식이 문자와 기술이라는 매체를 통해 '학자'에게 전해졌을 때 비로소 학자는 간접적으로 "모든 세상만사를 알 수 있다." 하나의 사물 또는 몇 개의 사물을 직접 인식하고자 한다면, 현실을 변혁하는 투쟁,

---

4) 원문의 '수재(秀才)'는 흔히 명청 시대 과거제도에서 성(省) 이하 주현(州縣) 단위 학교에 입학한 사람을 가리켰고, '생원(生員)'이라고도 불렀다. 그러나 그 원래 의미는 학문을 연마하는 학자를 두루 가리키는 말이었으므로, 본문에서는 '학자'로 옮겼다. 이 대목과 관련해 『노자(老子)』 제47장에 "문을 나서지 않아도 천하를 안다(不出戶, 知天下)"는 대목이 보인다. (역주)

즉 하나의 사물 또는 몇 개의 사물을 변혁하는 실천적 투쟁에 직접 참여해야만 한다. 그래야만 그러한 사물의 현상과 접촉할 수 있다. 현실을 변혁하는 실천적 투쟁에 직접 참여해야만 한 사물 또는 몇 개의 사물의 본질을 밝혀내고 그것을 이해할 수 있다. 이것이 모든 사람이 실제로 밟아가는 인식의 과정인데 오로지 일부 사람만이 사실을 고의적으로 왜곡하여 정반대로 이야기하고 있을 따름이다. 세상에서 제일 어리석은 사람은 여기저기서 주워들은 어설픈 지식을 가지고 자신이 '천하제일'이라 자처하는 '박식가(知識裏手)'⁵⁾로서 이것은 자신을 모르는 소치의 결과이다. 지식은 과학의 문제로서 어떤 허위나 자만도 허용되지 않는다. 오히려 결정적으로 요구되는 것은 그 정반대인 성실하고도 겸손한 태도이다. 지식을 얻으려면 현실을 변혁하는 실천에 참여해야만 한다. 배의 맛을 알기 위해서는 자신이 직접 배를 먹음으로써 배를 변화시켜야만 한다. 원자의 구조와 성질을 알기 위해서는 물리적·화학적 실험을 통해서 원자의 상태를 변화시켜야만 한다. 혁명의 이론과 방법을 알기 위해서는 혁명에 참여해야만 한다. 모든 참된 지식은 직접적인 경험에 그 근원을 두고 있다. 그러나 인간은 모든 것을 직접 경험할 수는 없다. 사실 우리들의 지식의 대부분은 과거의 지식과 외국에서 전해진 지식과 같이 간접적인 경험에서 유래한다. 물론 그러한 지식도 옛사람과 외국인에게는 직접적인 경험이었다. 또한 이러한 지식이 직접경험 과정에서 레닌이 말하는 '과학적 추상'의 조건을 충족시키고 과학적으로 객관적 사물을 반영하고 있다면 이 지식들은 신뢰할 수 있으며, 그렇지 않다면 신뢰할 수 없는 것이다. 그러므로 한 인간의 지식은 다름아닌 직접경험과 간접경험 두 부분으로 이루어진다. 아울러 자신에게는 간접적인 경험이 다른 사람에게는 직접경험일 수가 있다. 따라서 지식을 전

---

5) 원문의 '裏手'는 [마오쩌둥 고향인] 후난(湖南) 방언으로, '숙련된 사람'을 가리킨다.

체적으로 말하자면 어떤 종류의 지식도 직접경험에서 분리될 수가 없다. 모든 지식은 객관적 외계에 대한 인간의 육체적 감각기관을 통한 감각에서 발생한다. 만약 어떤 사람이 그러한 감각과 직접경험을 부정하거나, 현실 변혁에 대한 직접적인 참여를 부정한다면 그는 유물론자가 아니다. '박식가'가 어리석다는 까닭은 바로 여기에 있다. 중국 속담에 "호랑이 새끼를 잡으려면 호랑이 굴로 들어가야 한다(不入虎穴, 焉得虎子)"는 말이 있다. 이 속담은 인간의 실천의 경우에도 진리이며 인식론의 경우에도 진리이다. 실천을 떠난 인식이란 있을 수 없다.

현실을 변혁하는 실천의 기초 위에서 일어나는 변증법적 유물론의 인식과정 — 인식이 점차 심화되어 가는 과정 — 을 명확히 이해하기 위해 아래에 몇 가지 구체적인 예를 들어 보자.

자본주의사회에 대한 무산계급의 인식은 기계 파괴나 자연발생적 투쟁을 하던 실천의 초기에서는 단지 감성적 인식단계에 있었기 때문에 자본주의의 여러 가지 현상 중에서 일면적 부분 또는 외적 관계밖에 인식하지 못했다. 그때의 무산계급은 아직 이른바 '즉자적(即自的) 계급'이었다. 그러나 실천의 제2기인 의식적·조직적 경제투쟁 및 정치투쟁의 시기에는, 마르크스·엥겔스가 실천과 장기간에 걸친 투쟁경험을 통해서 이러한 여러 가지 경험을 과학적 방법으로 종합한 마르크스주의 이론으로 무산계급을 교육함으로써 그들로 하여금 자본주의사회의 본질, 사회계급들 간의 착취관계, 그리고 자신의 역사적 과제를 이해할 수 있게 해주었다. 이제 무산계급은 '대자적(對自的) 계급'이 되었던 것이다.[6]

중국인민의 제국주의에 대한 인식도 마찬가지이다. 제1단계는 태평천

---

6) '즉자적 계급'(Klasse 'An Sich')과 '대자적 계급'(Klasse 'Für Sich')이 원문에서는 '자재적(自在的: 자신 안에 있는) 계급'·'자위적(自爲的: 자신을 위하는) 계급'으로 표현되고 있다.(역주)

국운동(太平天國運動)[7]과 의화단운동(義和團運動)[8] 등 막연한 배타주의
적 투쟁에서 드러나는 것처럼 표면적 · 감상적 인식단계였다. 제2단계에
와서야 비로소 중국인민은 이성적 인식단계에 도달하여 제국주의의 내
적 · 외적 모순들을 간파함과 동시에 제국주의가 중국 매판계급 및 봉건
계급과 결탁하여 중국인민대중을 억압 · 착취하고 있는 본질을 파악하게
된다. 이러한 인식은 1919년 5 · 4운동[9] 전후에 비로소 시작되었다.

---

7) 19세기 중엽 청조 봉건통치와 민족 압박에 저항하기 위해 일어났던 혁명운동.
1851년 1월, 이 혁명의 지도자 홍슈취앤(洪秀全) · 양슈칭(楊秀淸) 등이 광시(廣
西) 구이핑현(桂平縣)의 진텐춘(金田村)에서 봉기하여 '태평천국'을 선포했다. 그
들은 1852년 광시를 벗어나 후난(湖南) · 후베이(湖北)를 점령한 후 1853년 장시
(江西) · 안후이(安徽)를 거쳐 난징(南京)을 확보했다. 그 후 난징에서 일부 병력
을 북상시켜 텐진(天津) 부근까지 이르렀다. 그러나 태평군은 점령 지역에 공고
한 근거지를 세우지 않았고, 난징에 수도를 세운 후 지도층이 많은 정치적 · 군
사적 착오를 범한 결과 청조의 반혁명군과 영 · 미 · 불 침략분자의 연합 공격에
밀려 1864년 실패로 끝나고 말았다. 한편, 『모택동선집』(1991 제2판) 주석에
따르면, 마오쩌둥은 리다(李達)에게 보내는 1951년 3월 27일자 서한에서 "「실천
론」에서 태평천국을 배타주의와 함께 취급해 논술한 것은 타당하지 않습니다.
선집을 낼 때 수정할 예정이나 여기서는 잠시 그대로 두시구려."라고 했다.
8) 1900년 중국 북부에서 발생한 반제국주의(反帝國主義) 무장투쟁운동. 수많은 농
민 · 수공업자 및 여타 군중이 이 운동에 참가했는데, 그들은 종교 · 미신을 이용
해 서로 연계했고, 비밀결사를 토대로 미국 · 영국 · 일본 · 독일 · 러시아 · 프랑
스 · 이탈리아 · 오스트리아 등 여덟 제국주의국가의 연합침략군에 맞서 용맹한
투쟁을 벌였다. 8국 연합침략군은 텐진(天津)과 베이징(北京)을 점령한 후 이 운
동을 매우 잔혹하게 진압했다.
9) 1919년 5월 4일에 일어난 반제 · 반봉건 혁명운동. 1919년 상반기에 제1차 세계
대전의 전승국인 미국 · 영국 · 일본 · 프랑스 · 이탈리아 등 제국주의국가들이 파
리에서 강화회의를 열어 중국 산둥(山東)에서의 독일의 특권을 일본에게 넘겨주
기로 결정했다. 이에 5월 4일 베이징 학생들이 앞장서 이를 거세게 반대하는 집
회와 시위를 벌이자 북양군벌정부가 진압에 나서 학생 30 여 명이 체포되었다.
베이징 학생들은 수업거부운동으로 항의했고, 다른 지역 학생들도 속속 호응하
였다. 6월 3일부터 북양군벌정부는 베이징에서 다시 대규모 진압을 벌여 이틀
사이 학생 약 천 명을 체포했다. 이 사건은 전국 인민의 분노를 촉발해 6월 5일

다음엔 전쟁을 생각해 보도록 하자. 전쟁의 지도자들이 전쟁 경험이 없는 사람들이라면 처음 단계에서 그들은 구체적인 전쟁(예컨대, 우리의 지난 10년간의 토지혁명전쟁)의 심오한 지도법칙을 이해하지 못할 것이다. 처음 단계에서 그들은 단지 많은 전투 경험을 하는 데 지나지 않고, 게다가 많은 패배를 맛볼 것이다. 그러나 이러한 경험(승전의 경험, 특히 패전의 경험)을 통해 그들은 전쟁 전체에 관철되고 있는 내부적인 것, 즉 구체적인 전쟁의 법칙성을 이해할 수 있고 전략·전술을 알게 되어 마침내 자신 있게 전쟁을 지휘할 수 있게 될 것이다. 그러한 시기에 지도자가 경험이 없는 사람으로 바뀐다면 그 또한 몇 번의 패배를 겪은 후에야(경험을 얻은 후에) 비로소 전쟁의 법칙을 정확히 알게 될 것이다.

우리는 가끔 일부 동지가 과업을 용감하게 받아들일 수 없을 때 "자신이 없다"고 말하는 것을 보게 된다. 왜 자신이 없는가? 그것은 그가 이러한 종류의 일을 지금껏 접촉해 본 적이 전혀 없었거나 접촉해 보았다고 하더라도 조금밖에 못했기 때문에, 활동의 내용과 환경을 체계적으로 이해하지 못하여 그러한 활동의 법칙성에 대해 알지 못하기 때문이다. 그러나 그 과업의 성격이나 조건을 자세하게 분석한 후에는 비교적 자신을 갖게 되고 그 일을 기꺼이 하려고 한다. 만약 그가 그 작업 속에서 한동안 시간을 보내게 되어 그 일에 대한 경험을 얻고 문제를 주관적·일면적·표면적으로 보지 않고 상황을 겸허한 자세로 바라보

부터 상하이와 다른 여러 지역 노동자가 동맹휴업을 벌이고 상인들도 시장폐쇄에 나섰다. 원래는 주로 지식인들이 잠가한 애국운동이었지만 무산계급·소자산계급·자산계급을 아우르는 전국적 애국운동으로 급속하게 발전해나갔다. 이러한 애국운동의 전개 과정에서 '5·4' 이전에 발생한 반봉건주의, 과학과 민주를 제창하는 신문화운동 또한 마르크스·레닌주의 선전 위주의 광범위한 혁명문화운동으로 발전되었다.

는 사람이라면, 그는 그 과업을 추진시켜 나갈 방법에 대한 결론을 몸소 내릴 수 있게 되고 일에 대한 자신감도 더 커질 수 있을 것이다. 문제를 주관적·일면적·표면적으로밖에 보지 못하는 사람은 어떤 상황이라 할지라도 환경을 고려하지 않고 사물을 전체적으로(사물의 역사와 전반적인 현 상황) 바라보지 않으면서 사물의 본질(사물의 성질과 이 사물과 저 사물 사이의 내적 관계)에 접촉하지 않은 채 혼자 옳다고 여기면서 호령하고 명령한다. 그러한 사람은 반드시 실패하게 된다.

이렇게 볼 때 인식 과정에서 제1보는 외계의 사물과 접촉하는 감각단계이다. 제2보는 감각된 자료를 정리하고 재구성하여 종합하는 개념·판단·추리의 단계이다. 감각된 자료가 아주 풍부하고(단편적이거나 불완전하지 않고) 실제에(착각이 아닌) 상응할 때만 그 자료는 정확한 개념과 이론을 형성하는 기초가 될 수 있다.

여기서 두 가지 중요한 점을 강조해 두어야 하겠다.

첫째, 앞에서도 언급했지만 이제 새삼 강조하는 바는 이성적 인식이 감성적 인식에 의존한다는 점이다. 이성적 인식이 감성적 인식으로부터 얻어지는 것이 아니라고 생각하는 사람이 있다면 그는 한낱 관념론자이다. 철학사에는 '합리론'이라는 학파가 있는데 그들은 실재성만을 인정하고 경험의 실재성은 인정하지 않으며, 이성만을 신뢰할 수 있고 감각적 경험은 신뢰할 수 없다고 여긴다. 이러한 학파의 오류는 사실을 전도시켰다는 데 있다. 이성적인 것은 분명히 감각에서 유래하고 있기 때문에 신뢰할 수 있지, 그렇지 않은 경우 그것은 원천없는 물줄기나 뿌리없는 나무처럼 주관적·임의적이며 신뢰할 수 없게 된다. 인식과정의 순서에서 감각적 경험이 일차적이다. 따라서 사회적 실천만이 인간의 인식을 낳게 하고 그를 둘러싸고 있는 객관적 세계에 대한 감각적 경험을 얻을 수 있도록 하기 때문에 우리는 인식과정에서 사회적 실천의 의의를 강조하는 것이다. 눈을 감고 귀를 틀어막고 자신을 객관적 세계로부터 차단시킨 사람에게 인식은 있을 수 없다. 인식은 경험에서 출발한다. — 이것이 인식론의 유물론이다.

둘째, 인식은 심화되어야 하고 인식의 감성적 단계는 이성적 단계로 발전해야 한다. — 이것이 인식론의 변증법이다.[10] 인식이 낮은 감성적 단계에 머무를 수 있고 감성적 인식만을 믿을 수 있으며 이성적 인식은 믿을 수 없다고 생각하면, 이는 역사상의 '경험론'의 오류를 반복하는 것이다. 이 이론의 오류는 감각 재료가 객관적 세계에 대한 어느 정도의 진실성은 반영하지만(나는 여기서 경험이 내재적 체험에 불과하다는 관념론적 경험론을 이야기하는 것이 아니다) 이는 단지 일면적이고 표면적일 뿐 사물을 불완전하게 반영하고 본질을 반영하지 못한다는 사실을 깨닫지 못한 데에 있다. 완전히 사물 전체를 반영하고, 사물의 본질을 반영하고, 사물의 내재적인 법칙성을 반영하기 위해서는 사고작용을 통해 풍부한 감각자료를 껍데기는 버리고 알맹이를 골라내며, 가짜를 제거하고 진짜를 취하며, 이것에서 저것으로, 외부에서 내부로 진전하는 사고 작용을 통해서 감각된 풍부한 자료들을 개조하여 개념 및 이론 체계를 구축해야만 하며 감성적 인식에서 이성적 인식으로 비약해야만 한다. 이렇게 재구성된 인식은 한층 공허하거나 믿을 수 없는 것이 아니라 반대로 그것이 인식과정에서 실천적 기초에 근거하여 과학적으로 개조된 것이라면, 레닌이 말한 바와 같이 객관적 사물을 더욱 심오하게, 더욱 정확하게, 더욱 완전하게 반영한 것이다. 이에 반해 통속적인 실무주의자들은 그렇지 못하다. 그들은 이론을 경시하고 경험만을 존중하므로 명확한 방침이나 장기적인 전망의 결여로 인해 객관적인 과정 전체

---

10) 헤겔의 저서 『논리학』 제3권 제3편 「이념」에 대한 레닌의 언급 중 "이해하기 위해서는 경험의 기초 위에서 이해하고 연구하기 시작해야 하며 경험에서 일반으로 고양되어야만 한다"는 구절을 참조. 레닌, 「헤겔의 저서 『논리학』의 요점」

에 대한 폭넓은 시각을 가질 수 없고 자그마한 성공이나 편협한 소견을 갖고 자기만족에 빠진다. 이런 사람이 만약 혁명을 지도한다면 그는 혁명을 막다른 골목에 몰아넣고 말 것이다.

이성적 인식은 감성적 인식에 의존하고 감성적 인식은 이성적 인식으로 발전해야 한다는 것, 이것이 변증법적 유물론의 인식론이다. 철학 중에서 '합리론'과 '경험론' 어느 것도 인식의 역사적 또는 변증법적 성격을 이해할 수 없다. 그리고 각기 일면적인 진리를 포함하고 있기는 하지만(여기서 내가 말하는 것은 유물론적 합리론과 경험론이지 관념론적 합리론과 경험론은 아니다) 인식론 전체로서 보면 모두 오류이다. 감성에서 이성으로 나아가는 변증법적 유물론의 인식운동은 작은 인식과정(가령 하나의 사물이나 과업에 관한 인식)과 큰 인식과정(가령 사회전반이나 혁명에 관한 인식) 모두에 적용된다.

그러나 인식운동이 여기서 끝나는 것은 아니다. 변증법적 유물론의 인식운동이 이성적 인식에서 그친다면 아직 문제의 절반밖에는 파악하지 못한 것이다. 더욱이 마르크스주의 철학의 입장에서 보면 별로 중요하지 않은 절반만을 파악한 데 불과하다. 마르크스주의 철학이 가장 중요하게 여기는 것은 객관세계의 법칙성을 이해함으로써 세계를 해석할 수 있다는 것이 아니라 세계의 객관적 법칙성에 관한 인식을 적용함으로써 세계를 능동적으로 변혁한다는 데 있다. 마르크스주의 입장에서 보면 이론은 중요하며, 그 중요성은 "혁명이론 없이 혁명운동은 있을 수 없다"[11]는 레닌의 말에서 잘 나타난다. 그러나 마르크스주의가 이론의 중요성을 강조하는 것은 다른 게 아니라 이론만이 행동을 지도할 수 있기 때문이다. 그런데 비록 올바른 이론이 있다 하더라도 그것을 구석에 처박아 둔 채 공론만을 일삼고 실행에 옮기지 않으면 그 이론이 아무리

---

11) 레닌, 「무엇을 할 것인가」 제1장 제4절에서 인용.

좋은 것일지라도 결국 의미가 없는 것이다. 인식은 실천에서 시작되고 실천을 통해 이론적 인식에 도달되고 다시 실천으로 되돌아가야 한다. 인식의 능동적 작용은 감성적 인식에서 이성적 인식에 이르는 능동적 비약에서 나타날 뿐만 아니라 더욱 중요한 것은 나아가 그것이 이성적 인식에서 혁명적 실천에 이르는 비약으로 나타나야 한다는 사실이다. 세계의 법칙성을 파악한 인식을 다시 세계를 변혁시키는 실천으로 되돌리고, 그러한 인식을 다시 생산의 실천, 혁명적인 계급투쟁 및 민족투쟁의 실천, 그리고 과학실험의 실천에 적용시켜야만 한다. 이것이 바로 이론을 검증하고 발전시키는 과정이며 전 인식과정의 계속이다. 이론이 객관적 현실에 부합하는가 아닌가는 앞에서 이야기한 감성에서 이성으로의 인식운동에서는 아직 완전히 해결되지 않으며 또한 완전히 해결될 수도 없다. 이 문제를 완전히 해결하는 유일한 방법은 이성적 인식을 사회적 실천으로 되돌리고 이론을 실천에 적용시켜서 그 이론이 예상했던 결과를 달성할 수 있는가의 여부를 보는 것이다. 많은 자연과학 이론들이 진리라고 여겨지는 것은 그 이론들이 자연과학자들에 의해 만들어졌을 때뿐만 아니라 그 후의 과학적 실천에 의해서 검증되었을 때이다. 마찬가지로 마르크스 · 레닌주의가 진리라고 여겨지는 것도 이 학설이 마르크스 · 엥겔스 · 레닌 · 스탈린에 의해 과학적으로 만들어졌을 때뿐만 아니라 그 뒤 혁명적인 계급투쟁과 민족투쟁의 실천을 통해서 실증되었을 때인 것이다. 변증법적 유물론이 보편적 진리가 되는 까닭은 누구든지 실천을 할 때 그것의 범위를 벗어날 수 없기 때문이다. 인류의 인식의 역사는 많은 이론들의 진리성이 불완전하며, 이 불완전성은 실천의 검증을 통해서 바로잡힌다는 것을 우리에게 가르치고 있다. 많은 이론이 잘못되어 있고, 그 잘못은 실천의 검증을 통해 시정된다. 실천이 진리의 기준이며 "생활과 실천의 관점은 인식론의 첫째의, 그리고 기본적인 관점이 되어야만 한다"[12]는 이유가 곧 여기에 있는 것이다.

스탈린은 이것을 다음과 같이 적절하게 지적했다. "이론은 혁명의 실천과 결합되지 않으면 대상 없는 이론이 된다. 마찬가지로 실천은 혁명이론을 지침으로 하지 않으면 맹목적인 실천이 된다."[13]

이렇게 하면 인식운동은 완결됐다고 할 수 있는가? 우리의 대답은, 완결되었으면서도 아직 완결되지 않았다는 것이다. 사회의 인간이 어떤 발전단계에서 어떤 객관적 과정을 변혁하는 실천(그것이 어떤 자연의 과정을 변혁하는 실천이건 혹은 어떤 사회의 과정을 변혁하는 실천이건 관계없이)에 참여해서, 객관적 과정의 반영과 주관적 능동성의 작용에 의해 인식을 감성적인 것에서 이성적인 것으로 진전시키고, 객관적 과정의 법칙성에 부합하는 사상·이론·계획 또는 방침이 동일한 과정의 실천 속에서 사실로 바뀌어지거나 혹은 대체로 사실로 바뀌어졌다면 이 구체적인 과정에 관한 인식운동은 완성된 셈이 된다. 예를 들어, 자연을 변혁하는 과정에서는 한 공정계획의 실현, 한 과학적인 가설의 실증, 한 기구의 제작, 농산물의 수확, 그리고 사회를 변혁하는 과정에서는 어떤 파업의 승리, 어떤 전쟁의 승리, 어떤 교육계획의 실현, 이 모두가 예상했던 목적을 수행했다고 볼 수 있다. 그러나 일반적으로 말해서 자연을 변혁하는 실천이나 사회를 변혁하는 실천에서 처음부터 예상했던 사상·이론·계획 또는 방침이 조금도 틀림없이 그대로 실현되는 일은 매우 드물다. 이것은 현실변혁에 종사하는 사람들이 끊임없이 많은 제약을 받기 때문인데, 그는 과학적·기술적 조건뿐 아니라 객관적 과정 자체의 발전과 표현정도에 따라서도(객관적 과정의 측면 및 본질이 아직 충분히 전개되지 않은 경우) 제약을 받기 때문이다. 이러한 상황에서는 실천 도중에 미리 예측하지 못했던 사정이 나타남에 따라서 사상·이

---

12) 레닌, 『유물론과 경험비판론』 제2장 제6절 참조.
13) 스탈린, 「레닌주의의 기초」 세번째 부분에서 인용.

론·계획·방침을 부분적으로 수정하는 경우가 흔히 있으며 때로는 전체를 수정하는 경우도 있게 된다. 즉, 처음에 예정했던 사상·이론·계획·방침이 부분적 또는 전체적으로 현실과 일치하지 않거나 부분적 또는 전체적으로 잘못될 수가 있다. 대부분의 경우, 여러 번 실패를 거듭해야 비로소 그릇된 인식이 시정될 수 있고 객관적 과정의 법칙성에 부합할 수 있으며, 이에 따라 주관적인 것을 객관적인 것으로 변화시킬 수가 있을 것이다. 즉, 실천 속에서 예상했던 결과를 얻게 될 것이다. 그러나 어쨌든 이러한 시점에 이르게 되면 어떤 발전단계에서 어떤 객관적인 과정에 대한 인간의 인식은 완성된 셈이다.

하지만 과정의 추이라는 관점에서 보면 인간의 인식운동이 완성된 것은 아니다. 자연계에 속하든 또는 사회에 속하든 일체의 과정은 모두 내부의 모순과 투쟁에 의해 앞으로 진전하고 발전하는 것이며 인간의 인식운동도 이에 따라 진전하고 발전해야 한다. 사회운동 속에서 진정한 혁명지도자는 자신의 사상·이론·계획·방침에 오류가 있을 때에는 위에서 말한 것처럼 잘 시정할 수 있어야 할 뿐만 아니라, 어떤 객관적 과정이 한 발전단계에서 다른 발전단계로 진전하고 변화했을 때 이 변화에 따라 자신을 비롯해 혁명에 참여한 모든 혁명동지들의 주관적 인식을 변화시킬 수 있어야 한다. 즉, 새로운 상황 변화에 들어맞는 새로운 혁명과제와 새로운 활동방안을 제시해야 하는 것이다. 혁명의 시기에 상황의 변화는 매우 급격한데 혁명당원의 인식이 이러한 변화에 따라 재빨리 변화할 수 없다면 그 혁명을 승리로 이끌 수 없다.

그러나 사상이 실제보다 뒤처지는 일이 자주 발생한다. 이는 인간의 인식이 수많은 사회적 조건에 의해서 제약당하고 있기 때문이다. 우리는 혁명진영 내에 있는 완고파에 반대한다. 그들의 사상은 변화하는 객관적 상황에 따라 진전할 수 없고 역사에서는 우익기회주의로 나타난다. 이러한 사람들은 모순의 투쟁이 객관적 과정을 이미 앞으로 진전시켰다는 사실을 보지 못한 채 그들의 인식은 낡은 단계에 머물러 있다. 모든 완고파의 사상은 이와 같은 특징을 가지고 있다. 그들의 사상은 사회적 실천과 유리되어 있다. 그들은 사회라는 수레 앞에 서서 안내자의 노릇을 하는 것이 아니라, 오히려 수레의 뒤를 따라가면서 수레가 너무 빨리 간다고 투덜거리고 수레를 뒤로 끌어당겨 뒷걸음치게 만드는 데 급급하고 있다.

또한 우리는 극좌공론주의(極左空論主義)에도 반대한다. 그들의 사상은 객관적 과정의 일정한 발전단계를 뛰어넘어 어떤 자는 환상을 진리로 여기고, 또 어떤 자는 장래에 가서야 현실화될 수 있는 이상을 억지로 현실화하려 한다. 그리하여 그들은 대다수 사람들이 행하고 있는 실천과 현실로부터 유리되어 있으며, 행동상으로는 모험주의로 나타난다.

관념론과 기계론적 유물론, 기회주의와 모험주의는 모두 주관과 객관의 분열, 인식과 실천의 분리를 특징으로 하고 있다. 과학적 사회적 실천을 특징으로 하는 마르크스·레닌주의의 인식론은 이러한 그릇된 사상을 단호히 반대해야 한다. 마르크스주의자는 세계의 절대적이고 총체적인 발전 과정 속에서 개개의 구체적인 과정의 발전은 모두 상대적이기 때문에, 절대적 진리의 큰 물줄기 속에서 각각의 일정한 발전단계에 있는 하나의 구체적 과정에 대한 인간의 인식도 상대적인 진리성밖에 갖지 못한다는 사실을 인정한다. 무수한 상대적 진리의 총화가 곧 절대적 진리이다.[14] 객관적 과정의 발전은 모순과 투쟁으로 가득 찬 발전이며, 인간의 인식과정의 발전 또한 모순과 투쟁으로 가득 찬 발전이다. 객관적 세계의 모든 변증법적 운동은 언젠가는 모두 인간의 인식 안에 반영되기 마련이다. 사회적 실천의 발생·발전·소멸의 과정은 무한하며, 인간의 인식의 발생·발전·소멸 또한 무한하다. 일정한 사상·이

---

14) 레닌, 『유물론과 경험비판론』 제2장 제5절 참조.

론·계획·방침에 따라 객관적 현실의 변혁에 매진하는 실천이 하나하나 진전해 가면서 객관적 현실에 대한 인간의 인식도 하나하나 심화되어 간다. 객관적 현실세계가 변화해가는 운동은 영원히 완결되지 않으며, 실천을 통한 인간의 진리인식도 영원히 완결되지 않는다. 마르크스·레닌주의에는 결코 진리의 종착점은 없으며, 그것은 부단한 실천을 통해 진리의 인식으로 가는 길을 개척해나간다. 우리의 결론은 주관과 객관, 이론과 실천, 그리고 앎과 함의 구체적이고 역사적인 통일이며, 구체적 역사를 떠난 모든 '좌익' 또는 우익의 그릇된 사상에 반대하는 것이다.

사회가 현 단계까지 발전함에 따라 세계를 정확하게 인식하고 세계를 변혁할 책임은 이미 역사적으로 무산계급과 그 정당의 어깨 위에 지워져 있다. 이처럼 과학적 인식에 근거하여 결정된 세계변혁의 실천과정은 세계나 중국 속에서 하나의 역사적 시기에 도달했다. 이 역사적 시기는 세계와 중국에 존재했던 암흑을 완전히 일소해 버리고 전에 없던 광명의 세계가 되는 역사상 미증유의 중대 시기인 것이다. 세계를 변혁하기 위한 무산계급과 혁명적 인민의 투쟁은 객관적 세계를 변혁하고 자기의 주관적 세계를 변혁하는, 다시 말해 자기의 인식능력을 변혁하고 주관적 세계와 객관적 세계의 관계를 변혁하는 임무를 실현하는 과제를 안고 있다. 지구상의 일부지역에서는 이미 이런 변혁이 행해지고 있는데 그곳이 바로 소련이다. 소련의 인민은 지금도 이러한 변혁의 과정을 추진하고 있다. 중국과 세계의 인민은 모두 이러한 변혁의 과정을 거치고 있으며 또한 앞으로 거치게 될 것이다. 그리고 변혁될 객관적 세계에는 변혁에 반대하는 모든 사람들이 포함되어 있는데, 이들은 먼저 강제적인 변혁단계를 거친 뒤에야 비로소 자발적인 변혁단계로 넘어갈 수 있을 것이다. 인류 전체가 의식적으로 자기 자신을 변혁하고 세계를 변혁할 때 세계적인 공산주의의 시대가 도래할 것이다.

실천을 통해 진리를 발견하고, 실천을 통해 진리를 검증하고 진리를
발전시킨다. 감성적 인식에서 출발하여 능동적으로 이성적 인식으로 발
전시키고, 또 이성적 인식에서 출발하여 능동적으로 혁명적 실천을 지
도함으로써 주관적 세계와 객관적 세계를 변혁한다. 실천. 인식, 다시
실천, 다시 인식이라는 형식이 끝없이 순환·반복되고 이렇게 순환할
때마다 실천과 인식의 내용은 한층 높은 수준으로 심화된다. 이것이 바
로 변증법적 유물론의 인식론 전체이며, 변증법적 유물론의 앎과 함의
통일론이다.

제2부

모순론

(1937년 8월)

이 철학논문은 마오쩌둥이 「실천론」의 뒤를 이어 동일한 목적, 즉 중국공산당 내에 존재하는 심각한 교조주의 사상을 극복하기 위해 쓴 것으로, 일찍이 옌안(延安)의 항일군사정치대학에서 강연한 바 있다. 후에 『마오쩌둥선집』에 수록할 때 편집자가 부분적으로 원문에 보충·수정을 가했다.

사물의 모순법칙, 즉 대립과 통일의 법칙은 유물변증법의 가장 근본적인 법칙이다. 레닌은 "본래의 의미에서 말하자면 변증법은 대상의 본질 그 자체 내의 모순을 연구하는 것이다"[1]라고 말했다. 레닌은 항상 이 법칙을 변증법의 본질, 또는 변증법의 핵심[2]이라고 불렀다. 따라서 우리가 이 법칙을 연구할 때에는 광범위한 측면에서 많은 철학적 문제를 다루지 않으면 안 된다. 이러한 모든 문제들을 분명히 할 수 있다면 우리는 유물변증법에 대한 근본적인 이해에 도달할 수 있을 것이다. 그 문제들이란 두 개의 세계관, 모순의 보편성, 모순의 특수성, 주요 모순과 모순의 주요 측면, 모순의 여러 측면들의 동일성과 투쟁성, 모순의 적대(敵對)관계 등이다.

최근 수년간 소련의 철학계에서는 데보린[3] 학파의 관념론이 비판되었는데, 이는 우리의 커다란 관심을 불러일으켰다. 데보린의 관념론은 중국공산당 내에도 극히 나쁜 영향을 미쳤으며 우리 당내의 교조주의 사상이 이 데보린 학파의 학풍과 무관하다고 할 수는 없다. 그러므로 이제 우리의 철학연구 작업은 교조주의 사상의 일소를 주된 목표로 삼아야만 한다.

---

1) 헤겔의 『철학사강의』 제1권의 '엘레아학파'에 대한 레닌의 평주(評注)에서 인용, 레닌, 「헤겔의 저서 『철학사강의』의 요점」(1915년)을 볼 것.
2) 레닌, 「변증법의 문제에 관하여」(1915년)에서 "통일물이 두 개로 나뉘어져서 모순하는 각 부분을 인식하는 것이 변증법의 본질이다." 또한 헤겔의 저서 『논리학』 제3권 제3편 「이념」에 대한 레닌의 평주에서는 "변증법은 간단하게는 대립면의 통일에 관한 학설이라고 규정할 수 있다. 이것으로써 변증법의 핵심이 잡힐 수 있지만 그러나 이는 설명과 전개를 필요로 한다." 레닌, 「헤겔의 저서 『논리학』의 요점」(1914년 9월에서 12월에 걸쳐 쓴 저작)을 참조.
3) 데보린(1881-1963), 소련의 철학자이며 소련과학아카데미 회원. 1930년 소련 철학계에서는 데보린 학파에 대한 비판을 전개했는데, 이론이 실천과 동떨어지고 철학이 정치와 동떨어지는 등 데보린 학파가 범한 관념론적 오류가 지적되었다.

두 개의 세계관

인류의 인식의 역사에는 세계의 발전법칙에 관한 두 개의 견해가 존재해 왔다. 그 하나는 형이상학적인 견해이고 다른 하나는 변증법적인 견해로서, 이들은 서로 대립하는 두 개의 세계관을 형성하고 있다. 레닌은 이렇게 말했다. "발전(진화)에 관한 두 가지 기본적인(혹은 두 가지의 가능한? 혹은 역사에서 상견되는 두 가지의?) 관점은 다음과 같다. ① 발전은 감소와 증가로서 반복된다. ② 발전은 대립의 통일이다(통일물은 서로 배척하는 두 가지 대립으로 나뉘어지고 이 두 대립은 서로 관련되어 있다)."[4] 레닌이 말하고 있는 것은 바로 이러한 두 개의 서로 다른 세계관이다.

형이상학은 현학(玄學)이라고도 한다. 이 사상은 역사상 오랫동안 중국에서도 유럽에서도 관념론적 세계관에 속하여 인간의 사상 속에서 지배적인 지위를 차지해왔다. 유럽에서는 자산계급의 초기 유물론도 형이상학적이었다. 유럽의 많은 국가들의 사회경제적 상황이 고도로 발전된 자본주의단계로 접어들고, 생산력·계급투쟁 그리고 과학이 역사상 유례를 찾아볼 수 없는 수준까지 발전하여 공업무산계급이 역사발전에 가장 위대한 원동력이 됨으로써 마르크스주의의 유물변증법적 세계관이 탄생했다. 그런데 자산계급 사이에는 극도로 노골적이고 공공연한 반동적 관념론 이외에도 속류진화론(俗流進化論)이 나타나 유물변증법에 대항하게 되었다.

형이상학적 세계관 또는 속류진화론의 세계관은 세계를 고립적·정태적·일면적인 관점에서 바라본다. 이 세계관은 모든 사물, 모든 사물의 형태와 종류를 영원히 서로 고립되고 영원히 변화하지 않는 것으로

---

4) 레닌, 「변증법의 문제에 관하여」에서 인용.

간주한다. 변화가 있다 해도 수량의 증감과 장소의 이동만이 있을 뿐이다. 더구나 그 증감과 이동의 원인이 사물의 내부가 아닌 사물의 외부에 있는 것, 즉 외부의 힘에 있다고 보는 것이다. 형이상학자는 세계의 각기 상이한 사물과 사물의 특성이 그들 사물이 존재하면서부터 그러한 것이라고 생각하며, 이후의 변화는 양적인 증가나 감소에 불과하다고 여긴다. 그들은 어떤 사물일지라도 영원히 같은 종류의 사물을 계속 되풀이해 낳을 뿐이며 다른 사물로 변화할 수는 없다고 주장하는 것이다. 형이상학자들에 따르면, 자본주의의 착취와 경쟁, 자본주의사회의 개인주의사상 등은 고대 노예사회에서, 심지어는 원시사회에서조차 찾아낼 수 있으며 영원히 변하지 않고 존재할 것이라 한다. 그들은 사회발전의 원인을 사회 외부의 지리나 기후 등의 조건을 가지고 설명한다. 그들은 사물이 내부 모순에 의해 발전해 간다는 유물변증법의 학설을 부정하고, 사물의 발전원인을 단순히 사물의 외부에서 찾는다. 따라서 사물의 질의 다양성이나 하나의 질이 다른 질로 변화하는 현상을 해석할 수가 없다. 이러한 사상은 유럽에서 17~18세기에 기계적 유물론으로, 19세기 말에서 20세기 초에는 속류진화론으로 존재했다. 중국에서는 "하늘은 변하지 않으며 도 또한 변하지 않는다(天不變, 道亦不變)"[5]라는 형이상학의 사상이 부패한 봉건적 지배계급의 지지를 오랫동안 받아왔다. 지난 백년 동안에는 유럽의 기계적 유물론과 속류진화론이 수입되어 자산계급의 지지를 받고 있다.

형이상학의 세계관과는 상반된 유물변증법의 세계관은 사물의 발전을, 사물의 내부에서 그리고 한 사물의 다른 사물에 대한 관계로부터

---

5) 한대(漢代) 공자학파의 유명한 대표적 인물 동중서(董仲舒, 서기전 179-104)가 무제(武帝)에게 "도(道)의 근본은 하늘(天)에서 나오는데, 하늘은 변하지 않으며 도 또한 변하지 않는다"라고 언급한 바 있다. 중국 고대 철학가의 통용어인 '도'는 '도로'·'도리'의 의미로, '법칙'·'규율'로 새길 수 있겠다.

연구한다고 주장한다. 즉, 사물의 발전을 사물 내부의 필연적인 자기운동으로 보고, 개개 사물의 운동은 모든 주변의 다른 사물과 상호연관되며 상호영향을 주고 있다고 여긴다. 사물 발전의 근본 원인은 사물의 외부가 아닌 사물의 내부, 사물 내부의 모순성에 있다. 모든 사물의 내부에 이러한 모순성이 있기 때문에 그 사물이 운동하고 발전하게 된다. 사물 내부에 있는 이러한 모순성은 사물 발전의 근본원인이며, 한 사물과 다른 사물이 상호 연관관계를 맺고 상호영향을 주는 것은 사물 발전의 제2 원인이다. 이와 같이, 유물변증법은 형이상학의 기계적 유물론이나 속류진화론의 외인론(外因論)과 피동론(被動論)에 강력히 반대한다. 단순한 외부 원인은 범위의 대소, 양의 증감과 같은 사물의 기계적 운동만을 일으킬 수 있을 뿐이지 사물의 성질이 왜 천차만별이며 왜 변화하는가에 대해 설명할 수 없다는 점은 명백하다. 사실 외부의 힘에 의해 움직이게 되는 기계적 운동 역시 사물 내부의 모순성을 통해야만 한다. 식물과 동물의 단순한 성장, 양적인 발전도 주로 그 내부 모순의 결과이다. 마찬가지로 사회의 발전도 주로 외인(外因)이 아닌 내인(內因)에 기인한다. 지리적·기후적 조건이 거의 비슷한 많은 국가들에서도 발전의 상위성과 불균형은 대단히 크다. 똑같은 한 나라 안에서도 지리와 기후에 변화가 없음에도 불구하고 커다란 사회적 변화가 일어난다. 지리나 기후에 아무런 변화가 없었는데도 제국주의 러시아는 사회주의 소련으로 바뀌었고, 봉건적인 쇄국(鎖國) 일본은 제국주의 일본으로 변화했다. 오랫동안 봉건제도 통치 아래 있던 중국에는 최근 백년 사이에 커다란 변화가 일어났고 지금도 자유롭고 해방된 신중국을 향해 변모해가고 있지만 중국의 지리나 기후에는 아무런 변화도 없다. 지구 전체나 각 부분의 지리나 기후는 변화하기는 하지만 그 변화는 사회의 변화에 비하면 아주 사소한 것이다. 전자는 수만 년을 단위로 변화하지만 후자는 수천·수백·수십년 때로는 수년 또는 수개월(혁명기에는)

사이에도 변화하는 것이다. 유물변증법의 관점에서 보면, 자연계의 변화는 주로 자연계 내부모순의 발전에 따른 것이다. 사회의 변화는 주로 사회 내부모순의 발전, 즉 생산력과 생산관계의 모순, 계급간의 모순, 새로운 것과 낡은 것 사이의 모순의 발전에 의한 것이며, 이러한 모순의 발전을 통해 사회가 진보하고 신·구 사회의 교체가 촉진된다.

그렇다면 유물변증법은 외부적인 원인을 배제하는 것인가? 결코 배제하지 않는다. 유물변증법은 외적 요인은 변화의 조건이며 내적 요인은 변화의 근거이므로, 외적 요인은 내적 요인을 통해 작용한다고 생각한다. 달걀은 온도를 적당히 맞춰주면 병아리로 변화하지만 온도가 돌을 병아리로 변화시킬 수는 없다. 이는 양자의 근거가 서로 다르기 때문이다. 각국 인민들 사이에 상호 영향을 주고받는 관계는 항상 존재한다. 자본주의 시대, 특히 제국주의와 무산계급혁명의 시대에는 각 나라 사이에 정치적·경제적·문화적으로 상호 영향을 주고 상호 격동시키는 정도가 대단히 크다. 10월사회주의혁명은 러시아 역사뿐만 아니라 세계사에서도 신기원을 열었고 세계 각국의 내부 변화에 큰 영향을 미쳤는데, 중국의 내부변화에는 특히 심각한 영향을 주었다. 그러나 이와 같은 변화는 각국의 내부와 중국 내부의 자체적 법칙성을 통해 일어난 것이다. 두 군대가 전투를 벌여 한편이 승리하고 다른 한편이 패배하는 경우, 이 승리나 패배는 모두 내적 요인에 의해 결정된다. 승리한 편은 강했거나 지휘에 잘못이 없었기 때문이고, 패배한 편은 약했거나 지휘에 잘못이 있었기 때문이니 외적 요인이 내적 요인을 통해 작용했던 것이다. 1927년 중국에서 무산계급이 대자산계급에게 패배한 것은 중국 무산계급 내부(중국공산당 내부)에 기회주의가 생겨나 작용했기 때문이다. 우리가 이러한 기회주의를 청산하자 중국혁명은 새롭게 발전했다. 그 후 중국혁명은 다시 적으로부터 심각한 타격을 받았는데 이는 우리 당내에 모험주의가 발생했기 때문이다. 우리가 이 모험주의를 청산하자 우리의 사업은 또다시 새롭게 발전했다. 이렇게 살펴볼 때, 한 정당이 혁명을 승리로 이끌기 위해서는 자기의 정치노선의 정확성과 조직상의 공고성에 의존하지 않으면 안된다.

변증법적 세계관은 중국에서도 유럽에서도 고대에 이미 나타났다. 그러나 고대의 변증법은 자연발생적이고 소박한 성질을 지니고 있었고 당시의 사회적·역사적 조건 때문에 완벽한 이론적 체계를 아직 형성할 수 없었다. 따라서 세계를 완전히 해석할 수 없었으며 곧바로 형이상학으로 대체되어 버렸다. 18세기 말에서 19세기 초에 걸쳐 살았던 독일의 유명한 철학자 헤겔은 변증법에 중요한 공헌을 했지만 그의 변증법은 관념론적 변증법이었다. 무산 계급운동의 위대한 활동가였던 마르크스와 엥겔스가 인류의 인식 역사의 적극적인 성과를 종합하고, 특히 헤겔 변증법의 합리적인 부분을 비판적으로 수용하여 변증법적 유물론과 사적 유물론이라는 위대한 이론을 창조해냄으로써, 인류의 인식사에는 일찍이 없던 대혁명이 일어났다. 그 후, 이 위대한 이론은 레닌과 스탈린에 의해 더욱 발전되었다. 이 이론이 중국에 전해지자 중국의 사상계에는 아주 커다란 변화가 일어났다.

이 변증법적 세계관은 우리에게 주로 여러 가지 사물의 모순 운동을 관찰하고 분석하며 그 분석에 기초하여 모순의 해결방법을 제시하는 일을 가르쳐주고 있다. 따라서 사물의 모순법칙을 구체적으로 이해하는 것은 우리에게 아주 중요하다.

모순의 보편성

서술의 편의를 위해 나는 여기에서 먼저 모순의 보편성에 대해 이야기하고, 그 다음에 모순의 특수성에 대해서 다루겠다. 그 이유는 마르크스주의의 위대한 창시자이며 계승자인 마르크스·엥겔스·레닌·스탈린이 유물변증법의 세계관을 발견하고 이를 이미 인류사와 자연사 분석의 여러 측면에, 그리고 사회와 자연변혁의 여러 측면에 〔예컨대 소련에서처럼〕 응용하여 위대한 성공을 거둠으로써 많은 사람들이 이미 모순의 보편성을 인정하고 있으므로 이 문제는 조금만 이야기하더라도 분명해질 수 있기 때문이다. 그러나 모순의 특수성이라는 문제에 관해서는 아직 많은 동지들, 특히 교조주의자들은 파악하지 못하고 있다. 그들은 모순의 보편성이 모순의 특수성 속에 존재한다는 사실을 이해하지 못한다. 그들은 우리가 혁명의 실천적 발전을 지도하는 경우에 당면한 구체적인 사물의 모순의 특수성을 연구하는 일이 얼마나 중요한 의의를 지니고 있는가도 여전히 이해하지 못한다. 따라서 모순의 특수성이라는 문제를 특히 중점적으로 연구하고 충분한 지면을 들여 설명을 해야 하겠다. 이러한 까닭에 이제 사물의 모순의 법칙을 분석하기 위해서는 우리는 먼저 모순의 보편성 문제를 분석한 다음, 이어 모순의 특수성 문제를 중점적으로 분석하고, 마지막에는 다시 모순의 보편성 문제로 되돌아가야 한다.

모순의 보편성 또는 절대성이라는 문제에는 두 가지의 의의가 있다. 하나는 모든 사물의 발전과정에 모순이 존재한다는 것이고, 다른 하나는 개개 사물의 발전과정에는 처음부터 끝까지 모순의 운동이 존재한다는 것이다.

엥겔스는 "운동 그 자체가 하나의 모순이다"[6]라고 말했다. 레닌은 대립과 통일의 법칙을 "자연계(정신과 사회 양자도 포함하여)의 모든 현상과 과정이 서로 모순하고 서로 배척하고 대립하는 경향을 지니고 있음을 인정(발견)하는 것"[7]이라 정의했다. 이러한 견해는 옳은가? 옳다.

6) 엥겔스, 『반뒤링론』(1877~1878) 제1편 제12절 「변증법, 양과 질」에서 인용.

모든 사물 속에 포함되어 있는 모순되는 측면들의 상호의존과 상호투쟁
은 모든 사물의 생명을 결정하고 모든 사물의 발전을 추진한다. 어떠한
사물도 예외 없이 모순을 포함하고 있으며 모순이 없으면 세계도 없다.

모순은 단순한 운동형태(예컨대 기계적 운동)의 기초이며, 나아가 복
잡한 운동형태의 기초가 된다.

엥겔스는 모순의 보편성에 대해서 이렇게 설명하고 있다. "단순하고
기계적인 이동조차도 모순을 자체 안에 포함하고 있다면 물질의 한층
고도의 운동 형태들, 특히 유기적 생명과 그 발전은 더욱 그러하다.
…… 생명이란 무엇보다도 어떤 생물이 매 순간에 자기 자신이면서 동
시에 다른 무엇이기도 하다는 점에 있다. 따라서 마찬가지로 생명은 물
체들과 과정 자체 속에 존재하여 끊임없이 스스로 생겨나고 스스로는
해결하는 모순이다. 그래서 이 모순이 정지되자마자 생명도 또한 끝나
고 죽음이 오게 된다. 마찬가지로 사고의 영역에서도 우리는 모순을 피
할 수 없다. 예를 들어 우리는 인간 내부의 무한한 인식능력과, 이러한
인식능력이 외부적으로 국한되어 인식상으로 한계가 있는 사람에게서
의 실제 발현이라는 양자 사이의 모순이 인간의 무한한 세대, 적어도
우리에게는 사실상 무궁한 연속 속에서, 무한한 운동의 진행 속에서 어
떻게 해결되어가는지 볼 수 있다."

"고등수학의 주된 기초의 하나는 모순이다."

"초등수학조차도 모순으로 가득 차 있다."[8]

레닌도 모순의 보편성을 이렇게 설명하고 있다.

"수학에서는 플러스와 마이너스, 미분과 적분.

역학에서는 작용과 반작용.

---

7) 레닌, 「변증법의 문제에 관하여」에서 인용.
8) 엥겔스, 『반뒤링론』제1편 제12절 「변증법, 양과 질」에서 인용.

물리학에서는 양전기와 음전기.

화학에서는 원자의 결합과 분해.

사회과학에서는 계급투쟁.")[9]

전쟁의 경우 공격과 방어, 전진과 후퇴, 승리와 패배는 모두 모순하고 있는 현상이다. 한쪽이 없으면 다른 한쪽도 존재하지 않는다. 쌍방은 투쟁하면서도 결합하여, 전쟁의 전체를 구성하고 전쟁의 발전을 추진하고 전쟁의 문제를 해결한다.

인간의 개념의 여러 차이는 모두 객관적 모순의 반영으로 간주되어야 한다. 객관적 모순이 주관적인 사상에 반영되어, 개념의 모순 운동을 형성하고 사상의 발전을 추진하고 인간의 사상문제를 끊임없이 해결해 가는 것이다.

당 내부에서 상이한 사상의 대립과 투쟁은 끊임없이 발생한다. 이는 사회의 계급적 모순과 신·구 사물의 모순이 당 내부에 반영된 것이다. 만약 당 내부에 모순이 없고, 모순을 해결하기 위한 사상투쟁이 없다면 당의 생명도 끝장나버릴 것이다.

이상에서 살펴본 것처럼, 단순한 운동형태이든 복잡한 운동형태이든 또는 객관적 현상이든 사상적 현상이든 보편적으로 모순이 존재하고 모든 과정에 모순이 존재하고 있다는 점은 이미 분명해졌다. 그러나 개개 과정의 최초의 단계에도 모순은 존재하는 것일까? 모든 사물의 발전과정에서는 시종일관 모순 운동이 있는 것일까?

소련 철학계에서 데보린 학파를 비판한 논문을 보면 데보린 학파는 다음과 같은 입장을 가지고 있다는 것을 알 수 있다. 즉, 그들은 모순이 시작되자마자 과정 안에 나타나는 것이 아니라 과정이 일정단계까지 발전해야 비로소 나타나는 것이라고 주장하고 있다. 만약 그렇다고 하면

---

9) 레닌, 「변증법의 문제에 관하여」에서 인용.

그때 이전까지의 과정의 발전은 내부적인 원인에 의해서가 아니라 외부적인 원인에 의한 것이 된다. 이와 같이 데보린은 형이상학적 외인론과 기계론으로 되돌아가고 말았다. 이와 같은 견해를 가지고 구체적인 문제를 분석하면 소련의 조건 아래서 부농과 일반농민 사이에 차이가 있기는 하지만 모순은 전혀 존재하지 않는다는 것이니 부하린의 의견[10]에 완전히 동조하게 되었던 것이다. 프랑스혁명[11]을 분석하는 경우에도 그들은 혁명 전의 노동자·농민·자산계급으로 이루어진 제3계급 속에 차이는 있으나 모순은 없다고 생각했다. 이러한 데보린 학파의 견해는 마르크스주의에 반대하는 것이다. 그들은 세계 속 각각의 차이에 이미 모순이 포함되어 있고 그 차이가 바로 모순이라는 사실을 인식하지 못했다. 노동자와 자본가 두 계급은 생겨날 때부터 상호 모순하고 있었으나 그것이 격화되지 않았던 것에 불과하다. 노동자와 농민 사이에는 소련의 사회적 조건 아래서도 상당한 차이가 있고 이러한 차이는 모순이지만, 이는 노동자·자본가 간의 모순과는 달리 계급투쟁의 형태를 취

---

10) 부하린(1888~1938)은 원래 러시아 혁명운동 과정에서 레닌주의에 반대한 한 분파의 지도자로, 뒤에 국가반역집단에 참가했다는 이유로 1937년 제명 출당되고, 1938년 소련최고재판소의 판결에 의해 처형당했다. 마오쩌둥이 여기서 비판하고 있는 것은 부하린이 오랫동안 고집했던 잘못된 의견이다. 이 잘못된 의견이란 계급모순은 은폐하고 계급투쟁을 계급협력으로 바꾸어 버렸던 점이다. 소련이 1928년에서 1929년에 걸쳐 농업집단화를 전면적으로 시행하려 했을 때 부하린은 이 잘못된 의견을 한층 노골적으로 전개했다. 즉, 그는 부농과 빈농·중농 간의 계급적 모순을 극력 은폐하고 부농에 대한 단호한 투쟁에 반대하는 동시에, 노동계급은 부농과 동맹을 맺을 수 있다든가, 부농은 '평화적으로 사회주의로 성장 진입이 가능하다'는 등 황당한 생각을 했다.
11) 1789년부터 1794년에 걸쳐 일어났던 프랑스 부르주아혁명. 프랑스 봉건제도가 극심하게 부패한 상태에서 상층계층인 성직자·귀족과 광대한 인민(농민·도시 평민·부르주아계급) 사이에 모순이 날로 첨예화되면서 발생했다. 이 혁명은 프랑스 봉건독재제도를 무너뜨리고 자본주의 발전을 촉진시켰고, 유럽 여러 나라에서도 부르주아혁명이 이어지는 계기가 되었다.

하지 않고 적대적으로 될 만큼 격화되지 않았을 뿐이다. 그들은 사회주의 건설과정에서 강력한 동맹을 형성했으며 사회주의에서 공산주의로 발전해나가는 과정에서 점차적으로 이 모순을 해결해가는 것이다. 이것은 모순의 차이에 대한 문제이지 모순의 존재 여부에 대한 문제가 아니다. 모순은 보편적이고 절대적인 것이며 모든 사물의 발전과정에 존재하고 모든 과정에 시종일관 관류하고 있다.

새로운 과정의 발생이란 무엇인가? 그것은 낡은 통일과 이 통일을 구성하는 대립적 요소가 새로운 통일과 이 통일을 구성하는 대립적 요소에 자리를 양보하고, 거기에 새로운 과정이 낡은 과정을 대신하여 발생하는 것이다. 낡은 과정은 끝나고 새로운 과정이 발생하는 것이며, 이 새로운 과정은 또한 새로운 모순을 포함하고 있으므로 그 자신의 모순의 발전사가 시작되는 것이다.

레닌은 마르크스가 『자본론』에서 사물의 발전과정의 처음부터 끝까지의 모순 운동에 관해 모범적인 분석을 진행했다고 지적한 바 있다. 이는 모든 사물의 발전과정을 연구하는 데 응용하지 않으면 안 되는 방법이다. 레닌 자신도 이를 정확히 응용했는데, 이는 그의 모든 저작에 관철되어 있다.

"마르크스의 『자본론』에서는 최초로 부르주아사회(상품사회)의 가장 단순하고 가장 보편적이고 가장 근본적이고 가장 흔히 보이고 가장 일상적이며 수억 번 일어나는 관계, 즉 상품교환이 분석되어 있다. 그 분석은 이 가장 단순한 현상 위에(부르주아사회의 이 '세포' 위에) 현대사회의 모든 모순(또는 모든 모순의 싹)을 밝힌다. 그 뒤의 서술은 다시 이러한 모순의 발전과 이 사회 각 부분의 총화로서의 발전(성장과 운동이라는 양자)을 시종일관 우리에게 보여주고 있다."

레닌은 이렇게 서술한 뒤에 계속해서 "이것이 변증법 일반을 …… 서술(및 연구)하는 방법이 되지 않으면 안 된다"[12]고 말하고 있다.

중국공산당원은 중국혁명의 역사와 현상을 정확히 분석하고 혁명의 미래를 정확히 예측하기 위해 반드시 이 방법을 몸에 익히지 않으면 안 된다.

모순의 특수성

모순은 모든 사물의 발전과정에 존재하고 있고 시종일관 각 사물의 발전과정을 관류하고 있다는 것, 그리고 이것이 모순의 보편성과 절대성이라는 것은 이미 앞에서 이야기했다. 이제 모순의 특수성과 상대성에 대하여 이야기해 보도록 하자.

이 문제는 몇 가지 상황을 통해 연구하지 않으면 안된다.

첫째, 물질의 여러 가지 운동형태 속의 모순은 모두 특수성을 가지고 있다는 점이다. 인간이 물질을 인식하는 것은 물질의 운동형태를 인식하는 것이다. 왜냐하면 세계에는 운동하는 물질 외에 아무것도 없으며, 물질의 운동은 항상 일정한 형태를 지니기 때문이다. 각 물질의 운동형태를 살펴보기 위해서는 이런저런 여러 가지 운동형태의 공통점에 주의를 기울여야만 한다. 그러나 특히 중요한 일은, 우리가 사물을 인식하는 기초가 되는 것은 그 특수성이라는 사실에 주의를 기울여야 한다는 점이다. 즉, 이런저런 운동형태의 질적인 구별에 주의를 기울여야 한다. 그렇게 했을 때에만 우리는 사물을 구별할 수 있다. 모든 운동형태는 그 내부에 각기 자신의 특수한 모순을 포함하고 있다. 이 특수한 모순이 한 사물과 다른 사물을 구별시켜 주는 특수한 본질을 구성한다. 이 것이 바로 세계의 여러 가지 사물이 천차만별(千差萬別)을 이루게 되는

---

12) 레닌, 「변증법의 문제에 관하여」에서 인용.

내재적 원인 또는 근거이다. 자연계에는 기계적 운동, 소리, 빛, 열, 전류, 분해, 결합 등 많은 운동 형태가 존재하고 있다. 물질의 이러한 모든 운동 형태는 모두 서로 의존하고 있으면서도 본질적으로는 서로 구별된다. 물질의 각 운동 형태가 가지고 있는 특수한 본질은 물질 자체의 특수한 모순에 의해 규정된다. 이와 같은 상황은 자연계뿐만 아니라 사회현상 및 사상현상 속에도 똑같이 존재하고 있다. 각각의 사회형태와 사상형태는 모두 자신의 특수한 모순과 특수한 본질을 갖고 있다.

과학 연구는 과학 대상이 지닌 특수한 모순성에 근거하여 구별된다. 따라서 어떤 현상의 영역에서 특별히 존재하는 어떤 모순에 관한 연구가 그 분과과학의 대상을 구성한다. 예를 들어, 수학의 경우 양수와 음수, 역학의 경우 작용과 반작용, 물리학의 경우 음전기와 양전기, 화학의 경우 분해와 결합, 사회과학의 경우 생산력과 생산관계, 계급과 계급의 상호투쟁, 군사학의 경우 공격과 방어, 철학의 경우 관념론과 유물론, 형이상학적 관점과 변증법적 관점 등은 모두 특수한 모순과 특수한 본질을 지니고 있기 때문에 서로 상이한 과학연구의 대상을 구성하고 있는 것이다. 물론 모순의 보편성을 인식하지 못하면 사물이 운동하고 발전하는 보편적인 원인 또는 보편적인 근거를 발견해낼 수가 없다. 그러나 모순의 특수성을 연구하지 않으면 어떤 사물이 다른 사물과 다르게 되는 특수한 본질을 설명할 길이 없고, 사물이 운동하고 발전하는 특수한 원인 또는 특수한 근거를 발견할 수가 없으며, 사물을 분별하거나 과학연구의 영역을 구분 지을 방도도 없다.

인류의 인식운동의 질서에 대해 살펴보면, 항상 개별적이고 특수한 사물의 인식에서 점차 일반적인 사물의 인식으로 확대해간다. 인간은 우선 수많은 사물의 특수한 본질을 인식하고 난 뒤에야 한 걸음 더 나아가 개괄작업을 하고 여러 가지 사물의 공통된 본질을 인식할 수 있게 되는 것이다. 이 공통된 본질을 이미 인식했다고 하면 이 공통된 인식을 지침으로 삼아 나아가 아직 연구되지 않았거나 또는 아직 분명하게 연구되지 못한 여러 가지 구체적인 사물에 대한 연구를 계속 진행하여 그 특수한 본질을 찾아낸다. 그리하여 비로소 이 공통된 본질의 인식을 메마르거나 경직된 것이 되지 않도록 보충하고 풍부하게 만들고 발전시킬 수가 있다. 이것이 인식의 두 가지 과정으로서, 하나는 특수에서 일반으로, 다른 하나는 일반에서 특수로 나아가는 과정이다. 인간의 인식은 바로 이와 같이 순환하고 움직여 나아가는 것이며, 그렇게 한 번 순환할 때마다(과학적 방법에 엄격하게 따르는 한) 인류의 인식은 한걸음씩 전진하고 끊임없이 심화되어 갈 수 있다. 이 문제에 대한 우리 교조주의자들의 오류는, 한편으로는 모순의 특수성을 연구하고 각 사물의 특수한 본질을 인식해야만 모순의 보편성과, 여러 가지 사물의 공통된 본질을 충분히 인식할 수 있다는 것을 모르고 있다는 점이다. 그리고 다른 한편으로는 우리가 사물의 공통된 본질을 인식한 뒤에도 아직 철저하게 연구되지 않았거나 또는 새롭게 나타난 사물에 대해 계속 연구하지 않으면 안 된다는 것을 모르고 있다는 점이다. 우리 교조주의자들은 게으름뱅이여서 그들은 구체적인 사물에 대한 일체의 힘든 연구 활동을 거부한 채, 진리 일반이 아무런 근거도 없이 나타나는 것으로 간주하여 진리를 막연하게 순수한 추상적인 공식(公式)으로 바꾸어버리고, 인류가 진리를 인식하는 정상적인 순서를 완전히 부인했으며, 더구나 그것을 전도(轉倒)시킨 것이다. 또한 그들은 인류의 인식의 두 가지 과정이 상호 결합된다는 ― 특수에서 일반으로 그리고 일반에서 특수로 진전된다는 ― 것을 알지 못하고, 마르크스주의의 인식론을 전혀 이해하지 못하고 있는 것이다.

우리는 각 물질의 커다란 체계를 이루는 운동형태가 가지는 특수한 모순성과 그것에 의해 규정된 본질을 연구해야만 한다. 뿐만 아니라 각 물질의 운동형태의 오랜 발전 과정에서의 각 과정의 특수한 모순 및 그 본질을 연구해야만 한다. 추측이 아닌 현실의 모든 운동형태의 각 발전과정은 질적으로 다르다. 우리의 연구 활동은 이 점에 역점을 두어야 하며 또한 이 점에서 시작해야만 한다.

질적으로 다른 모순은 질적으로 다른 방법을 통해서만 해결될 수 있다. 무산계급과 자산계급 사이의 모순은 사회주의혁명 방법을 통해서 해결되고, 인민대중과 봉건제도 사이의 모순은 민주주의혁명 방법을 통해서 해결되고, 식민지와 제국주의 사이의 모순은 민족혁명전쟁 방법을 통해서 해결되고, 사회주의사회에서의 노동자계급과 농민계급 사이의 모순은 농업의 집단화와 기계화의 방법을 통해서 해결되고, 공산당 내의 모순은 비판과 자기비판의 방법을 통해서 해결되고, 사회와 자연 사이의 모순은 생산력을 발전시키는 방법을 통해서 해결된다. 과정이 변화하여 낡은 과정과 낡은 모순이 사라지고 새로운 과정과 새로운 모순이 나타나면, 모순을 해결하는 방법 또한 그에 따라 달라진다. 러시아의 2월혁명과 10월혁명에서 해결된 모순과 그 모순을 해결하는 데 사용된 방법은 근본적으로 다르다. 상이한 모순은 상이한 방법으로 해결한다는 것, 이는 마르크스 · 레닌주의자가 엄격히 지켜야 하는 원칙이다. 교조주의자는 이러한 원칙을 지키지 않고, 여러 가지 혁명 상황의 차이를 이해하지 못한다. 따라서 그는 상이한 방법으로 상이한 모순을 해결해야 한다는 것도 이해하지 못하므로, 그 자신이 불변의 것으로 여기는 어떤 공식을 천편일률적으로 억지로 적용할 따름이다. 이것은 혁명을 실패로 이끌거나 혹은 원래 잘 되어가던 것을 엉망진창으로 만들 뿐이다.

사물의 발전과정에 있는 모순이 전체 속에 또한 상호관련 속에 갖고 있는 특수성을 파악하기 위해서는, 즉 사물의 발전과정의 본질을 파헤치기 위해서는 과정상의 각 측면이 지닌 모순의 특수성을 파악해야만 한다. 그렇지 않으면 사물의 본질은 파악될 수 없다. 이 점에도 우리는 연구 활동을 하면서 충분히 주의를 기울이지 않으면 안 된다.

거대한 사건은 발전과정에 많은 모순을 포함하고 있다. 예를 들어, 중국의 자산계급민주주의혁명 과정에는 중국사회의 피압박계급과 제국주의 사이의 모순, 인민대중과 봉건제도 사이의 모순, 무산계급과 자산계급 사이의 모순, 농민 및 도시의 소자산계급과 자산계급 사이의 모순, 각각의 반동적 지배집단 사이의 모순 등이 있어 그 상황은 매우 복잡하다. 이러한 모순은 각기 특수성이 있으므로 이것을 일률적으로 취급할 수 없을 뿐만 아니라, 각 모순의 두 측면도 각기 특징을 가지고 있으므로 이 또한 일률적으로 취급될 수는 없다. 중국혁명에 참여하고 있는 우리는 각 모순의 전체 속에서, 즉 모순의 상호연관 속에서 그 특수성을 이해해야 할 뿐만 아니라, 그 전체를 이해하기 위해서는 모순의 각 측면을 연구해야만 한다. 모순의 각 측면을 이해한다고 하는 것은 각 모순이 어떠한 특정의 위치를 차지하고 있고, 각자가 어떠한 구체적인 형태로 상대방과 서로 의존하면서도 서로 모순되는 관계를 갖는가, 그리고 이 서로 의존하면서도 서로 모순되는 가운데, 또한 의존관계가 깨진 뒤에 어떠한 구체적인 방법으로 상대편과 투쟁하는가를 이해하는 것이다. 이러한 문제를 연구하는 것은 매우 중요하다. 레닌이 "마르크스주의의 가장 본질적인 것이자 마르크스주의의 살아있는 혼은 구체적인 상황에 대한 구체적 분석에 있다"[13]고 한 것은 바로 이러한 의미이다. 우리 교조주의자들은 레닌의 가르침을 무시하고 어떤 사물을 구체적으로 분석하기 위해 한 번도 머리를 쓰지 않고, 글을 쓰거나 연설을 할 때에도 언제나 내용이 텅 비고 진부한 말만을 늘어놓음으로써 우리 당

---

13) 레닌의 논문 「공산주의」(1920년 6월 12일)에 보인다. 이 문장 속에서 레닌은 헝가리 공산당 지도자 베라 쿤을 비판하면서 "그는 마르크스주의의 가장 본질적인, 마르크스주의의 살아있는 영혼인 '구체적 상황을 구체적으로 분석한다'는 점을 벗어나버렸다."고 지적했다.

내에 매우 나쁜 풍조를 만들어놓았다.

　문제를 연구할 때 주관성·일면성·표면성을 띠는 것은 금물이다. 주관성이란 문제를 객관적으로 보지 못한다는 것, 즉 유물론적인 관점에서 문제를 바라보지 못한다는 것을 말한다. 이 점에 대해서는 이미 내가 『실천론』에서 이야기한 바 있다. 일면성이란 문제를 전면적으로 보지 못한다는 것을 말한다. 예를 들어, 중국만을 이해하고 일본은 이해하지 못하고, 공산당만을 이해하고 국민당은 이해하지 못하며, 무산계급은 이해하는데 자산계급은 이해하지 못하며, 농민만을 이해하고 지주는 이해하지 못하며, 순조로운 상황만을 이해하고 어려운 상황은 이해하지 못하며, 과거만을 이해하고 미래는 이해하지 못하며, 개체만을 이해하고 전체는 이해하지 못하며, 결점만을 이해하고 성과는 이해하지 못하며, 원고(原告)만을 이해하고 피고(被告)는 이해하지 못하며, 혁명의 비밀활동만을 이해하고 혁명의 공개활동은 이해하지 못하는 것 등을 말한다. 한 마디로 말해 모순의 각 측면의 특징을 이해하지 못하는 것을 말한다. 이러한 것이 문제를 일면적으로 본다는 것이다. 또는 부분만을 볼 뿐 전체를 보지 못하고, 나무만을 볼 뿐 숲을 보지 못한다고 말할 수 있다. 그렇게 해서는 모순을 해결하는 방법을 찾아낼 수 없고, 혁명의 임무를 달성할 수 없고, 담당한 활동을 훌륭하게 완수할 수 없고, 당내의 사상 투쟁을 올바르게 발전시킬 수 없다. 손자(孫子)는 군사(軍事)를 논하며 "적을 알고 나를 알면 백 번을 싸워도 위태롭지 않다"(知彼知己, 百戰不殆)[14]고 말했다. 그는 전쟁을 하는 양측을 말하고 있는 것이다. 당대(唐代)의 위징(魏徵)은 "양쪽에 두루 귀를 기울이면 밝아지고, 한 측면만을 믿으면 어두워진다(兼聽則明, 偏信則暗)"[15]고 말했는데, 역

---

14) 『손자(孫子)』「모공(謀攻)」 편에 보인다.
15) 위징(魏徵, 서기 580~643년), 당대(唐代) 초기의 정치가이자 역사가. 본문에 인

52

시 일면성의 잘못을 지적하고 있는 것이다. 그렇지만 우리 동지 가운데
는 문제를 일면적으로만 바라보는 자가 종종 있는데 이러한 사람은 대
개 난관에 부딪히게 된다. 『수호전(水滸傳)』에서 송강(松江)은 축가장
(祝家莊)을 세 번 공격했으나[16] 처음 두 번은 상황을 잘 몰랐고 방법도
틀렸기 때문에 패배했다. 그 뒤에 방법을 고치고 상황조사부터 시작하
여 미로(迷路)에 대해서도 익숙해지자 이가장(李家莊)·호가장(扈家
莊)·축가장(祝家莊)의 동맹을 깨뜨리고 외국 이야기에 나오는 '트로이
의 목마'[17]와 유사한 방법으로 적의 진영에 복병(伏兵)을 들여보내 세
번째 공격을 승리로 이끌었다. 『수호전』에는 유물변증법의 사례가 많
이 들어있는데, 축가장을 세 차례 공격한 대목은 그 중에서도 가장 좋
은 예라고 말할 수 있다. 레닌은 말했다. "대상을 진실로 알기 위해서는
모든 측면, 모든 연관과 '매개'를 파악하고 연구해야만 한다. 우리가 결
코 완전하게 여기까지 도달하지는 못한다 하더라도 전면성(全面性)에
대한 요구는 우리를 오류나 경직성에 함몰되지 않도록 막아줄 것이다
."[18] 우리는 그의 이 말을 명심해야만 한다. 표면성이란 모순의 전체나

용되어 있는 말은 『자치통감(資治通鑑)』 192권에 보인다.

16) 『수호전』은 북송(北宋) 말기 농민전쟁을 묘사한 소설로, 송강(松江)은 이 소설
속 주요 지도자이다. 축가장(祝家莊)은 농민전쟁의 근거지 양산박(梁山泊) 부근
에 있고, 이 장(莊)의 통치자는 대 악덕지주 축조봉(祝朝奉)이다.

17) 목마의 계략은 그리스신화에 나오는 유명한 이야기. 전설에 의하면, 고대 그리
스인이 트로이 성을 공격했으나 오랫동안 함락시킬 수 없었다. 후에 그들은 후
퇴하는 것처럼 가장하면서 성 밖 막사에 커다란 목마를 남겨 두고 그 뱃속에 용
감한 병사들을 숨겨 놓았다. 트로이 사람들은 이것이 적의 계략이라는 것을 알
지 못한 채 목마를 전리품으로 여겨 성 안으로 끌고 들어왔다. 밤이 이슥해지자
그리스병사들은 목마에서 나와 트로이군이 방심하고 있던 기회를 이용해 성 밖
군대와 합공으로 순식간에 트로이 성을 함락시켰다.

18) 레닌, 「다시 노동조합에 관하여, 현재의 정세와 트로츠키·부하린의 오류에 대
하여」(1921년 1월)에서 인용.

모순의 각각의 특징을 고려하지 않고, 사물을 깊이 파고들어 모순의 특징을 세밀히 연구할 필요성을 부정하고, 다만 멀리서 바라보면서 모순의 대수롭지 않은 모습을 대충 보는 것만으로 즉시 모순의 해결(문제에 대답하고, 분쟁을 해결하고, 일을 처리하고, 전쟁을 지휘하는 일)에 착수하고자 하는 것을 말한다. 이와 같은 방식은 잘못을 저지르기 마련이다. 중국의 교조주의적 · 경험주의적 동지들이 오류를 범하게 된 이유는 사물을 관찰하는 방법이 주관적이고 일면적이며 표면적이기 때문이다. 일면성 · 표면성도 주관성이다. 왜냐하면 모든 객관적 사물은 원래 상호 연관된 내부 법칙을 지니고 있는데, 이 상황을 있는 그대로 반영하지 않고 일면적, 또는 표면적으로만 이것들을 바라봄으로써 사물이 상호연관되고 내부 법칙을 지니고 있음을 인식하지 못하기 때문에, 이와 같은 방법은 주관주의인 것이다.

우리는 사물 발전의 전 과정에 있는 모순운동의 특징을 상호관계나 각 측면의 상황에 주의를 기울여 살펴보아야 할 뿐만 아니라 과정 발전의 각 단계에 있는 특징에도 주의를 기울이지 않으면 안된다.

사물의 발전과정에 있는 근본적 모순, 이 근본적 모순에 의해 규정된 과정의 본질은 과정이 완료되지 않으면 소멸되지 않는다. 그러나 사물이 발전하는 오랜 과정 속의 개개의 발전단계는 상황이 종종 서로 구별된다. 이것은 사물의 발전과정에 있는 근본적 모순의 성질과 과정의 본질에는 변화가 없다 하더라도, 오랜 과정의 각 발전단계에서 근본적 모순이 점차 격화되는 형식을 취하기 때문이다. 더구나 근본적 모순에 의해 규정되거나 또는 영향을 받는 크고 작은 여러 가지 많은 모순 가운데 어떤 것은 격화되고, 어떤 것은 일시적으로 또는 부분적으로 해결되거나 완화되기도 하고, 또 어떤 것은 새로 발생하기 때문에 과정에 단계성이 나타나게 되는 것이다. 사물의 발전과정 중에 나타나는 단계성에 주의를 기울이지 못하는 사람은 사물의 모순을 적절하게 처리할 수가 없다.

예를 들어 자유경쟁시대의 자본주의가 제국주의로 발전해갔을 때에도 무산계급과 자산계급이라는 근본적으로 모순된 두 계급의 성질과 이 사회의 자본주의적 본질이 변화된 것은 아니다. 그러나 이 두 계급 간의 모순이 격화되고, 독점자본과 비독점자본 간의 모순이 발생하고, 종주국과 식민지 간의 모순이 격화되고, 자본주의국가들 간의 모순, 즉 불균등 발전에 의해 야기된 각국 간의 모순이 더욱 첨예하게 나타남으로써 자본주의의 특수한 단계, 즉 제국주의의 단계가 형성된 것이다.

레닌주의가 제국주의와 프롤레타리아혁명 시대의 마르크스주의로 되었던 이유는, 레닌과 스탈린이 이러한 모순들을 정확히 해명하고, 이러한 모순들을 해결하기 위해 프롤레타리아혁명의 이론과 전술을 정확히 만들어내었기 때문이다.

신해혁명(辛亥革命)[19]으로 시작된 중국의 자산계급민주주의혁명 과정의 상황을 관찰해 본다면 몇 가지 특수한 단계가 있음을 알 수 있다. 특히 자산계급이 지도했던 시기의 혁명과 무산계급이 지도한 시기의 혁명은 크게 다른 두 가지 역사적 단계로 구별된다. 즉 무산계급의 지도

---

19) 쑨원(孫文)을 수반으로 하는 자산계층 혁명단체 동맹회(同盟會)의 영도 아래 청 왕조를 전복시킨 혁명. 1911년(辛亥年) 10월 10일 혁명당이 신군(新軍)을 발동하여 후베이(湖北)성 우창(武昌)에서 봉기하고, 각 성들이 연이어 이에 호응하자 외국제국주의의 지지 아래 있던 청조의 반동통치는 급속히 와해되고 말았다. 1912년 1월 난징(南京)에 중화민국 임시정부가 수립되고 쑨원이 임시대총통에 취임했다. 이로부터 이천 여 년 동안 중국을 지배해오던 군주전제제도가 종결되고 민주주의공화제가 실시되어 민주주의공화국이라는 관념이 사람들 머릿속에 깊이 인식될 수 있었다. 그러나 자산계층혁명파는 역량이 매우 약한데다가 타협적 성격을 지니고 있었기 때문에 광범한 인민의 힘을 동원하여 제국주의와 봉건주의에 반대하는 혁명을 한층 철저히 수행할 수가 없었다. 이로 인해 신해혁명의 성과를 북양군벌 위안스카이(袁世凱)에게 빼앗기게 되었고, 중국은 여전히 반(半)식민지 · 반(半)봉건 상태에서 벗어날 수 없었다.

를 통해 혁명의 양상이 근본적으로 변화하고 계급관계가 새롭게 배치되고 농민혁명이 빈발하면서, 반제국주의·반봉건주의혁명의 철저성, 민주주의혁명에서 사회주의혁명으로의 전환 가능성 등이 창출되었다. 자산계급이 혁명을 지도했던 시기에는 이러한 모든 것이 나타날 수가 없었다. 전체 과정을 관류하는 근본적 모순의 성질, 즉 이 과정의 반제(反帝)·반봉건(反封建)적 민주주의혁명이라고 하는 성질(반대쪽은 반(半)식민지적·반(半)봉건적인 성질)은 결코 변화하지 않았다. 그럼에도 불구하고 이 오랜 기간 동안 신해혁명의 실패와 북양군벌(北洋軍閥)[20]의 지배, 제1차 민족통일전선의 수립과 1924년에서 1927년에 걸친 혁명, 통일전선의 분열과 자산계급의 반혁명으로의 전변, 새로운 군벌전쟁, 토지혁명전쟁, 제2차 민족통일전선의 수립과 항일전쟁 등등의 커다란 사건이 있었고, 이 20여 년간 몇 가지 발전단계를 거쳤다. 이러한 단계들 속에서 어떤 모순은 격화되었고(예컨대 토지혁명전쟁과 일본제국주의의 동북4성[21]에 대한 침략), 어떤 모순은 부분적 또는 일시적으로 해

---

20) 청말 위안스카이(袁世凱)가 북방 여러 성에 건립한 봉건 군벌집단. 1895년 청왕조가 위안스카이에게 톈진(天津)에서 신식 육군을 편성하게 하면서 북양대신의 통제 아래 두었다. 1901년 위안스카이가 직예총독 겸 북양대신으로 부임한 후 이 군대를 장악하게 된다. 신해혁명 직후 그는 중화민국임시대총통 직무를 절취하고 북양군벌의 반동통치 시대를 열었다. 1916년 그가 죽은 후 이 집단은 영국·일본 등 제국주의국가의 지지 아래 직예(直隷)·환(皖, 안후이)·봉(奉, 펑톈) 등 세 파로 분열되어 권력 쟁탈을 위해 서로 전투를 벌였다. 1926년 환(皖)계 군벌 돤치루이(段祺瑞)가 실권했고, 1927년 직예계 군벌이 국민혁명군에게 격파되었으며, 1928년 펑톈계 군벌도 몰락하면서 북양군벌의 반동통치도 막을 내렸다.

21) 당시 중국 동북부에 위치한 랴오닝(遼寧)·지린(吉林)·헤이룽장(黑龍江)·러허(熱河) 등 4성을 가리킨다. 현재는 랴오닝·지린·헤이룽장 3성과 허베이성(河北省) 동북부 장성(長城) 이북과 네이멍구(內蒙古)자치구 동부 지역에 해당된다. 1931년 9·18사건이 발생하면서 일본 침략군이 랴오닝·지린·헤이룽장 3성을 점령했고, 1933년에 러허성까지 점령했다.

결되었고(예컨대 북양군벌이 소멸되고 우리가 지주의 토지를 몰수한 것), 어떤 모순이 새로이 발생하는(예를 들어 새로운 군벌 간의 투쟁, 남방 각지의 혁명근거지가 상실된 뒤 지주가 다시 토지를 되찾은 일) 등의 특수한 상황이 포함되어 있다.

사물의 발전과정의 각 발전단계에 있는 모순의 특수성을 연구할 때는 상호연관 및 전체를 살펴보아야 할 뿐만 아니라 각 단계의 모순의 각 측면도 관찰해야만 한다.

국민당과 공산당, 두 당을 예로 들어 보자. 국민당은 제1차 통일전선 시기에 쑨중산(孫中山)의 연소(聯蘇: 소련과의 연합)·연공(聯共: 공산당과의 연합)·노농원조(勞農援助)라는 3대 정책을 실행했다. 그것은 혁명적이었고 생기가 넘쳤으며 여러 계급의 민주주의혁명을 위한 동맹체였다. 하지만 1927년 이후 국민당은 이와 정반대로 돌변, 지주와 대자산계급의 반동적 집단이 됐다. 1936년 12월 시안사변(西安事變)[22] 이후에는 다시 내전을 중단하고 공산당과 연합하여 함께 일본제국주의에 반대하는 쪽으로 변화하기 시작했다. 이것이 국민당의 세 단계의 특징이다. 물론 이러한 특징이 형성된 데에는 여러 가지 원인이 있다. 중국공산당 쪽에 대해 살펴보도록 하자. 제1차 통일전선 시기 공산당은 유아

---

22) 당시 장쉐량(張學良)이 이끄는 국민당 동북군(東北軍)과 양후청(楊虎城)이 이끄는 국민당 제17로군이 홍군과 인민들의 항일운동의 영향 아래 공산당이 제시한 항일민족통일전선정책에 동의해 장제스에게 공산당과 연합해 항일할 것을 요구했다. 그러나 장제스는 이 요구를 거부하면서 오히려 '초공(剿共: 공산당 토벌)' 군대를 한층 늘리고 시안(西安) 학생들의 항일운동을 진압했다. 이에 1936년 12월 12일, 장쉐량과 양후청이 시안사변을 일으켜 장제스를 체포했다. 사건 발생 후 중국공산당은 장·양 두 사람의 애국행동을 크게 환영하면서 '연합 항일' 방침으로 이 일을 해결할 것을 주장했다. 12월 25일, 장제스는 결국 공산당과 연맹해 항일한다는 조건을 수용한 후에야 석방되어 난징(南京)으로 돌아올 수 있었다.

기였으나, 1924년부터 1927년에 이르는 혁명을 영웅적으로 영도했다. 그러나 혁명의 성격·임무·방법의 인식이라는 측면에서 그 미숙함이 드러났고, 혁명 후기에 발생한 '천두슈(陳獨秀)주의'[23]가 작용함으로써 이 혁명은 실패해버리고 말았다. 1927년 이후 중국공산당은 또한 토지혁명전쟁을 용감하게 지도하고 혁명군대와 혁명근거지를 만들었지만 다시 모험주의의 오류를 범했기 때문에 군대와 근거지에 커다란 손실을 초래했다. 1935년 이후에는 다시 모험주의의 오류를 시정하고 새로운 항일통일전선을 이끌어나가게 되면서 이 위대한 투쟁은 이제 발전해나가고 있다. 이 단계에서 공산당은 두 차례 혁명의 시련을 거치면서 풍부한 경험을 가진 당이 되었다. 이것이 세 단계 동안의 중국공산당의 특징이다. 이러한 특징이 형성된 데에도 여러 가지 원인이 있다. 이러한 특징들을 연구하지 않으면 각 발전단계에서 국·공 양당의 특수한

---

23) 천두슈의 우경(右傾)기회주의를 가리킨다. 1927년 상반기에 나타난, 천두슈를 대표자로 한 우경투항주의의 오류다. 당시 천두슈는 농민대중·도시 소자산계급 및 중자산계급에 대한 영도권, 더구나 무장역량에 대한 영도권을 포기하였으며, 연합만 주장하고 투쟁을 부인하면서 국민당 우파의 반인민적 음모활동에 대해 타협·투항 정책을 취했다. 나아가 대지주·대자산계급의 대표자 장제스(蔣介石)·왕징웨이(汪精衛)가 혁명을 배반하고 인민에게 불의의 습격을 가할 때 중국공산당과 광범한 혁명적 인민들이 효과적, 조직적으로 저항할 수 없게 함으로써 제1차 국내혁명전쟁이 실패로 돌아가게 만들었다. 그해 8월 7일 중국공산당 중앙위원회는 한커우(漢口)에서 긴급회의를 소집하여 대혁명 실패 경험과 교훈을 종합하고, 당중앙에서 천두슈 우경투항주의의 당내 지배를 끝냈다.(원주) 천두슈(1880~1942)는 안후이성(安徽省) 화이닝(懷寧) 사람으로, 1915년 9월 상하이에서 『청년잡지』를 발간하면서 신문화운동과 5·4운동을 이끌었고, 중국공산당이 창립된 1921년 7월부터 1927년 8월까지 중국공산당 중앙서기를 역임했다. 그러나 제1차 국내혁명전쟁 말기에 우경투항주의로 전향해 혁명에 막심한 피해를 초래했다는 비판을 받고 1927년 총서기직에서 해임된 후 트로츠키주의의 입장을 취해 1929년에는 제명당하기에 이르렀다. 그 후 1932년 10월 국민당정부에 체포되었다가 1937년 8월 출옥한 후 1942년 병사하였다.(역주)

상호관계, 즉 통일전선의 수립, 통일전선의 분열 그리고 통일전선의 재수립 등을 이해할 수 없다. 그래서 양당의 여러 가지 특징을 연구할 때 한층 근본적으로 연구해야 할 것은 이 양당의 계급적 기초, 그리고 이것에 의해 각 시기에 형성된 양당과 다른 방면과의 모순의 대립이다. 예를 들어 국민당은 공산당과 최초로 연합한 시기에 한편으로는 외국 제국주의와의 사이에 모순이 있었으므로 제국주의에도 반대했지만, 다른 한편으로는 국내의 인민대중과의 사이에 모순이 있었으므로 말로는 노동인민에게 많은 이익을 주겠다고 약속하면서 실제로는 보잘것없는 이익밖에 주지 않든가 또는 전혀 아무것도 주지 않았다. 그래서 반공전쟁을 전개했던 시기에는 제국주의 · 봉건주의와 협력하여 인민대중에 반대하고, 인민대중이 혁명 중에 쟁취한 모든 이익을 모조리 빼앗고, 인민대중과의 모순을 격화시켰다. 현재의 항일시기에 국민당은 일본제국주의와의 사이에 모순이 있으므로 한편으로는 공산당과 연합하고자 하면서 동시에 공산당과 국내의 인민대중에 대한 투쟁과 억압을 늦추지 않고 있다. 하지만 공산당은 어떠한 시기에도 언제나 인민대중과 함께 제국주의와 봉건주의에 반대해 왔다. 그러나 현재 항일의 시기에는 국민당이 항일을 표명하고 있으므로 국민당 및 국내의 봉건세력에 대해 온건한 정책을 취하고 있다. 이러한 상황에서 양당의 연합 또는 투쟁이 형성된 것인데, 설사 양당이 연합하고 있는 시기라 할지라도 연합도 하고 투쟁도 해야 하는 복잡한 상황이 존재하는 것이다. 만약 우리가 모순의 이러한 측면의 특징을 연구하지 않는다면 이 양당이 각기 여타 측면과의 사이에 갖고 있는 관계를 이해할 수 없을 뿐만 아니라 양당 간의 상호 관계 또한 이해할 수 없다.

이러한 점으로 보아, 어떠한 모순의 특성, 물질의 각 운동형태가 갖는 모순, 각 운동형태가 각 발전과정에서 갖는 모순, 각 발전과정에서 갖는 모순의 각 측면, 각 발전과정이 각 발전단계에서 갖는 모순, 각 발전단계에서의 모순의 각 측면 등을 연구한다 하더라도 이러한 모든 모순의 특성을 연구할 때에는 주관적·자의적으로 진행해서는 안되며 구체적으로 분석해야만 한다. 구체적인 분석을 하지 않으면 어떠한 모순의 특성도 인식할 수 없다. 우리는 언제나 "구체적 사물에 대해서 구체적 분석을 해야 한다"는 레닌의 말을 명심해야만 한다.

이러한 구체적인 분석은 마르크스와 엥겔스가 가장 먼저 뛰어난 모범을 우리에게 제공해주었다.

마르크스와 엥겔스는 사물의 모순법칙을 사회의 역사과정 연구에 활용하여 생산력과 생산관계 사이의 모순, 착취계급과 피착취계급 사이의 모순, 그리고 이러한 모순에 의해 생겨난 경제적 토대와 정치·사상 등 상부구조 사이의 모순 등을 알아내고, 왜 이러한 모순이 각기 상이한 계급사회에서 각기 상이한 사회혁명을 초래할 수밖에 없는가를 파악했다.

마르크스는 이 법칙을 자본주의사회의 경제구조 연구에 활용함으로써 이 사회의 기본적 모순이 생산의 사회성과 소유의 사적 성격 사이에 있다는 것을 간파했다. 이 모순은 각 기업에서의 생산의 조직성과 사회 전체에서의 생산의 무조직성 사이의 모순으로 나타난다. 이 모순의 계급적 포현이 자산계급과 무산계급 사이의 모순이다.

사물의 범위는 매우 넓고, 사물의 발전은 무한하기 때문에 어떤 경우에는 보편적인 것이 다른 경우에는 특수성으로 변한다. 반대로 어떤 경우에는 특수한 것이 다른 경우에는 보편성으로 변한다. 자본주의제도가 갖고 있는 생산의 사회화와 생산수단의 사적 소유제 사이의 모순은 자본주의가 존재하고 발전해가고 있는 모든 나라에 공통된 것이며 자본주의에서의 모순의 보편성이다. 그러나 자본주의의 이러한 모순은 일반적 계급사회가 일정한 역사적 단계로 발전할 때의 것이며, 일반적 계급사회의 생산력과 생산관계의 모순 측면에서 말하자면 이는 모순의 보편성이다. 그러나 자본주의의 이러한 모순은 일반적 계급사회가 일정한 역사적 단계로 발전할 때의 것이며, 일반적 계급사회의 생산력과 생산관계의 모순 측면으로 말하자면 이는 모순의 특수성이다. 그러나 마르크스는 자본주의 사회의 이러한 모든 모순의 특수성을 해부해낸 후, 동시에 계급사회 일반에서 생산력과 생산관계 사이의 모순의 보편성을 한층 깊고 한층 충분하며 한층 완전하게 밝혀냈던 것이다.

특수한 사물은 보편적인 사물과 연결되어 있고, 개개 사물의 내부에는 모순의 특수성뿐만 아니라 모순의 보편성도 포함되어 있기에, 보편성은 특수성 속에 존재하고 있기에 우리는 일정한 사물을 연구하는 경우 이 두 측면과 그 상호연관을, 그 사물의 내부에 있는 특수성과 보편성이라는 두 측면과 그 상호연관을, 그 사물과 그 이외의 많은 사물 사이의 상호연관을 밝혀야만 한다. 스탈린은 그의 명저『레닌주의의 기초에 대해』에서 레닌주의의 역사적 근원을 설명할 때, 레닌주의가 생겨난 국제적 환경을 분석하고 제국주의라는 조건 아래서 이미 절정으로 발전한 자본주의의 모순들, 그리고 이러한 모순들로 인해 프롤레타리아혁명이 직접적 실천의 과제로 등장하고, 자본주의에 직접 타격을 가하기에 좋은 조건이 창출되었다는 점 등을 분석하고 있다. 뿐만 아니라, 그는 어떻게 해서 러시아가 레닌주의의 발상지가 되었는가를 분석하고, 당시의 제정러시아가 제국주의의 모든 모순의 집중점이 되었는지, 아울러 러시아의 프롤레타리아트가 세계의 혁명적 프롤레타리아의 전위가 될 수 있었던 원인이 무엇인지를 분석해냈다. 이처럼 스탈린은 제국주의의 모순의 보편성을 분석하여 레닌주의가 제국주의와 프롤레타리아혁명 시대의 마르크스주의라는 것을 설명하고, 제정 러시아의 제국주의가 이러한 일반적 모순 가운데 지니고 있던 특수성을 분석함으로써 러시아가 프롤레타리아혁명의 이론과 전술의 탄생지가 되었음을, 그리하여 이 특수성 속에 모순의 보편성이 포함되어 있음을 설명했다. 스탈린의 이러한 분석은 우리에게 모순의 특수성과 보편성, 그리고 그 상호연관을 인식하는 데 본보기를 제공해주고 있다.

마르크스와 엥겔스, 그리고 레닌과 스탈린은 변증법을 객관적 현상 연구에 활용할 때 어떠한 주관과 자의성도 띠어서는 안된다는 점, 반드시 객관적·실제적 운동에 포함되어 있는 구체적인 조건에서 출발하여 이러한 현상 속에 존재하는 구체적인 모순, 모순의 각 측면의 구체적인 지위, 모순의 구체적인 상호관계 등을 파악해내야 한다는 점을 줄곧 지적하고 있다. 우리 교조주의자들에게는 이러한 연구 자세가 갖추어지지 않았으므로 어느 하나도 올바른 게 없는 것이다. 우리는 교조주의자들의 실패를 거울삼아 이와 같은 연구 태도를 몸에 익혀야 한다. 이밖에 다른 연구방법은 없다.

모순의 보편성과 모순의 특수성 사이의 관계는 모순의 공통성과 개별성의 관계이다. 공통성이란 모순이 모든 과정에 존재하며 모든 과정에 처음부터 끝까지 일관되고 있다는 것, 모순이란 운동이고 사물이며 과정이고 사상이라는 것이다. 사물의 모순을 부정하는 것은 모든 것을 부정하는 것이다. 이것은 공통의 진리이며 동서고금을 통해 예외가 있을 수 없다. 따라서 그것은 공통성이자 절대성이다. 그러나 이 공통성은 모든 개별성 속에 포함되어 있고, 개별성이 없다면 공통성은 없다. 모든 개별성을 제거해 버린다면 거기에는 어떠한 공통성이 남을 수 있을까? 모순은 각기 특수하기 때문에 개별성이 생기는 것이다. 모든 개별성은 조건적·일시적으로 존재하는 것이며, 따라서 상대적이다.

이 공통성과 개별성, 절대와 상대의 진리는 사물의 모순 문제의 정수(精髓)다. 이것을 이해하지 못하면 변증법을 포기하는 것이나 마찬가지다.

주요 모순과 모순의 주요한 측면

모순의 특수성이라는 문제에서 특별히 문제삼아 분석해야 할 상황이 아직 두 가지가 있다. 주요 모순과 모순의 주요한 측면이 바로 그것이다.

복잡한 사물의 발전과정에는 많은 모순이 존재하고 있는데, 그 중에는 반드시 하나의 주요 모순이 있으며 이 주요 모순의 존재와 발전에 의해 다른 모순의 존재와 발전이 규정되거나 영향을 받게 된다.

예를 들면, 자본주의 사회에서는 무산계급과 자산계급이라는 두 모순되는 힘이 주요 모순이고, 그 밖의 다른 모순되는 힘, 예컨대 잔존하는 봉건계급과 자산계급 사이의 모순, 소자산농민과 자산계급 사이의 모순, 무산계급과 소자산농민 사이의 모순, 자산계급민족주의와 자산계급 파시즘 사이의 모순, 자본주의국가 상호간의 모순, 제국주의와 식민지 사이의 모순, 그리고 여타 다른 모순들, 이들은 모두 이 주요 모순의 힘에 의해 규정되고 영향 받는다.

중국과 같은 반(牛)식민지국가에서는 주요 모순과 비주요 모순의 관계가 복잡한 양상을 띠고 있다.

제국주의가 이러한 나라에 침략전쟁을 일으켰을 때, 이러한 나라의 내부 각 계급은 일부 매국노를 제외하고는 모두가 일시적으로 단결하여 제국주의에 반대하는 민족전쟁을 수행한다. 이때 제국주의와 이러한 나라 사이의 모순이 주요 모순이 되고, 이러한 나라의 내부 각 계급 간의 모든 모순(봉건제도와 인민대중 간의 주요 모순을 포함하여)은 모두 일시적으로 부차적 · 종속적인 위치로 떨어지게 된다. 중국의 1840년 아편(阿片)전쟁24), 1894년 청일(淸日)전쟁25), 1900년 의화단(義和團)

---

24) 18세기말부터 수십년 동안 중국이 영국에서 수입하는 아편이 날로 증대되면서 그 해독이 심화되었고, 대량의 백은이 필요했다. 이러한 아편 무역에 중국이 반발하자 1840년 영국정부는 통상보호라는 구실로 군대를 파견해 중국을 공격했

전쟁[26]), 그리고 현재의 중일(中日)전쟁은 모두 이와 같은 상황이다.

그러나 다른 상황에서는 모순의 지위에 변화가 생긴다. 제국주의가 전쟁을 통해 억압하는 것이 아니라 정치·경제·문화 등 비교적 온건한 형식으로 억압하는 경우, 반(半)식민지국의 지배계급은 제국주의에 투항하고 양자는 동맹을 맺어 인민대중을 공동으로 억압하게 된다. 이러한 경우, 인민대중은 흔히 국내전쟁이라는 형식으로 제국주의와 봉건계급의 동맹에 반대하고, 제국주의는 직접행동이 아닌 간접적인 방식으로 반식민지국의 반동세력이 인민대중을 억압하도록 지원하기 때문에 내부 모순이 매우 첨예하게 드러난다. 중국의 신해혁명전쟁, 1924년에는 1929년에 걸친 혁명전쟁, 1927년 이후 10년간의 토지혁명전쟁은 모두 그러한 상황이다. 뿐만 아니라, 가령 중국의 군벌전쟁과 같은 반식민지 국가의 반동지배집단 간의 내전 또한 이러한 것에 속한다.

국내 혁명전쟁이 제국주의와 그 앞잡이인 국내 반동세력의 존재를 근본에서부터 위협할 정도까지 발전하면, 제국주의는 흔히 앞에서 설명한 방법과는 다른 방법을 통해 지배를 유지하고자 꾀한다. 즉, 혁명진영

다. 중국군대는 린쩌쉬(林則徐)의 지휘 아래 저항 전쟁을 벌였고, 광저우(廣州) 인민들은 자발적으로 '평영단(平英團)'을 조직해 영국 침략군에 타격을 가했다. 1842년 부패한 청조정은 영국침략군과 '난징조약'을 체결해 배상금 제공, 홍콩 할양 조건 외에도 상하이 등 통상 항구를 개방하고, 영국 수입품 세율을 양국 공동협의로 결정할 것 등을 받아들여야 했다.

25) 1894년 일본의 조선 파병 침략과 중국 육해군을 향한 도전으로 시작된 전쟁. 전쟁 기간 동안 중국군은 용맹한 작전을 벌였지만 청왕조의 부패, 침략에 맞설 철저한 준비 부족 때문에 패전하고 말았다. 그 결과, 청왕조는 일본과 수치스런 '시모노세끼조약'을 체결, 타이완(臺灣)·펑후열도(澎湖列島)의 할양, 군비배상금 2억량(兩) 제공, 중국에서 일본인 공장 개설 허용, 충칭(重慶) 등 상업 부두 개설 등 조건을 받아들여야 했다.

26) 1900년 중국 북부에서 발생한 반제국주의(反帝國主義) 무장투쟁운동. 자세한 사항은 「실천론」 각주 8(이 책 24쪽) 내용을 참고할 것.

내부를 분열시키거나 또는 직접 군대를 파견하여 국내 반동세력을 원조하기도 한다. 이 경우, 외국 제국주의와 국내 반동세력은 완전히 공개적으로 하나의 극단에 서고, 인민대중은 다른 한편의 극단에 서게 되어, 이것이 주요 모순으로 형성되면서 다른 모순의 발전 상황을 규정하고 그것에 영향을 끼친다. 10월혁명 후에 여러 자본주의 국가들이 러시아의 반동세력을 지원한 것이 무력 개입의 예이다. 1927년 장제스(蔣介石)의 배반은 혁명진영을 분열시킨 예이다.

그러나 어쨌든 발전과정의 각 단계에서 지도적인 역할을 담당하는 것은 오로지 하나의 주요 모순이라는 사실을 전혀 의심할 수 없다.

이로부터 알 수 있듯이 어떠한 발전과정에 많은 모순이 존재하고 있다면 그 중의 하나는 반드시 지도적 · 결정적인 역할을 하는 주요 모순이며 다른 것들은 부차적 · 종속적 위치에 놓이게 된다. 따라서 두 가지 이상의 모순이 존재하는 복잡한 과정을 연구할 때에는 주요 모순을 찾는 데 전력을 기울여야 한다. 그 주요 모순을 파악하면 모든 문제를 쉽게 해결할 수 있다. 이것이 마르크스의 자본주의 사회에 관한 연구가 우리에게 가르치고 있는 방법이다. 또한 레닌이나 스탈린도 제국주의, 제국주의의 전반적 위기, 소련의 경제 등을 연구하면서 이 방법을 우리에게 보여주고 있다. 그렇지만 이 방법을 이해하지 못하는 수많은 학자나 활동가들은 오리무중에 빠진 채 핵심을 찾지 못하고, 따라서 모순을 해결하는 방법도 찾지 못한다.

과정 안의 모든 모순을 균등하게 취급할 수는 없으며, 이들은 주요 모순과 부차적 모순이라는 두 모순으로 구별하고 주요 모순을 파악하는 데 중점을 두어야 한다는 것은 앞에서 설명했다. 그러면 여러 가지 모순 가운데 주요한 모순이든 또는 부차적인 모순이든 모순되는 두 측면은 동등하게 취급될 수 있는 것인가? 역시, 아니다. 어떠한 모순이든 모순의 여러 측면은 발전이 불균등하다. 어떤 경우에는 쌍방의 힘이 필적

(匹敵)하고 있는 것처럼 보이지만, 이것은 일시적이고 상대적인 상황에 불과하며 기본형태는 불균등하다. 모순된 두 측면 가운데 반드시 한편은 주요 측면이고 다른 한편은 부차적인 측면이다. 주요 측면이란 모순 가운데 주도적인 작용을 하는 측면이다. 사물의 성질은 주로 지배적인 지위를 차지하는, 모순의 주요 측면에 의해 규정된다.

그러나 이러한 상황은 고정된 것이 아니고, 모순의 주요 측면과 비주요 측면은 서로 전화하며 이에 따라 사물의 성질도 변화한다. 모순이 발전하는 일정한 과정 또는 일정한 단계에서 주요 측면은 갑(甲)측에 속하고 을(乙)측이 주요하지 않은 측면이지만 다른 발전단계 또는 다른 발전과정으로 들어서면 그 지위는 바뀐다. 이것은 사물의 발전 속에서 모순의 두 측면이 투쟁하고 있는 힘의 증감 정도에 따라 결정된다.

우리는 '신진대사(新陳代謝)'라는 말을 자주 이야기한다. 신진대사는 우주 속에서의 보편적이고도 영원한, 거역할 수 없는 법칙이다. 어떤 사물이 그 사물 자체의 성질과 조건에 따라 각기 다른 비약이라는 형식을 거쳐 다른 사물로 전화하는 것이 바로 신진대사의 과정이다. 어떠한 사물이라 할지라도 그 내부에는 신·구(新舊) 양측면의 모순이 있어 일련의 곡절(曲折)있는 투쟁을 형성한다. 투쟁의 결과, 새로운 측면은 소(小)에서 대(大)로 변해 지배적인 것으로 상승하고, 낡은 측면은 대에서 소로 변해 점차 소멸해간다. 새로운 측면이 낡은 측면에 대해 지배적인 위치를 차지하면 낡은 사물의 성질은 바로 새로운 사물의 성질로 변한다. 이상에서 알 수 있듯이 사물의 성질은 주로 지배적인 위치를 차지하고 있는 모순의 주요 측면에 의해 규정된다. 지배적인 위치를 차지하고 있는 모순의 주요 측면이 변화하면 사물의 성질도 그에 따라 변화한다.

자본주의 사회에서는, 옛 봉건주의사회의 시대에서 종속적인 지위에 놓여 있던 자본주의가 이제 지배적인 지위를 차지하는 힘으로 변화했으므로 사회의 성질 또한 봉건주의적인 것에서 자본주의적인 것으로 변화했다. 새로운 자본주의사회 시대에서 봉건적 세력은 원래의 지배적인 지위에 있던 세력에서 종속적인 세력으로 전화하여 차츰 차츰 소멸해간다. 예를 들어 영국·프랑스와 같은 나라들이 바로 그러했다. 생산력이 발전함에 따라 자산계급은 새롭고 진보적인 역할을 하던 계급에서 낡고 반동적인 역할을 하는 계급으로 전화하고, 마침내는 무산계급에 의해 타도되어 사유화한 생산수단을 박탈당하고 권력을 상실한 계급으로 전화되면서 이 계급은 차츰 소멸해가는 것이다. 수적으로 자산계급보다 훨씬 많고 자산계급과 함께 성장하지만 자산계급의 지배를 받아온 무산계급은 하나의 새로운 세력이며 자산계급에게 종속되어 있던 초기의 지위에서 점차 강대해지고 독립한, 역사상 주도적인 역할을 하는 계급이 됨으로써 마침내는 권력을 장악하고 지배계급이 된다. 이때 사회의 성격은 낡은 자본주의사회에서 새로운 사회주의사회로 전화한다. 이것은 소련이 이미 걸어온 길이며 다른 모든 나라가 반드시 나아갈 길이다.

중국의 상황에 관해 이야기한다면, 제국주의는 중국을 반(半)식민지로 만든 모순의 주요한 지위를 차지하여 중국인민을 억압하고 있고, 중국은 독립국에서 반식민지로 변화했다. 하지만 이러한 상황은 반드시 변화할 것이다. 쌍방이 투쟁하고 있는 정세 속에서 무산계급의 영도 아래 성장해 온 중국 인민의 힘은 반드시 중국을 반식민지에서 독립국으로 변화시키고, 제국주의를 타도할 것이며, 낡은 중국은 분명 새로운 중국으로 변화될 것이다.

낡은 중국이 새로운 중국으로 변화한다는 것은 국내의 낡은 봉건세력과 새로운 인민세력 간의 상황 변화를 포함하고 있다. 낡은 봉건적 지주계급은 타도되어 지배자에서 피지배자로 전화하고 이 계급은 점차 소멸해갈 것이다. 그래서 인민은 무산계급의 영도 아래 피지배자에서 지배자로 변한다. 이때 중국의 사회성격에는 변화가 일어나 낡은 반(半)식민지·반(半)봉건적인 사회는 새로운 민주적인 사회로 변한다.

이와 같은 상호 전화는 과거에 이미 경험한 것이다. 중국을 300년 가까이 지배해 오던 청(淸)제국은 신해혁명 시기에 타도되고, 쑨중산이 지도하고 있던 혁명동맹회(革命同盟會)[27]가 일차 승리를 거두었다. 1924년에서 1927년에 걸친 혁명전쟁에서 공산당과 국민당의 연합에 의해 남방혁명세력이 약세에서 강세로 변하면서 북벌(北伐)의 승리를 쟁취하였고, 한때 권세를 자랑하던 북양군벌(北洋軍閥)은 타도되었다. 1927년, 공산당이 지도하는 인민의 힘은 국민당 반동세력의 타격을 받아 상당히 축소되었으나 자신의 내부에 있던 기회주의를 일소(一掃)함으로써 다시 점차 강대해졌다. 공산당이 지도하는 혁명근거지에서 농민은 피지배자에서 지배자로 전화했고, 지주는 그 반대로 전화되었다. 세계는 언제나 이와 같이 낡은 것이 새로운 것으로 대체되는 것이니 새로운 것과 낡은 것이 바뀌고(新陳代謝), 낡은 것을 버리고 새 것을 펼치며(除舊布新), 진부한 것을 제치고 새 것이 나타나는(推陳出新) 일이 이어지는 것이다.

혁명투쟁에서는 곤란한 조건이 순조로운 조건보다 클 때가 있는데 이때에는 곤란이 모순의 주요한 측면이고 순조로움이 부차적인 측면이다. 그렇지만 혁명당원은 자신의 노력을 통해 곤란을 점차 극복하고 순조로운 새 국면을 개척해 나갈 수가 있으니 곤란한 국면은 순조로운 국면으로 바뀌게 된다. 1927년 중국혁명 실패 후의 상황이나 장정(長征)

---

27) '중국 자산계급 혁명정당 중국동맹회'의 약칭. 1905년 8월 흥중회(興中會)와 화흥회(華興會) 등 혁명단체 구성원들이 일본 도쿄에서 연합해 만든 동맹회로, 쑨중산(孫中山)이 제시한 "타타르 이적을 제거하여 중화를 회복하고, 민국을 창립해 토지권을 균등하게 함(驅除韃虜, 恢復中華, 創立民國, 平均地權)이란 자산계급 혁명 정강을 채택하고, 그를 총리로 선출했다. 그의 영도 아래 동맹회는 적극적으로 혁명을 선전하고 회당(會黨)과 신군(新軍)을 연합해 수차례 무장봉기를 일으켰다. 1911년(辛亥年) 10월 우창(武昌) 봉기 후 청왕조를 무너뜨린 신해혁명운동으로 이어졌다. 이후 위안스카이(袁世凱)가 정권을 탈취하자 동맹회는 1912년 8월 국민당으로 조직을 개편했다.

중 중국 홍군(紅軍)의 상황 등이 모두 그러했다. 현재 중일전쟁에서 중국은 다시 곤란한 지경에 놓여있지만 우리는 이와 같은 상황을 바꾸어 중·일 쌍방의 상황을 근본적으로 변화시킬 수 있다. 이와는 반대로, 혁명당원이 오류를 범하면 순조로운 상황도 곤란한 상황으로 전화한다. 1924년에서 1927년 사이의 혁명의 승리는 실패로 변하고 말았고, 1927년 이후 남방 각 성(省)에서 발전하고 있던 혁명의 근거지도 1934년까지 모두 실패해버리고 말았다.

학문을 연구하는 경우, 알지 못하는 상태에서 알게 되는 상태로 나아가기까지의 모순 또한 이러하다. 마르크스주의를 연구하기 시작할 때 우리가 마르크스주의에 대해 알지 못하는, 또는 아는 것이 부족한 상황과 마르크스주의의 지식 사이에는 서로 모순이 있다. 그러나 학습에 계속 매진함으로써 모르는 상태에서 아는 상태로 전화되고, 부족했던 지식은 풍부한 상태로 전화되며, 마르크스주의에 대한 맹목적인 상태는 마르크스주의를 자유롭게 운용할 수 있는 상태로 변할 수 있다.

어떤 모순은 결코 이렇지 않다고 생각하는 사람이 있다. 예를 들어, 생산력과 생산관계의 모순에서는 생산력이 주요한 것이고, 이론과 실천의 모순에서는 실천이 주요한 것이고, 경제적 토대와 상부구조의 모순에서는 경제적 토대가 주요한 것인데, 이들의 지위는 서로 전화할 수가 없는 것이라 생각한다. 이것은 기계적 유물론의 견해이지 변증법적 유물론의 견해가 아니다. 사실 생산력, 실천, 경제적 토대는 일반적으로 주요한, 그리고 결정적인 작용을 하는 것인데 이 점을 인식하지 못한다면 그는 유물론자가 아니다. 그러나 생산관계·이론·상부구조라는 측면도 일정한 조건 아래서는 거꾸로 주요한 그리고 결정적인 작용을 할 수 있는데, 이 점 또한 인정하지 않으면 안 된다. 생산관계를 변혁하지 않으면 생산력이 발전할 수가 없을 때에는 생산관계의 변화는 주요한 그리고 결정적인 작용을 한다. 레닌의 "혁명이론 없이 혁명운동은 있을 수 없다"[28]는 말은 혁명이론의 창조와 제창이 주요한 그리고 결정적인 작용을 한다는 것을 뜻하고 있다. 어떤 한 가지 일(어떠한 일이라도 마찬가지지만)을 하려고 할 때 방침·방법·계획 또는 정책이 아직 수립되어 있지 않다면 방침·방법·계획 또는 정책을 확정하는 것이 주요한 그리고 결정적인 일이 된다. 정치나 문화 등의 상부구조가 경제적 토대의 발전을 저해하는 경우에는 정치나 문화의 혁신이 주요한 그리고 결정적인 일이 된다. 우리가 이렇게 말하는 것이 유물론에 반대되는 것일까? 반대되는 것이 아니다. 왜냐하면 우리는 전체적인 역사의 발전에서 물질적인 것이 정신적인 것을 결정하고 사회적 존재가 사회적 의식을 결정한다는 사실을 인식하지만, 또한 동시에 정신적인 것의 반작용, 사회적 의식의 사회적 존재에 대한 반작용, 상부구조의 경제적 토대에 대한 반작용도 인정, 반드시 인정하지 않으면 안 되기 때문이다. 이는 유물론에 반대되는 것이 아니라 이것이야말로 기계적 유물론에 빠지지 않고 변증법적 유물론을 견지하는 것이다.

모순의 특수성에 대한 문제를 연구할 때 만약 과정상의 주요 모순과 주요하지 않은 모순, 그리고 모순의 주요한 측면과 주요하지 않은 측면이라는 두 가지 상황의 차별성을 연구하지 않으면, 추상적인 연구에 빠져들어 모순의 상황을 구체적으로 이해할 수 없게 되고, 따라서 모순을 해결하는 방법도 찾을 수 없을 것이다. 이 두 모순의 상황의 차별성 또는 특수성이란 모순되는 힘의 불균형성이다. 절대적으로 평형으로 발전하는 것은 세계에 없는 바, 우리는 평형론 또는 균형론에 반대하지 않으면 안 된다. 아울러, 모순의 이러한 구체적인 상황과, 발전과정에서의 모순의 주요한 측면과 주요하지 않은 측면의 변화야말로 새로운 사물이 낡은 사물을 대체하는 힘의 표현인 것이다. 모순의 여러 가지 불균형

---

28) 레닌, 「무엇을 할 것인가?」(1901년 가을-1902년 2월) 제1장 제4절 참조.

상황에 대한 연구, 주요한 모순과 주요하지 않은 모순, 그리고 모순의 주요한 측면과 주요하지 않은 측면에 관한 연구는 혁명정당이 정치적·군사적 전략전술 방침을 올바르게 결정하기 위한 중요한 방법의 하나이기 때문에 모든 공산당원이 반드시 유의하지 않으면 안 되는 것이다.

모순의 여러 측면에서의 동일성과 투쟁성

모순의 보편성과 특수성의 문제를 이해했다면 우리는 더 나아가 모순의 여러 측면에서의 동일성과 투쟁성이라는 문제를 연구해야 한다.

동일성·통일성·일치성·상호침투·상호관통·상호의뢰(또는 의존)·상호연계 또는 상호협력 등, 이런 상이한 말들은 모두 동일하게 다음과 같은 두 가지 사실을 말하고 있다. 첫째, 사물의 발전 과정에 있는 각각의 모순이 지니는 두 가지 측면은 각기 자기와 대립하는 측면을 자기 존재의 전제로 하여 이들은 하나의 통일체로 공존하고 있다는 것, 둘째는 모순되는 두 측면은 일정 조건에 의해 각기 반대 측면으로 전화해간다는 것이다. 이것이 바로 이른바 동일성이라는 것이다.

레닌은 다음과 같이 말했다. "변증법이란, 대립이 어떻게 동일한 것일 수 있고, 어떻게 해서 동일한가(어떻게 하여 동일하게 되는가) — 어떠한 조건 아래서 상호전화하고 동일하게 되는가 — 인간의 두뇌는 왜 이러한 대립을 죽어 있고 응고된 것이 아니라 살아 있고 조건적인, 변화할 수 있는, 상호 전화할 수 있는 것으로 보아야만 하는가를 연구하는 학설이다."[29]

---

29) 헤겔 『논리학』 제1권 제1편 「규정성(질)」에 대한 레닌의 평주에서 인용. 「헤겔의 저서 『논리학』의 요점」에 보인다.

레닌의 이 말은 무엇을 의미하는가?

모든 과정에서 모순을 이루는 각 측면은 원래 서로 배척하고, 투쟁하고, 대립하고 있다. 세계의 모든 사물의 과정과 인간의 사상은 모두 이러한 모순성을 가진 측면을 포함하고 있으며, 하나의 예외도 없다. 단순한 과정에는 한 쌍의 모순밖에 없으나 복잡한 과정에는 한 쌍 이상의 모순이 있다. 각 쌍의 모순 사이도 또한 서로 모순을 이루고 있다. 이렇게 해서 객관 세계의 모든 사물과 인간의 사상이 이루어지고, 또한 이들 사물과 사상에 운동이 일어나게 된다.

이렇게 되면, 전혀 동일하지 않고, 전혀 통일되어 있지 않는 것인데 어떻게 동일 또는 통일이라 말할 수 있는가?

모순되고 있는 각각의 측면은 원래 고립해서는 존재할 수 없다. 모순의 한 측면은 그것과 쌍을 이루는 모순의 다른 측면이 없다면 그 자신도 존재의 조건을 상실해 버린다. 모든 모순을 이루는 사물 또는 인간 마음속의 모순되고 있는 개념 가운데 어떤 한 측면만이 독립하여 존재할 수 있는가를 생각해 보도록 하자. 삶이 없으면 죽음은 있을 수 없고, 죽음이 없으면 삶도 있을 수 없다. 위가 없으면 아래는 있을 수 없고, 아래가 없으면 위도 있을 수 없다. 불행이 없으면 행복은 있을 수 없고, 행복이 없으면 불행도 있을 수 없다. 순조로움이 없으면 곤란이 있을 수 없고, 곤란이 없으면 순조로움도 있을 수 없다. 지주가 없으면 소작인은 없고 소작인이 없으면 지주도 없다. 자산계급이 없으면 무산계급이 없고, 무산계급이 없으면 자산계급도 없다. 제국주의에 의한 민족 억압이 없으면 식민지나 반(半)식민지도 없고, 식민지나 반식민지가 없으면 제국주의에 의한 민족 억압도 없다. 모든 대립적인 요소는 모두 이와 같이 일정 조건에 따라 한편에서는 서로 대립하면서 다른 한편에서는 서로 연결되어 있고, 관통하고 있고, 침투하고 있고, 의존하고 있다. 이와 같은 성질을 동일성이라 부른다. 모든 모순하고 있는 측면은 일정 조건에 따라 동일하지 않는 성질을 갖추고 있기 때문에 모순이라 불린다. 그러나 또한 동일성을 갖고 있기 때문에 서로 연결되어 있다. 레닌이 변증법이란 "대립이 어떻게 동일할 수 있는가"를 연구하는 것이라 한 것은 바로 이러한 사실을 말한 것이다. 어떻게 해서 그럴 수가 있는가? 서로 존재의 조건을 이루고 있기 때문이다. 이것이 동일성의 첫 번째 의의다.

그러면 모순을 이루는 쌍방이 서로 존재의 조건이 되고 쌍방 간에 동일성이 있기 때문에 하나의 통일체 속에 공존할 수 있다고 말하는 것만으로 충분할까? 아직 충분하지 않다. 모순을 이루는 쌍방이 상호 의존하는 것으로 일이 끝나는 것은 아니다. 더욱 중요한 것은 모순을 이루고 있는 사물이 상호 전화한다는 점에 있다. 즉, 사물 내부에 있는 모순되는 두 측면은 일정 조건에 의해 각기 자기와 상반되는 측면으로 전화해가고, 자기와 대립하는 측면이 놓여있던 지위로 전화해가는 것이다. 이것이 모순의 동일성의 두 번째 의의다.

어째서 여기에도 동일성이 있는가? 자, 피지배자였던 무산계급은 혁명을 통해 지배자로 전화하고, 원래 지배자였던 자산계급은 피지배자로 전화하여 상대가 원래 차지하고 있던 지위로 전화해간다. 이미 소련은 그렇게 되어 있고, 전 세계도 이렇게 되려고 한다. 만약 그 사이에 일정 조건 아래서의 연관과 동일성이 없다면 어떻게 해서 이러한 변화가 일어날 수 있는가?

중국 근대사의 일정한 단계에서 어떤 적극적인 역할을 담당한 바 있는 국민당은 그 고유한 계급성과 제국주의로부터의 유혹(이것들이 바로 조건이다)에 의해 1927년 이후 반혁명으로 전화했다. 그러나 중국과 일본 사이의 모순의 첨예화와 공산당의 통일전선정책(이것들이 바로 조건이다) 때문에 항일에 찬성하지 않을 수 없게 되었다. 모순을 이루는 것이 한편에서 다른 한편으로 변화해 가는 것은 그 사이에 일정한 동일성이 내포되어 있기 때문이다.

우리가 실행한 토지혁명은 토지를 갖고 있던 지주계급이 토지를 상실한 계급으로 전화하고, 토지를 상실하고 있던 농민이 반대로 토지를 취득하여 소사유자(小私有者)로 전화하는 과정이었고 앞으로도 그러할 것이다. 가진 자와 가지지 않은 자, 얻은 자와 잃은 자 사이는 일정 조건에 따라 서로 연결되어 있고, 양자는 동일성을 갖고 있다. 사회주의라는 조건 아래서 농민의 사유제는 다시 사회주의적 농업 공유제로 전화한다. 소련에서는 이미 그렇게 되었으며 앞으로는 전 세계도 그렇게 될 것이 분명하다. 사유재산과 공유재산 간에는 여기서 저기로 통하는 다리가 있으며 철학에서는 이것을 동일성 또는 상호전화·상호침투라 한다.

무산계급독재 또는 인민독재를 공고히 하는 법이란 바로 이러한 독재를 해소하고 모든 국가제도를 소멸시키는, 보다 높은 단계에 도달하기 위한 조건을 준비하는 일이다. 공산당을 결성하고 발전시키는 것은 바로 공산당 및 모든 정당제도를 소멸시키는 조건을 준비하는 일이다. 공산당이 지도하는 혁명군을 창설하여 혁명전쟁을 수행하는 것은 바로 전쟁을 영원히 소멸시키기 위한 조건을 준비하는 일이다. 이 수많은, 서로 상반되고 있는 것들은 동시에 서로를 구성하고 있는 것들이다.

주지하는 바와 같이, 전쟁과 평화는 상호 전화하는 것이다. 전쟁은 평화로 전화한다. 예를 들어 제1차 세계대전은 전후 평화로 전화했고, 중국의 내전도 이제 중지되어 국내에는 평화가 나타났다. 또한 평화는 전쟁으로 전화한다. 예를 들어, 1927년의 국공합작은 전쟁으로 전화했고 현재의 세계평화의 국면도 제2차 세계대전으로 전화할 가능성이 있다. 왜 그러한 것일까? 계급사회에서는 전쟁과 평화라는 이 모순을 이루는 것들이 일정 조건 아래서는 동일성을 갖고 있기 때문이다.

모순을 이루는 모든 것은 상호 연계되어 있고, 일정 조건 아래 하나의 통일체로 공존하고 있을 뿐만 아니라 일정한 조건에서는 상호 전화한다는 것, 이것이 모순의 동일성이 가지는 전체적인 의의다. 레닌이 "어떻게 해서 동일한가(어떻게 해서 동일하게 되는가) — 이는 어떠한 조건 아래서 상호 전화하며 동일하게 되는가" 라고 한 것은 바로 이러한 의미다.

"인간의 두뇌는 왜 이러한 대립을 죽어 있고 응고된 것이 아니라 살아 있고 조건적인, 변화할 수 있는, 상호 전화할 수 있는 것으로 보아야만 하는가?" 그것은 객관적 사물이 원래 그렇게 되어 있기 때문이다. 객관적 사물 가운데 모순을 이루는 여러 측면의 통일 또는 동일성이라고 하는 것은 원래 죽어 있는 것도 응고된 것도 아닌, 살아있고 조건적인, 변화할 수 있는, 일시적인, 상대적인 것이며, 모든 모순은 일정 조건에 따라 자기와 반대의 측면으로 전화하는 것이다. 이와 같은 상황이 인간의 사상에 반영되어 마르크스주의의 유물변증법적 세계관이 되었다. 현재의, 또한 역사상의 반동적인 지배계급 및 그들에게 봉사하는 형이상학만이 대립하는 사물을 살아 있고 조건적인, 변화할 수 있는, 상호 전화할 수 있는 것으로 보지 않고, 죽어 있고 응고된 것으로 보면서, 그들의 지배를 지속할 목적을 달성하기 위해 이와 같은 잘못된 견해를 도처에 선전하고 인민대중을 현혹시키고 있는 것이다. 공산당원의 임무는 반동파와 형이상학의 잘못된 사상을 폭로하고, 사물 본래의 변증법을 선전하고, 사물의 전화를 촉진하고, 혁명의 목적을 달성하는데 있다.

일정 조건 아래서 모순이 동일성을 갖는다는 것은 바로 우리가 말하는 모순이 현실적이고 구체적인 모순이며, 모순의 상호전화도 현실적이고 구체적이라는 것이다. 신화에 나오는 많은 변화, 가령 『산해경(山海經)』 속 "과보가 태양을 쫓아가다"(夸父追日)30)라는 이야기, 『회남자(淮南子)』 속 "예가 9개의 태양을 쏘다"(羿射九日)31) 라는 이야기, 『서유기

(西遊記)』에 나오는 손오공(孫悟空)의 72가지 변화,[32] 『요재지이(聊齋志異)』[33] 에 나오는 많은 여우귀신이 사람으로 둔갑한 이야기 등등, 이러한 신화 속에 나오는 모순의 상호변화는 무수히 복잡한 현실의 모순의 상호 변화가 사람들에게 일으킨, 일종의 유치하고 추상적이며 주관적인 환상의 변화이며 결코 구체적 모순이 드러난 구체적 변화가 아니다. 마르크스는 "모든 신화는 상상을 빌어, 상상을 통해 자연력을 정복하고 지배하고 형상화한다. 따라서 모든 자연력이 실제로 인간에게 지배됨에 따라 신화도 사라졌다"[34]고 말했다. 이와 같이 신화(또한 동화)에 나오

---

30) 『산해경』은 중국 전국시대(서기전 403-221) 저작으로, '과보'는 『산해경 · 해외북경(山海經 · 海外北經)』에 나오는 신인(神人)이다. 그 내용에 의하면, "과보가 태양과 경주를 했다. 태양에 가까워지자 목이 마른 나머지 황하(黃河)와 위수(渭水)의 물을 마셨다. 황하와 위수로는 모자라서 북쪽 대택(大澤)에 가서 마시려고 했으나 다 이르기도 전에 도중에서 목이 말라 죽어 버렸다. 그 버려진 지팡이가 등림(鄧林)이 되었다"고 한다.

31) '예'는 중국 고대 전설에 나오는 활을 잘 쏘는 영웅으로서, '태양을 쏘는' 유명한 이야기가 전해진다. 한(漢)의 유안(劉安, 서기전 2세기 때 귀족)이 편집한 『회남자』에는 다음과 같이 기록되어 있다. "요(堯) 시대에 열 개의 태양이 동시에 나타나 작물을 태우고, 초목을 말라죽게 하여 백성들이 먹을 것이 없게 되었다. 알유(猰貐) · 착치(鑿齒) · 구영(九嬰) · 대풍(大風) · 봉희(封豨) · 수사(修蛇)가 모두 백성에게 해를 입혔다. 요는 예로 하여금 천상의 열 개 태양을 쏘고, 지상의 알유를 죽이게 했다. … 만민은 모두 기뻐했다." 동한(東漢)의 왕일(王逸, 서기 2세기 때 저작가)도 굴원(屈原)의 시 '천문(天問)'의 주석에서 이렇게 말하고 있다. "회남이 말한 바로는, 요의 시대에 열 개 태양이 일시에 나와서 초목이 불타고 말라버렸다. 요가 예에게 명하여 활로 열 개의 태양을 쏘게 하여 그 중 9개를 맞추었고 …… 한 개만 남겨두었다."

32) 『서유기』는 16세기에 등장한 중국의 신화소설. 주인공 손오공은 신비한 능력을 가진 원숭이로, 72 가지로 변하는 법술(法術)을 몸에 익혀 여러 가지 새 · 짐승 · 벌레 · 물고기 · 풀 · 나무 · 기물 · 인간 등 마음먹은 대로 변화할 수 있다.

33) 『요재지이』는 17세기 청대 포송령(蒲松齡)이 민간전설을 수집해 쓴 소설집으로, 단편소설 431편 가운데 대부분이 신선(神仙)이나 여우귀신(鬼狐)에 관한 이야기다.

는 갖가지 변화에 관한 이야기는 인간이 자연력을 정복하는 것 등을 상상하고 있기에 사람들을 즐겁게 할 수 있고, 아울러 가장 훌륭한 신화는 '영원한 매력'(마르크스)을 지니게 되는 것이지만, 신화는 결코 일정 조건 아래서 구체적 모순에 근거하여 구성된 것이 아니기 때문에 결코 현실의 과학적 반영은 아니다. 요컨대 신화 또는 동화 속에서 모순을 구성하는 여러 측면들은 결코 구체적인 동일성이 아니라 환상적인 동일성에 불과하다. 현실 변화의 동일성을 과학적으로 반영한 것은 바로 마르크스주의 변증법이다.

달걀은 병아리로 전화될 수 있는데 어째서 돌은 병아리로 전화될 수 없는가? 전쟁과 평화는 동일성을 갖고 있는데 전쟁과 돌은 왜 동일성을 갖고 있지 않은가? 왜 인간은 인간을 낳을 뿐 다른 것을 낳을 수 없는가? 다름이 아니라 모순의 동일성은 일정한 필요조건 아래에서만 존재하기 때문이다. 일정한 필요조건이 없다면 어떠한 동일성도 있을 수 없다.

왜 러시아에서는 1917년 2월의 부르주아민주주의혁명이 같은 해 10월의 프롤레타리아사회주의혁명으로 직접 연결되었는데 프랑스의 부르주아혁명은 사회주의혁명으로 직접 연결되지 못한 채 1871년의 파리코뮌[35]은 끝내 실패하고 말았는가? 또한 왜 몽고와 중앙아시아의 유목(遊

---

34) 마르크스, 『정치경제학비판』(1857년-1858년)의 '서문'에서 인용.
35) 파리코뮌은 세계사상 최초로 성립된 프롤레타리아트 권력조직이다. 1871년 3월 18일 프랑스의 프롤레타리아트는 파리에서 봉기하여 권력을 장악했다. 3월 28일에는 선거를 통해 프롤레타리아트가 지도하는 파리코뮌이 출범했다. 파리코뮌은 프롤레타리아혁명이 부르주아지의 국가기관을 타도한 최초의 시도이며, 프롤레타리아트의 권력이 파괴된 부르주아지의 권력을 대체한 위대한 출발이었다. 당시 프랑스의 프롤레타리아트는 아직 미성숙했으므로 광범한 농민동맹군과의 단결에 주의를 기울이지 않았으며, 반혁명에 대해 지나치게 관대해 단호한 군사적 공격을 적시에 수행하지 못했다. 그 때문에 반혁명 세력이 산개한 병력을 모

牧)제도는 사회주의와 직접 연결되었을까? 왜 중국의 혁명은 자본주의의 길을 피해 사회주의로 직접 연결되었으며 서양 국가의 낡은 역사적인 과정으로 나아가거나 자산계급독재시기를 거칠 필요가 없었을까? 다름이 아니라 이것은 모두 당시 구체적인 조건 때문인 것이다. 일정한 필요조건이 갖추어지면 사물의 발전과정에는 일정한 모순이 생겨나고, 이들 또는 이러한 모순은 서로 의존하고 서로 전화하는 것이며, 그렇지 못하면 모든 것이 불가능하다.

동일성의 문제는 이상과 같다. 그러면 투쟁성이란 무엇인가? 동일성과 투쟁성의 관계는 어떠한 것인가?

레닌은 "대립의 통일(일치 · 동일 · 합일)은 조건적 · 일시적 · 과도적 · 상대적이다. 상호 배척하는 대립의 투쟁은 발전 · 운동이 절대적인 것처럼 절대적이다"36)라고 말했다.

레닌의 이 말은 무엇을 의미하는가?

모든 과정에는 시작과 끝이 있고, 모든 과정은 모두 그 대립물로 전화한다. 모든 과정의 불변성은 상대적이지만 한 과정이 다른 과정으로 전화하는 변동성은 절대적이다.

어떠한 사물의 운동이라 할지라도 모두 두 가지 상태, 즉 상대적으로 정지하고 있는 상태와 현저히 변동하고 있는 상태를 취한다. 두 가지 상태의 운동은 모두 사물의 내부에 포함된 두 가지 모순되는 요소가 상호 투쟁함으로써 야기된다. 사물의 운동이 첫 번째 상태에 있을 때는 양적 변화만이 있고 질적 변화는 없으므로 마치 정지하고 있는 것 같은 모습을 나타낸다. 사물의 운동이 두 번째 상태에 있을 때에는 이미 첫

을 수 있는 여유를 갖고 세력을 재정비함으로써 봉기한 대중에게 미치광이처럼 대학살을 자행할 수 있었다. 마침내 5월 28일 파리코뮌은 실패하고 말았다.
36) 레닌, 「변증법의 문제에 관하여」에서 인용.

번째 상태에서의 양적 변화가 어떤 최고점에 달해 통일물의 분해를 야기하고 질적인 변화를 발생시키므로 현저히 변화된 모습을 드러낸다. 우리가 일상생활에서 보는 통일·단결·연합·조화·세력균형·대치·유착·정지·불변·평형·응집·흡인 등은 모두 사물이 양적 변화의 상태에 있을 때 나타나는 모습이다. 그리고 통일물이 분해하고 단결·연합·조화·세력균형·대치·유착·정지·불변·평형·응집 등의 상태가 파괴되어 반대상태로 변하는 것은 모두 사물이 질적 변화의 상태에 있을 때, 즉 하나의 과정이 다른 과정으로 이행하는 변화 속에서 나타나는 모습이다. 사물은 반드시 첫 번째 상태에서 두 번째 상태로 끊임없이 전화하고 모순의 투쟁은 이 두 가지 상태 속에 존재하는 동시에 두 번째 상태를 거쳐 모순의 해결에 이르게 된다. 따라서 대립의 통일은 조건적·일시적·상대적인 것이나 대립이 서로 배척하려는 투쟁은 절대적이라는 것이다.

우리는 앞에서 상반된 두 가지 사물 사이에는 동일성이 있고 따라서 두 가지 사물은 하나의 통일체 속에서 공존할 수 있을 뿐만 아니라 상호 전화할 수 있다고 했다. 이것은 조건성을 말하고 있는 것이다. 즉, 어떤 일정한 조건 아래서 모순을 이루는 사물은 통일될 수 있을 뿐만 아니라 상호 전화할 수 있다는 것이니 이 일정한 조건이 없으면 모순되는 것도, 공존하는 것도, 전화하는 것도 있을 수 없다. 일정 조건이 있어야만 모순의 동일성이 구성되므로 동일성은 조건적이고 상대적이다. 또 하나, 모순의 투쟁은 처음부터 끝까지 과정을 관통하고 있으며, 동시에 하나의 과정을 다른 과정으로 전화시키는 것이다. 모순의 투쟁은 어느 곳이나 존재하고 있으므로 모순의 투쟁성은 무조건적이고 절대적이다.

조건적·상대적인 동일성과 무조건적·절대적인 투쟁성이 결합하여 모든 사물의 모순 운동을 구성한다.

우리 중국인이 항상 말하는 "상반상성(相反相成: 서로 반대되면서 서로 이룬다)"[37]라는 말에서 '상반'하는 것은 동일성을 가진다는 의미이다. 이 말은 변증법적이나 형이상학과는 반대이다. ' 상반'이란 모순되는 두 측면이 서로 배척하고 또 서로 투쟁하는 것을 말한다. '상성'이란 모순되는 두 측면이 일정 조건 아래서 상호 연결되어 동일성을 획득하는 것을 말한다. 투쟁성은 동일성 속에 자리잡고 있으며 투쟁성이 없으면 동일성도 없다.

동일성 속에 투쟁성이 존재하고, 특수성 속에 보편성이 존재하고, 개별성 속에 공통성이 존재한다. 레닌의 말을 빌리자면 "상대적인 것 속에 절대적인 것이 있다"[38]는 것이다.

모순에서 적대敵對의 위치

모순의 투쟁성이라는 문제에는 적대(敵對)란 무엇인가라는 문제가 포함되어 있다. 우리의 대답은 적대란 모순 투쟁의 한 형태이지 모순 투쟁의 모든 형태가 아니라는 것이다.

인류의 역사 속에는 계급적인 적대가 존재한다. 이것은 모순 투쟁의 특수한 표현이다. 착취계급과 피착취계급 간의 모순에 관해 말하자면,

---

37) 이 말은 반고(班固, 서기 1세기 때 중국의 저명한 역사가)가 저술한 『전한서(前漢書)』『예문지(藝文志)』에 처음 등장한 이래 자못 널리 쓰였다. 반고의 원문은 다음과 같다. "제자(諸子) 십가(十家) 가운데 볼만한 것은 구가(九家) 뿐이다. 이들은 모두 왕도(王道)가 쇠퇴하자 제후(諸侯)가 무력으로 정치하면서 당시 군주들이 각기 다른 기호를 가지던 때에 일어났다. 이리하여 구가의 술(術)이 무리지어 일어나 저마다 자기 주장을 끌어들이고 자신이 좋다고 생각하는 바를 내걸며 유세(遊說)하고 제후에게 영합했다. 그들이 말한 바는 서로 다르지만 물과 불 같이 서로 소멸시키면서 서로 생겨났다. 인(仁)과 의(義), 경(敬)과 화(和)는 모두 서로 반대되면서 서로 이루는 것이다."
38) 레닌, 「변증법의 문제에 관하여」를 참조.

노예사회에서도 봉건사회에서도 자본주의 사회에서도 상호 모순을 이루는 두 계급은 오랜 기간에 걸쳐 한 사회 속에서 병존하고 상호 투쟁하고 있지만, 두 계급의 모순이 일정 단계로까지 발전하고 나서야 비로소 쌍방은 외부적인 적대 형태를 취하고 혁명으로 발전한다. 계급사회에서 평화에서 전쟁으로의 전화 또한 그러하다.

폭탄이 아직 폭발하기 전에는 모순되는 사물이 일정 조건에 의해 하나의 통일체 속에서 공존하고 있다. 새로운 조건(발화)이 발생하면 비로소 폭발이 일어난다. 자연계에서 최후로 외부적인 충돌의 형태를 취함으로써 낡은 모순을 해결하고 새로운 사물을 낳는 현상에는 모두 이와 유사한 상황이 있다.

이와 같은 상황을 인식하는 것은 매우 중요하다. 이는 우리에게 계급사회에서는 혁명과 혁명전쟁이 불가피하고 이것들 없이는 사회발전의 비약을 완성시키거나 반동적 지배계급을 타도하여 인민으로 하여금 권력을 장악케 할 수 없다는 것을 깨닫게 한다. 공산당원은 반동세력이 말하는 사회혁명은 불필요하다든가 불가능하다는 식의 기만적인 선전을 폭로하고, 마르크스·레닌주의의 사회혁명 이론을 견지하여, 사회혁명은 반드시 필요할 뿐만 아니라 전적으로 실현 가능하고, 전 인류의 역사와 소련의 승리가 이 과학적인 진리를 증명하고 있다는 사실을 인민들에게 이해시켜야만 한다.

그러나 우리는 앞에서 서술한 공식을 모든 사물에 제멋대로 적용시켜서는 안 되며, 모순의 여러 가지 투쟁 상황에 관해 구체적으로 연구해야만 한다. 모순과 투쟁은 보편적이고 절대적이나 모순을 해결하는 방법, 즉 투쟁의 형태는 모순의 성질 차이에 따라 다르다. 어떤 모순은 공공연하게 적대성을 갖지만, 그렇지 않은 모순도 있다. 사물의 구체적 발전에 근거하여 원래 비적대적인 어떤 모순은 적대적인 것으로 발전하고, 일부 모순은 원래 적대적이었던 것에서 비적대적인 것으로 발전한다.

앞에서 서술한 바와 같이, 공산당 내의 올바른 사상과 잘못된 사상의 모순은 계급이 존재할 때는 계급적 모순이 당내에 반영된 것이다. 이 모순은 개별 문제에서 처음부터 바로 적대적인 것으로 나타난다고는 할 수 없다. 그러나 계급투쟁이 발전함에 따라 이 모순도 적대적인 것으로 발전할 가능성이 있다. 소련공산당의 역사는 레닌과 스탈린의 올바른 사상과 트로츠키[39] · 부하린[40] 등의 잘못된 사상의 모순이 처음에는 적대적인 형태로 나타나지는 않았지만 나중에 적대적인 것으로 발전했다는 것을 우리에게 알려주고 있다. 중국공산당의 역사에도 이와 같은 상황이 있었다. 우리 당 내의 많은 동지들의 올바른 사상과 천두슈(陳獨秀)[41] · 장궈타오(張國燾)[42] 등의 잘못된 사상 간의 모순 또한 처음에는 적대적인 형태로 나타나지 않았으나 뒤에는 적대적인 것으로 발전했다.

---

39) 트로츠키(1879-1940)는 원래 러시아 혁명운동에서 레닌주의 반대파의 지도자였다가 나중에는 완전히 반혁명분자가 되고 말았다. 1927년 소련공산당에서 제명 · 출당되었고, 1929년 소련정부에 의해 해외로 축출되고 1932년 소련 국적을 박탈당한 후 1940년 해외에서 사망했다.

40) 앞 주 10 참조.

41) 앞 주 23 참조.

42) 장궈타오(1897~1979), 장시(江西) 핑샹(萍鄕) 출신. 1921년 중국공산당 제1차 전국대표대회에 참가했고, 중국공산당 중앙위원회 위원, 정치국 위원, 정치국 상무위원으로 피선되었다. 1931년에 중국공산당 후베이성 · 허난성 · 안후이성 중앙분국 서기, 중화소비에트공화국 임시중앙정부 부주석 등을 역임했다. 1935년 6월 홍군 제1 · 제4방면군이 쓰촨성 마오궁(懋功)지구에서 합세한 후 홍군 총정치위원으로 선임되었다. 그는 홍군이 북상할 때 중앙의 결정을 반대하고 당과 홍군을 분열시키는 활동을 하면서 따로 중앙을 조직하였다가 1936년 6월 어쩔 수 없이 이 제2중앙을 취소하고 홍군 제2 · 제4방면군과 함께 북상하여 12월 산시(陝西) 북부에 도착했다. 1937년 9월부터 산시(陝西) · 간쑤(甘肅) · 닝샤(寧夏) 변경지구정부 부주석과 주석대리를 지냈다. 1938년 4월 황제릉에서 제(祭)를 지내는 기회를 틈타 변경지구를 탈주하여 시안(西安)을 거쳐 우한(武漢)에 도착한 후 국민당 특무집단에 가담하여 중국혁명의 변절자로 전락했으며, 결국 출당 조치되었다. 1979년 캐나다에서 죽었다.

현재, 우리 당 내의 올바른 사상과 잘못된 사상과의 모순은 적대적인 형태로 나타나지는 않고 있으며, 만일 오류를 범한 동지가 자신의 잘못을 고칠 수 있다면 그것은 적대적인 것으로까지 발전하지는 않을 것이다. 따라서 당은 한편으로 잘못된 사상에 대해 단호한 투쟁을 전개해나가야 하지만, 다른 한편으로는 잘못을 저지른 동지에게 반성할 수 있는 충분한 기회를 주어야 한다. 이러한 상황에서 지나친 투쟁은 분명 부적당하다. 그러나 잘못을 저지른 사람이 그 잘못을 고집하고, 더욱이 그 잘못을 확대하려고 한다면 이 모순도 적대적인 것으로까지 발전할 가능성이 있다.

도시와 농촌 간의 경제적 모순은 자본주의 사회에서는(거기에서는 자산계급이 지배하는 도시가 농촌을 잔혹하게 수탈한다), 또 중국의 국민당 통치지역에서는(거기에서는 외국의 제국주의와 자국의 매판적 대부르조아계급이 지배하고 있는 도시가 농촌을 매우 포악하게 약탈하고 있다) 극히 적대적이다. 그러나 사회주의국가와 우리 혁명근거지에서는 이와 같은 적대적 모순이 비적대적 모순으로 변화하고 있고, 공산주의 사회가 되면 이러한 모순은 소멸할 것이다.

레닌은 "적대와 모순은 전혀 다른 것이다. 사회주의 아래서 적대는 소멸하지만 모순은 존재한다"[43]고 말하고 있다. 이것은 바로 적대란 모순 투쟁의 모든 형태가 아니라 한 형태에 지나지 않기 때문에 이 공식을 모든 곳에 자의적으로 적용해서는 안 된다는 것이다.

---

43) 레닌, 「부하린의 저서 『과도기의 경제』에 대한 평론」(1920년 5월)에서 인용.

결론

여기까지의 이야기를 우리는 다음과 같이 몇 마디로 요약할 수 있다. 사물의 모순 법칙, 즉 대립과 통일의 법칙은 자연과 사회의 근본법칙이며 따라서 사유의 근본법칙이다. 이것은 형이상학적 세계관과는 상반되는 것이며, 이는 인류의 인식의 역사상 커다란 혁명이다. 변증법적 유물론의 관점에 따르면 모순은 객관적 사물과 주관적 사유의 모든 과정에 존재하고 있고, 모든 과정을 처음부터 끝까지 관통하고 있다. 이것이 모순의 보편성과 절대성이다. 모순을 이루는 사물 및 그 각각의 측면은 각기 그 특성을 지니고 있다. 이것이 모순의 특수성과 상대성이다. 모순되는 사물은 일정 조건에 따라 동일성을 지니고 있다. 따라서 하나의 통일체 속에 공존할 수 있고 또한 서로 상반된 측면으로 전화해갈 수 있다. 이것 역시 모순의 특수성과 상대성이다. 그러나 모순의 투쟁은 끊임이 없으며, 모순이 공존하고 있을 때에도 상호 전화하고 있을 때에도 투쟁이 존재하고 있다. 특히 상호 전화할 때에는 투쟁이 한층 분명하게 나타난다. 이것 또한 모순의 보편성과 절대성이다. 우리가 모순의 특수성과 상대성을 연구할 때에는 모순과 모순의 주요한 측면과 주요하지 않은 측면의 구별에 주의해야 하며, 모순의 보편성과 투쟁성을 연구할 때에는 모순의 여러 가지 다른 투쟁형식의 구별에 주의하지 않으면 안 된다. 그렇지 않으면 잘못을 저지르게 될 것이다. 만약 연구를 통해 위에서 서술한 요점들을 진실로 이해하게 된다면, 우리는 마르크스 · 레닌주의의 기본원칙에 위반되고 우리의 혁명사업에 불리한 교조주의 사상들을 타파할 수 있을 것이다. 또한 경험을 갖고 있는 동지들에게 자신의 그 경험을 정리시키고 원칙성을 갖게 함으로써 경험주의의 잘못을 되풀이하지 않도록 할 수 있을 것이다. 이러한 것들이 모순 법칙의 연구로부터 얻은 우리의 간단한 결론이다.

제3부

지구전론
持久戰論

(1938년 5월)

이 글은 마오쩌둥이 1938년 5월 26일부터 6월 3일까지 옌안(延安)의 항일전쟁연구회에서 강연한 내용으로, 원래는 1938년 7월 1일 옌안에서 출판된 『해방』 제43··44기 합본에 실렸고, 1939년 1월 충칭(重慶) 신화일보관(新華日報館)에서 수정본을 발행한 바 있다.

문제의 제기

(1) 위대한 항일전쟁 일주년 기념일인 7월 7일이 곧 다가온다. 온 민족이 대동단결하여 통일전선을 구축하고 적과 영웅적인 항전투쟁을 벌여 온 지 어언 1년이 되고 있다. 동양 역사상 일찍이 없었던 이 위대한 전쟁은 세계사에도 길이 빛날 것이다. 그러므로 지금 이 전쟁에 온 인류가 지대한 관심을 표명하고 있다. 그리고 우리 중국인들은 전쟁이란 이 재난에 굴하지 않고 민족의 생존을 위해 분투하면서 하루 속히 승리의 그 날이 오기를 갈망하고 있다. 그러나 이 전쟁은 과연 앞으로 어떠한 양상을 보일 것인가? 대체 승리할 수 있을 것인가, 없을 것인가? 조속한 시일 내에 승리할 수 있을 것인가, 아닌가?

대다수 사람들은 지구전을 펼쳐야 한다고 말한다. 그렇다면 그 이유는 무엇인가? 또 어떤 방법으로 지구전을 펼쳐나가야 하는가? 많은 사람들이 최후에는 승리하고야 말 것이라고 얘기하지만, 그 근거는 무엇이며, 또 어떤 방법으로 최후의 승리를 쟁취해낼 수 있을 것인가? 이러한 문제점들은 결코 어느 한 개인에 의해서 그 해답이 얻어질 수 있는 성질이 아니다. 아니, 심지어 수많은 사람들의 중지를 모아도 아직까지 그 해답을 얻지 못하고 있는 실정이다. 그리하여 패배주의에 사로잡힌 망국론자들이 달려나와 사람들에게 "중국은 망할 것이다. 최후의 승리는 결코 중국의 것이 아니다"고 떠들어대는가 하면, 일부 성급한 친구들은 또 "중국은 조속한 시일 내에 어렵지 않게 승리할 것이다!"라고 말하기도 한다. 과연 이러한 논쟁을 벌이는 일이 옳은 일인가? 우리는 줄곧 이런 논쟁이 바람직하지 않다고 주장해 왔다. 그러나 아직도 많은 사람들이 우리의 주장을 이해하지 못하고 있는 실정이다. 그 이유는 첫째는 선전의 부족이며, 둘째로는 객관상황의 변화가 지니는 기본적 특성이 그 고유 성격을 완전히 드러내지 않고 여전히 대중에게 선명하게 가시화되지 않았기 때문이다. 그래서 대중은 전반적 상황의 추세와 미래의 가변성을 파악하지 못하고, 일관성 있는 방침과 태도를 결정하지 못하고 있는 것이다.

하지만 이제 상황은 나아졌다. 10개월에 걸친 항전에서 얻은 경험으로, 우리는 망국론자의 허무맹랑한 논리를 깨부수고 일부 성급한 친구들이 주장하는 '속승론(速勝論, 조속한 시일 내의 승리론)'에 대해 설득할 수 있게 된 것이다. 이러한 국면을 맞아 많은 동지들이 체계적이고도 완전한 답안을 요구하고 있고, 아직도 지구전(持久戰)에 대한 망국론자나 속승론자들의 반대의견이나 허무맹랑한 이해가 만만치 않은 현실이다. 게다가, "노구교(蘆溝橋)사변[1]이 터진 후로 4억 인민이 대동단결하여 노력했으니, 최후의 승리는 당연히 중국의 것이다"는 식의 논조가 하나의 공식처럼 수많은 사람들의 입에 회자되고 있다. 물론 맞는 말이다. 그러나 반드시 논리적 보충이 필요하다.

우리가 통일전선을 구축하여 항일전쟁을 수행할 수 있도록 한 원동력은 여러 가지다. 공산당과 국민당을 비롯한 모든 당파, 노동자와 농민 그리고 자산계급까지 포함한 모든 인민들, 주력군과 유격대를 망라한 모든 군대, 국제적으로는 사회주의 국가를 위시하여 정의를 사랑하는 모든 국가의 인민들, 심지어는 반전을 주장하는 적국(敵國) 내의 일부 인민들과 전선의 병사에 이르기까지, 요컨대 수많은 사람들이 우리가

---

1) 7 · 7사변이라고도 부른다. 노구교는 베이징(당시엔 베이핑이라 불렀다) 서남쪽 10여 킬로미터 지점에 위치한, 베이징 서남쪽 입구다. 당시 베이닝로(北寧路, 베이징에서 랴오닝 선양까지의 철로)를 따라 동으로 산하이관(山海關)에서 서쪽의 베이징 서남 펑타이(豊臺)까지 일본 침략군이 주둔한 상태였다. 1937년 7월 7일, 일본군이 노구교에서 중국 주둔군을 공격했다. 전국 인민들의 항일 추진 열기와 공산당의 항일 투쟁 주장의 영향 아래 중국 주둔군이 떨쳐 일어나 대항했고, 중국 인민이 용맹하게 싸운 8년간의 항일전쟁이 이로부터 비롯되었다.

항전을 계속 수행해 나갈 수 있는 원동력이 되어 주었다. 양심을 지닌 사람이라면 모두가 마땅히 이 사람들에게 경의를 표해야 할 것이다. 이제 우리 공산당원은 여타의 항전 당파, 그리고 전국 인민들과 함께 대동단결하여 가증스럽기 짝이 없는 왜구와 싸워 승리하는 것을 유일한 행동 방침으로 삼아야 한다. 더구나 다가오는 7월 1일은 중국공산당 창당 17주년 기념일이다. 이제 항일전쟁을 치르는 모든 공산당원이 배전의 노력으로 더욱 훌륭한 성과를 거두기 위해서, 지구전을 보다 심도있게 연구할 필요가 있겠다. 바로 이러한 이유로 나는 이 강연을 통해 지구전을 연구하려는 것이다. 이 제목과 연관된 어떠한 문제에 대해서라도 나는 남김없이 언급할 수 있는 준비가 되어 있지만, 그렇다고 단 한 차례의 강연을 통해 모든 것을 다 언급할 수는 없는 일이다.

(2) 10개월에 걸친 항전의 경험을 통하여 '중국필망론(中國必亡論)'과 '속승론' 두 관점 모두 그릇된 견해라는 것이 증명됐다. 전자는 타협주의의 경향을, 후자는 적을 경시하는 경향을 띠고 있다. 이러한 논조는 모두 주관적이고 일면적이며, 한 마디로 말하자면 비과학적이다.

(3) 항전을 시작하기 전에는 망국론이 수없이 난무했었다. 예컨대 "중국은 무기가 인적 자원보다 못하니 싸우면 무조건 질 수밖에 없다"느니 "항전을 하면 에티오피아[2] 꼴이 되고 만다"는 식이었다. 항전이 시작된 후로는 이러한 망국론이 비록 공개적으로 표출되고 있지는 못하지만, 아직도 암암리에 널리 퍼져있는 형편이다. 아울러 타협주의 분위기도 수시로 대두하고 있다. "더 이상 싸우면 망한다"[3]는 식이다. 후난

---

2) 1935년 10월, 이탈리아 파시스트 군대의 공격에 에티오피아가 맞서 진지전을 전개했으나 1936년 5월 패전하고 말았다. 제2차 세계대전이 일어난 후 에티오피아 인민들은 1941년 반파쇼 동맹군과 연합해 이탈리아 침략군을 몰아내고 독립을 회복했다.
3) 이러한 망국론은 일부 국민당 지도급 인사의 의견이었다. 그들은 항일을 원하지

(湖南)지방의 한 학생은 이런 편지를 보내왔다. "시골에서는 모든 것에 어려움을 느낍니다. 혼자서 홍보·선전공작을 하려면 어쩔 수 없이 직접 돌아다니며 개별적인 대화를 나눌 수 밖에 없습니다. 상대방은 대부분 무지몽매한 인민들이 아닌지라 부분적으로나마 제 말을 이해하고 대화에 흥미를 가지곤 합니다. 그러나 몇몇 친척들을 만나면 극도의 혐오감이 치밀어 오릅니다. 그들은 언제나 '중국은 못 이겨, 망할 거야!'라고 말합니다. 그나마 다행이랄까, 그들이 그런 말을 선전하고 다니지 않기 망정이지, 아니면 참으로 난감했을 것입니다. 그들에 대한 농민들의 신뢰가 얼마나 대단한지 아십니까?" 바로 이러한 '중국 필망론자'들이 사회적으로 타협주의 분위기를 유도하는 기층인 것이다. 이런 사람들은 중국의 도처에 존재한다. 아마 전후(戰後)에도 항전시기의 이러한 타협주의는 여전히 사라지지 않을 것이다. 나는 지금 쉬저우(徐州)가 함락되고 우한(武漢)이 위기에 몰린 긴장된 이 시기에, 이러한 망국론자들에게 통렬한 공박을 가해 다시는 타협주의가 대두하지 못하도록 하는 일이 결코 무익한 일은 아니라고 생각한다.

(4) 항전 10개월 동안 여러 가지 성급한 의견도 대두하고 있다. 예컨대 항전 초기 때의 근거없는 낙관론이 바로 그러하다. 그들은 지나치게 일본을 과소평가한 나머지, 일본이 산시성(山西省)을 공략해 낼 수 없을 것이라고 장담하기까지 했다. 또한 일부 인사들은 유격전의 전략적 가

않았지만 나중에 압박에 못 이겨 동참했다. '노구교 사변' 이후 장제스 일파는 어쩔 수 없이 항일전쟁에 참가했는데, 이 망국론을 대표했던 왕징웨이(汪精衛) 일파는 일본에 투항할 준비를 하다가 나중에 실제로 실행했다. 그러나 망국론은 국민당 내부뿐만 아니라 일부 중산층계급과 일부 낙후된 노동자계급 사이에도 상당히 영향력을 발휘했다. 이것은 국민당정부가 부패무능하여 항일전쟁에서 연이어 패전했던 반면, 일본군은 장기적으로 전진하여 첫해에 이미 화베이(華北)와 화중(華中) 대부분 지역을 강점하였기에 일부 낙후한 인민들 안에 심각한 비관적 정서가 생겨났던 것이다.

치를 경시하고 '전체적으로는 기동전(機動戰)⁴⁾을 위주로 하고 유격전이 보조 역할을 담당하지만, 부분적으로는 유격전이 위주가 되고 기동전이 보조 역할을 담당해야 한다'는 〔우리의〕 방법론에 회의를 표명하고 있다. 그들은 '유격전을 근간으로 하되, 유리한 조건 아래서의 기동전도 결코 소홀히 하지 않는다'는 팔로군의 전략방침에 반대하면서, 이는 '기계적'인 관점에 불과하다고 혹평하고 있다.⁵⁾

상하이(上海)전투 때, 혹자는 '3개월만 싸우면 국제 정세는 반드시 변화한다. 소련이 참전할 것이며, 전쟁은 자동적으로 해결될 것이다'고 말했지만, 이는 항일전쟁의 앞날을 몽땅 외국의 원조에 의지하자는 논리에 다름아니다.⁶⁾ 또한 타이얼좡(臺兒莊)전투의 승리⁷⁾ 이후로, 혹자는 쉬저우(徐州)전투⁸⁾를 '준결전(準決戰)'으로 삼아 과거의 지구전 전략을

---

4) 원문은 '運動戰'. 비교적 넓은 작전 공간에서 시간을 달리해 병력을 신속하게 이동시켜 적을 포위한 후 우세한 정황을 이용해 속전속결하는 전술방식. 이에 비해 유격전은 본격적 전투 전에 소규모 병력으로 기민하게 공격하는 방식이다. (역주)

5) 이런 견해들은 모두 공산당 내부에서 제기된 것들이다. 항일전쟁의 첫 반년 동안 당내에서는 적을 경시해 일본을 한 방에 날릴 수 있는 것으로 여기는 경향이 존재하고 있었다. 그들이 적을 경시한 근거는 자신의 역량이 크다고 여겼기 때문이 아니다. 그들은 당시 공산당이 영도하는 군대와 민중의 조직된 역량이 아직 매우 미약하다는 것은 알고 있었다. 국민당이 항일에 동참하게 되자 국민당은 매우 큰 역량을 가지고 있으므로 일본에 효과적으로 타격을 가할 수 있을 것이라고 생각했던 것이다. 그들은 국민당이 일시적으로 항일에 동참하는 한 면만을 보고, 저들의 반동적이며 부패한 다른 한 면을 망각했기에 이처럼 그릇된 평가를 내렸던 것이다.

6) 이것은 장제스 등의 의견이다. 장제스의 국민당은 억지로 항전에 나서기는 했지만 오로지 외국의 원조만을 기대하면서 스스로의 역량과 인민의 역량을 믿지 않았다.

7) 1938년 3월에서 4월까지 중국군은 타이얼좡(臺兒莊, 지금의 산둥山東 자오좡시棗莊市) 일대에서 일본의 정예사단인 5사단과 10사단을 격파했다.

8) 중국군이 일본 침략군에 맞서 쉬저우를 중심으로 한 광대한 지구에서 전개한 전

90

탈피해야 한다고 주장했다. 그들은 '이 일전이야말로 적의 최후 발악이 될 것이다', '우리가 승리하면 일본은 정신적으로 엄청난 타격을 입고 조용히 마지막 심판날을 기다릴 수밖에 없을 것이다'[9]라고 호언장담했다. 핑싱관(平型關)에서의 승리[10] 한 번에 도취되어 그 모양이었고, 타이얼좡 전투의 승전이 더 많은 사람들의 머리를 그처럼 혼미하게 만들었던 것이다. 이제는 적군이 과연 우한(武漢)마저 침공할 것인가 하는 것이 문제가 되고 말았다. 혹자는 '아마 침공하지 않을 것이다'라고 말하는 반면, 또 다른 사람들은 '절대로 침공해오지 않는다'라고까지 단정한다. 이러한 의문은 보다 더 근원적인 문제에까지 연결되고 있다. 예컨대, 항일 역량은 충분한가? 이 질문에 대한 대답은 긍정적일 수 있다. 현재의 역량만 가지고도 적군이 더 침공해 올 수 없는데, 무엇 때문에 더 이상 역량을 증대시킬 필요가 있겠는가? 또 다른 예를 들자면, 항일

투. 1937년 12월, 화중(華中)·화베이(華北)지역에 주둔하고 있던 일본군은 진푸(津浦)철로와 타이웨이(臺濰)도로를 따라 쉬저우 외곽지역으로 공격해 들어왔다. 한편 중국군은 1938년 4월 중순 타이얼좡 전투에서 승리를 거둔 후 계속 산둥성 남부에서 병력을 증강해가며 쉬저우 일대에 약 60만 병력을 집결시켰다. 일본 역시 타이얼좡 전투 패배 후 4월 상순 남북 양면으로 20여만의 병력을 집결시켜 쉬저우를 우회적으로 포위했다. 일본군의 포위·협공 속에서 중국군은 병력을 나누어 허난성·안후이성 접경지대 쪽으로 포위망을 돌파하였다. 그러나 쉬저우는 5월 19일 마침내 일본군에게 점령당하고 말았다.

9) 이것은 1938년 4월 25일부터 26일 양일 간 국민당 정학계(政學系) 계열 신문 『대공보(大公報)』 사설에서 주장한 논조이다. 그들은 요행을 바라는 심리에서 출발해 타이얼좡에서와 같은 승전을 이어나가 일본을 패배시킴으로써 지구전을 벌이느라 인민의 역량을 동원하지 않게 함으로써 자기 계급의 안전에 위험이 미치지 않기만을 희망하였다. 당시 국민당 지배층에는 이러한 요행을 바라는 심리가 보편적으로 존재하고 있었다.

10) 1937년 9월 25일 팔로군 115 사단이 산시성(山西省) 동북부 핑싱관 부근에서 매복해 일본 침략군을 공격, 그들의 정예부대 제21사단의 천 여명을 살상하고 군수품을 대량 확보했다. 이는 항일전쟁 후 첫 번째 대승리였다.

민족통일전선을 공고히 하고 더욱 확대하자는 구호는 아직도 여전히 바람직한 것인가? 이 질문에 대한 대답은 부정적이겠다. 현 상태의 통일전선으로도 충분히 적군을 격퇴시킬 수 있는데, 더 무슨 '공고'니 '확대'니 하는 따위를 주장할 필요가 있단 말인가? 국제외교와 국제무대에서의 선전공작을 강화할 필요가 있는가? 이에 대한 대답 역시 부정적일 것이다. 아울러 군대의 제도와 정치제도를 개혁하고, 민중운동을 발전시키며, 국방교육에 힘쓰고, 매국노 일당을 제거하고, 군사산업을 발전시키며, 인민 생활을 개량하는 등등의 문제를 진지하게 실천해 볼 필요가 있는가? 또한 우한과 광저우(廣州), 서북(西北)지역을 사수하고, 적의 배후에서 유격전을 벌인다는 구호는 아직도 옳은 것인가? 이에 대한 대답 모두 부정적일 수 있다. 심지어 혹자는 전세가 다소라도 호전되기만 하면, 국민당과 공산당 사이를 불편하게 만들어 인민의 관심을 대내적 문제로 전환시켜 보고자 음모를 꾸미고 있기도 하다. 이러한 상황은 대체로 비교적 커다란 승리를 거두었을 때, 또는 적군의 침공이 잠시 멈추었을 때 긴장의 이완으로 말미암아 흔히 발생하는 일이다.

지금까지 열거한 모든 사례를 우리는 정치적, 군사적인 근시안이라고 부른다. 즉, 들어보았을 때는 일리 있는 말 같지만 실제로는 전혀 근거없는 허무맹랑한 탁상공론이다. 이러한 탁상공론을 일소시키고 실제적으로 항일전쟁을 승리로 이끌 수 있도록 노력하는 일이 바람직한 길이리라.

(5) 그러므로 다음과 같은 식으로 이 문제들을 정리해 볼 수 있다.

　물음 : 중국은 망할 것인가?
　대답 : 망하지 않는다. 중국은 최후의 승리를 쟁취하고야 만다.
　물음 : 중국은 속승(速勝)할 수 있는가?
　대답 : 불가능하다. 항일전은 지구전으로 치러야 한다.

(6) 이런 문제에 대해서는 사실상 2년 전에 우리가 이미 그 핵심적 논점들을 일반적으로 지적한 바 있다. 1936년 7월 16일, 즉 시안(西安) 사변이 일어나기 5개월 전, 노구교사변이 터지기 1년 전에, 나는 미국 기자 에드가 스노[11] 씨와의 인터뷰에서 이미 중일전쟁에 대한 일반적 형세 판단과 승리를 쟁취할 수 있는 여러 방법을 제시한 바 있었다. 이를 되살리기 위해 그중 일부분을 옮겨보기로 한다.

물음 : 어떤 조건을 갖추어야만 중국이 일본 제국주의와의 전쟁에서 승리하고 그 세력을 소멸시킬 수 있을까?

대답 : 3가지 조건을 갖추어야 한다. 첫째로는 중국 내의 항일 통일전 선을 구축해야하고, 둘째 국제적인 항일 통일전선을 구축해야 하며, 셋째로는 일본 국내의 인민들과 그 식민지의 인민들이 혁명을 일으키는 것이다. 중국 인민의 입장에서 말한다면, 이 세 가지 조건 중 중국 인민의 대단결이 가장 중요하다.

물음 : 이 전쟁은 얼마나 오래 끌 것 같은가?

대답 : 중국내의 항일 통일전선의 실력과 기타 중·일 양국의 결정적 인 인소(因素)가 어떻게 결정 지워지느냐에 달려있다. 다시 말 해서, 중국 스스로의 역량 외에도, 중국에 대한 국제적인 지원 과 일본 국내 혁명세력의 원조 여부가 전쟁 기간에 밀접한 함 수 관계를 갖는다는 말이다. 만일 중국의 항일 통일전선이 확

---

11) 에드가 스노(1905-1972)는 미국의 진보적 작가이자 기자로, 1929년 중국에 온 뒤 1936년 산베이(陝北) 혁명근거지를 방문해 마오쩌둥을 인터뷰했다. 새로운 중국이 건국된 후 1960년, 1964년, 1970년 세 차례 중국을 다시 방문했고, 1972 년에 스위스에서 병사했다. 유언에 따라 그의 일부 유골이 중국에 안장되었다. 『西行漫記』(원제는 Red Star Over China. 국내 번역본은 신홍범 외 역, 『중국의 붉은 별』, 두레출판사) 등 저작이 있다.

고히 구축되어 횡적·종적으로 효과적인 조직이 된다면, 그리고 만일 각국 정부와 인민이 일본제국주의가 자신들의 이익에 심각한 위협을 미친다는 사실을 깨닫고 중국에 필요한 바의 원조를 제공한다면, 또한 일본 국내의 혁명세력이 조속히 봉기한다면, 이번 전쟁은 그만큼 빨리 종결될 것이며, 중국은 또 그만큼 빨리 승리를 쟁취할 수 있을 것이다. 그러나 이러한 조건이 조속히 충족되지 않는다면 전쟁기간은 그만큼 연장될 것이다. 하지만 어찌됐건 결론은 마찬가지다. 일본은 틀림없이 패망하며, 중국은 반드시 승리한다. 단지 많은 희생이 요구되며, 고통의 시기를 겪어야 한다는 것 뿐이다.

물음 : 정치적·군사적으로 볼 때, 당신은 이번 전쟁이 앞으로 어떤 양상을 보일 것이라고 생각하는가?

대답 : 일본의 대륙정책은 이미 확정됐다. 일본의 침공을 막기 위해, 일본과 타협하고 일부나마 중국의 영토와 주권을 넘겨주자는 발상은 환상에 지나지 않는다. 우리는 양쯔강 하류와 남방의 여러 항구들이 이미 일제의 대륙정책 속에 포함되어 있음을 잘 알고 있다. 게다가 일본은 필리핀, 시암(태국), 베트남, 말레이반도와 네덜란드령 동인도제도를 점령하여 서남태평양을 독점하고 중국을 고립시키려 하고 있다. 이것이 바로 일본의 해양정책인 것이다. 지금 이 시기에 중국은 확실히 매우 어려운 입장에 처해 있다. 하지만 대다수의 중국인은 이 어려움을 충분히 극복할 수 있다고 믿는다. 단지 몇몇 부유한 상인들만이 재산의 손해를 입을까 싶어 패망론에 사로잡혀 있다. 혹자들은 중국 해안이 일본에게 봉쇄되면 중국은 더 이상 계속 전쟁을 할 수 없다고 말하지만, 이것은 쓸데없는 기우이다. 그들의 말이 틀린 것을 증명해 보이기 위해 우리 홍군(紅軍)의 전쟁사를

예로 들어 설명하겠다. 현재 항일전쟁 중에 중국이 점하고 있는 우세는 과거 내전 때 홍군의 세력보다 훨씬 강력하다. 중국은 방대한 국가이다. 설령 일본이 중국의 1억 내지는 2억 인구가 살고 있는 지역을 점령했다손 치더라도, 우리는 결코 패배한 것이 아니다. 우리는 여전히 일본과 싸울 강력한 역량을 보유하고 있으며, 일본은 언제나 그 후방을 방어해야만 할 것이다. 중국 경제가 통일되어 있지 않고 불균형을 이루고 있는 상황은 항일전쟁을 수행하는 데 도리어 유리하다고 할 수 있다. 예컨대 상하이와 중국의 다른 지역이 분단되어 있다 할지라도, 그것이 중국에 미치는 악영향은 결코 뉴욕이 미국의 다른 지역과 고립되어 있는 상황이 미국에 미치는 악영향만큼 심각한 것이 아니다. 설령 일본이 중국의 연해를 봉쇄한다 할지라도, 중국의 서북(西北)·서남(西南) 등 서부지역은 절대로 봉쇄하지 못한다. 때문에 문제는 역시 중국의 모든 인민이 대동단결하여 거국일치의 항일전선을 수립할 수 있느냐의 여부에 달려있다. 이 점은 우리가 예전에 이미 지적한 바 있다.

물음 : 만약 전쟁이 장기화되고 일본이 패망하지 않는다면, 공산당은 일본과 평화협정을 맺는 데 동의할 것인가? 또 일본이 동북(東北)지역을 통치하는 것을 인정할 것인가?

대답 : 그럴 수 없다. 중국 공산당은 모든 중국 인민의 의사와 마찬가지로 한줌의 중국 영토라도 일본에게 넘겨주는 것을 허용치 않을 것이다.

물음 : 당신의 견해로는 이번 해방전쟁의 주요 전략방침은 무엇인가?

대답 : 우리의 전략방침은 우리의 주력부대가 마땅히 확고부동한 전선에서 작전을 수행하도록 하는 것이다. 중국군이 승리하려면 반드시 넓은 지형을 전장(戰場)으로 삼아 고도의 기동전(機動

戰)을 펼쳐, 신속하게 전진 · 후퇴 · 집결 · 분산할 수 있어야 한다. 이것은 대규모의 기동전을 의미하는 것이지, 결코 참호를 깊게 파고 방책을 높이 구축하는 등, 방어에만 의존하는 진지전(陳地戰)을 의미하는 것이 아니다. 그러나 결코 모든 중요 군사적 거점을 포기하라는 말은 아니다. 유리하기만 하다면, 그러한 요충지에서는 진지전을 펼쳐야 할 것이다. 하지만 대세를 전환시킬 수 있는 전략방침은 마땅히 기동전이어야 한다. 진지전도 필요하기는 하지만, 이는 보조적 성질의 제2의 전략방침이어야 한다. 지리적으로 볼 때도 광활한 전장의 중국에서는 기동전을 펼치는 것이 가장 효과적일 것이다. 일본군은 우리 군대의 기동성있는 공격을 받으면 반드시 두려워서 신중하게 될 것이다. 저들의 군제(軍制)는 어리석을 정도로 방대하고 행동도 완만하기 때문에 군사력의 유효한 활동에 한계가 있다. 만약 우리가 협소한 진지에 병력을 집결하여 소극적으로 소모전을 펼친다면, 아군은 지리적 · 경제적으로 유리한 조건을 상실하게 될 것이며, 에티오피아가 저지른 우(愚)를 재연하게 될 것이다. 전쟁 초기에는 대규모의 결전을 극력 회피하고, 먼저 기동전을 펼쳐 적군의 사기와 전투력을 점진적으로 파괴해야 한다. 한편, 훈련된 정규군으로 기동전을 전개함과 동시에 농민들로 하여금 수많은 유격대를 조직하게끔 해야 한다. 동3성(東三省)[12]의 항일의용군은 항전에 동원될 수 있는 전국 농민이 보유한 잠재력의 극히 일부분에 지나지 않음을 깨달아야 한다. 막대한 잠재력을 보유한 중국 농민이 조직화되어 합당한 지휘체계만 갖춘다면, 일본군을 하루 24시간 정신없이 바쁘게

---

12) 중국 동북부의 랴오닝(遼寧) · 지린(吉林) · 헤이룽장(黑龍江) 등 3성(省). (역주)

만들어 녹초가 되게 만들 수 있다. 이번 전쟁은 중국에서 치르고 있다는 사실을 잊지 말아야 한다. 다시 말해서, 일본군은 적대적인 중국인민들에게 완전히 포위되어 있는 셈이나 다름없다는 말이다. 일본군은 그들이 필요한 군수물자를 수송해오지 않으면 안될 뿐만 아니라 스스로를 지켜야만 하고, 대병력을 동원하여 병참선을 보호하여 늘 습격에 대비해야 하는 부담을 안고 있다. 게다가 대부대를 만주와 일본 본토에 주둔시키고 있지 않은가!

또한, 전쟁을 수행하면서 중국은 많은 일본인 적군을 생포하여 그들의 무기와 탄약을 탈취하여 스스로를 무장시킬 수 있다. 아울러 외국의 원조로 중국군의 군장비는 점차 강화될 것이다. 그렇게 되면 중국도 전쟁 후기에는 진지전을 전개할 수 있게 되고 일본이 점령한 진지를 공격할 수도 있다. 일본은 중국과 장기간의 전쟁으로 국력이 소모되어 경제는 붕괴되고, 무수한 전투를 통해 사기는 땅에 떨어지게 된다. 그러나 중국은 나날이 잠재력이 발휘될 것이며, 무수한 혁명 민중이 자유를 위해 전선으로 달려나가 싸울 것이다. 이러한 모든 요인이 적절히 조화될 때, 우리는 일본군이 점령한 요새와 근거지를 공격하여 최후의 치명적 타격을 가할 수 있는 역량을 갖추게 되어 일본 침략군을 중국에서 축출해 낼 수 있을 것이다.

(에드가 스노 : 『서북(西北)인상기』에서)

항전 10개월의 경험을 통해 이미 상술한 논점이 정확하다는 사실이 증명됐거니와, 앞으로도 계속 증명될 것이다.

(7) 한편, 노구교사변이 발생한 1개월 남짓 후, 즉 1937년 8월 25일, 중국공산당 중앙은 「목전의 현세와 당의 임무에 대한 결정」을 내리면

서, 다음과 같이 명쾌하게 지적한 바 있다.

- 노구교의 전쟁 도발과 베이징·톈진 점령 사건은 왜구가 중국 본토를 대거 침공해 오기 위한 전초전에 불과하다. 왜구는 이미 자국에 전시 총동원령을 내리기 시작했다. 소위 '사건의 확대를 원하지 않는다'는 그들의 선전은 침략야욕을 은폐하기 위한 연막전술에 불과하다.
- 7월7일 노구교에서의 항전은 이미 전국적인 항전의 시발점이 되었다.
- 중국의 정세는 이때부터 항전을 실천으로 옮기는 새로운 국면에 접어들었다. 항전의 준비단계는 이미 지나간 것이다. 현 단계의 중심 임무는 모든 역량을 동원하여 항전의 승리를 쟁취하는 것뿐이다.
- 항전의 승리를 쟁취하는 관건은, 이미 발동된 항전의 기운을 여하히 온 민족의 전면적 항전으로 발전시켜 나가느냐에 달려있다. 온 민족의 전면적인 항전이 이루어져야만 최후의 승리를 쟁취할 수 있는 것이다. 그러나 현재 이 항전에도 심각한 문제점과 난관이 도사리고 있기 때문에 수많은 좌절과 낭패, 또는 내부적인 분열과 배신 행위, 그리고 일시적이거나 국부적인 타협 등 불리한 상황이 발생할 가능성도 있다. 때문에 이 항전은 매우 힘들고 어려운 지구전이 될 것임을 직시해야 한다. 하지만 우리는 이미 발동이 걸린 항전이 반드시 우리 당과 전 인민의 노력으로 모든 장애물을 극복해 계속 발전해 나가리라는 것을 믿는다.

항전 10개월의 경험을 통해 이미 상술한 관점이 정확하다는 사실이 마찬가지로 증명되었거니와, 앞으로도 계속 증명될 것이다.

(8) 전쟁 중에 문제가 되고 있는 '유심론', '기계론'적 경향은 모든 잘

못된 관점의 인식론상의 근원이다. 그들은 아무 근거도 없이 주관적으로 이야기하거나, 일면적으로 사실을 침소봉대하여 마치 전체적인 문제점인 양 인식하고 있다. 일반적으로 사람들이 관점의 착오를 일으키는 현상은 두 가지로 나누어 분석할 수 있다. 첫 번째는 일관성을 지닌 근본적인 착오로서, 이런 종류는 바로잡기가 매우 어렵다. 다른 한 가지는 일시적이고도 우연한 착오로서, 이를 바로잡는 것은 비교적 용이하다. 그러나 어떠한 착오이건 모두 바로잡아야 할 필요성이 있다. 때문에 전쟁문제 안의 유심론 또는 기계론적 경향을 반대하면서, 반드시 객관적이고도 전면적인 관점을 채택하여 전쟁을 고찰해야만 비로소 그에 대한 정확한 결론을 얻을 수 있는 것이다.

문제의 근거

(9) 항일전쟁은 왜 지구전이어야 하는가? 최후의 승리는 왜 중국의 것인가? 그 근거는 무엇인가?

중일전쟁은 다른 전쟁과는 달리 반(半)식민지·반(半)봉건적 상황의 중국과 제국주의 일본이 20세기 30년대에 벌이고 있는 결사적인 전쟁이다. 모든 문제의 근거는 바로 여기에 있다. 개별적으로 나눠 볼 때, 전쟁을 벌이고 있는 쌍방은 다음과 같이 서로 대립되는 많은 특징을 안고 있다.

(10) 일본의 경우 : 첫째, 일본은 강대한 제국주의 국가다. 그 군사력·경제력과 정치 조직력은 아시아 최고의 수준이며, 전 세계적으로도 5·6개의 강력한 제국주의 국가 중 하나로 꼽힌다. 이것이 일본이 침략전쟁을 일으킬 수 있는 기본조건이며, 전쟁이 불가피한 이유 그리고 중국이 일본을 조속히 이길 수 없는 원인이 바로 여기에 있다. 두 번째, 그러나 전쟁을 도발한 일본의 제국주의 근성은 사실상 그 사회적·경제

적 제국주의 근성에서 비롯된 것이기에 그들의 전쟁은 퇴보적이고 야만적일 수밖에 없다. 20세기 30년대의 일본 제국주의는 내외의 모순으로 말미암아 공전절후의 대규모 전쟁을 일으키는 모험을 저지르지 않을 수 없었고, 또 최후 몰락하는 그날까지 불장난을 저지르지 않을 수 없게 되었다. 때문에 사회발전 단계로 논하자면, 일본은 이미 전성기의 국가가 아닌 것이다. 전쟁은 일본의 지배계급이 바라는 번영을 가져다주기보다는 그 반면적(反面的) 요소, 즉 일본 제국주의의 패망을 가져다 줄 것이다. 이것이 소위 일본 전쟁의 퇴보성이다. 이러한 퇴보성과 함께 군사적 봉건성을 지닌 일본 제국주의의 특성이 첨가되어, 전쟁에 대한 일본의 특수한 야만성이 생겨난 것이다. 이렇게 하여 일본 국내의 계급 대립과, 일본 민족과 중국 민족의 대립, 그리고 일본과 세계 대다수 국가가 대립하게 되는 현상이 야기되었다. 이러한 일본의 전쟁에 대한 퇴보성과 야만성은 바로 일본이 전쟁에 필연적으로 패망할 수밖에 없는 중요한 근거인 것이다. 세 번째, 일본은 비록 강력한 군사력과 경제력, 정치 조직력의 기초 위에서 전쟁을 일으켰다고는 하지만, 사실상 그와 동시에 선천적으로 부족한 기초 위에서 전쟁을 수행하고 있다. 일본의 군사력과 경제력 그리고 정치 조직력이 비록 강하기는 하지만, 그러한 역량은 양(量)적 방면에서 엄청나게 부족하다. 일본은 국토가 협소하며 인력·군사력·재력·물력이 모두 결핍한 상태이기 때문에 장기간의 전쟁은 견뎌내지 못한다. 일본의 통치자는 전쟁을 통해 이러한 곤란을 극복하고자 하지만, 그들이 원하는 바의 반대측면만을 얻게 될 것이다. 다시 말해서, 그들은 그러한 문제점을 해결하기 위해 전쟁을 일으켰지만, 결과적으로는 전쟁 때문에 더 많은 어려움을 겪을 것이며, 최후에 가서는 그들이 원래 보유하고 있던 모든 것마저도 소모될 것이다. 마지막으로, 일본은 비록 파시스트 국가의 원조를 받고 있지만, 그 원조 역량을 훨씬 더 초월하는 국제적인 반대세력의 역량에 직면하지 않을 수 없을 것이다. 반대 세력의 역량은 계속 증대되어 종국적으로 일본을 원조하는 세력의 역량을 분쇄한 후, 일본 자체에까지 직접적으로 압력을 가하게 될 것이다. 종합해 말한다면, 일본은 강력한 전투력을 강점으로 하고 있지만, 그 전투력의 퇴보성과 야만성, 그리고 인구와 물자의 부족, 국제 정세 면에서 소수 세력에 속해 있다는 약점이 있다. 이것이 바로 일본 쪽의 특징이다.

　(11) 중국의 경우 : 첫째, 우리는 반(半)식민지, 반(半)봉건적 상황의 국가이다. 아편전쟁[13]부터 태평천국[14] · 무술유신(戊戌維新)[15] · 신해혁명을 거쳐 북벌전쟁에 이르기까지 끊임없이 반식민지 · 반봉건적 상황을 탈피하기 위해 혁명적 또는 개량적 운동을 전개해왔다. 그러나 모두 좌절당하고 말았기 때문에 아직도 이러한 반식민지 · 반봉건적 상황을 면치 못하고 있는 실정이다. 우리는 여전히 약한 국가이며, 군사력 · 경제력 · 정치조직력 등 모든 방면에서 적보다 뒤떨어져 있다. 전쟁의 불가피성과 중국이 속승할 수 없는 이유는 바로 이러한 요인에도 기인한다. 둘째, 그러나 최근 백년 동안 중국에서 전개되어 왔던 해방운동의 누적된 성과로 오늘에 이르러서는 이미 과거 어떠한 시대와도 다르다. 비록 우리의 해방운동은 국내외 반대세력의 역량에 의해 깊은 좌절을

---

13) 자세한 사항은 「모순론」 각주 24(이 책 63쪽) 내용을 참고할 것.
14) 자세한 사항은 「실천론」 각주 7(이 책 24쪽) 내용을 참고할 것.
15) 무술변법(戊戌變法)이라고도 부르며, 1898년(무술년)에 발생한 유신운동이다. 당시 중국은 제국주의 열강에 의해 분할 점거되는 심각한 위기를 맞고 있었다. 이때 캉유웨이(康有爲) · 량치차오(梁啓超) · 탄쓰퉁(譚嗣同) 등은 청조의 광서황제(光緒皇帝)의 지원 하에 위로부터 아래로의 변법유신을 실시하여 지주계급과 자산계급이 연합 통치하는 입헌군주제를 실시하고 민족자본주의를 발전시킴으로써 민족 위기를 만회하려 시도했다. 그러나 이 운동의 민중의 광범위한 지지가 부족한데다가 자희태후(慈禧太后)를 비롯한 완고파들의 계속적인 반대에 부딪혔다. 변법 실시 후 3개월 만에 자희태후가 정변을 일으켜 광서황제를 연금시키고 탄쓰퉁 등 6명을 처형함으로써 실패로 돌아갔다.

맛보았지만, 이것은 동시에 우리 중국 인민을 단련시켜준 계기도 되었다. 오늘날 중국의 군사 · 경제 · 정치 · 문화는 비록 적국인 일본보다는 못하지만, 우리 스스로의 과거와 비교해 볼 때 그 어느 때보다도 발전된 요소를 지니고 있다. 중국 공산당과 그 영도 하의 군대가 바로 그 대표적 존재이다. 오늘날 중국의 해방전쟁은 바로 이러한 기초 위에 지구전을 전개하여 최후의 승리를 쟁취해 낼 것이다. 중국은 바야흐로 '막 솟아오르는 아침해와 같은(旭日昇天)' 국가이다. 일본제국주의의 몰락상태와는 완전히 상반된 대조를 이루고 있다. 중국의 전쟁은 진보적이며, 이로부터 정의성을 부여받았다. 그런 까닭에 온 인민의 단결을 불러일으킬 수 있었고, 적국 인민들의 동정까지도 받을 수 있었으며, 아울러 세계 여러 국가의 원조도 쟁취할 수 있는 것이다. 셋째, 중국은 광활한 국가다. 넓은 국토와 풍부한 물자, 그리고 엄청난 인적자원은 장기간의 전쟁을 충분히 수행할 수 있게 해준다. 일본과는 완전히 반대이다. 마지막으로, 중국이 지니고 있는 전쟁에 대한 진보성, 정의성에서 비롯된 국제적인 대대적 원조는, 일본이 일부 소수 파시스트 국가의 원조만 받는 것과는 완전히 상반된다. 결론적으로 말해서, 중국의 단점은 빈약한 전투력에 있다. 그러나 전쟁 자체에 대한 본질적인 진보성과 정의성을 보유하고 있다는 장점이 있다. 더구나 광대한 국가라는 점과 국제정세상 다수의 원조를 받고 있다는 장점까지 있다는 것이다. 이러한 점이 바로 중국의 특징이다.

(12) 이렇게 볼 때 일본의 군사력 · 경제력 · 정치조직력은 강하지만 그 전쟁이 퇴보적 · 야만적이고 인력 · 물력도 부족하며, 국제정세에서도 불리한 위치에 처해 있다. 반면, 중국은 군사력 · 경제력 · 정치조직력은 약한 편이지만 한창 진보적 시대를 맞고 있고, 그 전쟁이 진보적이고 정의적이며, 충분히 지구전을 유지할 수 있는 큰 나라라는 조건을 보유했으며, 세계 여러 국가가 중국을 지원할 것이다. 이상 언급한 것들

이 바로 중일전쟁에서 상호 모순을 이루게 되는 기본적인 특징이다. 이러한 특징은 쌍방의 정책과 전략·전술을 결정하게 해주는 근본 요인이며, 전쟁을 지구전으로 전개할 수밖에 없고, 또 최후의 승리가 일본이 아닌 중국의 것이라는 점을 판명해 주고 있다. 전쟁은 바로 이러한 특징들의 시합에 지나지 않는다. 앞으로 전쟁을 수행해 나가는 동안 이러한 특징은 각기 그 본래의 성질에 의거하여 변화할 것인 바, 그 모든 상황의 변화는 전부 이러한 특징에 근거하는 것이다. 이러한 특징은 실제적으로 존재하는 것이지 결코 허위 날조된 내용이 아니다. 이는 전쟁의 전체적 입장에서 관찰한 기본요소이며, 결코 단편적 입장에서 관찰한 것이 아니다. 이는 쌍방의 모든 문제점을 꿰뚫어 본 것이며, 결코 있을 수도 있고 없을 수도 있는 애매모호한 분석이 아니다. 만약 이러한 특징을 망각한 채 중일전쟁을 관찰한다면, 반드시 착오를 불러일으킬 것이다. 설령 사람들이 일시적으로 옳은 판단으로 믿는다 해도, 전쟁을 수행해 나가는 동안 반드시 그 관점이 잘못됐다는 사실이 증명될 것이다. 이제 이러한 특징에 근거하여 우리가 언급하고자 하는 모든 문제를 설명하기로 하겠다.

망국론을 반박함

(13) 망국론자들은 적군과 우군의 강·약이라는 한 가지 요소만을 비교해 본 후, 이전에는 '항전하면 반드시 망한다'고 떠들더니, 이제와서는 '더 이상 싸우면 반드시 망한다'고 주장하고 있다. 만약 우리가 적이 비록 강하지만 작은 나라이고, 중국이 비록 약하지만 거대한 국가라는 사실만을 근거로 하여 그들을 설득하려고 한다면 부족할 수밖에 없다. 저들은 원나라가 송나라를 멸망시킨 사실이나, 청나라가 명나라를 멸망

시킨 역사적 사실을 들어, 작고 강한 나라가 거대하나 약한 국가를 멸망시켰으며, 낙후한 국가가 진보된 국가를 멸망시킨 적이 있음을 증명해 보이려고 할 것이기 때문이다. 우리가 만약 그것은 옛날일이고 지금은 사정이 다르기 때문에 그러한 사실은 근거가 될 수 없다는 식으로 말한다면, 그들은 다시 영국이 인도를 멸망시킨 사실을 예로 들어, 작으면서도 강한 자본주의 국가가 거대하면서도 약한 후진국을 멸망시킨 적이 있다는 것을 증명하려고 할 것이다. 그렇기 때문에 우리는 반드시 이와는 다른 근거를 제시해야만 망국론자의 입을 봉쇄하고 진심으로 설복시킬 수 있다. 또 그렇게 해야만 선전공작에 종사하는 동지들이 충분한 논리적 근거 아래 아직도 신념이 흔들리고 있는 인민들을 설득하여 항적에 대한 확고한 신념을 가질 수 있도록 일할 수 있을 것이다.

(14) 그렇다면 그들에게 제시해야 될 논리적 근거는 무엇인가? 그것은 바로 시대의 특징이다. 이러한 특징이 현실에 구체적으로 반영된 실례는 바로 일본의 퇴보성과 국제적 지원의 부족이며, 중국의 진보성과 국제적 지원의 풍부함이 되겠다.

(15) 우리들의 전쟁은 다른 전쟁이 아니라, 바로 20세기 30년대에 중·일 양국 간에 벌이고 있는 전쟁이다. 우리들의 적국은 이제 곧 패망할 제국주의 국가로서 이미 퇴보시대에 처해 있다. 영국이 인도를 멸망시킬 때 자본주의의 진보적 시기에 처해 있던 영국의 상황과 근본적으로 다를 뿐 아니라, 20년 전 제1차 세계대전 때의 일본과도 다르다. 이번 전쟁은 세계의 제국주의, 그중에서도 제일 먼저 파시스트 국가가 붕괴하기 직전에 발발한 것으로서, 우리의 적도 바로 내부의 붕괴를 모면해 보기 위해 최후의 발악성을 띤 모험적인 전쟁을 일으킨 것이다. 때문에 이 전쟁의 결과, 멸망할 국가는 중국이 아니고 일본 제국주의 통치집단이 되리라는 사실은 피할 수 없는 필연적인 것이다. 한편, 일본이 전쟁을 일으킨 시기는 바로 세계 각국이 이미 전쟁을 겪고 있거나

전쟁에 직면해 있던 시기로, 모든 국가가 야만적 침략행위에 대항하기 위해 전쟁을 수행하고 있거나 준비하고 있던 중이다. 중국 역시 세계 대부분 국가·인민과 함께 이해관계를 같이 하고 있다. 이것이 바로 일본이 세계 대다수 국가·인민으로부터 반발을 불러일으켰고, 한층 심각한 반발을 일으킬 수 있는 근본적 원인인 것이다.

(16) 중국의 경우는 어떠한가? 중국은 이미 다른 어떠한 역사적 시기와도 비교할 수 없다. 반(半)식민지·반(半)봉건적 사회가 중국의 특징이기 때문에 여전히 약한 국가일 수밖에 없지만, 그와 동시에 중국은 역사적으로 진보하는 시점에 서있기 때문에 항일전쟁에서 승리를 거둘 수 있는 주요한 근거를 확보하고 있다. 이른바 항일전쟁은 진보적인 성격의 것이다. 그것도 일반적인 진보가 아니다. 에티오피아가 이탈리아에 항거하여 일으킨 정도의 진보도, 태평천국이나 신해혁명 때 보였던 그 정도의 진보를 말하는 게 아닌, 오늘날 중국의 진보를 말하는 것이다.

그렇다면 과연 오늘날 중국의 진보란 어떠한 점을 의미하는가? 중국은 이미 완전한 봉건국가적 상황을 탈피하여 자본주의가 탄생했고, 자산계급과 무산계급이 형성됐다. 아울러 이미 각성했거나 각성하고 있는 수많은 인민이 있으며, 공산당이 존재하고 있고, 정치적으로 진보한 군대, 즉 공산당이 영도하는 중국 홍군이 있으며, 수십년 동안의 혁명 경험과 전통이 축적되어 있다. 특히 중국 공산당이 창당된 이래 17년 동안의 소중한 경험이 있는 것이다. 이러한 경험은 중국 인민과 정당을 교육시켜 주었으며, 그 결과 그들로 하여금 오늘날 대동단결하여 항일전선에 나설 수 있는 기초가 되어 준 것이다. 만약 러시아가 1905년의 경험이 없었다면 결코 1917년의 승리도 있을 수 없었으리라고 말할 수 있다면, 우리의 17년 동안의 경험이 없었더라면 장차 항일전쟁의 승리도 쟁취할 수 없으리라고 말할 수 있는 것이다. 이것이 국내적 조건이다.

국제적으로는 중국이 고립된 채 전쟁을 치르지 않을 수 있는 조건이 형성되었다. 이 역시 역사적으로 전무후무한 일이다. 과거 역사 속의 중국이나 인도의 전쟁은 언제나 고립적인 것이었다. 오로지 목전에 전개되고 있는 사상 최대의 민중운동이 중국에 대한 세계 각국의 원조를 불러일으킨 것이다. 1917년의 러시아 혁명도 세계 각국의 지원 아래 비로소 러시아의 농민과 노동자가 승리를 쟁취할 수 있었다. 그러나 그 지원 규모는 오늘날처럼 광범위하지 못했으며, 그 성격도 지금 시대처럼 심오하지 못했다. 오늘날의 세계적인 민중운동은 사상유례없이 대규모로 발전하고 있는 추세이기 때문이다. 소련의 존재는 국제 정치무대에 있어서 더욱 중요한 요인이 되었다. 소련은 반드시 최대한의 열의를 가지고 중국을 지원할 것인 바, 이러한 현상 역시 20년 전에는 전혀 없었던 일이다.

이러한 모든 상황이 중국이 최후의 승리를 쟁취하는 데 필수 불가결한 중요한 조건이 되고 있다. 아직까지 비록 직접적인 대량원조는 없어 앞날을 기다려야 하겠지만, 중국은 진보의 방향으로 나아가고 있고, 대국(大國)이란 조건을 갖추었기 때문에 그때까지 전쟁을 유지시켜 나갈 역량과 각국의 원조를 촉진시킬 수 있는 저력을 보유하고 있는 것이다.

(17) 게다가 일본은 작은 나라로서 땅이 작고 자원·사람·군대가 적지만 중국은 큰 나라로서 땅이 크고 자원·사람·군대가 많아 그와 정반대라는 강약의 조건 대비 외에도, 나라가 작고 퇴보적이고 원조가 부족한 점과, 나라가 크고 진보적이고 외국의 지원이 풍부하다는 점이 대비를 이루게 된다. 이것이 바로 중국은 결코 패망하지 않는다는 논리적 근거다. 강약이란 조건의 비교만으로 보면, 일본이 잠시나마 중국에서 부분적인 횡포를 저지르며, 중국은 어려운 노정을 계속하여 항일전쟁이 지구전으로 나갈 수밖에 없다고 규정될 수 있겠다. 그러나 소국·퇴보·원조 부족, 대국·진보·풍부한 원조라는 측면에서 비교해 본다면,

일본의 횡포는 끝까지 계속될 수는 없으며 최후에 가서는 필연적으로 패망하여, 중국이 최후의 승리를 쟁취하리라고 규정할 수 있게 된다.

(18) 에티오피아는 어째서 패망했는가? 첫째, 에티오피아는 약한 국가일뿐더러 작은 나라이기 때문이다. 둘째, 에티오피아는 중국과 같이 진보된 국가가 아니기 때문이다. 에티오피아는 낡은 노예제도에서 농노제(農奴制)로 이어진 국가로, 자본주의도 없고, 자산계급 정당도 없고, 공산당은 더 말할 것도 없다. 그러니 우리 중국과 같은 군대가 없고, 팔로군과 같은 군대는 더 말할 것도 없다. 셋째, 에티오피아는 국제적 원조를 기다릴 능력이 없었기에 고립된 전쟁을 치를 수밖에 없었다. 넷째, 가장 중요한 원인은 이탈리아에 대항하여 일으킨 전쟁의 영도 노선에 착오가 있었기 때문이다. 에티오피아는 바로 이러저러한 이유로 패망하였다. 하지만 에티오피아는 아직도 광범위한 유격전을 전개하고 있기 때문에, 만약 앞으로도 계속 유격전을 전개해나갈 수만 있다면 장래 국제 정세의 변화 속에서 충분히 조국을 광복시킬 수 있을 것이다.

(19) 만약 망국론자들이 중국의 근대 해방운동의 실패 역사를 예로 들면서 '항전을 하면 반드시 패망한다'거나 '더 이상 계속 싸우면 반드시 패망한다'는 따위의 말을 증명하려고 한다면, 우리의 대답은 또한 '시대가 틀리다'라는 이 한마디일 뿐이다. 중국 자체와 일본의 내적 조건과 국제적 환경이 모두 과거와는 다른 것이다.

일본은 과거보다 더욱 강해진 데 비해, 중국은 여전히 반식민지·반봉건적 지위를 탈피하지 못한 채 미약한 역량만을 지니고 있다는 사실은 심각한 현실임에 틀림없다. 아울러 일본은 비록 일시적이기는 하지만 아직도 자국 내의 인민을 통제할 능력이 있으며, 각국 간의 모순을 이용하여 중국을 침략할 능력이 있는 것도 엄연한 사실이다. 그러나 전쟁이 장기화되면 반드시 상반된 변화가 일어날 것이다. 이것은 아직은 현실이 아니지만, 장차 필연적으로 현실화될 것이다. 망국론자들은 바로 이 점을 전혀 고려하지 않고 있다.

중국은 지금 이미 새로운 인물과 새로운 정당, 그리고 새로운 군대와 새로운 항일정책을 보유하고 또 실현하고 있다. 이는 10여 년 전과는 엄청나게 달라진 변화이다. 뿐만 아니라 이 모든 새로운 요인은 반드시 발전해 나갈 것이다. 비록 과거 역사 속의 해방운동이 누차에 걸쳐 좌절을 당해 오늘날 항일전쟁에 사용될 더욱 커다란 역량을 축적하지는 못했지만(이것은 실로 통분을 금치 못할 역사적 교훈이다. 지금부터는 여하한 혁명역량의 감소도 절대로 있어서는 안된다.) 그러나 기존의 기초 위에 배전의 노력을 기울인다면 반드시 상황은 발전적으로 전개되어 항전역량을 강화시킬 수 있을 것이다. 위대한 항일 민족통일전선은 바로 이러한 노력이 결집된 것이다. 아울러 현재는 비록 직접적이고도 대규모적인 세계 각국의 원조가 가시화되고 있지는 않지만, 국제정세는 이미 과거와는 근본적으로 달라졌다. 그들의 직접적이고도 대규모적인 원조가 조만간 실현될 분위기가 팽배되어 있는 것이다.

근대 중국 역사에서 전개되었던 무수한 해방 운동이 모두 실패하게 된 주·객관적 원인과 오늘의 상황과는 전혀 다르다. 오늘날 존재하고 있는 수많은 어려운 조건들, 예컨대 적은 강하고 우리는 약하며, 적의 어려움은 이제야 비로소 드러나기 시작한 것에 반해 우리의 발전은 너무나 부족하다는 사실 등의 조건은 비록 항일전쟁이 어려운 전쟁임을 규정하게 되지만, 전쟁에 승리할 수 있는 유리한 조건도 많이 있기 때문에 주관적 노력만 기울인다면 반드시 모든 어려움을 극복하고 승리를 쟁취해낼 수 있다. 역사상 오늘날과 비견될 이러한 유리한 조건을 구비한 시기는 일찍이 없었다. 이것이 바로 항일전쟁이 과거 해방운동처럼 실패로 돌아갈 수 없는 이유인 것이다.

타협인가, 항전인가? 부패인가, 진보인가?

(20) 망국론이 전혀 근거 없는 주장임은 이미 상술한 바와 같다. 그러나 망국론자들이 아닌 수많은 다른 사람들 — 애국지사들도 시국에 대해 깊이 우려하고 있다. 그들의 문제의식은 두 가지다. 하나는 일본과 타협할 것에 대해 우려하는 것이며, 또 하나는 정치가 진보할 수 있을지 여부에 대한 회의라고 하겠다. 이 두 가지 우려할 만한 문제점을 두고 많은 인민들 간에 토론이 있었지만 아직도 정확한 해답을 얻지 못했다. 그러므로 지금부터는 이 두 가지 문제에 대해 언급해 보자.

(21) 앞에서도 언급한 바 있지만 타협주의 분위기는 사회적으로 광범위하게 뿌리를 내리고 있다. 때문에 이러한 사회적 분위기가 존재하는 한, 타협주의 발상은 어쩔 수 없이 발생할 수밖에 없다. 그러나 타협은 절대로 이루어지지 않는다. 이 점을 증명하기 위해 일본과 중국의 내적 상황, 그리고 국제 정세라는 세 측면에서 그 논거를 제시해 보겠다.

첫째, 일본의 내부 문제 때문에 타협은 이루어질 수 없다. 항전의 초기 단계시기에 우리는 적이 화베이(華北)와 저장(浙江)지역을 점령한 후에는 아마도 휴전을 제의해 오는 수단을 사용할 것이라고 예측했던 적이 있다. 그리고 적은 과연 이 수단을 사용해 왔다. 그러나 다행히도 타협을 할 뻔했던 이 위기는 넘길 수 있었다. 적이 광범위한 야만정책을 사용하여 공개적으로 약탈행위를 자행했기 때문이었다. 만약 중국이 항복한다면 누구를 막론하고 모두 망국의 노예로 전락할 것이라는 위기의식이 싹텄다. 적의 물질적, 정신적 약탈 행위는 바로 중국을 멸망시키겠다는 정책에서 비롯된 것이다. 그리고 그러한 약탈행위는 하층 민중뿐만이 아니고 상류계층도 그 대상이 되고 있다. 물론 상류계층에 대한 약탈행위는 보다 점잖겠지만, 그것은 정도의 차이에 불과할 뿐 결코 원칙상의 구별이 있는 것이 아니다. 대체적으로 보아 적은 동삼성(東三省)

에서 사용하던 수법을 중국 내지에서도 그대로 적용하였다. 물질적으로는 일반 인민의 의식(衣食)을 약탈하여 기아와 추위에 떨게 하고, 생산도구를 약탈하여 중국의 민족적 공업을 훼멸시켜 산업의 노예화를 기도하고 있으며, 정신적으로는 중국 인민의 민족의식을 말살하고 있다. 모든 중국인은 일장기 밑에서 소나 말처럼 절대 복종하면서 추호라도 중국인 기백을 풍겨서는 안된다는 야만 정책을 적은 중국 대륙 더욱 깊숙한 내륙지역에서까지 시행하고자 한다. 적의 욕심은 끝이 없다. 저들은 결코 휴전을 원치 않고 있는 것이다. 1938년 1월 16일, 일본 내각이 선언한 방침16)은 목하 결연히 시행되고 있다. 사실상은 그들도 어쩔 수 없이 시행하고 있는 것이지만, 어쨌든 그 선언은 모든 계층의 중국인을 격노시켰다. 적의 이러한 방침은 그들의 퇴보성과 야만성에서 기인한 것이다. 이제 중국인은 막다른 골목에 몰려 재난을 피할 방법이 없게 되었다. 그리하여 지금과 같은 절대적인 적대의식이 형성된 것이다. 그러나 적의 유화정책은 장차 다시 출현할 것이다. 그렇게 되면 비겁한 망국론자들은 또 다시 준동할 것이다. 또한 모종의 국제적 세력과 결탁하여 반민족적 행위를 저지를지도 모른다.(영국·미국·프랑스 내부에 그러한 세력이 잔존하고 있다. 특히 영국의 상류계층이 그러하다.) 그러나 대세가 나아가는 방향은 결단코 하향곡선을 그리지 않는다. 일본의 전쟁에 대한 확고한 결단과 그들의 특수한 야만성은 결코 타협을 허락지 않고 있다.

(22) 두 번째는 중국 자체의 문제 때문이다. 중국이 항전을 계속할 수 있는 요소는 세 가지다. 첫째, 공산당의 존재이다. 공산당은 항일전

---

16) 1938년 1월 16일, 일본 근위내각은 무력으로 중국을 멸망시키겠다는 방침과, '항전을 책동하고 있는' 국민당 정부 때문에 이에 대항할 새로운 괴뢰정책을 수립하되 '앞으로는 국민정부를 상대하지 않겠다'는 방침을 선언했다.

선에 나선 인민을 영도하는 믿을 만한 역량이 되어주고 있다. 둘째, 국민당이다. 국민당은 영국과 미국에 절대적으로 의족하고 있는 바, 영국과 미국이 투항을 만류하고 있으므로 국민당은 일본에 항복하지는 않을 것이다. 셋째, 타협을 반대하고 항전을 주장하는 다른 당파들이다. 이 삼자가 서로 단결하여 타협을 주장하는 세력을 맹렬히 규탄한다면, 타협주의자들은 할 수 없이 끝까지 항일 전선에 참여하게 될 것이다.

(23) 세 번째는 국제 정세가 타협을 허락하지 않게끔 되어있기 때문이다. 일본의 맹방과 자본주의 국가의 일부 상류계급을 제외한 모든 국제적 요인은 중국이 일본과 타협하면 불리한 영향을 받게끔 되어 있다. 바로 이 요인이 중국에 낙관적으로 영향력을 행사하는 것이다. 그리하여 오늘날 중국 인민은 세계 각국의 중국에 대한 지원이 점차 증대하리라는 희망을 품게 되었다. 이러한 희망은 결코 공허한 것이 아니다. 특히 소련의 존재는 중국의 항전을 고무시키고 있다. 사상 최강의 사회주의 국가인 소련과 중국은 과거 언제나 긴밀한 유대관계를 맺어 왔다. 소련은 모든 자본주의 국가의 이기적 성격을 지닌 상류계급과는 근본적으로 다르다. 소련은 모든 약소민족과 혁명전쟁을 원조해 주는 것을 직분으로 인식하고 있는 국가이기 때문이다. 중국 전쟁이 결코 고립되어 있지 않다는 것은 세계 각국의 지원이라는 측면 외에도, 특히 소련이 원조한다는 사실에서 더욱 확실하다. 더구나 중국과 소련은 지리적으로 접근해 있다는 점이 일본의 위기감을 유발하고 있다. 과거 중국과 일본이 지리적으로 가깝다는 요소는 항일전쟁의 커다란 난점이었으나, 중·소간의 거리는 더욱 가깝기 때문에 지금은 지리적 문제가 도리어 항일전의 유리한 조건이 되었다.

(24) 이로부터 다음과 같이 결론을 내릴 수 있다. 일본과 타협할 위험성은 분명히 있다. 그러나 충분히 그 위기를 극복할 수 있다. 왜냐하면 적의 정책이 설령 바뀐다 해도, 그것은 부분적인 변화이지 결코 근본적

인 변화가 아니기 때문이다. 중국 내부에도 사회적으로 타협주의 분위기가 없는 것은 아니지만, 그들은 소수에 불과할 뿐, 타협을 반대하는 사람들이 훨씬 대다수이다. 국제적인 세력 속에서도 분명 일부 타협에 찬성하는 무리가 존재한다. 그러나 주된 세력은 항전을 찬성하고 있다. 이러한 세 가지 요인이 결합된다면, 우리는 충분히 타협의 위기를 극복하고 끝까지 항전을 지속할 수 있을 것이다.

(25) 이제 두 번째 문제에 대해 토론해 보자. 국내 정치의 발전은 항전에 대한 굳건한 의지와 분리시켜 생각할 수 없다. 정치가 진보하면 항일전선도 더욱 공고해지게 마련이며, 항전에 대한 의지가 확고하면 할수록 정치는 더욱 발전하기 마련이다. 그러나 기본적으로는 항전을 강화하는 것이 선행돼야 할 것이다.

여러 방면에 걸친 국민당의 불량(不良)현상은 심각한 문제점이다. 과거 역사 속에 누적되어 온 이러한 불합리한 현상은 많은 애국지사로 하여금 심각한 우려와 번민을 자아내게 하고 있다. 그러나 항전기간을 통한 경험으로, 우리는 불과 10개월 동안 중국 인민이 이룩한 정치적 발전이 과거 오랜 세월동안 쌓아 놓은 발전을 훨씬 능가하고 있다는 사실을 인식하게 되었다. 때문에 결코 비관적일 필요가 없는 것이다. 과거 역사 속에 누적돼 온 부패 현상은 비록 인민의 항전역량이 신속히 증대되는 것을 방해하고, 전쟁의 승리를 쟁취할 가능성을 감소시키며, 막대한 전쟁의 손실을 유발시켰지만, 중국과 일본, 그리고 국제 정세를 대국적으로 관망해 볼 때 역사의 추세는 결코 중국 인민이 진보하지 않으면 안 되게끔 흘러가고 있는 것이다. 이러한 진보를 방해하는 요소와 부패현상 때문에 중국의 진보는 완만한 속도를 유지할 수밖에 없다. 진보의 추세와 그러한 진보의 완만한 속도는 현 시점의 두 가지 특징인 바, 완만한 진보는 전쟁을 수행하는 데 절박한 요구사항과 완전히 상반되는 요인으로서, 많은 애국지사는 바로 이 때문에 고민하고 염려하는 것이다.

그러나 우리는 지금 혁명전쟁을 수행하고 있는 중이다. 혁명전쟁이란 일종의 항독제(抗毒劑)와도 같은 것이어서, 적의 날카로운 독의 화염을 소멸시킬 수 있을 뿐만 아니라, 우리 스스로의 탁한 오물도 깨끗이 세척해 낼 수 있는 것이다. 무릇 모든 정의로운 혁명전쟁의 역량은 엄청나게 강하다. 그 역량은 많은 사물을 개조시키거나, 또는 사물의 개조를 위해 새로운 길을 닦아주기도 한다. 중일전쟁도 마찬가지다. 중일전쟁은 양국을 근본적으로 개조할 것임에 틀림없다. 오로지 중국이 통일전선을 굳게 유지하여 항전을 더욱 확고히 유지하기만 한다면, 반드시 과거 속 일본과 중국을 새로운 일본과 중국으로 변화시킬 수 있다. 중일 양국은 이번 전쟁을 통하여 인적·물적 자원이 모두 개조되는 변화를 맞이할 것이다.

우리가 항전과 건국(建國)을 함께 연관시켜 보는 시각은 정당하다. 요컨대, 일본 역시 개조될 것이며, 일본 통치자가 일으킨 침략전쟁이 실패로 돌아갈 때 일본 인민도 혁명을 일으킬 가능성이 있다고 보는 것이다. 일본의 인민이 혁명의 승리를 쟁취하는 그 날이 바로 일본이 개조되는 시기인 것이다. 이 점과 중국의 항전이 밀접한 관계가 있다는 전망을 마땅히 살펴나가야 한다.

망국론도 옳지 않고 속승론도 틀렸다

(26) 우리는 이미 적·아(敵我)간의 강·약과 대·소, 그리고 진보와 퇴보 및 원조의 과·다(寡多) 등 몇 가지 상반되는 특징을 비교하여 보았다. 아울러 망국론도 반박했고, 타협이 불가능한 이유와 국내 정치가 진보적으로 발전할 가능성이 있는 이유도 함께 검토해 보았다.

망국론자는 적군과 아군 간 군사력의 강약이라는 상반된 한 가지 모순만을 중시하고 그로부터 모든 문제점을 확대 해석하려는 반면, 다른 모순 현상은 무시하고 있다. 그들은 단지 군사력의 강약이라는 측면만 비교하고 있는 바, 이것은 그들의 관점이 일면적이란 사실을 증명해준다. 아울러 그들은 그 한 가지 측면을 전체적인 현상으로 확대 해석하고 있는데, 이는 그들이 얼마나 주관적인가 입증해준다. 그러므로 전체적으로 볼 때, 그들의 주장은 근거없는 잘못된 관점임을 알 수 있는 것이다.

한편, 망국론자나 일관적인 비관론자는 아니지만, 일시적 혹은 국부적인 적·아간의 군사력 강약 현상이나 국내의 부패현상을 보고 일시적으로나마 비관적 심리에 젖어있는 사람들에게도, 우리는 그들의 관점이 일면적이고 주관적 경향을 띠고 있다고 지적해야 할 것이다. 그러나 이런 부류에 속한 사람들을 바로잡는 일은 비교적 용이하다. 그들 역시 애국지사들이기에 한번 일깨워 주기만 하면 그들의 착오는 곧 시정될 것이기 때문이다.

(27) 그러나 속승론(速勝論)을 주장하는 이들 역시 잘못된 것이다. 속승론자들은 적·아간 군사력의 강약이란 상반된 모순을 근본적으로 무시하고 다른 모순만을 염두에 두고 있거나, 중국의 장점을 실제 형편과는 괴리된 상황으로 과대평가하고 있다. 또한 그들은 일시적이고도 국부적인 군사력의 강약현상을 전체적인 강약현상으로 착각하면서 우물 안 개구리 식으로 자기 망상에 빠져 있다. 한 마디로 말해서, 그들은 적이 강하고 우리가 약하다는 현실을 인정할 용기가 없는 것이다. 아울러 그들은 스스로의 장점에 한계가 있다는 점을 인정할 용기도 없기 때문에 진리를 은폐하고 있다. 바로 이 점 때문에 온갖 크고 작은 착오가 비롯되는 것이니 이 역시 사고(思考)의 주관성과 일면성이 가져다주는 폐단인 것이다. 물론 이들은 애국지사이며 올바른 마음가짐을 지녔다.

하지만 '선생의 뜻은 원대하다'고 할 수는 있으나 그 견해는 잘못됐기 때문에, 이들이 하자는 대로 따르다가는 반드시 난관에 봉착하게 될 것이다. 왜냐하면 그들의 판단이 사실과 부합하지 않기 때문에 그들의 주장을 실천에 옮긴다면 목적을 달성할 수가 없을뿐더러 무리가 있는 행동을 해야 하기 때문에 패망할 것이 뻔하니, 그 결과는 패배주의자와 다를 바가 없다. 그래서 그렇게 해서는 안되는 것이다.

(28) 우리는 혹시 망국의 위험성을 부인하려 하는 것이나 아닌가? 아니다. 우리도 중국의 앞날에 펼쳐져 있는 해방과 망국(亡國)의 두 가지 가능성을 모두 인정한다. 또한 그 두 가지 가능성이 상호 치열한 투쟁을 벌이고 있는 현실도 인정한다. 그러기에 우리의 임무는 해방을 실현시키고, 망국의 상황을 모면하고자 함에 있다. 해방을 실현시킬 수 있는 기본적인 조건은 중국의 진보와 적 내부의 파탄, 그리고 세계 각국의 지원임을 이미 누차 언급한 바 있다.

그러나 우리는 망국론자와는 다르다. 우리는 객관적이고도 전면적으로 망국과 해방이란 두 가지 상반된 상황이 모두 장차 실현될 가능성이 있다고 인정하는 것이다. 다만, 우리는 해방의 가능성이 망국의 가능성보다 우위를 점하고 있다고 지적하는 바이며, 또 해방이 실현될 수 있는 조건을 쟁취하기 위해 노력한다는 것에 불과하다. 반면, 망국론자는 주관적이고 일면적으로 망국의 가능성만 인정하고 해방의 가능성은 인정하지 않고 있다. 물론 해방의 조건을 쟁취하기 위한 노력도 하지 않는다.

우리는 타협주의 경향과 부패현상이 존재하는 것도 인정한다. 그러나 우리는 그와 동시에 다른 여러 가지 상황도 함께 고려하고 있다. 아울러 우리는 이 두 가지 상반된 현상이 현재는 치열하게 투쟁을 벌이고 있지만, 앞으로는 점차 후자의 현상이 우위를 차지할 것이며, 또 그렇게 될 수 있도록 최선의 노력을 다할 것이다. 그렇기 때문에 우리는 결코 비관하지 않는다. 그러나 비관하는 사람들은 우리와 상반된 길에 있다.

(29) 우리들 역시 속승을 바라지 않는 바가 아니다. 바로 내일 아침에 '왜놈들'을 이 땅에서 쫓아내버린다면 그 누가 좋아하지 않겠는가! 하지만 우리는 객관적 조건이 마련되지 않은 상태에서는 속승은 그저 두뇌에만 존재할 뿐 객관적으로는 존재하지 않는 망상, 거짓 이치에 불과하다는 점을 지적하고자 한다. 그러한 까닭에 우리는 객관적이고 전면적으로 적·아간의 모든 상황을 평가한 후, 지구전만이 최후의 승리를 쟁취할 수 있는 유일한 전략임을 지적하면서, 전혀 근거없는 속승론을 배격하는 것이다. 아울러 우리는 최후의 승리를 쟁취하는 데 필요한 모든 조건을 갖추기 위해 최선의 노력을 다할 것을 주장한다. 조금이라도 더 완전한 조건을 갖추고, 조금이라도 더 빨리 그 조건을 갖출 때, 승리할 수 있는 가능성도 그만큼 더 높아지며, 승리의 시간도 그만큼 더 빨리 다가오는 것이다. 이 길만이 전쟁기간을 단축할 수 있다고 우리는 인식하면서, 재삼 허무맹랑한 속승론을 배격하는 바이다.

왜 지구전이어야 하는가?

(30) 이제 지구전에 대한 문제점을 본격적으로 검토해보자. '왜 지구전을 시행해야 하는가?'라는 문제에 대해 정확한 답을 내리려면, 적·아간의 모든 기본적 요인을 총체적으로 검토해야만 한다. 예컨대, 적은 단지 제국주의 강국이며 우리는 반(半)식민지·반(半)봉건적 상태를 면치 못한 약한 국가라는 점만 거론한다면 망국론에 빠져들 위험이 있다. 단순히 약한 나라가 강한 나라를 대적한다는 사실만 가지고 평가한다면, 이론적으로나 실제적으로 전혀 지구전을 전개할 수가 없기 때문이다. 마찬가지로 국토의 대·소, 혹은 진보와 퇴보, 국제적 원조의 다·과(多

寡) 등 상반적 특징 중에서 어떠한 한 가지 사실만으로 평가하는 것도 또 다른 위험에 빠져들 소지가 있다. 대국이 소국을 합병하는 것은 물론이려니와, 소국이 대국을 멸망시킨 사실도 역사 속에 자주 보이는 현상이다. 역량이 없는 진보된 국가가 군사력이 강하고 퇴보한 국가에 멸망당한 사실도 자주 있었다. 그리고 국제 원조의 다·과 요인이 비록 중요한 요인이긴 하지만, 우리 내부의 기본적 요인이 어떻게 형성되느냐에 따라 그 효과가 달라지는 부수적인 요인에 불과한 것이다.

그렇기 때문에 우리가 항일전쟁은 지구전이어야 한다고 여기는 것은 적·아간의 모든 요인의 상호 관계를 고찰한 결론에서 나온 것이다. 적의 군사력은 강하고 우리는 약하면, 당연히 우리가 멸망당할 위험성이 존재한다. 하지만 적에게는 다른 많은 약점이 있고, 우리는 다른 강점을 보유하고 있다. 적의 강점은 우리의 노력으로 그 효과를 감소시킬 수 있고, 그들의 약점도 마찬가지로 더욱 악화시킬 수 있다. 반대로 우리가 노력한다면 우리 측의 강점은 더욱 강화되고, 단점은 점차 극복할 수 있는 것이다. 그리하여 우리는 패망하지 않고 최후의 승리를 거둘 수 있는 것이며, 적은 모든 제국주의제도의 붕괴와 함께 마침내 패망의 길을 걷게 될 것이다.

(31) 적의 강점은 단 한 가지뿐이고 나머지는 모두 약점이다. 우리의 약점은 단 한 가지이고 나머지는 모두 강점에 속한다. 그런데 현재 어째서 균형 상태도 아니고, 도리어 적이 우세한 현상이 나타나는가? 그러나 문제를 이러한 식으로 보아서는 안된다. 왜냐하면 적의 군사력이 강하고 우리의 군사력은 약하다는 특징은 현재까지는 현저한 차이를 보이고 있으며, 적의 약점은 일시적으로는 그 강점을 상쇄시킬 정도로 발전된 상태가 아니기 때문이다. 마찬가지로 우리의 강점은 아직 약점을 보충시킬 수 있을 정도로 발전된 상태가 아니기 때문에, 적·아간의 대치가 균형을 이루지 못하는 현상이 나타나고 있는 것이다.

(32) 적이 우세를 점하고 있는 현재 상황은, 장차 우리가 통일전선을 더욱 공고히 하고 항전을 계속 유지시킨다면 틀림없이 그 변화가 있을 테지만, 적어도 현재까지는 근본적인 변화는 일어나지 않고 있다. 때문에 전쟁의 일정시기까지는 적은 일정한 정도의 승리를 거두고, 또 우리는 일정 정도의 패배를 맛볼 수밖에 없다. 그러나 이러한 현상은 단지 일정한 시기와 일정한 정도 내의 승리 혹은 패배를 의미하는 것이지, 결코 그 이상을 초과하는 승리와 패배, 또는 완전한 상태의 승패를 의미하는 것은 아니다. 어째서 그럴까? 첫째, 적·아간의 전투력의 강약이라는 최초의 상황은 상대적인 것이며 절대적 현상이 아니기 때문이다. 둘째, 통일전선과 항전을 견지하려는 우리의 노력으로 말미암아 이러한 상대적 현상은 더욱 심화될 것이기 때문이다. 최초의 상황을 분석하자면, 적의 전투력이 비록 강하다지만, 일정한 시기와 정도를 지나면 그 강점은 기타 내부의 불리한 인소에 의해 분명 상쇄되기 시작할 것이다. 다만, 지금 현재로서는 이러한 상쇄 작용이, 아직 적이 우위를 점하고 있는 상황을 완전히 변화시키지는 못하고 있는 것에 불과하다. 반대로, 우리의 전투력이 과거에는 비록 약했었지만, 그러한 약점은 이미 유리한 인소에 의해 보충되고 있다. 단지 이러한 현상이 지금 현재까지는 우리가 열세에 처한 상황을 아직 완전히 변화시키는 정도까지는 이르지 못한 것에 불과하다. 그러므로 전투력의 강약과 전세의 우열현상은 모두 상대적인 것이라고 말할 수 있다. 이제 우리가 통일전선의 강화와 항전에 더욱 힘을 기울인다면, 최초 적·아간의 강약우열이란 현상은 반드시 변화를 가져오게 돼있다. 그러한 까닭에 적과 아군은 단지 일정한 시기와 일정한 정도 내에서만 승리 혹은 패배하게끔 제한돼있는 것이며, 또한 바로 이 이유 때문에 지구전 국면이 형성된 것이다.

(33) 하지만 상황은 계속 변화한다. 전쟁기간 동안 우리가 정확한 군사적·정치적 책략을 운용하기만 한다면, 그리고 원칙적인 착오를 범하

지만 않는다면, 또한 최선의 노력을 기울이기만 한다면, 적의 불리한 요소와 우리의 유리한 요소는 전쟁의 지속·발전 과정에 따라 점차 심화되어, 적·아간의 '강약우열'이란 최초의 현상은 계속 변화하기 마련이다. 그리고 마침내 새로운 단계에 돌입하면 이러한 '강약우열' 현상은 '적의 패망과 아군의 승리'라는 결과를 탄생시키게 될 것이다.

(34) 현재 적은 아직도 억지로나마 그들의 장점을 최대한 활용할 수 있는 능력을 보유하고 있으며, 우리의 항전은 아직도 적의 장점을 약화시키지 못하고 있는 상태이다. 또한 인력과 물자부족이란 일본의 약점은 아직은 그들의 중국침공을 저지시킬 만한 상황으로 악화되지도 않았다. 한 마디로 일본은 아직도 일정한 정도 내에서 중국 침공을 계속 진행하기에 충분한 능력이 있다. 반면, 일본 자국 내의 계급 대립과 중국 민족의 거센 반항, 즉 전쟁의 퇴보성과 야만성이라는 요인은 아직까지는 그들의 중국 침공을 저지할 만한 상황으로 발전되지 못했으며, 국제적 고립이라는 적의 약점도 이제야 변화를 시작했기 때문에, 아직은 완전한 고립상태에 이르지 못한 실정이다. 중국에 무기와 군수물자 제공 의사를 표명했던 많은 자본가들은, 아직까지는 실리의 측면만을 추구하며 도리어 일본에 대량의 군수물자를 제공하고 있으며[17] 그들의 정부[18] 역시 아직은 소련과 함께 일본을 제재하기를 원치 않고 있다. 이 모든 요인이 우리의 항전이 속승을 쟁취할 수 없고, 지구전을 채택할 수밖에 없다는 결론을 내려준다. 한편, 중국은 정치·경제·군사·문화 등 각 방면의 약한 인소가 비록 10개월 항전 기간 동안 어느 정도 발전을 이루긴 했지만, 아직도 적의 침공을 저지하고 반격을 개시할 수 있

---

17) 여기서는 주로 미국을 가리킨다. 1937년부터 1940년까지 미국은 일본 총 수입액의 1/3 이상 되는 물자를 이 나라에 수출했다. 그 가운데 군수품이 반 이상을 차지했다.
18) 영국·미국·프랑스 등 제국주의 국가의 정부를 의미한다.

는 수준과는 많은 거리가 있다. 더구나 양적으로는 오히려 감소하는 추세에 있다. 비록 여러 가지 유리한 요인들이 적극적으로 작용하고 있지만, 적의 침공을 저지하고 반격을 가할 수 있는 정도에 도달하려면 지금부터 많은 노력이 요구되는 바이다. 국내적으로는 가일층 부패현상을 일소하도록 노력하며, 대외적으로는 친일세력을 약화시키고 반일세력을 증대하도록 해야 한다. 그러나 이 모두가 아직은 목전의 현실로 다가온 건 아니다. 그렇기 때문에 항전은 속승전 방식을 취할 수 없으며, 오로지 지구전을 채택해야 한다는 결론에 도달할 수 밖에 없는 것이다.

지구전의 세 단계

(35) 중일전쟁을 지구전으로 전개하기만 한다면 최후의 승리는 당연히 중국의 것이다. 이 지구전을 보다 합리적으로 전개하자면 세 단계에 걸친 구체적인 실천이 있어야겠다.

첫 번째 단계는 적의 침공 전략과 우리의 방어 전략 시기다. 두 번째 단계는 적의 수비 전략과 우리의 반격 준비 시기다. 세 번째 단계는 우리의 반격 전략과 적의 후퇴 전략시기다. 이 세 단계의 구체적 상황을 단정적으로 예측할 수는 없지만, 현재의 여건을 근거로 대략 전쟁이 어떠한 추세로 나아갈 것인지 짐작할 수는 있겠다. 객관적 현실의 진행과정은 대단히 복잡하고 굴곡과 변화가 많을 것이므로 아무도 중일전쟁의 '연표'를 예측할 수는 없지만, 전쟁이 어떠한 추세로 변화할지 그 윤곽을 그려보는 것은 전략을 세우기 위한 필수적인 사항이다. 그리고 설령 그러한 예측이 반드시 미래의 상황과 부합되지 않는다 하더라도, 확고한 지구전의 전략적 목표를 설정하기 위해서는 역시 그러한 윤곽을 도출해 보는 작업은 반드시 필요한 것이다.

(36) 첫 번째 단계는 아직 끝나지 않았다. 적은 광저우(廣州)·우한 (武漢)·란저우(蘭州)를 침공하여 이 세 지점을 연결해보려고 기도하고 있다. 이러한 목적을 달성하기 위해 약 1년 반 내지 2년의 기간을 소모하여 최소한 50개 사단 150만 병력을 동원하려 하고 있다. 소모비용은 약 1백억엔 이상이 될 것이다. 적이 이처럼 내륙 깊숙이 침공해 들어오면 상상하기도 어려운 댓가를 치르게 될 것인데, 그들이 엄청난 어려움에 직면하리라는 것은 너무나 자명하다. 더구나 웨한(粵漢, 광저우－한커우)철로와 시란(西蘭, 시안－란저우)도로까지 완전히 점령하려는 적의 기도는 매우 모험적인 계획으로, 거의 불가능한 일이다. 하지만 우리는 적이 목표로 하는 세 지점을 포함하여 기타 일부 지역에서 지구전을 펼칠 수 있도록 만반의 준비를 하여야 한다. 이 단계에서 우리가 채택해야 할 전쟁의 형식은, 기동전을 위주로 하고 유격전과 진지전을 보조로 하는 작전이다. 국민당의 군사당국은 진지전을 위주로 하는 전략을 세워야 한다고 주장하지만, 이는 주관적인 착각으로 진지전은 마땅히 보조적인 역할을 담당하는 수단이 돼야 한다. 이 단계에서 중국은 이미 광대한 통일전선을 구축했는데, 이는 역사상 일찍이 없었던 민족의 대단결인 것이다. 적은 비열하게 항복을 권유하는 방법으로 손쉽게 중국 대륙 전체를 단기간에 정복하려고 하지만, 이 방법은 지금까지도 성공하지 못했거니와 앞으로도 절대로 성공하지 못할 것이다. 이 첫 번째 단계에서는 중국이 막대한 손해를 입었지만, 그와 동시에 커다란 진보도 이루어 제2단계 항전 계획에 중요한 기반을 닦을 수 있었다. 아울러 소련도 이 단계에서 이미 우리에 대한 원조를 시작했다. 반면 적의 사기는 나날이 저하되고 있다. 일본 육군의 예기(銳氣)는 제1단계 중기에 접어든 현재, 과거 초기보다 훨씬 무뎌졌는 바, 장차 제1단계 말기가 되면 더욱 저하될 것이다. 적의 재정과 경제도 이미 파탄 현상을 보이기 시작했다. 일본 인민과 사병들 간에도 이미 염전(厭戰)의 기운이 싹

트기 시작했으며, 전쟁 지도집단의 내부에서도 '전쟁에 대한 고민'을 표출하기 시작했다. 전쟁의 미래에 대한 비관적 분위기가 점차 팽배되고 있다 하겠다.

(37) 제2단계는 상호 전략적 대치단계라고 할 수 있겠다. 제1단계 말기에 접어들면, 적의 병력부족과 아국의 강력한 저항이 두드러질 텐데, 그 때문에 적은 부득불 계속 침공하는 전략을 바꾸어 점령지를 방어하는 단계에 돌입할 것이다. 이 단계에서는 적은 점령지를 방어하는 한편, 괴뢰정부를 조직하여 최대한도의 물자를 약탈해 가는 것을 목표로 설정하겠지만, 우리의 완강한 유격전 때문에 많은 어려움을 겪게 될 것이다. 유격전은 제1단계에서 병력의 공백상태인 적의 후방에서 이미 광범위하게 전개되어, 수많은 근거지를 확립하고 적의 점령지 방위에 심각한 위협을 가하게 됐다. 때문에 제2단계에서는 우리는 유격전을 위주로 하고 기동전을 보조로 하는 작전을 펼쳐야 한다. 이때가 되면 중국은 대량의 정규군을 보유할 수 있겠지만, 첫째 적이 점령지에서 방어 작전을 전개할 것이며, 둘째 우리의 기술적 조건이 완전한 상태가 못 될 것이기 때문에 즉각 반격전을 전개하기에는 무리한 상황일 것이다. 이 단계에서 우리는 정규 방어부대를 제외한 대규모의 병력을 적의 후방에 침투시켜 분산 배치한 다음, 적군이 주둔하고 있지 않은 지역의 민중을 조직화하여 적 점령 지역을 대상으로 광범위한 유격전을 치열하게 전개하는 한편, 정규군의 기동전을 보조로 전개하여 적을 소멸하는 전략을 채택해야 한다. 현재의 산시성(山西省)이 그 좋은 실례가 되겠다. 이렇게 될 때, 점령지역의 인민들은 참혹한 보복과 막대한 손실을 면하기 어려울 터이지만, 유격전은 대성공을 거두어 잘만 하면 적은 점령지역의 3분의 1 정도 지역만 방어할 수 있을 뿐, 나머지 3분의 2에 해당하는 지역은 여전히 우리의 영향권 내에 속할 수 있을 것이다. 이것은 적의 대실패, 중국의 대승리를 의미한다.

이 때 전체 적 점령지역은 세 종류로 구분 지을 수 있다. 첫째는 적군의 근거지이고, 둘째는 유격부대의 근거지이며, 셋째는 쌍방간의 쟁탈 대상이 되는 유격지역이다. 제2단계가 시간적으로 얼마나 오랜 기간이 될 것인가 하는 문제는, 적·아간 역량이 어떻게 변화하느냐, 또한 국제 정세가 어떻게 변화할 것인가에 따라 판가름될 것이다. 그러나 대체적으로 비교적 장기간이 될 것이라고 예측하고, 이 어려운 시기를 견디어낼 모든 준비를 갖추어야 한다. 중국으로서는 이 단계가 매우 고통스러운 시기일 것이다. 경제적 어려움과 매국노의 횡행이 두 가지 심각한 문제로 대두될 것이다. 적은 중국 통일전선을 교란하기 위해, 점령지역의 매국노 일당을 포섭하여 이른바 '통일정부'를 구성하려고 할 것이다. 그런가 하면 재난의 고통을 견디지 못하여 심적 동요를 일으킨 일부 계층은 또 다시 타협론을 주장하는 등, 비관적인 분위기가 팽배될 가능성이 짙다. 이때 우리의 임무는 전국의 민중이 한 마음 한 뜻이 되어 추호의 동요도 없이 항전을 계속하되, 통일전선을 더욱 공고히 구축하고 비관주의와 타협론을 일소하며, 새로운 전시 정책을 실행하여 이 어려운 기간을 넘길 수 있도록 앞장서서 영도해 주는 일이다.

이 단계의 국제정세는 일본에게 더욱 불리한 쪽으로 전개될 것이다. 물론 체임벌린[19] 등이 주장하는 '기정사실을 인정하자'는 현실주의 논조가 출현할 수도 있겠지만, 대다수 국가는 중국에 대한 원조를 가일층 증대시킬 것이다. 왜냐하면 일본은 과거보다 더욱 남양(南洋)과 시베리아에 대한 위험을 증대시킬 것이기 때문이다. 심지어는 새로운 전쟁마저 발발할 가능성까지 있다. 그러나 적은 중국이라는 진흙 구덩이 속에

---

19) 체임벌린(Chamberlain, Arthur Neville, 1869-1940)은 영국 보수당의 영수로, 1937년부터 1940년까지 영국 수상을 지냈다. 그는 독일·이탈리아·일본 등 파시스트 국가가 중국·에티오피아·스페인·오스트리아·체코슬로바키아 등 국가를 점령한 것을 '기정사실'로 받아들이고 타협정책을 실시하고자 주장했다.

빠져 수십 개 사단 병력을 새로운 전선으로 차출하고 싶어도 차출해 나갈 수 없는 형편이 될 것이다. 광범위한 유격전과 인민의 항일운동은 일본군을 극도의 피로한 상태에 처하게 할 것이며, 일본군 내의 전쟁 혐오, 반전(反戰) 분위기는 더욱 확산될 것이다. 중국 내에서의 일본의 수탈 행위는 어느 정도 성공을 거둘 수도 있겠으나, 자본 결핍상태의 일본은 우리의 유격전에 직면하여 당초 목표했던 바의 성과는 거둘 수 없을 것이다.

제2단계는 전쟁의 전체적 과정을 놓고 볼 때 과도기 단계로 가장 어려운 시기일 것이지만, 동시에 전환점을 모색하는 핵심적 시기이기도 하다. 중국이 자주독립국으로 변모하느냐, 아니면 식민지로 전락하느냐 하는 결정적 순간은, 결코 제1단계에서 일부 대도시를 점령당하느냐의 여부에 있는 것이 아니며, 바로 제2단계에서 온 민족이 여하히 노력하느냐의 여부에 달려있다. 만약 항전을 견지하고, 통일전선을 더욱 공고히 구축하며, 지구전으로 전쟁을 이끌어 나간다면, 중국은 바로 이 단계에서 전세를 만회할 수 있는 역량을 쟁취할 것이다. 중국 항전의 3막에 걸친 무대에서 이 단계는 제2막에 속한다. 그리고 무대에 오르는 모든 출연자가 최선의 노력을 기울일 때, 가장 멋진 마지막 장면도 훌륭하게 연출되어 나올 것이다.

(38) 제3단계는 상실 지역을 수복하는 반격 단계이다. 상실 지역 수복은 제2단계에서 축적한 역량과 제3단계에서 계속 증대시켜 나갈 역량을 근거로 한다. 그러나 우리 스스로의 역량만으로는 부족하다. 국제적 역량의 증대와 적국 내부의 변화가 수반되지 않으면 승리를 쟁취할 수 없다. 때문에 중국의 대외 선전과 외교공작 임무가 더욱 막중하게 된다.

이 단계의 전쟁은 방어 전략에서 반격 전략으로 전환돼야 한다. 반격을 개시하여 압록강 끝까지 적을 퇴각시킬 때 비로소 전쟁은 끝나는 것이다. 지구전의 마지막 단계인 제3단계에서 우리가 취할 전략은 기동전

위주가 돼야 한다. 그러나 진지전도 그에 못지않게 중요한 역할을 담당해야 한다. 제1단계의 진지방어전은 당시 여건상 바람직하지 못했지만, 제3단계로 들어와서는 조건의 변화로 말미암아 적 진지에 대한 공격전은 매우 중요한 임무가 될 것이기 때문이다. 이 단계의 유격전은 기동전과 진지전 전략에 발맞추어 보조적 역할을 수행해야 할 것이다.

(39) 이렇게 볼 때 장기간에 걸친 전쟁이 가져올 참혹함은 명약관화한 일이다. 적은 중국을 완전히 병탄하지는 못하겠지만, 상당히 오랜 기간 동안 중국의 광범위한 지역을 점령할 수 있을 것이다. 중국 역시 단기간 내에 일본을 몰아내지는 못할 터이지만, 대부분의 지역은 여전히 중국에 속할 것이다. 최후에는 우리가 승리를 쟁취할 이 전쟁은 그러나 반드시 험난한 과정을 겪어야 할 것이다.

(40) 중국 인민은 장기간에 걸친 참혹한 전쟁을 겪으며 좋은 단련을 받게 될 것이다. 전쟁에 참여한 각 정당 역시 환난을 겪어나가는 동안 많은 단련이 있게 될 것이다. 이때 우리는 반드시 대동단결하여 통일전선을 더욱 공고히 해야 한다. 이 길만이 모든 어려움을 극복할 수 있다. 고난의 길을 지난 후에야 승리의 탄탄대로가 나타나는 법, 이는 전쟁의 자연스런 이치인 것이다.

(41) 상술한 바와 같은 3단계를 통하여, 적·아간의 힘의 변화는 다음과 같은 순서로 나아가게 되어 있다. 제1단계는 적의 우세와 우리의 열세다. 그런데 우리의 열세라 할지라도 항전 이전에서 제1단계 말기까지 다른 두 변화를 보일 것이다. 그 한 가지는 하강 추세로, 중국이 원래 지녔던 열세는 제1단계 말기의 소모를 거치며 한층 엄중해질 것인데, 토지·인구·경제력·군사력 소모와 문화기관의 감축 등으로 나타날 것이다. 제1단계 말기에는 아마 상당한 정도로까지 감축되면서 특히 경제력은 더욱 심각한 상태가 되어 망국론과 타협론을 야기하는 원인이 될 것이다. 그러나 이때 우리는 반드시 또 하나의 변모된 상황까지 아

울러 고찰해야 한다. 그것은 바로 열세의 국면 중에서도 상향적 추세를 보이는 제반 상황의 변모이다. 전쟁을 통해 축적된 경험과 정치·군사상의 발전, 인민의 동원, 새로운 방향으로 발전해 나가는 문화, 유격전의 전개, 세계 각국의 중국에 대한 원조의 증대 등이 바로 상향적 추세를 보이는 변모가 될 것이다. 제1단계에서 하향적 추세를 보이는 것은 과거 중국의 양과 질, 특히 양적인 측면일 것이며, 상향적 추세는 새로운 중국의 양적·질적 변모, 그중에서도 특히 질적인 측면에서 현저하게 나타날 것이다. 이 두 가지 변화는 우리가 지구전을 전개하여 최후의 승리를 쟁취할 수 있는 근거가 된다.

(42) 제1단계 시기에서 적도 두 종류의 변화를 겪게 된다. 첫 번째는 하강적 추세를 보이는 변화로, 수십만에 이르는 인민의 손실과 무기 탄약의 소모, 사기의 저하와 국내 인심의 불만, 무역의 감소, 그리고 일억엔 이상의 군비 지출과 국제 여론의 악화 등등이다. 이러한 요인들이 바로 우리로 하여금 지구전을 전개하여 최후의 승리를 쟁취할 수 있게 만드는 근거가 되고 있다. 그러나 상향적 추세를 보이는 적의 또 다른 변화를 결코 간과할 수 없다. 그것은 바로 영토의 확대에 따른 인적·물적 자원의 확충이다. 이 점 역시 우리가 속승전이 아닌 지구전을 전개해야만 하는 요인이면서, 동시에 일부 사람들에게는 망국론과 타협론을 제기하는 근거로 이용되기도 하는 부분이다. 하지만 이러한 상향적 추세에 있는 적의 긍정적인 변화는 일시적이며 국부적인 형상에 불과하다. 적은 어차피 붕괴될 제국주의자로서, 중국 영토를 그들이 점령하는 기간은 일시적 상황일 수밖에 없다. 그 이유는, 중국 인민의 유격전 활동이 점차 활발하게 전개될 것인 바, 적의 활동 범위는 점령지역 중에서도 극히 제한된 지역 내에 한정될 것이기 때문이다. 또한, 적의 중국 영토 침공 행위는 일본과 외국의 모순을 유발, 심화시킬 것이기 때문이다. 그리고 동3성(東三省)에서의 경험으로 미루어 볼 때, 일본은 장기간

의 세월이 경과하지 않는 한, 투자한 자본만큼 수확을 거둘 수 없다는 것이 증명되고 있기 때문이다. 이러한 까닭에 우리는 망국론과 타협론을 배격하고 지구전으로써 최후의 승리를 쟁취해야 하는 것이다.

(43) 제2단계에 접어들면, 쌍방간의 구체적 변화를 정확히 예측하기는 힘들지만, 대체적으로 보아 일본은 하강추세 상황이 전개될 것인 반면에 중국은 계속 상향 추세에 접어들 것이다.[20] 예컨대 중국 인민의 활발한 유격전에 대항하기 위해 일본은 대량의 군사력과 군비를 소모할 것이다. 이로 말미암아 일본 국내의 불만 분위기는 고조되고 사기가 저하되면서 국제적으로도 더욱 고립감을 느낄 것이다. 그러나 중국은 유격전의 활발한 전개와 더불어 정치·군사·문화·인민 동원 등 모든 방면에서 한층 진보되고, 경제 방면에서도 내지의 소공업과 광대한 농업에 의지해 새로운 발전단계를 맞이할 것이며, 국제적인 원조도 점차 증대되는 등 상황은 현재보다 훨씬 호전될 것이다. 아마도 상당한 기간 동안 전개될 제2단계에서, 중국은 점차 열세를 만회하여 일본과 대등한 위치에 올라서게 될 것이며, 급기야는 중·일간의 우열이 반전되는 상황까지 이를 것이다. 이 단계를 완전히 극복한 연후에는 중국은 반격 전략을 준비하는 단계, 나아가 적군을 이 땅에서 몰아내는 전략을 직접 실행하는 단계로 점차 나아갈 것이다. 여기서 거듭 지적하지 않으면 안 되는 바는, 이른바 열세를 우세로 전환시키고 반격 준비를 완성하게 되는 상황은 중국 자체 역량의 성장과 일본의 난관 증대, 그리고 국제적

---

20) 여기서 마오쩌둥이 항일전쟁의 대치 단계에서 중국쪽에 상승적 변화가 있을 수 있다고 한 예언은 중국 공산당이 영도하는 해방지구에서는 그대로 현실화되었다. 그러나 국민당의 통치지구에서는 장제스가 이끄는 통치집단이 항일에는 소극적이면서도 반공·반인민 정책에 적극적이었던 탓에 오히려 하향 추세를 띠고 말았다. 그 결과, 많은 인민의 반항과 각성을 불러 일으켰다. 『마오쩌둥선집』제3권「연합정부를 논함(論聯合政府)」세 번째 부분의 분석 내용을 참고할 수 있다.

원조의 증대가 포함되며, 이 모든 역량의 총합을 통해 중국의 우세가 형성되고 반역의 준비가 완성된다는 점이다.

(44) 제3단계의 반격 전략은, 전국적으로 체계화·일원화되지 못한 중국의 정치·경제적 특성으로 말미암아 초기에는 전국적으로 통일되지 못한 채 지역성 특징을 지닌 불균형 현상을 띠게 될 것이다. 이러한 약점 때문에 중국의 통일전선을 분열시키려는 적의 계획은 더욱 기승을 떨칠 것이다. 때문에 이 시기에 우리는 내부적 단결을 더욱 공고히 하도록 노력하여 결코 반격 전략이 도중에 중단되는 사태가 없도록 힘써야 한다. 이 시기에는 국제정세가 중국에 매우 유리한 방면으로 변화될 것인 바, 우리는 이러한 국제정세를 이용하여 철저한 중국의 해방과 독립된 민주국가의 건설을 위해 노력하는 동시에, 세계의 모든 반파시스트 운동에 협력해야 할 것이다.

(45) 중국은 열세 상황에서 균형을 되찾고 마침내 우위를 점하고, 일본은 우위를 점하고 있던 상황에서 대등한 국면으로, 그리고 종국에는 열세에 처하게 되는 게 이번 중일전쟁의 전체적 흐름이 될 것이다. 아울러 중국은 '방어'에서 '대치'로, '대치'에서 '반격'하는 전략을 취할 것이며, 일본은 '침공'에서 '방어'로, '방어'에서 '퇴각'하는 양상에 처하게 될 것이다. 이것이 바로 중일전쟁의 필연적 추세이다.

(46) 문제와 결론을 정리해 보자.

물음 : 중국은 패망할 것인가?
대답 : 아니다. 최후의 승리는 중국의 것이다.
물음 : 중국의 속승은 가능한가?
대답 : 불가능하다. 반드시 지구전을 전개해야 한다.
물음 : 이러한 결론은 정확한 것인가?
대답 : 나는 정확하다고 생각한다.

(47) 이렇게 결론을 내리면 아마 망국론자와 타협론자들은 또 다음과 같이 반박할지도 모른다. "중국이 열세에서 대등한 위치로 올라서려면 일본과 대등한 군사력·경제력을 보유해야 하고, 나아가 우위를 점하려면 일본을 능가하는 군사력·경제력을 보유해야 한다. 그러나 이것은 현실적으로 불가능한 일이다. 그러므로 위에서 말한 결론을 부정확한 것이다."

(48) 이것은 이른바 '무기(武器) 지상주의'로서, 전쟁 문제 중의 '기계론'이며 주관적·단면적 사고방식에 불과하다. 우리의 의견은 이와 상반된다. 전쟁은 무기뿐만 아니라 인력까지도 아울러 고찰해야 한다. 무기는 분명 전쟁의 중요한 요소이지만 결정적 요소는 아니다. 결정적인 것은 사람이지 사물이 아니기 때문이다. 힘을 비교하려면 군사력·경제력뿐만 아니라 인력과 인심(人心)까지도 비교해야 한다. 군사력·경제력은 바로 사람이 조종하는 것이기 때문이다. 만약 대다수 중국인과 일본인, 그리고 대다수 세계 각국 인민이 항일전쟁을 지지한다면, 소수 일본인이 강제적으로 군사력·강제력을 장악하고 있다고 해서 반드시 그들이 우세하다고 판단할 수 있는가? 그것은 우세가 아니다. 그렇다면 상대적으로 군사력·경제력 면에서 열세에 처해 있는 중국이 오히려 우세를 점하고 있다는 말도 성립하지 않겠는가? 오로지 중국이 대동단결하여 항전을 고수한다면, 중국의 군사력·경제력이 점차 강화되리라는 사실은 의심할 여지가 없다. 그리고 장기간에 걸친 전쟁으로 수많은 갈등에 직면할 적의 군사력·경제력의 약화 또한 필연적인 현상이다. 이런 상황 아래에서도 중국이 우위를 점하지 못한다는 말인가?

그뿐만이 아니다. 현재까지는 비록 원조를 약속한 세계 각 우방국의 군사력·경제력을 우리의 역량으로 포함시킬 수 없겠지만, 앞으로도 이러한 현상이 설마 계속되기야 하겠는가? 만약 일본의 적국이 중국만이 아니라면, 그리고 만약 일본이 적대하고 있는 그러한 국가들이 대규모의 군사력·경제력을 쏟아 일본을 공격하고 우리를 원조한다면, 우세는 더욱 우리 측에 있지 않겠는가? 소국인 일본이 벌이는 전쟁은 퇴보적·야만적이기 때문에 국제적으로 더욱 고립된 상황에 처할 것이다. 그리고 대국인 중국이 대처하고 있는 전쟁은 진보적이고 정의로운 것이기 때문에 국제적 원조를 쟁취해 낼 수 있는 유리한 입장이다. 이 모든 요인이 긍정적으로 장기간에 걸쳐 발전된다면, 설마 그때에도 중일 간의 우열국면에 변화가 오지 않는다는 말인가?

(49) 속승론자들은 전쟁이란 역량의 우열로 판가름나는 일종의 시합이라는 사실을 모르고 있다. 쌍방간의 역량이 아직 일정한 정도의 변화를 일으키기 이전에 결전을 실행해 해방을 앞당긴다는 발상은 근거가 없는 것이다. 그런데도 이러한 발상을 그대로 시행하다가는 반드시 커다란 난관에 봉착하게 될 것이다. 현실에 대한 진지한 준비없이 단지 탁상공론만을 일삼다가는, 최후의 순간에 가서 현실적인 문제가 돌연 뛰쳐나와 찬물을 끼얹을 것이다. 그리고 그들이 힘 안들이고 수확을 거두려는 편의주의자요, 탁상공론자라는 사실을 입증할 것이다. 이러한 탁상공론자들은 과거에도 그리고 지금도 존재하고 있다. 단지 다수의 분위기에 눌려 외면적으로 크게 표출되고 있지 않을 따름이다. 그러나 장차 전쟁이 대치단계 혹은 반격단계에 진입될 시기쯤이면, 아마도 이러한 탁상공론은 한층 더 많이 대두될지 모른다. 아울러 만약 제1단계에서 중국이 많은 손실을 입는다면, 그리고 제2단계가 상당히 오랜 기간 동안 진행된다면 망국론과 타협론이 대대적으로 유행할 것이다. 때문에 우리는 망국론과 타협론을 우선적으로 경계하고 배격해야 하며, 다음으로는 탁상공론식의 속승론을 배격하도록 해야 할 것이다.

(50) 전쟁이 장기화하리라는 사실은 단정적이다. 그러나 과연 전쟁이 얼마나 오랜 세월을 끌게 될 것인가는 아무도 단정할 수 없다. 그것은 완전히 쌍방간의 역량이 변화하는 정도에 따라 결정될 사항이다. 만약

전쟁 기간을 조금이라도 단축하고 싶다면, 오로지 우리의 역량을 증대시키고 적의 역량을 약화시키도록 노력하는 방법밖에 없다. 구체적으로 말하자면, 활발한 유격전을 실천함으로써 적의 군사력을 소모시키는 동시에 적의 점령지가 최소한의 범위로 제한되도록 하며, 전국의 모든 힘을 모아 통일전선을 강화시키고, 새로운 군사산업을 발전시키도록 노력하고, 정치 · 경제 · 문화의 발전에 앞장서며, 노동자 · 농민 · 상인 · 학자 등 각계각층의 인민을 동원하여 적군을 와해시키도록 노력하고, 국제적 원조를 쟁취할 수 있도록 선전 · 외교공작을 강화하며, 일본 국내의 인민 및 기타 피압박민족의 도움을 받도록 노력하는 일 등이다. 이러한 일들을 행할 때 비로소 전쟁기간을 단축시킬 수 있는 것이지, 그 외의 어떠한 안이하고 편리한 방법도 결코 전쟁기간을 단축시키지는 못한다.

견아교착犬牙交錯적으로 뒤엉킨 국면의 전쟁

(51) 우리는 지구전에 의한 항일전쟁이 인류의 전쟁사상 가장 영광스럽고 특수한 전쟁으로 기록될 것이라고 단언할 수 있다. 이 전쟁의 견아교착(犬牙交錯)적으로 복잡하게 뒤엉킨 양상이 바로 그 특수한 일면이다. 이러한 양상은 일본의 야만성과 병력부족, 그리고 중국의 진보성과 광대한 영토라는 상호 모순된 요인에서 야기된 것이다. 견아교착적으로 뒤엉킨 전쟁은 과거 역사에도 있었다. 러시아 10월혁명 이후 3년 내전이 바로 그 예이다. 그러나 중국에서의 견아교착적 양상은 장기적이라는 점과 지역의 광대성이라는 특성 때문에 역사상 일찍이 없었던 독특한 양상을 보이고 있다. 이러한 견아교착적 양상은 다음과 같은 상황에서 잘 드러나고 있다.

(52) 내곽(內廓)전선과 외곽(外廓)전선──전체적으로 볼 때, 항일전

선은 내곽전선을 형성하고 있으나 주력군과 유격부대의 활동을 나누어 살펴본다면, 주력군은 내곽에서, 유격부대는 외곽에서 전선을 형성하여 적을 협공하고 있는 기이한 국면을 보이고 있다. 이러한 현상은 각 유격지역에서도 유사하다. 모든 유격부대는 그 근거지를 내곽으로, 그리고 기타지역을 외곽으로 전선을 형성하여 적을 포위하고 있는 양상을 보이고 있다. 전쟁은 제1단계의 시기에서는 내곽전선에서 싸우는 정규군은 후퇴하고, 외곽전선에서 싸우는 유격부대가 적의 후방을 진격하여 교란하는 전략을 채택해야 한다. 제2단계에서도 유격전이 더욱 활발하게 전개되어야 할 것인 바, 후퇴와 전진의 기이한 양상을 띤 전쟁 형태가 될 것이다.

(53) 후방이 따로 없는 전쟁——정규군은 국가의 최후방에서 최대한 후퇴하면서 전선을 가능한 한 연장하여 적 점령지역의 최후 한계에 이르게 유도한다. 동시에 유격부대는 적의 후방에 전선을 형성한다. 이때 유의할 사항은 유격부대는 자신의 활동지역 내에 소규모의 후방을 확보하고, 이곳을 근거지로 비고정(非固定)적인 전선을 형성해야 할 것이다. 이와는 별도로, 각 지역 유격부대는 담당 지역 안 적군의 후방에 특수유격부대를 파견하여 적으로 하여금 후방과 전선이 따로 없게 되는 교란 작전을 수행하게 한다. '후방이 따로 없는 전쟁'은 광대한 국토와 진보한 인민, 그리고 선진적 정당과 군대를 보유한 상황에서 전개될 수 있는 혁명전쟁의 특징이므로 겁내지 말고 이러한 전략을 적극 추진해야 한다.

(54) 포위와 반(反)포위——전체적으로 전쟁 상황을 살펴볼 때, 적은 외곽전선에서 침공해 오고 있으며, 우리는 내곽전선에서 방어하고 있는 국면으로, 우리는 적에게 포위되어 있는 형국이라 해도 과언이 아니다. 이것은 우리를 향한 적의 첫 번째 유형의 포위 전술이다. 그러나 우리가 수적으로 우세한 병력을 이용하여 외곽전선을 형성하고 침공해 오는

적을 분산시켜 개별적으로 적과 전투하는 방식을 사용한다면, 분산된 일부 적군을 우리의 포위망 속에 유도할 수 있다. 이것이 우리가 적에게 가하는 첫 번째 유형의 반포위 전술이다. 한편 적의 후방에 위치한 유격전의 근거지는 적의 4면포위 또는 3면포위에 위치하고 있다. 전자의 예는 우타이산(五臺山) 근거지이고, 후자의 예는 산시(山西) 서북 근거지다. 이것은 우리에 대한 적의 두 번째 유형의 포위 전술이다. 그러나 모든 유격 근거지와 정규군이 지키고 있는 진지를 연결하여 전쟁의 국면을 살펴본다면, 대다수 적군은 또한 우리에게 포위되어 있는 양상을 띠고 있다. 예컨대 산시성(山西省)의 경우를 살펴보면, 우리는 3면에서 퉁푸공로(同浦公路)를 포위하고 있으며(즉 도로선의 동서 양쪽과 남단), 4면에서 타이위앤성(太原城)을 포위하고 있다. 이러한 상황은 현재 허베이성(河北省)과 산둥성(山東省)에서도 찾아볼 수 있는 현상이다. 이것 또한 바로 우리가 적에 가하고 있는 두 번째 유형의 반포위 전술이다. 이렇게 적과 우리가 두 가지 형태로 포위하고 있는 상황은 마치 바둑을 두는 것과 같다. 우리에 대한 적의, 적에 대한 우리의 전쟁, 전투 작전에서 때로는 상대방의 바둑돌을 잡아먹기도 하고, 적의 거점(예컨대 타이위앤)과 우리의 유격근거지(예컨대 우타이산)를 확보해 자신의 집을 짓기도 하고 있다. 만약 이 바둑판의 무대를 전 세계로 다시 확대한다면, 세 번째 종류의 적·아간 포위 현상(즉 침략전선과 평화 수호를 위한 전선)이 나타날 것이다. 다시 말해서 적은 침략전선을 형성하여 중국·소련·프랑스·체코슬로바키아 등 국가를 포위하고 있는 형상이며, 우리는 평화수호전선을 형성하여 독일·일본·이탈리아 등을 반포위하고 있는 국면이다. 그러나 우리의 포위망은 마치 석가모니의 손바닥이 우주를 가로지르는 오행산(五行山)처럼 변화하여 새로운 손오공처럼 천방지축 날뛰는 파시스트 침략국가들을 거대한 산 밑에 짓눌러 놓아 다시는 꼼짝 못하도록 만들고야 말 것이다.[21] 만약 우리가 범태평양 항일전선을 구축하여 중국과 소련 및 기타 국가, 그리고 일본의 인민운동까지를 포함한 포위망을 구축할 수만 있다면, 파시스트라는 현대판 손오공은 석가여래의 손바닥 안에 갇힌 것처럼 더 이상 도망갈 곳이 없어질 것이다. 그 때가 바로 적이 최후의 순간을 맞이하는 때이다. 이것은 결코 우스갯소리가 아닌, 전쟁의 필연적 추세인 것이다.

(55) 적의 점령지역이 중국 대륙 중심지의 절반 이상이 될 가능성도 있다. 물론 이것은 하나의 가정이다. 그러나 절반 이상 점령된 지역 중에서 동삼성(東三省)을 제외한다면, 실제적으로 적이 점령한 지역은 대도시와 몇몇 주요 공로(公路), 그리고 일부 평지일 것이다. 이 지역의 전략적 가치는 물론 중요하지만, 면적과 인구상으로 본다면 사실상 적이 점령한 지역 중 일부에 지나지 않으며, 폭넓게 확대되고 있는 유격전지구가 오히려 반 이상을 차지할 것이다. 이 역시 또 하나의 상황이다. 만약 중국 대륙의 중심지 외에도 멍구(蒙古)·신장(新疆)·칭하이(靑海)·시장(西藏)지역까지 포함시켜 논한다면, 점령당하지 않은 중국의 영토는 여전히 전체의 절반 이상이고, 적의 점령지역은 동삼성까지 포함해도 전체의 일부에 불과하다. 이 역시 하나의 상황이다. 물론 점령당하지 않은 지역의 전략적 가치는 매우 중요하다. 정치·경제·군사 등 각 방면에 걸쳐 모든 역량을 집결시킬 수 있다. 적은 우리의 과거 문화적 중심지를 문화적 낙후지역으로 전락시킬 것이므로 우리는 과거 문화적으로 낙후했던 이 지역을 문화적 중심지로 변화시켜야 한다. 아울러 적 후방의 광대한 유격지역에 대한 경영도 매우 중요하다. 유격지역에 대한 제 방면의 발전에도 노력해야 하며, 특히 문화적 발전에 힘

---

21) 이 비유에서 인용한 신화는 명대 오승은(吳承恩)의 『서유기』 제7회에 보인다. 원래 원숭이였던 손오공은 곤두박질 한번에 십만팔천리를 갈 수 있는 능력을 지녔지만 석가여래의 손바닥을 끝내 벗어나지 못했고, 오히려 석가여래가 손바닥을 한번 뒤집자 다섯 손가락이 오행산으로 변해 손오공을 제압한다.

을 기울여야 한다. 요컨대, 중국 대부분 농촌은 오히려 진보와 광명의 지역으로 변모할 것이며, 적이 점령한 지역(특히 대도시)은 잠시나마 낙후된 암흑지역으로 전락될 것이다.

(56) 이렇게 볼 때, 장기간에 걸친 대규모 항일전쟁은 군사·정치·경제·문화 등 여러 방면에 걸쳐 견아교착적 현상이 극심하게 드러나는 전쟁이 될 것이다. 이는 일찍이 전쟁사상 없었던 일로, 중화민족의 쾌거이며 경천동지(驚天動地)의 위업이라 하겠다. 이 전쟁은 중·일 양국의 장래에 직접적으로 영향을 미쳐 양국이 발전할 수 있는 촉진제가 될 뿐 아니라, 전 세계(특히 인도 등 피압박 민족)의 진보에 영향을 주는 결정적 계기가 될 것이다. 모든 중국 인민은 이제 능동적으로 이 견아교착적 전쟁에 뛰어들어야만 한다. 이것은 바로 중화민족이 해방을 위해 스스로 선택한 전쟁 형태이며, 반식민지 상태의 대국(大國)이 20세기 30-40년대에 해방전쟁을 수행하기 위해 선택할 수밖에 없는 특수한 형태의 전쟁인 것이다.

영구 평화를 위해 싸운다

(57) 중국 항일전쟁의 지구성(持久性)은 중국과 세계의 영원한 평화와 불가분의 관계에 놓여 있다. 과거 그 어느 시기에도 오늘날의 이 시기처럼 전쟁과 영원한 평화가 밀접한 함수 관계를 가진 적은 없었다. 계급의 출현은 몇 천 년 동안 인류의 삶 속에 전쟁이 그칠 날이 없도록 작용하였다. 모든 민족이 얼마나 많은 전쟁을 치렀는지 모른다. 그리고 혹은 민족 내부의 전쟁, 또는 민족 간의 전쟁이 얼마나 많이 발생했는지 모른다. 드디어 자본주의와 제국주의가 함께 출현한 이 시기의 전쟁은 일찍이 없었던 대규모성과 잔혹성을 보이고 있다. 20 여 년 전의 제

1차 제국주의 대전은 역사상 일찍이 없었던 공전(空前)의 전쟁이었으되, 안타깝게도 마지막 전쟁은 되지 못했다. 단지 현재 진행되고 있는 전쟁만이 최후의 전쟁이 될 가능성이 높다. 바꿔 말하자면, 그만큼 인류의 영원한 평화에 접근하고 있다는 말도 되는 것이다.

현재 세계는 이미 1/3에 달하는 인구가 이 전쟁에 휘말려 들고 있다. 이탈리아 · 일본 · 에티오피아 · 스페인 · 중국 등 국가의 전 세계 인구 1/3에 달하는 약 6억의 인구가 이미 전쟁에 휘말려 들었다. 이 전쟁의 특징은 '계속성'과 영원한 평화에 접근하고 있다는 사실이다. '계속성'이란 무엇을 뜻하는가? 이탈리아는 에티오피아를 공격한 후 곧바로 스페인과 싸우고 있고, 뒤이어 독일이 이에 한몫을 거들고 있으며, 이어서 일본도 중국을 공격해 왔다. 그 뒤를 또 누가 이을 것인가? 다음은 틀림없이 히틀러[22]가 세계 강대국을 공격할 차례이다. '파시즘은 바로 전쟁 그 자체이다[23]'는 말이 조금도 틀림없는 사실이 되고 있다. 목전의 전쟁은 계속 확대되어 마침내 세계대전으로 이어지고, 인류는 전쟁의 재앙을 면치 못할 것이다.

그렇다면 왜 이번 전쟁이 영원히 평화에 접근하고 있다는 것인가? 이번 전쟁은 제1차 세계대전 때 이미 태동한 자본주의의 위기에서 비롯된 것이다. 그 위기는 여러 자본주의 국가로 하여금 새로운 전쟁을 일으키

---

22) 히틀러(1889-1945), 독일 파시스트 수령. 1919년 독일 노동자당(다음해 국가사회주의노동자당, 즉 나찌당으로 바꿨다)에 가입해 후에 당수가 되었다. 1933년 자산계급 지지로 수상이 되었고, 다음해 대통령 힌덴부르크가 죽자 그 자리를 겸해 자칭 국가원수가 되어 파시즘 통치를 전개하며 전쟁을 준비했다. 1939년 9월 폴란드를 침공해 제2차 세계대전을 일으키고, 1941년 6월 소련을 공격했지만 1945년 소련군이 베를린에 진입했을 때 자살했다.

23) 1935년 8월 국제공산당 제7차대표자대회의 보고에서 (불가리아의) 디미트로프는 "파시즘은 방자무도한 쇼비니즘(배타적 애국주의)이며 침략전쟁이다"고 했고, 1937년 7월에는 "파시즘은 바로 전쟁이다"라는 논문을 발표했다.

지 않으면 안 되게끔 작용했다. 그리하여 파시스트 국가들이 먼저 전쟁을 일으키는 모험을 감수하지 않으면 안되었다. 그러므로 우리는 이번 전쟁의 결과가 자본주의의 소생(蘇生)이 아닌 붕괴현상을 가져오리라는 사실을 예측할 수 있다. 이번 전쟁은 20여 년 전의 전쟁보다 더욱 대규모가 될 것이며 더욱 참혹할 것이다. 모든 민족은 어쩔 수 없이 전쟁의 와중에 휘말려 들어갈 것이며, 전쟁은 상당히 장기간 동안 진행될 것이고, 인류는 엄청난 고통에 직면할 것이다. 그러나 소련의 존재와 인류의 정치의식이 향상되고 있기 때문에 전쟁기간 동안 틀림없이 위대한 혁명전쟁이 출현하여 모든 반(反)혁명전쟁을 반대함으로써, 이번 전쟁이 영원한 평화를 위하여 싸우는 성격을 띠게 할 것이다. 비록 앞으로 당분간 전쟁은 계속되겠지만, 세계의 영구적 평화가 도래할 날은 그리 멀지 않았다.

인류가 자본주의를 소멸시키면 곧 영구평화의 시기가 도래할 것이다. 그때는 전쟁도 필요 없고 군대와 병선(兵船), 전투기, 그리고 독가스도 필요 없다. 이때부터 인류는 영겁에 이르는 세월이 흘러도 다시는 전쟁을 겪게 되지 않을 것이다. 이미 시작된 혁명전쟁은 바로 이 영원한 평화를 위한 전쟁의 일부분이다. 5억 이상의 인구가 휘말린 중일 양국 간의 전쟁은 영원한 평화를 위한 전쟁 중 매우 중요한 위치를 점하고 있다. 바로 이 전쟁에서 중화민족은 해방을 쟁취하게 될 것이다. 장차 해방된 새로운 중국은, 장차 해방될 새로운 세계와 불가분의 관계에 놓여 있다. 그러므로 우리의 항일전쟁은 영원한 평화를 위해 싸우는 성격을 띠고 있는 것이다.

(58) 역사상의 전쟁은 모두 정의에 속한 전쟁과 불의에 속한 전쟁의 두 가지로 분류된다. 모든 진보된 전쟁은 정의에 속하며, 진보를 저해하는 전쟁은 불의의 전쟁이다. 우리 공산당은 진보를 방해하는 모든 불의의 전쟁엔 반대하지만, 진보와 정의를 위한 전쟁에는 반대하지 않을 뿐만 아니라 적극적으로 참여한다. 제1차 세계대전과 같은 전쟁은 쌍방

모두 제국주의의 이익을 위하여 싸운 불의의 전쟁이기 때문에, 전 세계의 모든 공산당원은 그 전쟁 자체를 반대했던 것이다. 전쟁이 발발하기 전에는 전쟁이 터지지 않도록 극력 저지해야 하며, 전쟁 발발 후에는 가능하다면 전쟁으로써 전쟁을 반대하고, 정의의 전쟁으로 불의의 전쟁을 반대해야 한다.

그런데 일본의 전쟁은 바로 진보를 저해하는 불의의 전쟁이기 때문에, 일본 인민까지를 포함한 모든 인류는 마땅히 그 전쟁을 반대해야 하며, 또 현재도 반대하고 있다. 그리하여 우리 중국은 일반 인민에서 정부에 이르기까지, 그리고 공산당에서 국민당에 이르기까지 합심하여 의로운 깃발을 높이 세우고 침략을 반대하는 민족 혁명전쟁을 수행하고 있는 것이다. 우리의 전쟁은 신성하고 정의로우며 진보적이고 평화를 추구하는 것이다. 한 국가의 평화뿐만이 아닌 온 세계의 평화를 추구하며, 일시적이 아니고 영구적인 평화를 추구하는 것이다. 이러한 목적을 달성하기 위해서는 목숨을 건 결전을 치러야 하며, 모든 희생을 각오하고 목적이 달성될 때까지 분투해야 한다.

영원한 평화와 영원토록 찬란히 빛날 새로운 세계가 우리의 앞날에 선명하게 펼쳐져 있다. 파시스트와 제국주의자는 이번 전쟁을 무기한으로 연장하려 하겠지만, 우리는 머지않은 장래에 이 전쟁을 끝내야 한다. 이 목적을 달성하기 위해 인류는 최대한의 노력을 아끼지 말아야 할 것이다. 전 세계 인구의 1/4을 점하고 있는 4억 5천만 중국인이 합심하여 일본 제국주의를 타도하고 자유와 평등의 새로운 중국을 건설한다면, 인류의 영원한 평화를 쟁취하는 데 위대한 공헌을 하게 될 것임은 의심할 여지가 없다. 이러한 희망은 절대로 허무맹랑한 것이 아니다. 이미 전 세계의 사회·경제적 발전 상황이 이 목표에 접근하고 있다. 그러므로 오로지 수많은 인민이 배전의 노력을 기울이기만 한다면, 몇 십 년 내에 반드시 이러한 목적을 달성할 수 있으리라.

전쟁 중의 능동성

(59) 위에서 우리는 전쟁이 왜 지구전이어야 하며, 왜 최후의 승리는 중국의 것인가에 관해 설명했다. 다음에는 무엇을 해야 하는가, 그리고 무엇을 해서는 안되는가 하는 문제를 검토해보자.

과연 어떠한 방식으로 지구전을 수행해야 하며, 어떠한 방식으로 최후의 승리를 쟁취해낼 것인가? 이 문제에 대한 해답을 구하기 위해 다음과 같은 순서로 하나씩 설명해 나가겠다.

- 전쟁 중의 능동성
- 전쟁과 정치
- 항전의 정치적 동원
- 전쟁의 목적
- 방어 중의 공격
- 지구전 중의 속전속결
- 내곽전선 속의 외곽전선
- 주도성, 신축성, 계획성
- 기동전, 유격전, 진지전
- 소모전, 섬멸전
- 적의 허점을 이용할 가능성
- 군·민은 승리의 근본

먼저 능동성 문제부터 검토해 보자.

(60) 우리는 주관적으로 문제를 관찰하는 것에 반대한다. 한 개인의 사상이 근거가 없고 객관적 사실에 부합하지 않는다면, 그것은 공상이며 거짓된 진리다. 만약 그러한 개인 사상에 의거하여 어떤 일을 실행한다면 반드시 실패한다. 그러므로 반드시 주관적 개인 사상을 반대해

야 한다.

하지만 모든 일은 역시 사람이 주관하기 마련이다. 지구전의 수행과 최후의 승리도 사람이 없으면 불가능한 일이다. 그러므로 일을 담당한 사람은 반드시 객관적 사실에 근거하여 사상과 의견을 제시하여야 하며, 계획과 방침·정책·전략·전술 등을 제시해야 비로소 맡은 임무를 충실히 수행할 수 있다. 사상과 같은 주관적인 것을 실천에 옮기는 것은, 객관적 사실에 주관을 이입시키는 것으로서, 인류의 특수한 능동성이라 할 수 있다. 이러한 능동성을 우리는 '자각적 능동성'이라고 한다. 이 '자각적 능동성'은 사람이 사물과 구별될 수 있는 특징이다. 객관적 사실에 부합하고 또 그것을 근거로 하는 사상은 정확한 사상이며, 또 이 정확한 사상을 근거로 행동하는 것은 정확한 행동이다. 우리는 반드시 이러한 사상과 행동, 그리고 자각적 능동성을 지향해야 한다.

항일전쟁은 제국주의를 추방하고 과거의 낡은 중국을 새로운 중국으로 변모시키기 위한 전쟁이다. 그러므로 우리는 모든 중국 인민으로 하여금 항일에 대한 자각적 능동성을 고취시켜야만 목적을 달성할 수 있다. 아무 것도 하지 않고 가만히 앉아만 있으면 그저 멸망당할 뿐이며, 지구전을 하지 않으면 최후의 승리도 쟁취할 수 없다.

(61) 자각적 능동성은 인류의 특징이다. 그리고 인류는 전쟁을 치르면서 비로소 이러한 특징을 현저하게 드러낸다. 전쟁의 승부는 물론 쌍방간의 군사·정치·경제·지리·전쟁의 성격, 그리고 국제적 원조 등 제반 조건에 의해서 판가름 나지만, 이러한 요소에 의해서만 완전히 결정되는 건 아니다. 이러한 조건을 갖춘다면, 단지 승부가 어떻게 결정될 것인가에 대한 가능성을 갖게 되는 것이지, 그 자체 요인만 가지고서는 승부를 가릴 수 없다. 승부를 완전히 판가름하려면, 그 외에도 주관적인 노력이 필요하다. 그것은 바로 전쟁에 대한 지도(指導)와 실천이며, 전쟁 속의 자각적 능동성인 것이다.

(62) 전쟁을 지도하는 사람은 객관적 조건이 허락하는 한도를 초월하고서는 전쟁의 승리를 기대할 수 없다. 그러나 객관적 조건의 한도 내에서 전략을 수립한다면, 능동적으로 전쟁의 승리를 쟁취할 수 있다. 전쟁의 지휘자는 반드시 객관적 조건이 허락하는 건축물 위에 활동 무대를 세워야 한다. 그의 무대는 비록 제한적이지만, 그는 이 무대 위에서 충분히 웅장하고 위풍이 당당한 연극을 연출해 낼 수 있는 것이다. 마찬가지로 항일전쟁의 지휘자 역시 이미 정해져 버린 객관적 상황이라는 기반 위에서 충분히 그 위력을 발휘해야 한다. 전군을 장악하여 적군을 타도하고, 침략과 억압 아래 있는 사회 · 국가의 비극적 상황을 자유와 평등이 넘치는 새로운 중국으로 변모시켜야 하는 것이다. 바로 여기에 우리의 주관적 지도력이 필요한, 그리고 그것이 가능한 근거가 있다. 우리는 객관적 조건을 무시하고 천방지축 날뛰는 어떠한 항일전쟁의 지휘자도 찬성할 수 없다. 우리는 용감하고 지혜로운 장군이 항일전쟁의 지휘자가 되기를 바란다. 우리가 원하는 지휘자는 적의 예기를 둔화시킬 수 있을 뿐 아니라, 전쟁의 전체적 추세를 통찰하고 조정할 능력을 구비한 인물이다. 전쟁이라는 거친 바다를 헤엄쳐 나가는 지휘자는 파도를 헤쳐 나가지 못하고 익사하는 인물이어서는 안된다. 그는 침착하게 스스로의 판단력과 용기를 가지고 기어이 해안에 도달하는 그런 사람이어야 한다. 전쟁의 전략과 전술은 바로 거친 바다를 헤쳐 나가는 수영 기술과도 같다.

전쟁과 정치

(63) "전쟁은 정치의 연장이다"는 견지에서 보면, 이것은 전쟁이 바로 정치이며, 전쟁 자체가 정치성을 띤 행위라는 말이다. 옛날부터 지금까

지 정치성을 띠지 않은 전쟁은 단 한 번도 없었다. 따라서 온 민족의 혁명전쟁인 항일전쟁의 승리 역시 정치적 목적——일본제국주의를 몰아내고 새로운 중국을 건설한다는——과 불가분의 관계에 있다. 항전은 통일전선을 공고히 만드는 방법과 모든 인민의 동원, 민·관·군의 일체화, 통일전선 정책의 양호한 실행, 문화의 발전, 그리고 국제적 원조와 적국 인민들의 협조 등등 모든 요소와 불가분의 관계에 있는 것이다. 한 마디로 말해서, 전쟁은 잠시도 정치와 분리되지 않는다. 그러므로 만약 항일전선에 나선 병사들 가운데 전쟁과 정치의 함수관계를 무시하는 사람이 있다면, 그리고 전쟁을 따로 떼어내 전쟁지상주의를 내세우는 자가 있다면, 그것은 잘못된 생각이므로 마땅히 생각을 바로잡아야 할 것이다.

(64) 그러나 전쟁은 그 특수성 때문에 일반 정치와 동일할 수는 없다. "전쟁은 정치적 특수 수단의 연장이다."[24] 정치는 일정한 단계까지 발전하게 되면 더 이상 전진하지 못하게 된다. 그리하여 정치 도로 상의 장애물을 제거하기 위한 전쟁이 일어나는 것이다. 예컨대 일본은 중국의 반(半)독립적 지위가 일본 제국주의의 정치 발전에 장애가 되기 때문에 침략전쟁을 일으킨 것이다. 중국 역시 마찬가지다. 과거 제국주의의 압박은 오래 전부터 중국 자산계급 민주혁명의 앞길을 가로막는 장애물이었다. 때문에 과거 여러 차례에 걸친 해방전쟁은 바로 그 장애물을 제거하기 위해 일어났던 것이다. 현재 일본이 전쟁을 일으킨 의도는 중국 혁명의 진로를 완전히 차단시키고자 하는 데 있으므로, 우리는 부득불 항전을 통하여 이 장애물을 제거하지 않을 수 없는 것이다. 이 장애가 제거되면 정치적 목적이 달성되므로 전쟁도 끝나게 된다. 반대로 장애가 완전히 제거되지 못한다면 전쟁은 그 목적이 달성될 때까지 계

---

24) 레닌의 「제2인터내셔널의 붕괴」와 「사회주의와 전쟁」(『레닌전집』 제2권) 참조.

속 진행돼야할 것이다. 이러한 항일의 목적이 아직 달성되지도 않았는데 타협을 하려고 한다면 절대로 성공하지 못한다. 설사 일시적·국부적 원인으로 타협이 성립된다 할지라도 대다수의 인민은 그 타협에 불만을 품고 전쟁의 정치적 목적이 관철될 때까지 계속 전쟁을 수행해 나갈 것이기 때문이다. 그러므로 정치는 피를 흘리지 않는 전쟁이며, 전쟁은 피를 흘리는 정치라고 말할 수 있다.

(65) 전쟁은 그 특수성 때문에 특수한 조직과 특수한 방법, 그리고 특수한 과정 등을 지니게 된다. 특수한 조직이란 군대와 그에 부수되는 모든 것을 의미한다. 특수한 방법이란 전쟁을 지휘하는 전략·전술을 말한다. 특수한 과정이란 적대관계의 군대가 상호 자신에게는 유리하고 적에게는 불리한 전략과 전술을 사용하여, 공격 또는 방어 행위를 하는 특수한 사회활동 형태를 뜻한다. 그러므로 전쟁의 경험은 특수한 것이다. 전쟁에 참여하는 모든 사람들은 반드시 일상적인 습관에서 벗어나 전쟁에 익숙해질 때, 비로소 승리를 쟁취할 수 있다.

항일을 위한 정치적 동원

(66) 이렇게 위대한 민족 혁명전쟁일지라도 보편적, 심층적인 정치동원이 이루어지지 않으면 승리할 수 없다. 항일전쟁 이전에는 항일을 위한 정치적 동원이 없었다. 이것이 중국의 가장 큰 결함이었다. 이미 적에게 지고 들어간 것이다. 항일전쟁을 시작한 이후에도 정치적 동원은 전혀 보편화되지 못했으니 그 심화 문제는 더 말할 나위가 없었다. 대다수 인민은 적군의 대포소리와 비행기에서 투하되는 폭탄소리를 듣고서야 전쟁의 소식을 들었다. 이것 역시 일종의 동원일 수 있다. 그러나 이것은 적군이 우리 대신 동원시켜준 것이지 결코 우리 스스로 동원한

것이 아니다. 궁벽한 오지에 살고 있는 사람들은 대포소리도 듣지 못한 채 여전히 조용하게 생활을 영위하고 있는 형편이다. 이러한 상황은 반드시 개선돼야 한다. 그렇지 않으면 이 목숨을 건 전쟁에서 결코 승리를 쟁취할 수 없다. 또다시 적에게 한 수 져서는 안되며, 반대로 훌륭한 한 수를 발휘해 적을 제압하고 이겨야만 한다. 이 한 수는 작용하는 바가 절대적인 것이다. 무기 등 조건이 뒤떨어지는 것은 이차적 문제이며, 이 한 수야말로 제일 중요한 것이다. 우리가 전국의 백성을 동원하게 되면 적을 거센 파도가 몰아치는 바다에 몰아넣을 수도 있고, 무기 등이 부족한 약점을 보충할 수도 있으며, 전쟁의 모든 어려움을 극복할 수 있는 여건을 조성시킬 수 있는 것이다. 승리를 위해서는 항전을 계속해야 하고, 통일전선을 강화해야 하고, 지구전을 전개해야 한다. 그러나 이 모든 것은 일반 민중을 동원하지 않고서는 이룰 수 없다. 승리를 쟁취하려고 하면서 정치적 동원을 경시한다면 '남쪽으로 가려는 사람이 북쪽을 향해 수레를 모는' 꼴이 되어 결코 승리를 쟁취할 수 없다.

(67) 정치동원이란 무엇인가? 먼저 전쟁의 정치적 목적을 군인과 인민들에게 알려주는 것이다. 반드시 모든 사병과 인민들에게 왜 그들이 싸워야 하는지, 전쟁이 그들과는 무슨 관계가 있는지 명확히 설명해야 한다. 항일전쟁의 정치적 목적은 '일본 제국주의를 타도하고, 자유 · 평등의 새로운 중국을 건설하자'는 것인 바, 반드시 이러한 목적을 모든 군인과 인민에게 알려야만 비로소 항일의 분위기가 고조되기 시작하여 수억 중국인이 한 마음으로 전쟁에 모든 희생을 아끼지 않게 될 것이다.

그러나 단지 목적을 설명하는 것만으로는 부족하며, 그 목적을 달성하기 위해 밟아 나가야 할 단계와 정책도 설명해 주어야 한다. 다시 말해서 정치 강령이 세워져야 한다. 「항일구국 10대 강령」25)과 「항전건국강령」26) 등 강령을 병사들과 인민들에게 주지시키고 또 실천하도록 동원해야 한다. 명확하고도 구체적인 정치 강령이 없으면 모든 군·민을 항일전선에 완벽하게 동원할 수 없는 것이다.

다음 단계로는 어떠한 방법으로 동원하느냐 문제다. 구두(口頭)와 전단(傳單)과 포고문, 신문과 서적, 연극과 영화, 학교, 민중단체, 그리고 간부요원 등을 통해서 동원한다. 현재 국민당 통치지역 일부에서 실시하는 것은 바다 속 좁쌀처럼 드물기만 하고 동원방법도 민중의 구미에 맞지 않으며 분위기도 민중과 동떨어지기에 반드시 실용적으로 개선해야 한다.

다음으로는, 동원은 한번으로 끝나는 것이 아니다. 항일전쟁에서 정치적 동원은 지속적으로 이루어져야 한다. 동원은 정치 강령을 일반 민중에게 암송해주는 일이 아니다. 그러한 암송은 아무도 귀담아 듣지 않는다. 전쟁의 발전 상황, 사병과 일반 민중의 생활 등과 연계해서 전쟁의 정치적 동원을 일상적 활동으로 변화시켜야 한다. 전쟁은 이러한 정치적 동원에 힘입어 승리를 쟁취할 수 있는 것이기에 이는 매우 중대한 일이다.

---

25) 1937년 8월 산베이(陝北) 뤄촨(洛川)에서 소집된 '중공중앙정치국 확대회의'에서 통과된 문건으로, 그 요점은 다음과 같다. 1. 일본 제국주의의 타도 2. 전국 군사 총동원 3. 전국 인민 총동원 4. 정치기구 개혁 5. 항일 외교정책 실행 6. 전시(戰時) 재정·경제정책 실행 7. 인민 생활 개량 8. 항일 교육정책 실행 9. 매국노·친일파 숙청과 후방지역 공고화 10. 항일 민족단결 실천.

26) 1938년 3월 29일부터 4월 1일까지 우한(武漢)에서 소집된 '중국국민당 임시전국대표자대회'에서 제정된 문건으로, 그 내용은 항일의 군사·정치·경제·외교 등의 정책 등을 포함하고 있다. 이 강령에서는 국민참정기관을 조직할 것을 규정하고, 언론·출판·집회·결사의 자유를 허락하는 등, 인민을 향해 마지못해 형식적이고도 구두적인 양보를 제시했지만 여전히 국민당 일당독재정치를 견지하고 있다.

전쟁의 목적

(68) 여기서 말하려는 것은 전쟁의 정치적 목적이 아니다. 항일전쟁의 정치적 목적은 '일본 제국주의를 타도하고, 자유·평등의 새로운 중국을 건설하자'는 것임은 앞에서 이미 언급한 바와 같다. 그러나 여기서 말하고자 하는 것은 전쟁의 정치적인 목적이 아니고, 이른바 '인류가 피를 흘리는 정치'로서의 전쟁, 즉 쌍방간의 군대가 서로 살육하는 그 전쟁의 근본 목적이 무엇인가 하는 점이다.

전쟁의 목적은 다른 게 아니라 '스스로를 지키고 적을 소멸시키는' 것이다.(적을 소멸시킨다는 것은 적의 무장을 해제하여 '적의 저항력을 박탈한다'는 뜻이지, 결코 그 육체를 완전히 없애버린다는 의미가 아니다.) 고대 전쟁은 창과 방패를 사용했다. 창은 적을 소멸시키기 위한 공격무기이며, 방패는 자신을 보존하기 위한 방어무기이다. 오늘날의 무기 역시 이 양자의 연속된 형태이다. 폭격기·기관총·장거리 대포·독가스 등은 창이 발전된 형태이고, 방공호·철갑모·시멘트 시설 ·방독면 등은 방패가 발전된 형태이며, 탱크는 양자가 결합된 신식 무기이다. 공격은 적을 소멸시키기 위한 중요수단이지만 방어 역시 소홀히 할 수 없는 것이다. 공격은 직접적으로 적군을 소멸시키기 위한 일인 동시에 자신을 지키기 위한 수단이기도 하다. 왜냐하면 만약 적군을 소멸시키지 않으면 자신이 소멸당하기 때문이다. 방어는 직접적으로 자신을 지키기 위한 것인 동시에 공격의 보조수단, 또는 공격의 준비단계이기도 하다. 퇴각은 방어의 일종으로서 방어의 연장된 형태이며, 추격은 공격의 연장된 형태이다.

여기서 마땅히 유의해야 할 것은 적을 소멸시키는 것이 가장 중요한 전쟁의 목적이며, 자신을 보호하는 것은 그 다음이라는 점이다. 왜냐하면 적을 대량으로 소멸시켜야만 보다 효과적으로 자신을 보호할 수 있기 때문이다. 그렇기에 적을 소멸시키는 주요 수단인 공격이 주가 되어야 하며, 적을 소멸시키는 보조수단이자 자신을 보호하는 수단인 방어는 이차적인 것이다. 실제적인 전쟁 상황을 볼 때 대부분 방어를 위주로 하고 그 외의 경우에만 공격을 위주로 삼지만, 전쟁을 전체적인 면으로 살펴보면 공격이 여전히 중요한 위치를 차지한다.

(69) 전쟁 중의 '용감한 희생행위'를 독려하는 것은 어떻게 해석해야 할까? '자신을 보호한다'는 말과 서로 모순되는 것이 아닌가? 모순이 아니다. 그것은 상반상성(相反相成)의 관계에 놓여 있는 말이다. '피 흘리는 정치행위'인 전쟁은 언제나 대가를 요구한다. 때에 따라서는 엄청난 대가를 요구하기도 한다. 부분적이고 일시적인 희생(스스로는 보호되지 않지만)은 전체적이고 영구적인 보존을 위한 것이다. 적을 소멸시키기 위한 공격수단에는 기본적으로 자신을 보호하고자 하는 작용도 이미 포함되어 있는 것이다. 그러므로 방어는 반드시 공격과 동시에 이루어져야 하며, 단순한 방어로만 끝나서는 안 될 것이다.

(70) '자신을 보호하고 적을 소멸시킨다'는 전쟁의 목적은 바로 전쟁의 본질이기도 하며, 모든 전쟁 행위의 근거가 되기도 한다. 모든 전쟁은 그 기술적 행동부터 전략적 행동에 이르기까지 모두 이 본질을 관철하기 위한 것이다. 전쟁의 목적은 전쟁의 기본적 원칙인 바, 모든 기술적·전술적·전투적·전략적 원리원칙과 불가분의 관계에 있다. '신체를 은폐한 후 화력을 발사한다'는 사격의 원칙은 무슨 뜻인가? 전자는 자신의 보호를 뜻하며, 후자는 적을 소멸시키기 위한 행위이다. 자신의 보호를 위하여 지형지물을 이용해 약진을 하고 대형(隊形)을 분산하는 등 방법이 필요한 것이고, 적을 소멸시키기 위해 사격범위를 청소하고 화력망을 조성하는 따위 방법이 필요한 것이다. 전술상 돌격대·지원대[27]·예비대가 있는데, 첫째는 적을 궤멸시키기 위한 것이고, 둘째는 자신을 보호하기 위한 것이고, 셋째는 상황에 따라 다음과 같은 두 가

지 목적을 이루기 위한 것이다. 하나는 돌격대를 지원하거나 추격대로 삼으려는 것으로, 적을 소멸시키기 위함이다. 또 하나는 지원대를 보조하거나 엄호대로 삼으려는 것으로, 자신을 보호하기 위함이다. 이렇듯 모든 기술적 · 전술적 · 전투적 · 전략적 원칙과 행동은 전쟁의 목적과 완전히 불가분의 관계에 있으며, 전쟁 전체 상황에 적용하고, 전쟁의 처음과 끝까지 일관되어야 한다.

(71) 항일전쟁의 각급 지도자들은 중일 양국간의 서로 대립되는 각종 기본 요인을 무시한 채 전쟁을 지휘해서도 안되고, 이 전쟁의 목적을 떠나 전쟁을 지휘해서도 안된다. 양국간의 상호 대립되는 각종 기본적 요인은 전쟁 중 행동으로 구체화될 때 각자 자신을 보호하고 적을 소멸하는 투쟁으로 변화된다. 우리는 전쟁을 통해 모든 전투에서 크고 작은 승리를 쟁취하거나, 적군의 무장을 일부나마 해제시키거나, 적군의 인력 · 장비 등 군사력에 일부나마 타격을 가하고자 전력투구한다. 이렇게 적을 소멸시킨 부분적 성과가 축적될 때, 비로소 커다란 전략적 승리를 쟁취할 수 있는 것이고, 마침내 적을 몰아내고 조국을 지켜내어 새로운 중국을 건설한다는 정치적 목적도 성취할 수 있게 된다.

방어 중의 공격, 지구전 중의 속결, 내곽전선 속의 외곽전선

(72) 이제 항일전쟁의 구체적 전략방침을 검토해 보자. 항일전의 전략방침은 지구전이어야 한다는 사실은 이미 언급한 바와 같다. 그렇다. 그것은 틀림없는 사실이다. 그러나 그것은 일반적 방침에 불과할 뿐, 결

---

27) 원문은 '겸제대(鉗制隊)'. 전투 시 주력부대를 보조해 2차 방향에서 적을 견제 공격하는 부대.(역주)

코 구체적 방침은 되지 못한다. 때문에 지금 우리가 토론할 문제는 어떻게 지구전을 구체적으로 전개해 나가야 하느냐에 관한 것이다. 결론부터 먼저 말한다면, 제1단계와 제2단계, 즉 적의 침공과 수비 단계에서는 '방어적 전역(戰役)'과 '전투적 공격전' 전략, '지구전 전역과 전투적 속결전' 전략, 그리고 '내곽전선의 전역과 전투적 외곽전선 작전' 전략을 채택해야 할 것이다. 그리고 제3단계에서는 마땅히 전략적 반격을 전개해야 한다.

(73) 일본은 제국주의 강국이고 우리는 반(半)식민지·반(半)봉건적 상태의 약한 국가이기 때문에 일본이 침공전략을 취할 때 우리는 방어전략을 취해야 하는 상황이다. 그리고 일본이 속결전략을 취하고자 하기에 우리는 의도적으로 지구전 전략으로 나가야 한다. 현재 일본은 막강한 전투력을 보유한 수십 개 사단 육군과(이미 30개 사단이 도착했음) 일부 해군을 동원하여 육·해 양면으로 중국을 포위·봉쇄하고 있으며, 다시 공군병력을 동원하여 중국 내부를 폭격하고 있다. 아울러 일본 육군은 이미 빠오터우(包頭)에서 항저우(杭州)에 이르는 긴 전선을 점령하고 있으며, 해군은 푸젠(福建)·광둥(廣東)지역에 진입해 대규모 범위의 외곽전선을 형성하고 있다. 우리는 어쩔 수 없이 내곽에 몰려 전선을 형성하고 있는 처지다. 이것이 바로 일본이 강하고 중국의 전투력이 약한 특징에서 비롯된 상황의 일면이다.

(74) 그러나 또 다른 측면에서는 완전히 상반된 상황을 보이고 있다. 일본은 비록 강하지만 병력이 부족하고, 중국은 비록 약하지만 국토와 인적·물적 자원이 풍부하다. 바로 이 점에서 두 가지 중대한 결과가 발생된다. 첫째, 적은 소수의 병력으로 대국을 침공했기 때문에 중국의 일부 대도시와 큰 길, 그리고 일부 평지만을 점령할 수 있다. 때문에 비록 점령된 지역이라 할지라도 광대한 면적을 모두 지배할 수는 없다. 이곳이 바로 중국 인민의 유격전이 활발하게 전개될 수 있는 기반이다.

적은 비록 광저우(廣州) · 우한(武漢) · 란저우(蘭州) 전선과 그 인근지역을 점령할 수는 있겠지만, 그 외의 지역은 점령하기 힘들다. 그러한 곳이 바로 중국이 지구전을 수행하면서 최후의 승리를 쟁취할 수 있는 중추적 근거지인 것이다. 둘째, 적은 소수 병력으로 다수 병력을 가진 국가를 침공했기 때문에 포위상황에 처하게 된다. 적은 여러 갈래로 우리를 공격하는데, 그들은 외곽전선에서 공격전략을 취하고 우리는 내곽전선에서 방어전략을 취하기에 매우 불리해 보이기도 한다. 그러나 우리는 광대한 영토와 우세한 병력이라는 두 강점을 이용하여 근거지 사수(死守)라는 진지전을 전개하지 않고 민첩한 기동전을 채택하여 적을 분산시킨 다음, 우리의 여러 사단으로 그들의 1개 사단을 대적하고, 수만 명으로 그들 일만 명을 대적하고, 여러 부대로 그들 한 부대에 대적하면서, 외곽전선에서 갑자기 그 한 부대를 포위, 공격할 수 있다. 그렇게 되면 외곽에서 공격해 오던 적은 부득불 내곽전선에서 방어하는 전략을 채택하지 않을 수 없고, 우리는 내곽전선에서 방어하는 전략을 외곽전선에서 공격하는 방식으로 변화시키게 된다. 하나의 부대에 대해서도, 다른 부대에 대해서도 마찬가지다. 이상 두 가지는 적군의 병력은 적고 우리의 병력은 많은 특징에서 발생한 것이다. 또한, 적군의 병력은 적지만 잘 훈련된 정예병(무기와 인적 자원의 훈련 수준)이고, 우리는 병력은 많으나 약한 군대(이 역시 무기와 인적 자원의 훈련 수준에 한정될 뿐 사기를 가리키는 게 아니다)이기 때문에 많은 병력으로 적은 병력을, 외곽전선에서 내곽전선으로 공격해야 할 뿐만 아니라 속결전 전략을 채택해야만 한다. 속결전을 실행하기 위해서는 일반적으로 주둔하고 있는 적은 공격하지 않고 이동 중에 있는 적을 공격해야 한다. 따라서 적군의 이동 예상로에 많은 유격대를 매복시킨 다음, 적의 이동을 틈타서 갑자기 포위 공격한다면 창졸간에 기습을 당한 적에게 타격을 입히고 신속히 전투를 끝낼 수 있는 것이다. 잘되면 적을 궤멸시킬 수도 있거니와, 그렇지 않다 할지라도 최소한 적에게 많은 손실을 가져다 줄 수 있다. 한 전투에서 그러할 뿐만 아니라 다른 전투에서도 마찬가지다. 이런 식으로 하여 핑싱관(平型關)이나 타이얼좡(臺兒莊)의 승리와 같은 비교적 큰 승리를 한 달에 한 번씩만 거둔다 해도 적의 사기는 크게 저하되고 우리의 사기는 고양되어 세계의 원조를 불러일으키는 기폭제가 될 것이다. 우리는 지구전 전략을 채택하지만 전장에서는 전략상 속결전으로 바뀌게 된다. 그렇게 되면 적의 속전속결전 전략은 수많은 전투의 패배로 인하여 부득불 지구전으로 바뀌게 될 것이다.

(75) 상술한 바와 같은 작전 방침을 한 마디로 말하자면 '외곽전선에서의 속전속결식 공격전'이라고 할 수 있겠다. 이것은 우리의 전략 방침인 '내곽전선에서의 지구전식 방어전'과 상반되는 것이지만, 사실은 바로 그러한 전략을 실천하기 위해 필요한 작전 방침인 것이다. 만약 우리의 작전 방침마저 '내곽전선에서의 지구전식 방어'로 한다면, 항전 초기의 경우처럼 적은 작고 우리가 크며, 적은 강하고 우리는 약한 두 가지 상황에 맞지 않아 전략적 목적을 결코 달성할 수 없고, 전반적인 지구전도 불가능해져서 마침내 적에게 패망하게 될 것이다. 때문에 우리는 적의 야전부대 병력보다 2, 3배 혹은 4배 병력의 야전부대를 전국적으로 조직하여 상술한 바의 작전 방침을 실천하고자 누차 주장해왔다. 이러한 작전 방침은 정규전뿐만이 아니라 유격전에도 그대로 적용할 수 있으며, 전쟁의 한 단계뿐만 아니라 전 과정에서 언제나 적용할 수 있는 것이므로 반드시 이를 채택해야 한다. 예컨대 반격단계에 들어선 후에도, 기술적 조건이 향상되어 약한 힘으로 강한 적을 상대하는 상황이 사라진 뒤에라도 우리는 여전히 우세한 병력으로 외곽전선에서 속전속결의 공격전을 펼치면 훨씬 더 많은 성과를 거둘 수 있는 것이다. 다시 말해서 우리의 2-4개 기계화사단으로 적의 1개 기계화사단을 대적해 소멸시킬 수 있는 가능성은 훨씬 높은 것이다. 마치 건장한 청년 몇 명이

청년 한 명을 쉽게 이길 수 있는 것처럼, 이러한 작전 방침은 상식적인 진리인 것이다.

(76) 우리가 전장에서 '외곽전선에서의 속전속결식 공격' 작전을 확고히 채택·수행한다면, 비단 적과 우리 사이의 강약·우열 국면을 전환할 수 있을 뿐 아니라 점차 전쟁의 전체적 형세에도 큰 변화를 가져오게 할 수 있다. 전장에서 우리는 많은 병력으로 외곽전선에서 신속히 공격하고, 적은 소수 병력으로 내곽에서 시간을 끌며 원조를 기다리는 국면이 되기 때문에 자신들의 뜻대로 행동할 수 없게 된다. 그러므로 강자였던 적은 약자 입장이 되고, 우열의 형세는 반전되기 마련이다. 이러한 승리를 자꾸만 거듭하게 되면, 전체적인 전쟁의 형세도 필연적으로 변화하게 된다. 이것은 외곽전선에서의 속전속결식 공격전의 승리가 점차 우리 군사력을 강화시키고 적의 군사력을 약화시킨다는 말이므로, 전쟁의 전체적 우열국면은 부득불 그 영향을 받아 변화하게 된다는 의미다. 그때가 도래하면 우리의 여타 유리한 조건과 적 내부의 변화, 그리고 국제적으로 유리한 정세 등 여러 요인이 함께 작용하여 전쟁의 전체적 형세는 균형상태를 보이게 되다가, 마침내는 우리가 우세한 국면으로 접어들게 될 것이다. 이때가 바로 우리가 반격작전을 펼쳐 적을 몰아낼 시기인 것이다.

(77) 전쟁은 힘을 겨루는 시합이지만, 그 힘은 전쟁 과정을 통해 원상태에 변화를 가져올 수 있다. 이 때문에 주관적인 노력으로 크고 작은 수많은 전투에서 한층 많은 승리를 거두고, 실수를 적게 범하는 것이 결정적 요인이 된다. 객관적 요인도 역시 이러한 변화의 가능성을 구비하고는 있지만, 이러한 가능성을 실제로 실현시키려면 반드시 정확한 작전 방침 채택과 주관적 노력이 필요하다. 이때 이러한 주관적 작용은 결정적 요인인 것이다.

주도성, 신축성, 계획성

(78) 상술한 바 '외곽전선에서의 속전속결식 공격' 작전에서 핵심은 '공격'에 있다. '외곽전선'은 공격의 범위를 뜻하며, '속전속결'이란 공격의 시간을 뜻한다. 이 작전 방침은 지구전과 기동전을 실행하는 데 있어서 가장 좋은 방법이지만, 이 방침을 실행할 때는 반드시 주도성·신축성과 계획성을 갖추어야 한다. 이제부터 이 세 가지 문제를 검토해 보자.

(79) 우리는 이미 앞에서 자각적 능동성을 언급한 바 있는데 무엇 때문에 다시 주도성에 대해 말해야 하는가? 자각적 능동성이란 인간과 다른 사물을 구별짓는 자각적 활동과 노력을 의미하며, 이러한 인간의 특징은 특히 전쟁에서 강렬하게 표현된다는 사실은 앞에서 말한 바와 같다. 여기서 말하는 주도성이란 억압적으로 부자유 상태에 처한 행동과는 구별되는 군대의 행동 자유권을 말한다. 행동의 자유는 군대의 명맥을 이어준다. 자유를 상실한 군대는 패전 또는 궤멸로 들어서게 된다. 한 병사가 기계적으로 행동하는 것은 행동의 자유를 상실하고 강압적으로 피주도적 위치에 놓인 결과이다. 한 군대의 전패도 마찬가지다. 때문에 전쟁을 치루는 쌍방은 극력 피주도적인 상태를 피하고 주도적 상황을 쟁취하기 위해 노력한다. 우리가 제시한 '외곽전선에서의 속전속결식 공격' 작전 및 이러한 작전을 실행하기 위한 계획성·신축성은 사실상 바로 주도권을 쟁취하여 적을 피주도적 위치에 처하게 하고, 또 그럼으로써 자신을 보호하고 적을 소멸한다는 목적을 이룰 수 있도록 하기 위함이다. 그러나 주도성 혹은 피주도성과 전쟁 역량의 우열과는 불가분의 함수관계에 놓여있다. 아울러 주관적 지휘방법의 정확성과 착오라는 점과도 밀접한 관계를 가진다. 또한 한편으로는 적의 착각과 생각지 못한 점을 이용하여 우리의 주도권을 쟁취하고 적을 피주도적 상

황에 몰아넣을 수 있다. 이제 이러한 몇 가지 사항을 분석해 보자.

(80) 주도권은 전쟁 역량의 우세와 불가분의 관계에 있고, 피주도성은 전쟁 역량의 열세와 밀접한 관계가 있다. 다시 말해서, 전쟁 역량의 우열은 주도성 혹은 피주도성의 객관적 기반인 것이다. 전략적 주도적 위치는 전략적 공격전에 의해 장악되고 발휘될 수 있지만 시종일관 어느 곳에나 다 미치는 주도적 위치, 즉 절대적 주도권은 오직 절대적 우세로 절대적 열세에 대적하는 경우에만 가능하다. 예컨대 신체가 건장한 사람과 중환자가 싸운다면, 건장한 자가 바로 절대적 주도권을 보유한 것이 된다. 만약 일본이 극복할 수 없는 수많은 모순을 지니고 있지 않다면, 다시 말해 수백 만 명 아니 일천만 명의 대군을 동원할 능력이 있고, 재원이 현재의 몇 배에 달하며, 내부의 갈등과 외국의 적대행위가 없고, 야만정책으로 중국인민이 목숨을 걸고 저항하게끔 하지도 않는다면, 일본은 절대적 우세를 계속 유지할 수 있으며, 아울러 절대적 주도권을 시종일관 행사할 수도 있는 것이다. 그러나 과거 역사를 보면, 절대적으로 우세한 형세는 언제나 전쟁의 종국에 이르러서야 비로소 존재했었지, 전쟁이 시작될 무렵에는 거의 존재했던 적이 없다. 예컨대 제1차 세계대전 때 독일이 패망 직전에 이르렀던 시기에 연합국은 비로소 절대 우세의 현상을 보였던 반면 독일은 절대적 열세에 처해 결국 패망하고 연합국이 승리했던 것이다. 이것이 절대적 우세와 열세가 전쟁 말기에 나타났던 실례다. 타이얼좡전투에서도 마찬가지였다. 당시 현지에 있던 일본군이 완전히 고립되어 고전을 면치 못하다가 마침내 절대적 열세를 보이자, 우리 군대는 절대적 우세를 점하며 전투는 우리의 승리로 끝났던 것이다. 이 또한 바로 절대적 우세 혹은 열세 현상은 전쟁 또는 전투가 종국에 이르렀을 때 비로소 발생한다는 사실을 입증해 주는 예이다. 그러나 때로는 상대적 우세, 열세 혹은 균형의 국면에서도 전쟁은 종국에 이룰 수도 있다. 그 때, 전쟁은 타협의 방법을 강구하게

되고, 전투 상황이라면 대치 국면에 접어들게 된다. 그러나 일반적으로는 절대적 우열이 승부를 갈라놓는 경우가 대부분이다. 어쨌든 이 모든 상황은 전쟁의 종국에 이르러서야 나타나는 것이며, 결코 전쟁 또는 전투의 초기 단계에 보이는 현상은 아니다. 중일전쟁의 최후 종국은 일본의 절대적 열세와 중국의 절대적 우세를 형성해 우리가 승리를 쟁취하게 되리라고 충분히 예측할 수 있다. 그러나 현재까지의 쌍방의 우열은 상대적인 것이며 결코 절대적인 것은 아니다. 일본은 막강한 군사력과 경제력, 그리고 정치조직력에서 우리보다 우세를 점하고 있기 때문에 그들이 주도권을 가지고 있다. 그러나 일본은 군사력의 부족과 여타 불리한 많은 요인 때문에 그들의 우세는 스스로의 모순에 의해 감퇴하고 있다. 게다가 광대한 중국의 풍부한 인적 · 물적 자원과 강인한 민족 항전에 부딪혀, 그들의 우세는 한층 반감될 것이다. 그러므로 일본이 주도권을 발휘하고 행사하는 데는 많은 제약이 있고, 그 주도권은 절대적이 아닌 상대적인 것이 되고 말 것이다. 중국은 일본과는 정반대의 입장에 처해 있음은 누차 언급한 바와 같다. 중국은 역량 강도에 있어서 열세 상황에 있기 때문에 전략 면에서 주도권을 빼앗긴 피주도적 위치에 있지만 지리 · 인구 · 병사의 수, 그리고 인민과 군대의 적개심과 사기 면에서 우세에 처해 있다. 그리고 이러한 우세에다 여타 유리한 요인을 가산하면 자신의 군사력 · 경제력 등 열세 정도가 감퇴하면서 전략상 상대적 열세를 전환시키게 된다. 그리하여 피동적 상태가 감소하여 전략상 상대적 피동지위로 변화한다. 그러나 피동적 지위는 어쨌든 불리한 위치이기 때문에 반드시 최선을 다하여 이러한 상황을 탈피해야 한다. 즉, 우리는 외곽전선에서의 속전속결식 공격작전과 적 후방에서의 유격전을 실시하여 기동전과 유격전 전투를 통해 국지적 승리를 다양하게 전개해 적의 우세와 주도적 위치를 압도하도록 해야 할 것이다. 이렇게 하여 수많은 국지적 우세와 국부적 주도권이 연결된다면, 전략적 열세와 주도권을 빼앗긴 상황에서도 탈피할 수 있다. 이것이 바로 주도와 피주도, 우세와 열세간의 상호 관계인 것이다.

(81) 이상에서 주도·피주도와 주관적인 지휘와의 관계가 명백히 드러났다. 위에서 말한 바와 같이, 우리의 상대적 열세와 피주도적 지위는 인위적인 노력으로 국부적 우세와 국부적 주도권의 확보로 극복될 수 있다. 또 이러한 국부적 상황을 집결시킬 때, 우리는 전체적인 우세와 주도권을 장악하게 되며 적은 열세에 처해 주도권을 박탈당할 것이다. 이러한 변화는 주관적인 지휘가 있을 때 가능하다. 그 이유는 무엇인가? 우세를 점하고 주도권을 장악하려고 함은 우리뿐만 아니라 적도 마찬가지이다. 이 점에서 본다면, 전쟁은 양군의 지휘관이 군사력·경제력 등 물질적 기초를 기반으로 상호 주도권을 장악하려는 주관적 능력을 겨루는 시합이다. 승패의 결과를 분석해볼 때 객관적 물질 조건의 요인을 제외하면 주관적 지휘가 정확했던 측은 승리하게 마련이고, 그렇지 않으면 패배하게 마련이다. 우리는 전쟁에서 발생하는 현상은 그 어떤 사회현상보다 더욱 파악하기 어렵고, 확실성이 없으며, 소위 '개연성'이 많이 있다는 점을 인정한다. 그러나 전쟁은 신비적인 것이 아니고 세상 속의 필연적인 운동이다. 손자(孫子)가 말한 "적을 알고 나를 알면 백 번 싸워도 위태롭지 않다(知彼知己, 百戰不殆)"[28]는 말은 여전히 과학적인 진리이다. 착오는 적과 자신에 대한 무지에서 비롯된 것이다. 그런데 전쟁은 그 특성상 적과 자기에 대해 완전히 파악할 수 없는 수많은 상황에 직면하기 때문에 그 불확실성과 착오가 실패가 생겨나는 것이다. 그러나 어떠한 전쟁의 상황과 행동이라도 그 대략적인 윤곽과 요점은 파악할 수 있다. 먼저 여러 가지 수단으로 정탐을 한 후, 지휘관

---

28) 손자(孫子)는 중국 춘추시대 군사학자 손무(孫武)를 가리킨다. 저서로『손자』13 편이 있는데, 본문의 말은 이 책「모공(謀攻)」편에 보인다.

의 현명한 추측과 판단으로써 착오를 감소시키고 일반적으로 정확하게 지휘를 할 수 있게 된다. 우리가 '일반적으로 정확한 지휘'라는 무기를 갖추게 되면, 보다 더 많은 전투의 승리를 쟁취할 수 있고, 열세를 우세로 전환할 수 있으며, 주도권을 뺏긴 상태에서 주도권을 장악한 상태로 변화시킬 수도 있다. 이것이 바로 주도·피주도와 주관적 지휘의 정확성 여부 간에 존재하는 함수관계인 것이다.

(82) 우리는 주관적 지휘의 정확성 여부가 우열과 주도권의 변화에 많은 영향을 끼친다는 것을, 역사 속에서 강대한 군대가 약소한 군대에게 패배당한 사실을 돌이켜 볼 때 더욱 확신할 수 있다. 이러한 예는 중국과 외국의 전사(戰史)에 허다하게 기록되어 있다. 예컨대 중국의 경우, 진·초(晉楚)의 성복(城濮)전투[29], 초·한(楚漢)간의 성고(成皐)전투[30], 한신(韓信)이 월(越)을 격파한 전투[31], 신·한(新漢)간의 곤양(昆陽)전투[32], 원소와 조조의 관도(官渡)전투[33], 오·위(吳魏)간의 적벽(赤

---

29) 기원전 632년, 진(晉)과 초(楚) 양국은 성복(城濮, 지금의 산동성에 위치)에서 대규모 전투를 벌였다. 전쟁의 초기에는 초나라가 우세를 점하여 진나라는 90리를 후퇴하다가 성복 일대에서 초군의 오른쪽이 약한 것을 알고 그곳에 집중적으로 타격을 가한 다음, 다시 병력을 집결시켜 왼쪽을 궤멸시켰다. 이에 초나라는 마침내 대패하고 후퇴했다.

30) 성고(成皐)는 허난성에 위치한 고대 군사요충지이다. 기원전 203년 한왕 유방과 초왕 항우가 이곳에서 대치한 바 있다. 당시 유방은 거의 궤멸 직전의 상태였으나 초나라 군사가 강을 건너는 틈을 이용하여 돌연 습격을 가하고 적을 대파하여 성고를 다시 찾은 바 있다.

31) 기원전 204년 한(漢)의 장군인 한신은 정형(井陘, 지금의 허베이성에 위치)에서 월왕 헐(歇)과 대전을 벌였다. 당시 월군은 20만 병력으로 한군의 몇 배가 넘었다. 한신은 배수진을 치고 적과 싸우는 동시에, 월군의 방어가 미약한 후방에 군사를 파견하여 기습하게 하니 월군은 대패하고 도망갔다.

32) 서기 23년 유수(劉秀, 훗날의 동한 광무제光武帝)는 곤양(昆陽, 지금의 허난성에 위치)에서 왕망(王莽, 서기 8년에 제위에 올라 국호를 신新이라 함)의 군대를 대패시켰다. 이때 유수는 8,9천 명의 병력밖에 없었고 왕망의 군대는 40만 명이

壁)전투34), 오·촉(吳蜀)간의 이릉(彝陵)전투35), 진·진(秦晉)간의 비수
(淝水)전투36)등이 그러했다. 서양의 경우, 나폴레옹의 수많은 전투37)와
10월혁명 후 소련의 내전38)이 모두 소수의 병력이 다수의 병력을 격파
한, 열세가 우세를 이겨낸 전쟁들이었다. 이러한 전쟁은 모두 아군의 국
부적인 우세와 주도권 장악으로부터 출발하여 적의 국부적 열세와 피동
을 향해 한번 싸워 이기고 다시 이를 확대해나가 전국(全局)의 우세를

　　넘었으나, 유수는 적장 왕심(王尋)·왕읍(王邑) 등이 상대를 소홀히 여긴 틈을
　　타 정예병 3천으로 적의 중군(中軍)을 관통하여 왕망의 대군을 크게 격파했다.
33) 서기 200년, 조조의 군대는 관도(官渡, 지금의 허난성에 위치)에서 원소의 군대
　　와 치열한 전투를 벌였다. 당시 원소는 10만 병력이었고 조조는 병력과 군량이
　　절대적으로 부족한 상태였으나, 조조는 적이 안심한 틈을 타서 원소의 군대를
　　기습하여 그 주력군을 섬멸시켰다.
34) 오는 손권(孫權) 쪽, 위는 조조(曹操) 쪽을 가리킨다. 서기 208년 조조가 수십만
　　병력을 이끌고 적벽(赤壁, 지금의 후베이성에 위치)에서 손권을 공격하자 손권은
　　3만 병력으로 유비와 연합해 조조의 군대가 역질이 돌고 수전(水戰)에 약한 점을
　　이용해 적벽(赤壁) 일대에서 화공(火攻)으로 대파시켰다.
35) 서기 222년에 오나라 장수 육손(陸遜)이 이릉(彝陵, 지금의 후베이성에 위치)은
　　촉한의 유비를 대파한 곳이다. 전쟁 초기에는 촉군이 연전연승하여 오나라 경계
　　에서 5,6백리나 들어간 이릉까지 침공해 들어갔으나, 육손은 유비의 병사가 지
　　칠 때를 기다려 7,8개월 동안 전투에 응하지 않다가 돌연 화공작전으로 기습전
　　을 전개하여 촉군을 대파했다.
36) 서기 383년 동진(東晋)의 장군 사현(謝玄)이 비수(淝水, 지금의 안후성에 위치)에
　　서 진(秦)왕 부견(符堅)을 대파했다. 당시 부견은 보병 60만, 기병 27만, 친위병
　　3만의 대군이었고 동진은 겨우 8만 병력이었다. 양군이 비수에서 대치하던 상황
　　에서 동진 장수들이 비수 이북의 진군에게 전투장을 내주면 강을 건너 그곳에서
　　결전하겠다고 요구하였고, 진(秦)군은 그 요구에 따라 철수했다. 그러나 철수 과
　　정의 혼란을 틈타 동진군이 강을 건너 공격해 들어가 진군을 대파했다.
37) 18세기말 19세기초, 프랑스 나폴레옹은 영국·프러시아·오스트리아·러시아
　　및 유럽 여러 나라들과 여러 차례 싸웠다. 이들 전쟁에서 나폴레옹 군대는 숫적
　　으로 열세였지만 모두 승전하였다.
38) 1918년부터 1920년에 걸쳐 쏘련 인민이 영국·미국·프랑스·일본 등 국가의
　　무장간섭과 내부 반동파에 맞서 벌인 전쟁.

점하고 전체적인 주도권을 장악한 경우이다. 반대로 당초 우세를 점하고 주도권을 장악했던 상대방은 주관적 착오와 내부적 모순으로 말미암아, 그렇게 우세하던 상황과 주도권을 장악했던 국면을 완전히 상실한 채 마침내 패군의 장수, 망국의 군주 신세가 됐던 것이다. 이상에서 우리는 전쟁 역량의 우열 그 자체는 비록 주도권을 장악하는 객관적 기초가 되지만, 실제 상황에서의 주도권 장악은 반드시 주관적 능력의 경합을 통해서 결정된다는 사실을 알았다. 투쟁 속에서 주관적인 지휘의 정확성 또는 착오는, 열세국면을 우세한 국면으로 전환시켜 주기도 하며 빼앗긴 주도권을 다시 장악하게 작용하기도 하지만, 반대로 우세에서 열세로, 또한 기존의 주도권을 빼앗기게끔 작용한다. 아울러, 우세를 점했다고 해서 반드시 주도권을 장악하고 최후의 승리를 쟁취할 수만은 없다는 사실은, 역대의 통치왕조가 한 번도 혁명군을 이겨보지 못했다는 점에서 증명되고 있다. 그러므로 설령 열세에 처해 있다 할지라도, 현실적 상황을 근거로 삼아 주관적 능력을 충분히 발휘해 일정한 조건을 마련하게 된다면, 우세를 점하고 있던 측으로부터 주도권을 빼앗고 승리를 쟁취해 낼 수 있는 것이다.

(83) 착각과 무방비는 우세와 주도권을 상실케 만들 수 있다. 그러므로 계획적으로 적을 착각에 빠뜨려 불의의 공격을 가하면, 우세를 점하고 주도권을 장악할 수 있다. 착각이란 무엇인가? '팔공산(八公山) 위의 초목을 모두 병사로 생각하는'[39] 것이 바로 착각의 좋은 예이며, '동쪽

---

39) 서기 383년 진(秦)왕 부견이 출병해 동진(東晉)을 침공하던 당시, 그는 자신의 우세한 병력을 믿고 동진 군대를 몹시 경시했다. 동진군이 진군의 선봉을 패배시키고 수륙 양면으로 계속 전진해 비수(淝水)를 사이에 두고 대치하게 되었다. 부견이 수양성(壽陽城, 지금의 안후이성에 위치)에 올라 동진의 병사가 삼엄하게 포진한 모습을 보고 멀리 팔공산(八公山)에 있는 초목도 모두 동진 군사들인 것으로 착각해 강적을 만났다고 두려운 마음이 들었다. 그 후 부견은 비수 결전에서 강대한 병력을 가졌음에도 불구하고 대패하고 말았다.

치는 척하고 서쪽을 공격하는(聲東擊西)' 방법이 적을 착각하게 만드는 좋은 작전이다. 우리 편 정보가 적에게 누출되지 않을 정도로 충분한 민중의 지지기반이 갖추어졌다면, 적을 기만할 수 있는 여러 가지 작전을 구사함으로써 판단과 행동에 착오를 일으킨 적을 곤경에 빠트려 마침내 우세와 주도권을 상실케 할 수 있다. '병법은 속임수도 기피하지 않는다(兵不厭詐)'는 말이 바로 이 뜻이다.

'불의(不意)'란 무엇인가? 다름아닌 무방비 상태를 가리킨다. 우세를 점하고 있되 무방비 상태라면 진정한 우세라고 할 수 없으며 주도권을 장악했다고도 할 수 없다. 이 점을 깨닫고 있는, 열세에 처했으되 준비를 갖춘 군대는 언제나 불의의 공격으로 우세를 차지하고 있는 측을 패배시킬 수 있다. 이동 중의 적은 공격하기 쉽다는 말은 바로 적이 그 시기에 무방비 상태이기 때문이다. 적의 착각을 유발시키고 불의의 공격을 가하는 이 두 가지 작전을 실행하면, 적에게는 전쟁의 불확실성을 깨닫게 하고 우리에게는 최대한도의 확실성을 보장케 하여, 마침내 우세한 입장에 올라서 주도권을 장악하고 승리를 쟁취할 수 있는 것이다. 이 작전을 성공적으로 실행하려면 충분한 민중의 지지 기반이 선결조건이다. 그러므로 적을 반대하는 모든 백성을 무장시켜 광범위한 습격전에 참여하게 하는 한편, 정보의 유출을 막고 아군을 엄호하게 하여, 언제 어느 곳에서 습격전이 발생할지 적이 전혀 눈치채지 못하고 착각과 무방비 상태에 놓이게 하는 객관적이고도 기본적인 여건의 형성이 매우 중요하다. 과거 토지혁명전쟁 시기에 중국 홍군(紅軍)은 약소한 군사력으로 항상 승리를 쟁취했는데, 이때에도 힘들여 조직하고 무장한 민중이 아주 큰 힘이 됐다. 민족 전쟁은 원칙적으로 생각해 보아도 토지혁명전쟁보다 더 많은 민중의 원조를 획득할 수 있다. 그러나 역사상의 잘못[40] 때문에 민중이 분산되어 순식간에 우리가 이용하기 어렵게 되었을 뿐만 아니라 오히려 적이 수시로 이용하게 되었던 것이다. 전체 민중을 광범하게, 굳세게 발동시켜야만 전쟁에서 요구되는 끝없는 공급을 이룰 수 있다. 이러한 적에게 착각과 무방비 상태를 형성하여 전쟁을 승리로 이끄는 방법은 커다란 작용을 불러일으킬 수 있을 것이다. 우리는 송양공(宋襄公)과 같이 미련한 돼지처럼 인의도덕(仁義道德)만을 따질 수는 없다.[41] 우리는 적의 눈과 귀를 봉쇄하여 그들을 소경과 귀머거리로 만들고 적의 지휘관을 한껏 현혹시켜 미치광이가 되게 하여 승리를 쟁취해야 한다. 이 모든 것은 주도권 장악과 주관적 지휘의 밀접한 관계를 이용하는 문제다. 전쟁에서 일본에게 승리하려면 이러한 주관적 지휘가 반드시 수반되어야 할 것이다.

(84) 대체로 일본은 공격단계인 현 시기에는 막강한 군사력과 과거 또는 현재 우리의 주관적인 착오 때문에 전쟁의 주도권을 장악하고 있다. 그러나 이러한 주도적 위치는 일본이 지니고 있는 많은 불합리한 요인과 전쟁 중의 주관적 착오(뒤에서 구체적으로 설명하기로 한다), 그리고 우리가 지닌 많은 유리한 요인으로 말미암아 이미 부분적인 약

---

40) 장제스와 왕징웨이 등은 1927년 혁명을 배반한 후 10년 동안 반인민 전쟁을 벌이면서 국민당 통치지역에서 파시스트 통치를 전개했다. 이 때문에 중국인민은 광범위한 조직을 이룰 수가 없었다. 이러한 역사적 착오는 마땅히 장제스 국민당 반동파가 책임을 져야 할 일이다.

41) 송양공(宋襄公)은 기원전 7세기 춘추시대 송(宋)나라의 군주로, 기원전 638년 강대한 초(楚)와 싸우게 되었다. 당시 송의 군사는 이미 포진을 완료하고 있었으나 초병은 강을 건너고 있는 도중이었다. 이때 송의 한 관리가 초군이 송군에 비해 군사가 많기 때문에 저들이 도하(渡河)를 끝내기 전에 기습을 해야 한다고 주장했으나 송양공은 '군자는 남의 허점을 틈타 공격해서는 안된다'고 하며 허락지 않았다. 초군이 강을 건너고 난 후 아직 진지를 구축하기 전, 막료가 다시 한 번 공격을 간청했으나 송양공은 '군자는 진지도 완성하지 못한 군대를 공격하지 않는다'고 허락지 않았다. 초군이 정비를 마친 후에야 송양공이 출격 명령을 내렸지만 결국 대패하고 그 자신도 부상을 입고야 말았다. 『좌전(左傳)』 희공(僖公) 22년 부분에 보인다.

화 현상을 보이고 있다. 타이얼쫭전투의 실패와 산시성에서 곤경에 처해 있는 사실이 그 좋은 예이다. 반면, 우리는 적 후방에서 광범위한 유격전을 확대시키면서 점차 점령지에서 방어하고 있는 적군을 완전 고립화시켜 주도권을 빼앗고 있다. 비록 아직까지는 적이 주도권을 장악하고 공격을 해오고 있지만 머지않아 진격의 정지와 함께 그 주도적 위치도 끝을 맺을 것이다. 일본이 주도권을 계속 장악할 수 없는 첫 번째 이유는 무제한도로 침공해 들어올 만한 병력의 부족 때문이다. 두 번째 이유는 적 후방에서의 아군의 유격활동 및 기타 조건으로 말미암아 그들이 부득불 침공을 중지하지 않을 수 없다는 것 때문이다. 세 번째 이유는 소련의 존재 및 여타 국제 정세의 변화 때문이다. 이상에서 일본의 주도적 위치는 제한적이며 충분히 파괴할 수 있음을 알았다. 그러므로 중국은 그 주력군의 정규전과 전투적 공격작전을 실행하고, 적 후방에서 유격전을 활발히 전개시키는 동시에 정치적인 민중 동원을 대대적으로 벌인다면 그 전략상 주도적 위치를 점차 확보해 나갈 수 있을 것이다.

(85) 이제 신축성에 대해 검토해 보자. 신축성이란 무엇인가? 바로 작전 전개시 주도적 입장을 구체적으로 실현시켜주는 것으로, 쉽게 말해서 병력을 탄력있게 활용함을 뜻한다. 탄력있는 병력 운용이란 전쟁의 지휘 상 가장 중요한 임무인 동시에 가장 어려운 임무이기도 하다. 전쟁 중에 할 일이란 군대와 인민을 조직화하고 훈련시키며 군대를 운용하여 전투하는 것인 바, 이 모든 것은 오로지 전투의 승리를 위한 것이다. 군대를 조직하는 일도 물론 어렵지만 군대의 운용은 더욱 어렵다. 특히 약한 힘으로 강한 적을 상대하는 국면에서는 더욱 그러하다. 병력의 운용은 최대한의 주관적 능력을 필요로 하며, 분열과 혼란, 암흑과 불확실성이라는 전쟁의 특성을 극복하고 그 속에서 광명과 확실성을 찾아낼 수 있는 능력을 필요로 한다. 그때서야 비로소 지휘 상의 신축

성을 실현시킬 수 있는 것이다.

(86) 항일전쟁의 기본 작전방침은 외곽전선에서의 속전속결식 공격전을 전개하는 것이다. 이 작전방침을 실행하는 전술방법으로는 병력의 분산과 집중, 분산공격과 협공, 공격과 방어, 돌격과 견제, 포위와 우회, 전진과 후퇴 등등이 있다. 그러나 이러한 전술을 알고 있기는 쉽지만 시의적절하게 신축적으로 운용한다는 것은 대단히 어려운 일이다. 여기에는 시기와 지점, 부대 등 세 가지 핵심 고리가 있으니 이 세 가지 상황을 제대로 파악하지 못하고서는 승리를 쟁취할 수 없다. 예컨대 이동 중에 있는 적을 너무 일찍 공격하면 스스로의 존재를 드러내는 꼴이 되어 적에게 방비할 조건을 갖추게 해준다. 너무 늦게 공격하면 적은 이미 주둔 형태를 갖추고 있을 것인즉 상당한 경계 태세를 확보하게 된다. 이것이 바로 시기의 문제이다. 만약 돌격하는 장소로 적이 약한 쪽을 선택한다면 쉽게 승리할 수 있지만, 적이 가장 강력한 쪽을 선택한다면 효과가 없을 것이다. 이것이 바로 지점 문제이다. 또한, 어떤 부대를 선정하여 공격케 한다면 쉽게 승리하겠지만, 다른 부대로 하여금 공격케 한다면 효과를 거두기 어려울 수 있다. 이것은 부대의 상황에 관한 문제이다. 우리는 전술의 운용뿐만 아니라 반드시 이 전술을 변환시킬 줄도 알아야 한다. 우리와 적의 시기·장소·부대 상황 등 여건을 적절히 고려하여 공격과 방어, 전진과 후퇴, 돌격과 견제, 포위와 우회 따위 전술을 적절히 변환시키는 것이 신축성 있는 지휘의 중요 임무라 할 수 있다. 전투의 지휘도 이러하거니와 전략의 지휘도 마찬가지이다.

(87) '운용의 묘(妙)는 마음에 달려 있다(運用之妙, 存乎一心)'는 옛말 속에서의 '묘'가 바로 우리가 말하는 신축성이다. 이 신축성은 현명한 지휘관에게서 나오는 작품이다. 신축성은 망동이 아니다. 망동은 해서는 안되는 일이다. 신축성은 현명한 지휘관이 시기와 형세(적과 아군의

형세 및 지형지물의 형세 등을 포함한 형세를 말한다)를 잘 판단하여 시의적절하게 처리하는 능력으로, 이른바 '운용의 묘'가 바로 이것이다. 이러한 운용의 묘를 살려 외곽전선에서의 속전속결식 공격전을 펼친다면, 우리는 한결 많은 전투에서 승리를 거두어 적·아간의 우열국면을 역전시키고 주도권을 장악할 수 있으며, 적을 압도하고 격파하여 최후의 승리를 얻을 수 있을 것이다.

(88) 이제 계획성에 대해 언급해 보자. 전쟁에 있어서의 계획성을 실천한다는 것은 전쟁 특유의 불확실성 때문에 다른 사업에서 이를 실천하는 것보다 훨씬 어려운 일이다. 그러나 '모든 일은 계획을 세우면 이루게 되지만, 계획을 세우지 않으면 그르치게 된다(凡事預則立, 不預則廢)'는 옛말처럼, 사전 계획과 준비 없이는 전쟁의 승리를 쟁취할 수 없다. 전쟁은 절대적 확실성은 없지만 일정 정도 상대적 확실성까지 없는 것은 아니다. 우리 측은 비교적 확실성이 있으며, 적에 대해서는 전혀 불확실하기는 하지만 어떤 징조나 단서, 전후 상황 따위로 통찰이 가능한 것이다. 이렇게 되면 이른바 일정 정도 상대적 확실성을 확보할 수 있고, 전쟁의 계획성에도 객관적 기초를 형성할 수 있는 것이다. 또한, 유선전신·무선전신·비행기·기차·철도·기선 등 근대적 기술의 발달은 계획성 있는 전쟁에 대한 가능성을 증대시켜 주었다. 그러나 전쟁에는 아주 낮은 정도의, 그리고 아주 잠시 동안만의 확실성이 존재하기 때문에, 완전하고 고정적인 전쟁의 계획성을 수립한다는 것은 불가능에 가깝다. 그러므로 전쟁의 계획성은 그 활동상황(유동 혹은 추이)의 변화에 따라 달라지고, 전쟁 지역의 크기 정도에 따라 변동하게 된다. 예컨대, 소규모 병단(兵團)이나 부대의 공격 및 방어계획과 같은 전술계획은 하루에도 몇 번씩 바뀔 수 있다. 대규모 병단의 행동계획의 경우, 대체로 전쟁의 종국에까지 관철될 수 있는 것이지만, 그 안에서 부분적 변동은 흔히 있는 현상이며 전체적 변동 또한 가끔 있을 수도 있는 현

상이다. 전략계획은 전쟁 쌍방 간의 종합적인 상황을 근거로 수립되기에 상당히 고정적이지만, 그것 역시 일정한 단계 내에서만 적용되는 것이며, 전쟁이 새로운 단계로 나아가는 추세에서는 이러한 전략계획도 반드시 수정되어야 할 것이다. 전쟁지역의 범위와 상황에 따라 결정되고 또 수정되는 전술과 전략계획은 전쟁을 지휘하는 데 핵심 관건이며, 신축성 있고 구체적인 전쟁의 실천인 동시에 실제적인 운용의 묘인 것이다. 항일전쟁의 각급 지휘관은 이 점을 명심해야 한다.

(89) 혹자는 전쟁의 가변성에 근거하여 근본적으로 전쟁의 계획과 방침의 상대적 고정성을 부인하면서, 이상과 같은 계획과 방침이 '기계적'인 것이라고 비난한다. 이러한 의견은 잘못된 것이다. 앞서 말한 바와 같이, 우리는 상대적 확실성만 있고 신속히 상황이 변하는(이동적, 이행적) 전쟁의 특성 때문에 전쟁의 계획과 방침을 수립할 때는 상대적 고정성만을 부여할 수밖에 없으며, 반드시 상황 변화에 따라 수정해야 한다는 사실을 모두 인정하게 된다. 그렇지 않으면 우리는 정말로 '기계론자'가 되고 말 것이다. 일정 시간 안에서 상대적으로 고정적일 수 밖에 없는 전쟁 계획과 방침을 부인해서는 결코 안된다. 이것을 부정하면 전쟁 자체, 말하는 그 사람까지를 포함한 모든 것을 부정하게 되는 것과 같다. 전쟁은 그 전투 행위와 상황마다 모두 상대적인 고정성을 지니기 때문에 그에 맞추어 수립된 계획과 방침 또한 응당 상대적 고정성을 부여해야 한다. 예컨대, 화베이지역의 전쟁 상황과 팔로군의 분산작전에는 일정 단계 내의 고정성이 있었기 때문에 이 단계 내에서는 '유격전을 기본으로 하되, 유리한 조건에서는 기동전도 소홀히 하지 않는다'는 팔로군의 전략적 작전방침에 상대적 고정성을 부여하는 게 전적으로 필요한 것이다. 전투방침은 시간적으로 상술한 전략방침에 적용된 시간보다 더욱 짧아야 하며, 전술방침은 더욱 짧아야 하지만 이들 모두 일정 시간에 있어서의 고정성을 지닌다. 이 점을 인정하지 않으면 전쟁을 할

수가 없다. 뚜렷한 계획이나 주견도 없이 무엇이든지 다 맞고, 무엇이든지 다 틀리다는 식의 전쟁 상대주의(相對主義)만 남을 뿐이다. 일정한 기간에 적용했던 방침은 가변성이 있으며, 만약 그 기간 이후에도 상황 변화가 없다면 그 방침을 폐지하고 새로운 방침을 채택할 필요도 없다는 사실을 부인하는 사람은 아무도 없다. 그러나 이러한 가변성은 제한적이다. 즉 어떤 방침을 집행하는 여러 상이한 전쟁행위 범위 안에서의 가변성을 말하며, 이 방침의 근본 성격으로서의 가변성이 아니라는 것이다. 다시 말해, 양적 변동이지 질적 변동이 아니다. 이러한 근본 성격은 일정 시간 안에서는 결코 변동하지 않는데, 우리가 말하는 일정 기간 내의 상대적 고정성이란 바로 이것을 의미한다. 절대적으로 변동하는 전쟁의 전체적인 커다란 흐름 속에서 각 특정 단계마다 상대적 고정성을 지닌다는 것, 이것이 바로 전쟁계획과 방침의 근본적 성질에 대한 우리의 견해다.

(90) 우리는 이상과 같이 내곽전선에서의 지구전식 방어전과 외곽전선에서의 속전속결식 공격전투, 그리고 주도성·신축성·계획성에 대해 검토해 본 후, 종합적으로 몇 마디의 결론을 내릴 수 있겠다.

항일전쟁은 계획적이어야 한다. 전쟁계획, 즉 전략·전술의 구체적 운용은 전쟁의 상황에 적응할 수 있는 신축성을 지녀야 한다. 언제나 이 점을 신중히 고려하여 열세에 처한 국면을 우세로 바꾸고, 피동적 상황을 주도적 상황으로 변화시켜 적과 아군의 형세를 전환시켜야 한다. 그리고 이 모든 것은 전술적·전투적으로는 외곽전선에서의 속전속결식 공격전을 전개하고, 전략적으로는 내곽전선에서의 지구전식 방어전을 전개할 때 비로소 가능해진다.

기동전 · 유격전 · 진지전

(91) 전쟁의 구체적 내용이 내곽전선 전략, 지구전 전략, 방어 전략 및 전투상의 외곽전선에서의 속전속결식 공격전이라면, 전쟁의 외관적 형식은 기동전의 양상을 띠게 된다. 기동전이란 광대한 전선과 전투지역에서 정규부대가 외곽전선에 위치하여 속전속결식 공격전을 전개하는 형식을 뜻한다. 아울러 이러한 공격전을 전개하는 데 도움을 주기 위해, 혹은 필요한 시기에 행하는 '기동성 있는 방어전'도 이에 포함된다. 또한 때로는 보조작용으로서의 진지공격전과 그 방어전도 이에 포함되기도 한다. 기동전의 특징은 우세한 전투력을 지닌 정규군의 공격성과 이동성에 있다.

(92) 중국은 광대한 영토와 많은 병력을 지니고 있지만 군대의 기술과 훈련이 부족하다. 반면에 적은 병력은 부족하지만 기술이 빼어나고 훈련이 잘 되어있다. 이러한 상황에서는 마땅히 공격적인 기동전을 주요작전으로 채택하고 여타 작전을 보조로 삼는, '전체적인 기동전'을 전개해야한다. 우리는 소위 '후퇴만 하고 공격하지 않는' 도망주의나 '공격만 하고 후퇴는 하지 않는' 결사주의 양자를 모두 배격한다.

(93) 기동전의 특징 중 하나는, 야전군의 대규모 전진과 후퇴를 인정하는 '이동성'에 있다. 하지만 이것은 한푸쥐(韓復榘) 식의 도망주의[42]와는 완전히 다른 성질이다. 전쟁의 기본적 요구는 적의 소멸과 자신의 보호이다. 자신을 보호하는 목적은 적을 소멸시키는 데 있고, 자신을 보

---

42) 1937년 일본 침략군은 베이징과 텐진(天津)을 점령한 후 얼마 지나지 않아 진푸(津浦)철로를 따라 남하하여 산둥성을 공격했다. 이 때 오랫동안 이 성을 통치해오던 국민당 군벌 한푸쥐는 싸우지도 않고 도망쳤는데, 1937년 12월 하순부터 1938년 1월 상순까지 열흘 남짓 동안 산둥성 중부와 서남부의 광대한 국토를 포기한 채 지난(濟南)으로부터 산둥성과 허난성(河南省) 접경지대까지 도망가 버렸다.

존하는 가장 유효한 수단은 적을 소멸시키는 것이다. 그러므로 기동전은 결코 한푸쥐와 같은 인물이 핑계로 삼는 성질이 아니며, 후퇴의 이동만 있고 전진의 이동은 없는 그러한 성질도 아닌 것이다. 이러한 이동은 기동전의 기본이 되는 공격성을 무시한 것이기 때문에, 만약 그러한 이동만을 하다가는 아무리 중국이 넓다 해도 더 이상 이동할 곳이 없어질 것이다.

(94) 그러나 '공격만 하고 후퇴는 하지 않는다'는 결사주의도 옳지 못하다. 기동전에는 보조작용의 진지전과 '이동성 방어' 및 퇴각도 포함되어 있는데, 후퇴가 없는 기동전은 충분한 효과를 발휘할 수 없다. 결사주의는 군사상의 근시안에서 비롯된 것으로 언제나 영토의 상실을 두려워하는 마음에서 발생한다. 결사주의자는 기동전의 특징 중 하나가 야전군의 대규모 진퇴를 인정하고 요구하는 이동성에 있다는 사실을 모른다. 적극적 측면에서는, 적에게 불리한 작전을 전개하기 위해서는 항상 적이 이동해야 하며, 유리한 지형지물, 공격하기 쉬운 적 부대의 동정 탐지, 정보 누출을 봉쇄하는 주민, 적군의 피로와 무방비 등 아군에게 유리한 조건이 필요하다. 그러한 까닭에 기동전은 비록 잠시 동안 일부 영토를 상실한다 해도 아까워할 것 없이 적을 전진하게 만들어야 한다. 왜냐하면 잠시 동안의 부분적인 영토 상실은 전체 영토의 영구한 보존과 수복을 위한 대가이기 때문이다. 소극적 측면에서는, 불리한 상황에 처해 군사력의 보존에 근본적인 위협을 느낀다면, 군사력을 보존하여 후일 다시 한 번 적에게 타격을 가하기 위해서라도 용감히 퇴각해야 할 것이다. 결사주의자들은 이러한 이치를 모르고 이미 불리한 상황에 처한 게 분명함에도 불구하고 부분적 지역에서의 득실만을 다투려 하다가 끝내 그 영토의 상실과 함께 군사력도 보존하지 못하고 만다. 우리가 '적을 깊숙이 유인하자'고 누차 주장한 것은, 바로 약한 군사가 강한 군대에 대항하여 싸우는 방어전략 중 기동전이 가장 효과전인 군사정책이

기 때문이다.

(95) 항일전쟁의 작전형식 중에서 가장 중요한 것은 기동전이고, 그 다음은 유격전을 들 수 있다. 우리가 이렇게 말하는 이유는 전쟁의 운명을 해결하기 위해서는 주로 정규전, 특히 그 중의 기동전에 의존해야 하며, 유격전은 이토록 중요한 책임을 담당하기에는 역불급이기 때문이다. 그러나 이것은 항일전쟁 중 유격전이 차지하는 전략적 지위가 중요하지 않다는 말이 결코 아니다. 전체 항일전쟁 과정에서 유격전의 지위는 기동전 바로 다음으로 아주 중요한 것이다. 유격전이란 보조 없이는 결코 승리를 쟁취할 수 없기 때문이다. 이 말은 유격전이 기동전으로 발전해 나가야 한다는 전략적 임무까지 포함하는 의미다. 장기적인 잔혹한 전쟁 와중에서 유격전은 원래 위치에 머물러 있어서만은 안되며, 반드시 기동전까지 발전되어야 한다. 이렇게 될 때 유격전은 비로소 두 가지 전략적 작용을 하게 된다. 첫째는 정규전을 보조하는 작용이고, 둘째는 그 자체가 정규전으로 변화하는 일이다. 유격전이 항일전쟁 중에 지니는 광범위성과 지구성의 의의를 따져볼 때, 그 전략적 지위는 더욱 소홀히 할 수 없다. 그러므로 중국의 유격전은 전술적 문제뿐만 아니라 특수한 전략적 문제까지 아울러 지니고 있다. 이 문제에 대해서는「항일유격전쟁의 전략적 문제」라는 나의 논문에서 거론한 바 있다.

항일전쟁의 세 가지 전략단계의 작전형식에 관해서는 앞서 이미 거론한 바 있지만, 다시 한번 얘기해 보자. 제 1단계는 기동전을 위주로 하고 유격전과 진지전을 보조로 한다. 제2단계는 유격전이 위주가 되고 기동전과 진지전이 보조가 된다. 제3단계는 다시 기동전이 주요 형식이 되고 진지전과 유격전이 보조가 된다. 여기서 제3단계의 기동전은 원래의 정규군만이 온전히 부담하는 게 아니고, 원래의 유격부대 전투가 유격전에서 기동전으로 발전하면서 그 일부분, 상당히 중요한 일부분을 담당하게 되는 것이다. 이 세 단계를 종합적으로 살펴볼 때, 중국 항일전쟁 중의 유격전은 있어도 결코 없어도 좋은 게 아니라 인류 전쟁사상 일찍이 없었던 위대한 일막을 장식하게 될 요소다. 그러므로 수백만 정규군 중에서 적어도 수십만 명 병력을 적이 점령한 모든 지역에 분산 파견하여, 민중을 무장시키고 조직화하여 함께 유격전을 전개하도록 하는 게 꼭 필요하다. 이에 이 임무에 지정된 군대는 스스로 이 성스러운 임무를 자각적으로 담당해야 한다. 큰 전투를 할 기회가 적어서 단숨에 민족영웅으로 드러날 수 없다거나 자격이 낮아졌다고 여기는 태도는 잘못된 것이다. 유격전은 비록 정규전만큼 신속한 효과를 거둘 수도 없고 혁혁한 명성을 떨치기도 어렵지만, '길이 멀면 말의 힘을 알게 되고, 오래 일하다 보면 그 사람 마음이 보인다(路遙知馬力, 事久見人心)'는 말처럼 장기적인 잔혹한 전쟁의 와중에서 점차 막강한 위력을 드러낼 것이니, 그야말로 중차대한 임무다. 아울러 정규군도 분산되면 유격전으로 전개하고, 집결하면 기동전을 펼쳐야 한다. 팔로군도 바로 이렇게 행동했던 것이다. '유격전을 기본으로 하되, 유리한 조건 속에서의 기동전도 소홀히 하지 않는다'는 팔로군의 방침은 매우 정확했던 것이며, 이 방침을 반대하는 사람의 관점은 정확하지 못한 것이다.

(96) 일반적으로 오늘날 중국의 기술 조건 아래에서는, 방어적 또는 공격적인 진지전은 성공할 수 없다는 사실이 바로 우리의 약점이다. 게다가 적군은 중국의 토지가 광대하다는 점을 이용하여 우리의 진지를 피해가고 있는 실정이다. 때문에 진지전은 중요한 수단이 될 수 없는 것이며, 주요 수단으로서는 더 말할 필요가 없다. 그러나 전쟁의 제1,2 단계에서 기동전 범위에 포함시켜 보조적, 국부적인 진지전 작전은 필요하고, 또 가능한 것이다. 한 걸음씩 철저한 저항으로 적군을 소모시키고 시간적 여유를 쟁취하기 위한 목적으로, 반(半)진지전적 성격의 이른바 '기동성 방어'를 전개하는 것은 기동전에서 매우 필요한 부분에 속한다. 중국은 반드시 신식무기 도입을 증대하여 반격전략 단계에 들어섰

을 때 효과적으로 진지공격전을 수행하도록 노력해야 한다. 전략적 반격단계에 들어서면 반드시 진지전의 가치가 증대된다. 왜냐하면 그때가 되면 적군은 진지를 사수할 터인데, 우리가 강력한 진지공격으로 기동전과 보조를 맞추지 못한다면 실지(失地) 회복이란 목적을 달성할 수 없기 때문이다. 그러나 제3단계에서도 우리는 여전히 기동전을 전쟁의 주요형식으로 채택해야 한다. 전쟁의 지도 기술과 인력의 활약성도 제1차 세계대전 중기 이후의 서유럽지구처럼 진지전을 펼치다가는 그 태반이 도태되고 말 것이다. 그러나 상당히 오랜 동안 우리 중국 쪽은 기술의 빈약성을 벗어나기 힘들 것이긴 하지만 광대한 판도의 중국 경내에서 작전을 벌이고 있으니 '전쟁을 참호에서 해방시키는' 일은 당연히 이뤄질 것이다. 제3단계에 이르러서 중국의 기술적 조건이 발전되긴 하겠지만 반드시 적의 수준을 능가하리라고는 단정할 수는 없다. 그렇기 때문에 어쩔 수 없이 고도의 기동전을 애써 추진해야만 최후의 승리를 쟁취할 수 있는 것이다. 이렇게 볼 때, 항일전쟁 전 기간 동안 중국은 진지전을 주요형식으로 채택하지 않을 것이며, 주요한 그리고 중요한 전쟁 형식은 역시 기동전과 유격전일 것이다. 이러한 전쟁 형태 중에서 전쟁의 지휘라는 예술과 인간의 활약성을 충분히 발휘할 수 있는 기회를 확보할 수 있으니, 이 또한 우리에게는 불행 중 다행이 아니겠는가!

소모전·섬멸전

(97) 앞에서 말한 바와 같이, 전쟁의 본질 즉 전쟁의 목적은 자신을 보호하고 적을 소멸하는 것이다. 하지만 이 목적을 달성하기 위한 기동전·유격전·진지전 등의 전쟁 형식을 실현했을 때의 효과는 서로 정도가 다르기 때문에 다시 '소모전'과 '섬멸전'으로 구별하게 된다.

(98) 먼저 우리는 항일전쟁은 소모전인 동시에 섬멸전이라고 단정지을 수 있다. 그 이유는 무엇인가? 적의 강한 요인이 여전히 발휘되고 있어 전략상의 우세와 주도권을 장악한 상태가 계속 유지되는 국면에서는, 전투상의 섬멸전이 없으면 그들의 강한 요인을 신속하고도 효과있게 약화시켜 그 우세와 주도권을 파괴할 수 없다. 마찬가지로 우리의 약한 요인이 아직 남아있고 전략상의 열세, 주도권을 뺏긴 상태에서 탈피하지 못한 상황에서는, 시간을 벌고, 국내와 국제적 조건을 호전시켜 우리의 불리한 상황을 반전시키기 위해서는, 전투상의 섬멸전을 실시하지 않으면 성공할 수 없다. 때문에 전투상의 섬멸전은 전략상의 소모전 전개라는 목적을 달성하기 위한 수단인 것이다. 이러한 각도에서 말한다면 섬멸전은 바로 소모전이다. 중국이 지구전을 전개하려면 '섬멸전을 소모전으로 발전시키는' 일을 가장 중요한 수단으로 삼아야 한다.

(99) 그러나 전략적 소모전이라는 목적을 달성하기 위해서는 전투상의 소모전도 필요하다. 대체적으로 기동전은 섬멸의 임무를, 진지전은 소모의 임무를, 유격전은 소모와 섬멸의 임무를 함께 지니고 있어 서로 다르다. 이러한 각도에서 본다면 섬멸전은 소모전과는 다르다. 전투에서 소모전은 보조적인 것이지만 지구전 작전에서는 꼭 필요한 것이다.

(100) 이론과 수요에 입각해서 말한다면, 중국은 방어단계 시기에는 기동전의 주요한 섬멸성과 유격전의 부분적 섬멸성, 그리고 보조적 성질의 진지전의 소모성과 유격전의 부분적 소모성을 이용하여 적의 대량소모를 유발시킨다는 전략 목적을 달성하도록 해야 한다. 대치단계에서는 유격전과 기동전의 섬멸성과 소모성을 계속 이용하여, 다시 적의 대량소모를 유발시키도록 한다. 이러한 모든 것은 전쟁을 지구전 상태로 유도한 후, 점차 적이 강하고 아군은 약한 형세를 변화시켜 반격을 준비하는 조건을 조성하기 위해서다. 반격전략 단계에서는 계속 섬멸을 소모로 발전시키는 방법을 사용하여, 마침내 적을 몰아낼 수 있도록 해

야 할 것이다.

(101) 그러나 사실상 지난 10개월에 걸쳐 수많은 기동전은 소모전에 그쳤고, 일부 지역에서 유격전의 섬멸 기능도 만족할만한 정도로 작용하지 못했다. 이러한 상황의 긍정적 측면이라면, 어쨌든 우리는 적을 소모했다고 할 수 있고, 지구전 작전과 최후의 승리에도 의의가 있으므로 헛되이 피를 흘린 것만은 아니라는 점이다. 그러나 첫째 적을 소모시킨 정도가 미약하고, 둘째 우리 스스로의 소모는 많은데 성과는 그다지 많지 않았다는 단점을 거론하지 않을 수 없다. 물론 우리의 기술과 군대의 훈련 정도가 적에 비해 떨어진다는 객관적 요인을 인정하지 않을 수 없지만, 이론적이나 실제적인 측면을 막론하고 우리의 주력군은 모든 유리한 장소에서 섬멸전을 전개하도록 노력해야 한다. 유격대 역시 파괴·교란 등 여러 구체적 임무를 수행하기 위해서는 단순 소모전을 전개하지 않을 수 없겠지만, 모든 유리한 장소에서의 전투를 섬멸성의 작전으로 전개하도록 최선의 노력을 다해야 한다. 그렇게 될 때 적을 대량으로 소모시키고 우리의 결손 역량을 대량으로 보충한다는 목적을 비로소 달성할 수 있는 것이다.

(102) '외곽전선에서의 속전속결식 공격전'에서의 이른바 '외곽전선'·'속전속결'·'공격'과, 기동전에서의 이른바 '기동'을 실현하기 위해서는, 포위와 우회전술이라는 전투형식을 취해야 하기 때문에 반드시 우세한 병력을 집결시켜야만 한다. 그러므로 병력의 집결과 포위 및 우회전술의 채택은 외곽전선에서의 속전속결식 공격전, 즉 기동전을 전개하기 위한 필수조건이다. 그러나 이 모든 행위는 결국 적을 섬멸한다는 목적을 달성하기 위한 것이다.

(103) 일본군의 장점은 무기에 있지만, 관병에 대한 정훈교육은 더욱 무서운 역량이 되고 있다. 병사들의 조직성과 과거에 한 번도 패전한 적이 없다는 자신감, 그리고 천황과 귀신에 대한 미신, 교만과 자존감,

중국인에 대한 멸시 등이 바로 그러한 교육의 결과다. 이것은 일본 군벌의 다년간에 걸친 무단(武斷)교육과 민족적 습관에서 비롯된 것이다. 일본군과의 전투에서 아군의 사망자와 부상자가 많고 적에게 포로가 된 자가 적은 원인은 바로 여기에 있다. 과거 많은 사람들은 이 점을 미처 고려하지 못했다. 이런 현상을 타도하려면 장기적인 노력이 필요하다. 우리는 이제부터라도 이러한 현상을 중시해야 하며, 그런 다음 정치, 국제사회의 여론 환기, 일본 국민에 대한 선전 등등 여러 방면에서 계획성 있고 참을성 있게 사업을 전개해야 한다. 아울러 군사적으로는 섬멸전을 펼치는 것도 방법 중의 하나다. 여기에서 아마도 비관주의자는 이러한 일본군의 특징을 근거로 망국론을 들먹일지도 모르며, 소극적 군사전문가들은 바로 그 때문에 섬멸전을 반대할지도 모른다. 그러나 우리는 일본군의 이러한 강점은 분쇄될 수 있으며, 또한 이미 분쇄되기 시작했다고 생각한다. 분쇄방법은 주로 정치적으로 쟁취하는 것이다. 그것은 일본 사병들의 자존심을 모욕하는 방법을 뜻하는 것이 아니고, 그들의 이러한 자존심을 이해하고 잘 이끌어서 포로를 관대하는 방식으로 일본 통치자의 반인민적 침략주의를 스스로 깨닫게 하는 방법을 의미한다. 아울러, 그들 앞에 중국군과 중국인민의 불굴의 정신과 용맹한 전투력을 과시해야 할 것이다. 그것은 바로 섬멸전을 통해 적에게 타격을 가하는 일이다. 작전 면에서 보면, 10개월에 걸친 항전 경험을 통해 섬멸전이 가능하다는 사실이 증명됐다. 핑싱관(平型關)과 타이얼좡의 전투가 그 좋은 예다. 일본군의 군심(軍心)은 이미 동요되기 시작했고, 사병들은 그들이 무엇 때문에 전쟁을 해야 하는지 이해하지 못하고 있으며, 중국군과 중국인민의 포위망 속에서 사기가 날로 저하되는 등 모든 사실이 우리가 섬멸전을 전개하는 데 유리한 객관적 조건인 바, 이러한 조건은 앞으로 전쟁이 오래 지속됨에 따라 더욱 발전될 것이다. 섬멸전으로 적군의 기염을 제거한다는 측면에서 말한다면, 섬멸은 전쟁 기간을 단축시키고 일본 사병과 일본 인민을 앞당겨 해방시켜줄 수 있는 조건 중의 하나이기도 하다. 세상에는 오로지 고양이와 고양이가 친구가 되는 일이 있을 뿐, 고양이와 쥐가 친구가 되는 일은 있을 수 없는 법이다.

(104) 다른 한편으로, 우리는 현재 적보다 기술과 군대의 훈련 및 교육 정도가 뒤떨어지고 있다는 사실을 마땅히 인정해야 한다. 그러므로 많은 장소, 특별히 평원지대의 전투에서 전부, 혹은 대부분의 적군을 포로로 만드는 것과 같은 최고도의 섬멸은 매우 어려운 일이다. 이러한 측면에서 무리한 요구를 하는 속승론자의 주장은 옳지 못하다. 항일전쟁의 정확한 추진방향은 마땅히 가능한 한도 내의 섬멸전이어야 한다. 모든 조건이 유리한 상황에서는 전투할 때마다 병력의 우위를 점할 수 있도록 병력을 집결시키고, 포위 및 우회전술을 채택하도록 한다. 그 전부를 포위할 수 없으면 그 일부라도 포위하고, 포위한 전부를 포로로 할 수 없으면 그 일부라도 포로로 삼고, 포위한 일부를 포로로 할 수 없으면 그 일부라도 대량 살상해야 한다. 또한 섬멸전을 전개하기에 불리한 모든 상황에서는 소모전을 전개하도록 한다. 전자는 병력 집결의 원칙이며, 후자는 병력 분산의 원칙이다. 전투의 지휘관계로 말하자면, 전자는 집중지휘의 원칙이며 후자는 분산지휘의 원칙이다. 이것이 바로 항일전쟁 전장에서의 기본 작전방침이다.

적의 허점을 이용할 가능성

(105) 적에게서 승리를 쟁취할 가능성은 바로 적군의 지휘 측면과도 기본적으로 연결된다. 예로부터 착오를 범하지 않은 장군은 없었다. 마치 우리 스스로도 많은 문제가 있는 것처럼 적에게도 문제점은 있다. 따라서 적의 허점을 이용할 가능성은 존재한다. 지난 10개월 동안의 침

략전쟁 중 적은 이미 전략전술상 많은 잘못을 범했다. 그중에서도 중요한 착오는 다섯 가지가 있다.

첫째는 병력을 점진적으로 증가시킨 점이다. 이것은 중국에 대한 적의 인식부족과 자체 내의 병력부족에서 기인된 현상이다. 적은 우리를 줄곧 업신여겨왔는데, 동사성(東四省)⁴³⁾을 손쉽게 강점한 후 허베이성 동부지역과 차하얼성(察哈爾省) 북부지역을 점령했다. 여태까지의 이러한 적의 행동은 전략적 정찰이라고 보아야 한다. 그리고 정찰을 통해 그들이 내린 결론은 중국이 흩어진 모래알처럼 단결되어 있지 않다는 것이었다. 이러한 판단을 근거로 적은 중국이 한 주먹거리도 되지 않는다고 여기며 이른바 '속전속결'을 통해 소수 병력으로 우리를 위협하며 궤멸시키고자 했다. 그러나 적은 10개월 동안 우리가 이렇게 강력히 단결하여 저항할 것은 미처 예측하지 못했다. 그들은 중국이 이미 진보의 시대에 들어섰고 선진 수준의 당파와 군대, 그리고 인민이 있음을 망각했던 것이다. 적은 사태가 이에 이르자 점차 병력을 증강하기 시작하여 10여 개 사단병력이던 것을 이제는 30개 사단으로 증강했으며, 앞으로도 계속 증강하지 않으면 안될 형편에 이르렀다. 그러나 소련과의 대립, 선천적인 인적·물적 자원의 부족으로 일본이 증강할 수 있는 최대한의 병력과 침공해 들어올 수 있는 최대한의 지점은 부득불 일정한 제한을 받지 않을 수 없는 것이다.

두 번째는 주된 공격방향이 없다는 점이다. 타이얼좡전투 이전에는 대체적으로 보아 적은 화중지역과 화베이지역에 골고루 병력을 분산 배치했다. 예컨대, 적은 화베이지역의 진푸(津浦)·핑한(平漢)·퉁푸(同

---

43) 당시 중국 동북부의 랴오닝(遼寧)·지린(吉林)·헤이룽장(黑龍江)·러허(熱河, 이후 1955년에 허베이·랴오닝 2성과 네이멍구자치구로 분할 귀속됨) 등 4성을 가리킨다. 1931년 9·18사변 후 일본 침략군은 랴오닝·지린·헤이룽장 3성을 점령한 후 1933년에 러허성까지 점령했다.

蒲) 세 지점에 병력을 골고루 배치했던 바, 매번 전투마다 일부 병력이 죽거나 부상당하고, 점령지 방어에 일부 병력을 투입해야 했으므로 더 전진하려 해도 더 이상 병력이 없게 되었던 것이다. 적은 타이얼좡전투에서의 패배 이후, 이러한 상황에서 교훈을 얻어 쉬저우(徐州) 방향으로 병력을 집결시켜 주된 공격대상으로 삼았던 바, 적의 착오가 일시적으로나마 개선됐다고 하겠다.

세 번째는 전략적 협동이 없다는 점이다. 적이 점령하고 있는 화중·화베이 지역은 각기 집단 내부에서는 전략적 협동이 대체적으로 이루어지고 있다고 볼 수 있지만, 두 지역 간의 협동은 전혀 이루어지고 있지 않다. 예컨대 진푸의 남쪽 주둔군이 샤오방부(小蚌埠)를 공격할 때 북쪽 주둔군은 움직이지 않았으며, 북쪽 주둔군이 타이얼좡을 공격할 때 남쪽 주둔군은 방관만 하고 있었던 것이다. 이 두 곳의 전투에서 쓴 맛을 본 일본은 급기야 육군대신이 순시를 나오고 참모총장이 진두지휘를 하는 바람에 일시적 협조가 이루어진 셈이라 할 수 있겠다. 일본의 지주 자산계급과 군벌 사이에는 매우 심각한 갈등이 존재하며, 이러한 갈등은 앞으로도 더욱 악화될 조짐이다. 전략적 협동이 제대로 이루어지지 않는 것은 그 구체적 현상 중 하나다.

네 번째는 전략적 시기를 놓쳤다는 점이다. 이러한 잘못의 가장 두드러진 예는 적이 난징(南京)과 타이위앤(太原)을 점령한 후 병력이 부족하고 전략적 추격대가 없었기 때문에 정지해버린 일이다.

다섯 번째는 포위는 많이 했지만 섬멸은 별로 이루어지지 못했다는 점이다. 예컨대, 타이얼좡전투 이전에는, 적은 상하이·난징·창저우(滄州)·바오딩(保定)·난커우(南口)·신커우(忻口)·린펀(臨扮) 등 수많은 전투에서 승리를 거두었으나 포로가 거의 없었다는 점에서 그 지휘가 우둔하고 졸렬하다는 점이 드러났다.

이상 적의 다섯 가지 착오, 병력의 점진적 확대, 주공격 방향 상실,

전략적 협동의 결여, 전략적 시기 상실, 포위는 많았으나 성과는 적었던 점 등은 주로 타이얼좡전투 이전에 일본군의 지휘가 제대로 이루어지지 못했음을 말해준다. 이 전투 후 비록 다소의 개선이 있었지만 병력 부족과 내부의 갈등 등 제반 요인을 살펴볼 때, 그러한 잘못을 다시는 범하지 않기란 불가능한 일이다. 더구나 한 가지를 시정하면 또 다른 방면의 문제점이 생기기 마련이다. 예컨대, 화베이지역의 병력을 쉬저우에 집결시킨다면 점령지 대부분에 공백이 생길 터인데, 이는 유격전을 활발하게 전개할 우리의 좋은 기회인 것이다. 그러나 이러한 착오는 적이 스스로 범한 것이지 우리가 그렇게 유도한 것은 아니다. 물론 우리 쪽에서도 의도적으로 적의 착오를 조성시킬 수도 있다. 즉 조직적인 민중의 엄호 아래 현명하고도 효과적인 방법, 예컨대 성동격서(聲東擊西)와 같은 작전을 구사하여 적의 착오와 착각을 유도할 수 있는 것이다. 이에 대한 가능성은 앞에서 이미 언급한 바 있다.

이상에서 우리는 전쟁을 승리로 이끌 가능성을 적군의 지휘상 문제점에서 찾아보았다. 그러나 이러한 적의 허점을 우리의 전략계획 수립의 중요한 근거로 삼을 수는 없으며, 반대로 우리는 적이 이러한 착오를 거의 범하지 않을 것이라는 가정 아래 계획을 세워야만 한다. 그렇게 해야만 확실하기 때문이다. 또한 우리가 적의 허점을 이용할 수 있다면 적 또한 우리의 허점을 노릴 수 있는 법이므로, 적에게 허점을 최대한 보이지 않는 것이 우리 지휘관들의 임무이다. 하지만 적의 지휘상의 착오는 실제로 이미 진행되었고 또 앞으로도 발생할 것이며, 우리의 노력으로 적이 허점을 드러내도록 만들어 그걸 이용할 수도 있다. 항일전선에 나선 장군들은 이 점을 힘써 잘 포착해야 할 것이다. 적의 전략전술상의 지휘방법에는 많은 문제점이 있긴 하지만, 그들의 단위 부대 및 소규모 부대의 전투 지휘법에는 매우 우수한 점들이 있으므로 우리는 적의 이러한 장점은 응당 배워야 한다.

항일전쟁 중의 결전문제

(106) 항일전쟁 중의 결전에 대한 문제점은 세 가지로 분류할 수 있다. 첫째, 승리할 가능성이 있는 전투는 단호하게 결전을 벌인다. 둘째, 승리할 가능성이 낮은 전투는 결전을 피하도록 한다. 셋째, 국가의 운명이 걸린 전략적인 결전은 반드시 피해야만 한다. 항일전쟁이 다른 일반적 전쟁의 특징과 다른 점은 이러한 결전이 지니는 문제에서도 잘 나타나고 있다. 적은 강하고 아군은 약한 국면이 유지될 제1단계와 제2단계에서 적은 우리가 주력부대를 결집하여 그들과 결전을 벌일 것을 요구할 것이다. 우리는 그와 반대로 유리한 조건을 선택하고 적보다 많은 병력을 집결시켜 핑싱관이나 타이얼쫭 전투, 그리고 여타 수많은 전투와 같이 승리할 가능성이 높은 전투에서 결전을 벌이도록 해야 한다. 그러나 창더(彰德)전투에서와 같이 불리한 조건 아래 승리할 가능성이 낮은 결전은 피해야 한다. 또한, 국가의 운명이 걸린 전략적 결전, 예컨대 최근 쉬저우에서 후퇴했던 결전 같은 경우는 반드시 피해야 한다. 이렇게 되면 적은 '속전속결' 계획을 포기하고 부득불 우리와 함께 지구전을 벌일 수밖에 없다. 이러한 방침은 국토가 협소한 국가나 지나치게 정치가 낙후된 국가에서는 통하지 않는다. 그러나 대국이며 이미 진보의 시대에 들어선 우리 중국에서는 충분히 운용될 수 있다. 전략적 결전을 피하고 후일을 도모한다면, '청산이 남아있을진대 땔나무가 걱정이랴'는 말과 같이 비록 토지의 일부를 상실한다 해도 나머지 광대한 지역에서 머물면서 국내 상황의 호전과 국제적인 원조의 증대 및 적의 내부 붕괴를 촉진시킬 수 있으며, 그렇게 때를 기다리는 게 바로 항일전쟁의 최상책이다. 조급증에 걸린 속승론자들은 지구전의 험난한 과정을 견디어내지 못하고 조속한 승리를 도모하면서 형세가 다소 호전되었다 싶으면 곧 전략적 결전을 벌이자고 주장하지만, 만약 그들의 주장대로

전략적 결전을 벌인다면 항일전선은 치명적 타격을 입고 지구전은 물거품이 되어 적의 독계(毒計)를 피할 수 없게 될 것이다. 이것이야말로 적의 흉계에 빠지는 하책 중의 하책이다. 결전을 벌이지 않는다면 과감히 영토를 포기해야 한다. 어쩔 수 없는 상황(그리고 오로지 그런 상황에서만) 아래서는 조금도 미련 없이 용감하게 영토를 포기하는 수밖에 없다. 상황이 그렇게 되었을 때는 조금도 미련을 두지 말아야 하는 법, 이것이 바로 영토로 시간을 버는 정확한 정책이다. 일찍이 러시아는 결전을 피하고 용감하게 퇴각함으로써 한 시대를 주름잡았던 나폴레옹을 패배시킨 바 있다.[44] 지금 중국도 이를 본받아야 한다.

(107) 사람들이 '무저항주의'라고 비난하는 게 두려운가? 두렵지 않다. 아예 싸우지도 않고 적과 타협하려는 자들이야말로 무저항주의로, 이는 비난해야 마땅하다. 비난할 뿐만 아니라 절대로 그들의 뜻대로 되지 않도록 해야 한다. 완강하게 항전을 하되 적의 일격에 우리의 주력을 상실해 항전의 지속에 영향을 주지 않도록, 한 마디로 말해 망국을 피하기 위해서 이는 전적으로 필요한 것이다. 여기에 회의를 가지면 전쟁을 근시안으로 바라보는 것이니, 필경 망국론자와 같은 결론으로 걸어 나가게 된다. 우리가 일찍이 비난한 바 있는 '공격만 하고 후퇴는 하지 않는다'는 결사주의가 사회의 일반적 인식이 된다면, 더 이상 항전을 계속하지 못하고 마침내 나라가 멸망하는 위기를 몰고 오는 결과가 될 것이다.

---

44) 1812년 나폴레옹이 50만 대군으로 러시아를 공격하였다. 당시 약 20만 명에 지나지 않았던 러시아 군대는 자신에게 불리한 결전을 피하기 위해 전략적 퇴각을 결정, 모스크바를 포기하고 불을 질렀다. 나폴레옹 군대는 러시아 영토에 깊숙이 들어간 후 광범위한 러시아 군민으로부터 거센 저항을 받으면서 굶주림과 추위에 시달렸고, 게다가 전선 후로가 차단되어 사면으로 포위된 채 절망적 상황에 빠지자 결국 모스크바에서 퇴각하지 않을 수 없었다. 이때 러시아 국경을 벗어난 나폴레옹 군대는 겨우 2만 명 남짓이었다.

(108) 우리는 모든 유리한 조건 아래서의, 모든 크고 작은 전투에서 '결전'을 벌여야 한다고 주장한다. 이때는 어떤 소극적 자세도 용납될 수 없다. 오로지 이러한 결전만이 적을 소멸시키고, [적의 역량을] 소모시키는 유일한 방법인 바, 모든 군인은 굳은 신념으로 이에 임해야 할 것이다. 이러한 목적을 달성하기 위해서는 부분적으로는 상당히 큰 희생이 요구된다. 그러나 어떤 희생도 치르지 않으려는 관점은 비겁자나 일본을 두려워하는 겁쟁이들이나 하는 생각으로, 결연히 배격돼야 한다. 전쟁에서 용감한 희생과 전진 정신의 고취는 올바른 작전 계획 아래서는 절대적으로 필요한 일이며, 지구전 및 최후의 승리와 불가분의 관계에 있다. 우리는 이러한 '후퇴만 하고 공격은 하지 않는다'는 식의 도망주의자들을 일찍이 신랄하게 비난하고, 추상같은 군율의 집행을 주장한 바 있거니와, 이는 정확한 작전계획 하의 용감한 결정이야말로 승리를 쟁취하는 지름길이며 도망주의자야말로 망국론의 직접적인 지지자이기 때문이다.

(109) 용감하게 싸우고 나서 국토를 포기한다는 것은 모순이 아닌가? 그렇다면 용감하게 싸우다 흘린 피는 헛된 것이 되고 마는 게 아닌가? 이러한 질문은 매우 타당치 못한 것이다. 밥을 먹고 나서 변을 본다면 밥은 공연히 먹은 것이 아닌가? 아침이면 일어나야 하는데 저녁에 잠을 자는 것은 공연한 일이 아닌가? 이러한 질문을 할 수 있을까? 이러한 질문은 있을 수 없는 것이다. 언제까지나 밥을 계속 먹고, 언제까지나 잠을 계속 자며, 압록강까지 적을 몰아낼 때까지 언제까지나 용감무쌍하게 싸워야 한다는 것은 주관적이고 형식적인 환상이다. 이러한 환상은 현실 속에서는 존재하지 않는다. 시간을 벌어 반격을 준비하기 위하여 피를 흘리며 싸운다는 것은 누구나 다 아는 사실이다. 국토의 일부는 비록 포기했지만 시간을 벌 수 있었기 때문에 적을 섬멸시키고 소모시킨다는 목적도 달성했고, 전투의 경험도 축적했으며 봉기하지 않던

인민들도 봉기하게 되고 국제적인 지위도 향상되었던 것이다. 이러한 피가 과연 헛되이 흘린 것인가? 절대로 아니다. 국토 포기는 군사력을 보존하기 위한 것이므로, 이는 바로 국토 보존을 위한 일이다. 왜냐하면 만약 불리한 조건 아래서 일부 국토를 포기하지 않은 채 절대로 승산이 없는 결전을 맹목적으로 벌인다면, 군사력을 상실하고 난 후 모든 국토를 상실할 것이 뻔한데 그때 가서 어떻게 실지(失地) 수복을 말할 수 있겠는가? 자본가가 장사를 하려면 본전은 있어야 하는 법, 완전히 파산한 뒤라면 자본가라고 할 수도 없는 것이다. 도박을 할 때도 밑천은 남겨 놓아야지 한꺼번에 모든 판돈을 건다면 재수 없이 다 잃을 경우 더 이상 판에 낄 수가 없는 법이다. 모든 일은 우여곡절이 따르기 마련이지 언제나 직선적이고 평탄한 게 아니다. 전쟁 역시 마찬가지이다. 오로지 형식주의자들만이 이러한 이치를 모르고 있다.

(110) 생각건대, 전략적 반격단계의 결전 역시 마찬가지다. 그 시기에는 비록 적은 열세에 처하고 우리가 우위를 점하게 될 터이지만, '유리한 결전은 벌이되 불리한 결전은 피한다(執行有利決戰, 避免不利決戰)'는 원칙은 적을 압록강까지 몰아내는 그 순간까지 변함없이 적용해야 한다. 그렇게 될 때 우리는 시종일관 주도권을 장악할 수 있으므로 적의 모든 '도전장'이나 주위사람들의 '자극해 부추기는 방식(激將法)'에 조금도 현혹됨이 없어야 한다. 항일전에 참가하고 있는 모든 장군들은 이에 대한 굳은 신념을 가지고 있어야만 용감하고 현명한 장군이라 한다. '한번 건드리기만 하면 즉시 펄쩍대는(一觸卽跳)' 사람들은 절대로 이런 말을 거론할 여지가 없다. 제1단계는 우리가 어느 정도 전략적 주도권을 빼앗긴 상태다. 그러나 모든 전투적 주도권은 우리의 것이며, 이후 제2, 제3단계는 모든 주도권을 우리가 장악하게 될 것이다. 우리는 지구론과 최후의 승리를 추구하는 사람들이며, 결코 한 판에 모든 것을 거는 도박꾼이 아니다.

군대와 인민은 승리의 근본

(111) 일본 제국주의는 모든 것이 혁명적인 중국의 상황에 직면하여 절대로 침공과 진압을 늦추지 않을 것이다. 이는 일본 제국주의의 본성상 그러하다. 중국이 저항하지 않으면 일본은 총 한방 쏘지 않고 가뿐하게 중국을 점령할 것이다. 동사성(東四省)의 상실이 그 좋은 예이다. 중국이 만약 저항하면, 일본은 그 저항이 소멸될 때까지 철저히 중국에 압박을 가할 것이다. 이는 필연적인 법칙이다. 일본의 지주자산계급의 야심은 어마어마하게 크다. 그들은 남으로는 남양군도를, 북으로는 시베리아를 공격하기 위해 중앙돌파 방침을 채택하여 먼저 중국을 침공한 것이다. 일본이 화베이지역과 장저(江浙)일대를 점령한 후 그에 만족하고 침공을 멈추리라고 생각하는 자들은, 일본 제국주의가 과거의 일본과는 달리 이미 임종을 눈앞에 둔 새로운 단계로 상황이 변한 것을 전혀 모르고 있다. 우리가 일본의 동원 가능 병력과 침공해 들어올 수 있는 지역에는 한계가 있다고 말하는 근거는 두 가지 측면에서 찾아볼 수 있다. 먼저 일본의 입장에서 본다면, 저들의 기초적 능력상 다른 지역을 침공하고 또다른 적을 방어하기 위해서는 그들이 동원할 수 있는 역량의 범위 내에서만 중국을 침공할 수밖에 없다. 중국의 입장에서 본다면, 우리의 진보성과 완강한 저항에서 알 수 있듯이 일본만이 맹공을 가하고 중국은 적절하게 그에 저항할 역량이 없다고 생각할 수는 없는 법이다. 일본은 중국 전 지역을 모두 점령할 수는 없지만, 그들의 역량이 미치는 모든 지역 내에서 온 힘을 다 기울여 중국의 반항을 억누를 것이다. 그리고 그들의 진압은 내외 제반 악조건으로 인하여 일본·제국주의가 무덤 속에 매장당하기 전까지는 계속 이어질 것이다. 일본 국내 정치상황은 앞으로 단지 두 가지 출로만 있을 뿐이다. 첫 번째 출로는 모든 집권계급이 신속히 붕괴되고 정권이 인민의 손에 넘어가 전쟁이

끝나게 될 가능성이지만, 이는 당분간 실현될 가망이 없다. 다른 한 가지 출로는 지주자산계급이 날로 파쇼화하여 스스로 붕괴될 그날까지 전쟁을 벌일 가능성이다. 일본은 바로 이 길로 나아갈 것이다. 세 번째 출로를 향해 걸어 나갈 가능성이란 없다.

일본의 자산계급 중에서 화전파(和戰派)가 등장하여 전쟁이 끝나주기를 기대하는 것은 환상에 불과하다. 일본의 화전파는 이미 지주계급과 독과점금융의 포로가 된 것이 다년간에 걸친 일본 정치의 실상이다. 만약 중국의 항전이 일본에게 치명적 타격을 가하지 못하고 중국을 침략한 일본이 여전히 충분한 역량을 갖춘 상태라면, 그들은 반드시 남양이나 시베리아를 공격할 것이다. 심지어는 두 곳 모두 침공할지도 모른다. 또한 유럽에서 전쟁이 일어나면 그곳에도 끼어들지 모른다. 일본 통치자들의 야심은 엄청나게 크기에 이러한 가능성이 당연히 존재하는 것이다. 그러나 강대한 소련의 존재와 중국전쟁 때문에 대대적으로 감소된 국력으로 말미암아 일본은 부득불 시베리아를 침공하려는 당초 계획을 포기하고 근본적인 수세로 전환할 수밖에 없을 것이다. 하지만 이러한 상황이 도래했다고 해서 그들이 중국에 대한 침공을 늦춘다는 것은 아니다. 오히려 그들은 중국에 대한 공격을 더욱 강화할 것이다. 왜냐하면 그러한 상황에서는 그들에게는 오로지 약자를 병탄해버리는 한 가지 길만이 남기 때문이다. 그 시기에 중국이 항전과 통일전선 및 지구전을 굳건하게 견지해야 할 임무가 한층 막중해질 것이며, 이 때문에 우리는 잠시도 마음을 놓아서는 안된다.

(112) 이러한 상황 아래서 중국이 일본을 이길 수 있는 가장 필수적인 조건은 전 국민의 단결과 각 방면에 걸쳐 과거보다 몇 십배, 몇 백배 진보하도록 노력하는 일이다. 중국은 이미 진보의 시기에 들어섰으며 위대한 단결에 성공하고 있지만, 현재의 이 정도 수준으로는 아직도 매우 부족하다. 일본이 그렇게 광대한 지역을 점령할 수 있었던 것은 그

들이 강하기 때문이기도 하지만, 우리 스스로의 약함 때문이기도 하다. 이렇게 우리가 약한 것은 최근 백 년 동안, 특히 과거 10년 동안에 걸친 각종 역사적 착오가 누적된 결과 오늘날처럼 중국의 진보적 요인이 제한되었기 때문이다. 그러므로 일본과 같은 강적을 이기려면 장기간에 걸친 엄청난 노력이 없이는 불가능하다. 노력해야 할 일은 산더미같이 쌓여 있지만, 여기서 나는 가장 근본적인 두 가지 사항, 즉 군대와 인민의 진보에 대해서 언급하고자 한다.

(113) 군사제도의 혁신은 현대화, 기술적 조건의 강화와 불가분의 관계가 있다. 이 과정 없이는 적을 압록강까지 몰아낼 수 없다. 또한 군대를 진보적이며 신축적인 전략전술로 운용하지 않고서는 승리를 거둘 수가 없는 것이다. 그러나 군대의 기초는 무엇보다도 병사 개개인에 달려 있다. 정치적으로 진보된 정신으로 무장되어 있지 못하면, 즉 진보적 정치사업으로 이러한 주입작업을 행하지 않고서는 장교와 사병 사이의 일체감도 조성될 수 없고, 항전에 대한 최대한도로 뜨거운 그들의 호응도 불러일으킬 수 없으며, 모든 기술과 전술 면에서 병사의 능력을 최대한도로 발휘하게 하는 토대를 마련할 수가 없게 된다. 우리가 일본의 기술적 조건이 비록 우위에 있지만 필경은 패배한다고 주장하는 근거는, 아군의 섬멸전과 소모전을 통하여 타격을 받는 이유도 있지만 더욱 중요한 것은 아군에게 타격을 받음에 따라 그들의 군심이 동요되어 무기와 병력이 합일되는 효과를 거두지 못하게 될 것이기 때문이다.

반면, 우리 항일전쟁의 정치적 목적은 장교와 사병이 혼연일체를 이루고 있다. 이 점에서 모든 항일군대의 정치적 공작의 기반은 확보된 셈이다. 이제 군대는 일정한 범위 내에서 민주화를 도모해야 하는 바, 주로 봉건주의적 잔재인 구타와 욕설을 추방하고 장교와 사병이 동고동락하도록 해야 한다. 이렇게 될 때, 장병간의 일체감 조성이라는 목적을 달성하게 되어, 여기에서 비롯된 막강한 전투력을 배경으로 장기간에 걸친 잔혹한 전쟁을 견뎌낼 수 있을 것이다.

(114) 전쟁의 가장 두터운 잠재력은 민중의 힘에 존재한다. 일본이 감히 우리를 능멸하게 된 중요한 원인은 중국 민중이 무조직 상태였기 때문이다. 우리가 만약 이러한 약점을 극복하고 수억 인민이 함께 봉기하여 일본의 침략자들을 포위하고 우렁찬 함성을 지른다면, 적은 우리의 그 함성 소리에 놀란 들소가 불 속에 뛰어들어 타죽고 마는 것과 같은 최후를 맞이하게 될 것이다. 우리 쪽 입장에서 말한다면, 군대는 끊임없이 필요한 병력 보충을 위해 현재 하부구조에서 함부로 행하고 있는 '억지로 붙잡아다가 병사로 만드는 방식(捉兵法)', '매수해 병사를 대체하는 방식(買兵法)'45)을 반드시 금지시켜야 한다. 병력 보충은 광범위하고도 열렬한 정치적 동원으로 이루어져야 하는 바, 이렇게 하면 수백만 명을 충원하는 일이 용이하게 될 것이다. 아울러, 항일의 재원 확보는 지난한 일이지만, 이 역시 민중의 힘을 동원하면 문제가 되지 않을 것이다. 이렇게 광대한 국토와 엄청난 인구를 보유한 국가의 재원이 궁핍하다는 게 말이 되겠는가? 민중의 안중에 우리의 자랑스러운 군대로 비쳐진, 민중과 하나가 된 그러한 군대는 천하무적일 것이므로 일본제국주의를 타도하는 일은 쉽게 이룰 수 있으리라.

(115) 많은 사람들은 장교와 사병간의 관계, 또는 군대와 민중간의 관계가 원만하지 못한 경우, 그 이유를 방법상의 문제로 생각한다. 그러나 나는 그것은 근본적인 태도(또는 근본적 취지)에서 발생하는 문제라고 말한다. 즉 사병과 인민을 존중해주는 태도를 보이면 각종 정책과 방법·방식이 효과를 거둘 수 있지만, 그 반대일 경우 정책과 방법·방

---

45) 국민당 정부군이 병력 보충을 위해 사용했던 방법들이다. 즉, 군경을 사방에 파견하여 인민을 죄수처럼 묶어 잡아와 입대를 시킨 것이 '착병법(捉兵法)'이고, 재력 있는 사람들이 국민당 정부 관리에게 뇌물을 주고 돈으로 다른 사람을 사서 대체시키도록 한 것이 '매병법(買兵法)'이다.

식이 잘못되고, 장교와 사병 사이의 관계나 군대와 인민 사이의 관계도 결코 좋아질 수 없다. 군대는 첫째 관·병(官兵)일치, 둘째 군·민일치, 셋째 적군 와해라는 정치공작의 3대 원칙을 지니고 있다. 이러한 원칙이 효과적으로 실천되기 위해서는 반드시 사병과 인민을 존중해주고, 이미 무기를 버린 적군 포로의 인격도 존중해주는 근본적인 태도가 있어야 가능하다. 이 문제가 이처럼 근본적인 태도에서 비롯되는 것임을 모르고 단지 기술적인 방법상의 문제라고 생각하는 사람들은 완전히 잘못 생각하고 있는 것이다. 이러한 잘못된 생각은 마땅히 시정돼야 한다.

(116) 지금은 우한(武漢) 등의 지역을 지켜야 한다는 긴급한 임무가 주어진 때이다. 이제 모든 군대와 모든 인민은 최대한도로 적극성을 가지고 항일전쟁을 계속 지속하도록 노력해야 한다. 최선을 다해 우한 등 지역을 지켜야 한다는 임무를 수행해야 한다는 것에는 의문의 여지가 없지만, 과연 그 지역을 반드시 지킬 수 있을 것인가 여부는 주관적 희망에 좌우되지 않고 구체적인 조건에 의해서 판가름될 성질이다. 그러한 구체적 조건 중에서도 가장 중요한 것은 정치적 동원을 통한 모든 군대와 인민의 분투이다. 그러나 우리가 모든 필요한 조건을 쟁취하는 일을 게을리하면, 아니 어쩌면 그 필요조건의 어느 하나라도 갖추지 못한다면 우리는 다시 한번 난징(南京) 등 지역을 빼앗긴 쓰라린 전철을 밟게 될 것이다. 중국의 마드리드는 어느 곳인가 생각하지 말고, 어느 곳이 마드리드의 조건을 갖추었는가를 생각해야 한다.[46] 과거 중국은

---

46) 마드리드는 스페인의 수도. 1936년 7월, 독일과 이탈리아는 스페인의 파시스트 군벌인 프랑코의 쿠데타를 지지하고 무력으로 스페인 내정을 간섭했다. 그러나 스페인 인민은 인민정부의 영도 아래 민주를 지키기 위해 용감한 항전을 전개했다. 이 전쟁 중에서 마드리드 방어전이 가장 치열했다. 마드리드 방어전은 1936년 10월에 시작되어 2년 5개월 동안이나 지속됐다. 하지만 영국·프랑스 등 제

마드리드를 갖지 못했다. 그리고 앞으로 몇 개의 마드리드를 쟁취할 수 있을 것인가는 오로지 어떠한 조건을 구비하느냐에 달려있다. 조건 중에서도 가장 기본적인 조건은 모든 군인과 인민의 광범위한 정치적 동원이다.

(117) 이 모든 공작은 항일 민족통일전선을 견지해야 한다는 총괄적인 방침 아래 진행되어야 할 것이다. 오로지 이 길만이 항전과 지구전을 전개할 수 있고, 광범위하고 심도있게 사병과 장교의 관계, 군대와 인민의 관계를 개선시킬 수 있으며, 모든 군인과 인민의 적극성을 최대로 유발시킬 수 있다. 그렇게 될 때, 아직 적에게 유린되지 않은 모든 지역을 지키고, 나아가 함락된 모든 지역을 수복하기 위해 싸워서 마침내 최후의 승리를 쟁취할 수 있을 것이다.

(118) 군인과 인민을 정치적으로 동원한다는 것은 참으로 아주 중요한 문제다. 우리가 이 점을 재삼 반복하여 강조하는 것은, 이 문제를 성공적으로 해결하지 못하면 결코 승리할 수 없기 때문이다. 다른 모든 것도 물론 승리에 필요한 요인들이지만, 이것이야말로 승리 쟁취를 위한 가장 기본적인 조건이다. 항일 민족통일전선은 바로 모든 인민과 군인들의 통일전선을 뜻하는 것이지, 결코 몇몇 당파와 당원들의 통일전선만을 의미하는 것이 아니다. 모든 군인과 인민을 동원하여 통일전선에 참여시키는 것이야말로, 항일 민족통일전선을 발기한 근본 목적인 것이다.

국주의 국가가 소위 '내정불간섭' 정책이라는 가식적 미명 아래 침략자들을 도와준 셈이었고, 인민정부 내부 분열까지 겹친 까닭에 마드리드는 결국 1939년 3월에 함락되고 말았다.

결론

(119) 결론은 무엇인가? 결론은 다음과 같다.

> 물음 : 어떠한 조건 아래서 중국은 일본 제국주의의 힘을 타도하
> 고 전쟁에서 승리할 수 있을까?
> 대답 : 세 가지 조건이 구비돼야 한다. 첫째, 중국 항일 통일전선의
> 완성. 둘째, 국제 항일 통일전선의 완성. 셋째, 일본 국내의
> 인민과 그 식민지 인민들의 혁명 봉기. 이 중에서도 중국
> 인민의 입장에서는 중국 인민의 대단결이 가장 중요하다.
> 물음 : 이 전쟁은 얼마나 오래 지속될 것인가?
> 대답 : 전쟁기간은 중국 항일 통일전선의 역량과 기타 중일 양국
> 의 제반 결정적 조건에 의해서 결정된다. 이러한 조건이 빨
> 리 실현되지 않으면 전쟁기간은 그만큼 연장되겠지만, 결
> 과는 마찬가지이다. 단지 많은 희생과 매우 고통스러운 시
> 기를 겪어야 할 것이다.

"우리의 전략방침은 아군 주력부대를 고정적이 아닌, 아주 긴 전선에 분산 배치하여 작전을 전개하는 것이어야 한다. 중국군이 승리하려면 광활한 전장에서 고도의 기동전을 전개해야만 한다. 훈련된 군대를 이동시켜 기동전을 진행하고, 농민 가운데서 많은 유격대를 조직해야 한다."

"전쟁 과정을 통하여 …… 중국군의 장비는 점차 강화될 것이다. 그리하여 중국은 전쟁 말기에 진지전을 수행할 수 있게 되고, 일본 점령지의 진지를 향해 공격을 펼칠 수 있을 것이다. 이렇게 되면 일본은 중국 항전에 의한 장기적인 소모로 인해 경제가 붕괴되고, 무수한 전쟁의 시

달림 속에서 사기가 땅에 떨어질 것이다. 반면, 중국은 갈수록 항전의 잠재력이 드높이 솟구쳐 올라 대규모 혁명민중이 끊임없이 자원하여 전선으로 나아가 자유를 위해 싸울 것이다. 이 모든 요인과 다른 요인이 합치되면, 우리는 일본 점령지역에 있는 요새와 근거지에 치명적인 공격을 가해 마침내 일본 침략군을 중국에서 몰아낼 수 있을 것이다."(이상 1936년 7월, 에드가 스노와의 인터뷰 내용에서 발췌)

"중국의 정치형세는 이때부터 새로운 단계로 접어들 것이다. …… 이 시기의 가장 중요한 임무는 모든 역량을 동원하여 항전의 승리를 쟁취하는 일이다. 승리를 쟁취하는 데 가장 핵심적인 관건은 이미 시작된 항전을 온 민족의 전면적인 항전으로 발전시키는 데 있다. 이러한 온 민족의 전면적인 항전만이 최후의 승리를 쟁취케 해 준다. 현재의 항전에는 많은 심각한 문제점들이 존재하고 있다. 그리하여 앞으로의 항전 기간 동안 수많은 좌절과 후퇴 및 내부 분열과 이적행위가 발생할 가능성이 농후하므로, 일시적이거나 국부적인 타협 등 불리한 상황이 전개될 수도 있다. 그렇기 때문에 이 항전은 장차 고난의 지구전이 될 것임을 자각해야 한다. 그러나 우리는 이미 시작된 항전은 반드시 우리 당과 전국인민의 노력으로 모든 장애를 극복하고 계속 전진하리라고 확신한다."(1937년 8월의 「목전 형세와 당의 임무에 대한 중공 중앙당지부의 결정」에서 발췌)

이것이 바로 결론이다. 망국론자는 적은 신적인 존재이고 우리는 초개와 같은 존재로 생각하고, 속승론자는 완전히 그와 반대로 생각하고 있지만, 이것은 모두 잘못된 관념이다. 우리는 그들과는 반대로 항일전쟁은 지구전이어야 하며, 최후의 승리는 우리의 것이라 여긴다. 이것이 바로 우리의 결론이다.

(120) 나의 강연은 여기서 끝내도록 하겠다. 완전한 승리를 쟁취하기 위해 많은 사람들이 현재 진행 중에 있는 위대한 항일전쟁에서 얻은 경

험을 종합적으로 검토해 주기를 바라고 있다. 오늘 내가 말한 내용은 10개월에 걸친 경험에서 얻은 일반적인 사항에 불과하나, 이 역시 종합적인 검토 가운데 하나라고 할 수 있겠다. 이 문제는 광범위한 주목을 불러 일으켜 자세한 토론이 필요한 것인 바, 내가 언급한 것은 개론적인 성격에 불과하므로 여러분의 계속된 연구와 토론으로 미비한 점을 보충해 주기를 희망한다.

제4부

신민주주의론

(1940년 1월)

이 글은 일찍이 「신민주주의 정치와 신민주주의 경제」라는 제목으로 1940년 2월 15일 옌안(延安)에서 출간된 『중국문화(中國文化)』 창간호에 실렸고, 1940년 2월 20일, 옌안에서 출간된 『해방(解放)』 제98기와 제99기 합본에 다시 실릴 때 제목을 「신민주주의론」으로 바꾸면서 본문 내용을 구분하는 소제목을 달았다.

중국은 어디로 가나?

항전 이래, 전국의 인민들은 모두 나아갈 길이 열렸다고 여기며 근심 가득했던 모습은 일시에 사라지고 기쁨이 충만한 기상을 갖게 됐다. 그러나 근래 타협적 분위기와 반공의 소리가 갑자기 시끌벅적하게 일어나면서 전국 인민들을 깊은 고뇌 속으로 몰아넣고 있다. 특히 문화인과 청년 학생들은 감각이 예민하므로 가장 먼저 그 흐름 앞에 서게 됐다. 그리하여 다시 '어떻게 할 것인가?', '중국은 어디로 가나?' 하는 것들이 문제가 됐다. 그러므로 내가 『중국문화(中國文化)』[1]가 출판되는 이 기회에 중국정치와 중국문화의 동향 문제에 대해 잠시 설명을 해 보는 것도 유익한 일이 되리라 생각한다. 문화문제에 대해 나 자신은 문외한이다. 연구하려고 생각하지만 이제 시작인 셈이다. 다행히 옌안에 있는 동지들이 이미 이에 관한 상세한 문장들을 많이 썼기에 나의 거칠고 개략적인 이 글은 그저 한바탕 개막을 알리는 징소리로나 삼고자한다. 전국의 선진적인 문화공작자들에게 이 부족한 글이 조금이나마 보탬이 됐으면 좋겠고, 나아가 공동토론으로 정확한 결론을 얻어 우리 민족의 요구에 부응할 수 있기를 바란다.

과학적 태도는 '사실에 토대를 두고 진리를 탐구하는 것(實事求是)'을 의미한다. '스스로를 진리로 여기는 것(自以爲是)'이나 '다른 사람들의 스승 되는 것을 좋아하는(好爲人師)' 망상적인 태도로는 결코 문제를 해결하지 못한다. 우리 민족의 재난은 지금 몹시 어려운 지경이다. 오로지 과학적 태도와 책임을 지려는 정신만이 우리 민족을 해방의 길로 인도할 수 있다.

진리는 오직 하나다. 결국 진리를 발견해내는 길은 주관적 과장에 의

---

1) 1940년 2월 옌안에서 창간된 잡지. 1941년 8월에 정간됐다.

거하는 게 아니라 객관적 실천에 의거한다. 오로지 수많은 민중들의 혁명적 실천만이 진리를 검증하는 척도이다. 난 이것을 『중국문화』를 출판하는 태도로 삼을 수 있겠다고 생각한다.

우리는 새로운 중국을 건설하려 한다

우리 공산당원들은 수년 동안 중국의 정치혁명과 경제혁명을 위해 분투했을 뿐만 아니라 중국의 문화혁명을 위해서도 역시 분투해왔다. 이러한 모든 활동의 목적은 중국민족이 새로운 사회, 새로운 국가를 건설하는 데 있다. 이 새로운 사회와 새로운 국가에는 새로운 정치와 새로운 경제가 있을 뿐만 아니라, 또한 새로운 문화도 있게 되는 것이다. 이는 곧 우리가 정치적으로 억압당하고 경제적으로 착취당하는 중국으로 하여금 정치적으로 자유롭고 경제적으로 번영하는 중국으로 변화시킬 뿐만 아니라, 낡은 문화의 지배로 인해 우매하고 낙후된 중국을 새로운 문화 통치로써 선진문명의 중국으로 변화시키는 것을 의미한다. 한 마디로 말해 우리는 하나의 새로운 중국을 건설하려 한다. 중화민족의 새로운 문화를 건설해내는 일, 이것이 바로 우리가 문화 방면에서 이룩해야 할 목표이다.

중국의 역사적 특징

우리는 중국민족의 새로운 문화를 건설하려고 한다. 그러나 이러한 새로운 문화는 과연 어떤 종류의 문화인가?

일정한 형태의 문화(관념형태로서의 문화)는 일정한 사회의 정치·경제의 반영이며, 또한 일정한 사회의 정치·경제에 중대한 영향과 작용을 미친다. 경제가 토대이고 정치는 경제의 집중적 표현이다.[2] 이것은 우리가 문화와 정치·경제와의 관계, 그리고 정치와 경제의 관계에 대해 지니는 기본적 관점이다. 그러므로 일정한 형태의 정치·경제는 먼저 일정한 형태의 문화를 결정하게 되고, 그 후 그 문화형태가 비로소 일정 형태의 정치·경제에 영향을 주게 되는 것이다. 마르크스는 "인간의 의식이 그의 존재를 결정하는 게 아니라 인간의 사회 존재가 그의 의식을 결정한다"[3]고 말했다. 그는 또한 "지난날의 철학자들은 각양각색으로 세계를 해석해왔을 뿐이지만 중요한 것은 세계를 변혁하는 데 있다"[4]고 말하고 있다. 이것은 인류 역사 이래 최초로 의식과 존재의 관계를 정확하게 해결한 과학적 규정으로서, 나중에 레닌이 더욱 깊게 발전시킨 혁명적·능동적 반영론의 기본 관점이 됐다. 우리가 중국의 문화문제를 연구할 때 이러한 기본 관점을 망각해서는 안된다.

이렇게 말하고 나니 문제는 매우 분명해진다. 우리는 중국의 낡은 문화 속에 있는 반동적 요소를 제거해야 한다. 이 낡은 문화는 중화민족의 낡은 정치, 낡은 경제와 분리될 수 없다. 우리가 이러한 중화민족의 새로운 문화를 건설하려고 할 때, 이 새로운 문화 역시 중화민족의 새로운 정치와 새로운 경제를 떠날 수 없는 것이다. 중화민족의 낡은 정치와 경제가 낡은 문화의 토대인 것과 마찬가지로 중화민족의 새로운 정치와 경제는 새로운 문화의 토대가 되는 것이다.

그렇다면 이른바 중화민족의 낡은 정치와 낡은 경제란 무엇인가? 또한 소위 중화민족의 낡은 문화란 무엇인가?

주·진(周·秦)시대 이래 중국은 봉건사회였다. 그 정치는 봉건정치

---

2) "정치는 경제의 가장 집중적인 표현이다"라는 이 말은 레닌의 「노동조합과 목전의 시국 및 트로츠키의 오류에 대하여」라는 글에 보인다.
3) 마르크스의 『정치경제학비판』 서문에서 인용.
4) 마르크스의 『포이에르바하에 관한 테제』에서 인용.

였고 경제도 봉건경제였다. 이러한 정치와 경제를 반영하는, 지배적 지위를 차지하는 문화 역시 봉건문화였다.

외국자본주의가 중국을 침략하고 중국사회에서도 점차 자본주의적 요소가 성장하면서부터 중국은 이미 하나의 식민지, 반(半)식민지, 반(半)봉건사회로 점차 변화해 왔다. 현재의 중국은, 일본점령지구는 식민지사회이고, 국민당통치구는 기본적으로 반식민지사회인데, 일본점령지구와 국민당통치구를 막론하고 모두 봉건, 반봉건제도가 우위를 차지하는 사회이다. 이것이 바로 현재의 중국사회의 성격이며, 중국의 실정이다. 지배적 측면에서 보자면, 이러한 사회의 정치는 식민지·반식민지·반봉건적 정치이며, 그 경제는 식민지·반식민지·반봉건적 경제다. 그리하여 이러한 정치와 경제가 반영된 지배적 문화는 식민지·반식민지·반봉건적 문화인 것이다.

이러한 지배적 정치·경제와 문화형태가 바로 우리 혁명의 대상이다. 우리가 제거하려고 하는 것은 바로 이러한 식민지·반식민지·반봉건적 낡은 정치, 낡은 경제와 그리고 이러한 낡은 정치 및 낡은 경제에 봉사하는 낡은 문화이다. 그리고 우리가 건설하려 하는 것은 바로 이와는 상반되는 중화민족의 새로운 정치, 새로운 경제 그리고 새로운 문화다.

그렇다면, 어떠한 것이 중화민족의 새 정치, 새 경제, 새 문화인가?

중국혁명의 역사과정은 반드시 두 단계 발걸음으로 나뉘어 나아가야 한다. 그 첫째 단계는 민주주의혁명이고, 둘째 단계는 사회주의혁명으로, 이것은 질적으로 다른 두 개의 혁명과정이다. 이른바 지금 여기에서 말하는 민주주의란 이미 구(舊) 범주의 민주주의, 즉 구민주주의가 아니라 신(新) 범주의 민주주의, 즉 신민주주의다.

그러므로 이른바 중화민족의 새로운 정치는 바로 신민주주의 정치, 중화민족의 새로운 경제는 신민주주의 경제, 중화민족의 새로운 문화란 신민주주의 문화라 잘라 말할 수 있겠다.

이것이 바로 목전 중국혁명의 역사적 특징이다. 중국에서 혁명에 종사하는 모든 당파와 모든 사람들이 이 역사적 특징을 모른다면, 그는 이 혁명을 지도하거나 혁명을 승리로 이끌 수 없으며, 나아가 인민에게 버림받게 될 것이고, 눈물이나 찔끔거리는 가련한 존재로 전락할 것이다.

중국혁명은 세계혁명의 일부분이다

중국혁명의 역사적 특징은 민주주의와 사회주의라는 두 단계로 나뉜다. 그 첫 번째 단계의 경우, 현재는 이미 일반적인 민주주의가 아니라 중국식의 특수한 민주주의, 즉 신민주주의다. 그러면 이 역사적 특징은 어떻게 형성됐는가? 그것은 일백 년 동안 있어온 것인가, 아니면 그 후에 와서야 비로소 발생한 것인가?

중국과 세계의 역사발전을 연구해 보면 이 역사적 특징을 알 수 있다. 이러한 특징은 결코 아편전쟁5) 이래 있어온 것이 아니라 그 뒤, 제1차 제국주의 세계대전과 러시아 10월혁명 이후에 비로소 형성된 것이다. 우리는 이제 그 형성과정을 잠시 연구해보고자 한다.

현금의 중국사회의 성격은 분명히 식민지 · 반식민지 · 반봉건적이며 그것은 곧 중국혁명을 두 단계로 나누어 걷도록 결정했다. 제1보는 식민지 · 반식민지 · 반봉건적 사회형태를 개변시켜 하나의 독립된 민주주의 사회로 만드는 일이다. 제2보는 혁명을 발전시켜 하나의 사회주의사회를 건설하는 일이다. 현재의 중국혁명은 제1보를 걸어가고 있는 중이다.

---

5) 자세한 사항은 「모순론」 각주 24(이 책 63쪽) 내용을 참고할 것.

이 첫 번째 발걸음의 준비단계는 1840년 아편전쟁이 일어나 중국사회가 봉건사회에서 반식민지·반봉건적사회로 변화되면서 시작됐다. 그 다음에 태평천국운동[6], 중불전쟁[7], 중일전쟁, 무술변법운동[8], 신해혁명[9], 5·4운동, 북벌전쟁, 토지혁명전쟁, 그리고 지금의 항일전쟁에 이르기까지 무수한 개별적 단계를 거치며 꼬박 일백 년이라는 세월이 흘러갔다. 어떤 면으로 말하더라도 이러한 각 단계는 모두 제1보를 실행한 것이다. 중국 인민이 상이한 시간 속에서 상이한 수준으로 이 제1보를 실행하여 제국주의와 봉건세력에 반대하고 하나의 독립된 민주주의 사회를 건설하기 위해, 첫 번째 혁명을 완성하기 위해 투쟁한 것이다. 신해혁명이야말로 보다 완전한 의미로서의 이러한 혁명의 시작이었다. 이 혁명은, 그 사회적 성격으로 보자면 자산계급 민주주의혁명이지 무산계급 사회주의혁명은 아니다. 이 혁명은 아직까지도 다 완수되지 못했으며 아직도 많은 역량이 요구된다. 우리 혁명의 적이 지금까지도 아주 강대하기 때문이다. 쑨중산(孫中山)선생의 "혁명이 아직 성공되지

---

6) 19세기 중엽 청조 봉건통치와 민족 압박에 저항하기 위해 일어났던 혁명운동. 자세한 사항은 「실천론」 각주 7(이 책 24쪽) 내용을 참고할 것.

7) 1882년부터 1883년에 걸쳐 프랑스 침략군이 월남 북부 지역을 침범한 후, 1884년부터 1885년에 걸쳐 중국의 광시(廣西)·타이완(臺灣)·푸젠(福建)·저장(浙江) 등지까지 침략전쟁을 확대하였다. 중국군은 펑쯔차이(馮子材) 등의 지휘 아래 거세게 저항하여, 여러 차례 승전하였다. 그러나 부패한 청왕조는 승전에도 불구하고 오히려 굴욕적인 '톈진(天津)조약'을 체결해 윈난(雲南)과 광시(廣西) 등 두 성의 중국과 월남 변경에 통상을 위한 개항지 개설을 허용함으로써 프랑스 침략세력이 중국 서남지역으로 진입할 수 있는 길을 터주었다.

8) 1898년(무술년)에 발생한 유신운동. 자세한 사항은 「실천론」 각주 15(이 책 101쪽) 내용을 참고할 것.

9) 쑨원(孫文)을 수반으로 하는 자산계층 혁명단체 동맹회(同盟會)의 영도 아래 청왕조를 전복시킨 혁명. 자세한 사항은 「실천론」 각주 19(이 책 55쪽) 내용을 참고할 것.

못했으니 동지들은 계속 노력해야 한다"는 말은 바로 이 자산계급 민주주의혁명을 가리킨다.

그러나 1914년 제1차 제국주의 세계대전의 발발과, 1917년 러시아 10월혁명으로 지구의 6분의 1인 땅덩어리 위에 사회주의 국가가 건설된 이래 중국의 자산계급 민주주의혁명은 하나의 변화를 겪게 됐다.

이 이전의 중국 자산계급 민주주의혁명은 구(舊)세계의 자산계급 민주주의혁명 범주에 속했으며, 구세계 자산계급 민주주의혁명의 일부분이었다. 그러나 이 이후의 중국 자산계급 민주주의혁명은 개변되어 새로운 자산계급 민주주의혁명의 범주에 속하게 됐으며, 혁명의 노선상 세계 무산계급 사회주의혁명의 일부분이 되었다.

어째서 그러한가? 제1차 제국주의 세계대전과 처음으로 승리한 사회주의 10월혁명이 세계역사의 방향을 바꾸어, 전 세계역사에 시대적 일획을 그었기 때문이다.

지금은 세계의 자본주의 전선이 이미 지구의 6분의 1인 땅덩어리에서 붕괴됐고 나머지 부분에서도 그 부패성이 이미 충분히 드러나고 있는 시대며, 남아있는 자본주의 지역도 식민지와 반식민지에 더욱 의존하지 않으면 살 수 없는 시대다. 또한 사회주의 국가가 이미 건설되었을 뿐만 아니라, 이 사회주의 국가가 모든 식민지와 반식민지의 해방운동을 원조하기 위해 투쟁을 선포한 시대다. 나아가 각 자본주의국가의 무산계급은 사회제국주의 사회민주당의 영향으로부터 점차 해방되어 그들도 식민지·반식민지 해방운동을 지원할 것을 선포한 시대다. 이러한 시대에서는, 어느 식민지·반식민지국가에서든지 반(反)제국주의 운동이 발생한다면 이는 곧 국제 자산계급을 반대하는 것이고, 국제 자본주의혁명을 반대하는 것이다. 그러므로 이는 더 이상 구세계의 자산계급 민주주의혁명 범주에 속하는 것이 아니라 새로운 범주에 속하게 된다. 즉, 이는 더 이상 구자산계급과 자본주의혁명의 일부분이 아니고,

새로운 세계혁명의 일부분이며 무산계급 사회주의 세계혁명의 일부분인 것이다. 이러한 혁명이 일어난 식민지와 반식민지는 이미 세계 자본주의 반(反)혁명전선의 동맹군이 아니라 세계사회주의 혁명전선의 동맹군으로 변화된 것이다.

이러한 식민지·반식민지혁명의 제1단계, 제1보는 그 사회적 성격으로 보아서는 기본적으로 여전히 자산계급 민주주의적이며, 그의 객관적 요구도 자본주의 발전과정의 장애를 제거하려는 것이다. 그러나 이 혁명은 이미 옛날의, 자산계급 영도 아래 자본주의사회와 자산계급 독재(專政)국가 건설을 목적으로 삼는 혁명이 아니라 새로운, 무산계급 영도 아래 제1단계에서 신민주주의 사회와 각 혁명계급이 연합한 독재국가 건설을 목적으로 삼는 혁명이다. 그러므로 이러한 혁명은 사회주의 발전을 위해 장애를 제거하고 그 앞길을 더욱 확장시키는 것이다. 이러한 혁명은 그 진행 과정에서 적의 정세와 동맹군의 변화에 따라 다시 몇 단계로 구분되지만 그 기본적 성격은 변화하지 않는다.

이러한 혁명은 제국주의를 철저히 타도하는 것이기 때문에 제국주의는 이를 허용하지 않을 뿐만 아니라 반대한다. 그러나 이 혁명은 사회주의에게 허용될 뿐만 아니라 사회주의국가와 사회주의적인 국제 무산계급은 이를 지원한다.

그러므로 이 혁명은 무산계급 사회주의 세계혁명의 일부분으로 변하지 않을 수 없다.

'중국혁명은 세계혁명의 일부분이다.' 이 정확한 명제는 1924년부터 1927년에 이르는 중국 제1차 대혁명시기에 제기된 것이다. 이는 중국공산당원이 제기해 모든 반제·반봉건투쟁에 참가한 사람들의 찬동을 받았다. 그러나 그 때는 이 이론의 의미가 아직 채 발현되지 않아서 사람들은 이 문제를 그저 모호하게 인식할 뿐이었다.

이러한 '세계혁명'은 이미 옛날의 세계혁명이 아닌 바, 옛 자산계급 세계혁명은 이미 완결됐다. 이는 새로운 세계혁명이며, 사회주의 세계혁명이다. 마찬가지로, 여기서 '일부분'이라는 것은 이미 옛날의 자산계급혁명의 일부분이 아니라 새로운 사회주의혁명의 일부분이다. 이것은 하나의 절대적인 변화이고, 아울러 세계역사와 중국역사상 유례없는 커다란 변화인 것이다.

중국공산당원이 제기한 이 정확한 명제는 스탈린의 이론에 근거를 둔 것이다. 스탈린은 1918년 10월혁명 1주년 기념논문에서 다음과 같이 말했다.

> 10월혁명의 위대한 세계사적 의의는 주로 다음과 같다. 첫째, 10월혁명은 민족문제의 범위를 확대시켰다. 즉, 유럽에서 민족적 억압을 반대하기 위한 투쟁이라는 국부적 문제로부터 피압박민족, 식민지·반(半)식민지를 제국주의에서 해방시키는 총체적 문제로 개변시켰다. 둘째, 10월혁명은 이러한 민족해방의 가능성을 확대시키고 그 현실적 노선을 구체화시켰다. 즉, 대대적으로 서방과 동방의 피압박민족 해방과업을 촉진시켰고, 그것들을 성공적인 반제투쟁의 거대한 흐름 속으로 끌어들였다. 셋째, 10월혁명은 사회주의 서방과 피압박 상태의 동방 사이에 교량을 놓아 서방의 무산자로부터 러시아혁명을 경과하여 동방의 피압박민족에 이르는, 세계 제국주의를 반대하는 새로운 혁명전선을 건설했다.[10]

이 문장을 발표한 이후로 스탈린은 식민지·반식민지 혁명이 낡은 범주를 벗어나 무산계급 사회주의혁명의 일부분이 되었다는 점에 관한 이론을 여러 차례 전개했다. 이를 가장 명확히 밝힌 것은 그가 1925년 6월 30일에 발표한, 당시 남슬라브 민족주의자와 논쟁을 벌인 문장이었

---

10) 스탈린의 「10월혁명과 민족문제」에서 인용.

다. 이것은 장중스(張仲實)가 번역한 「민족문제에 관한 스탈린의 논술」이라는 책의 「민족문제 재론(再論)」이란 글 중에 있다. 그 가운데 다음과 같은 부분이 있다.

쎄미치는 스탈린이 1912년에 쓴 소책자 「마르크스주의와 민족문제」 중에 있는 한 구절, 즉 "자본주의가 상승하는 조건 아래서 민족투쟁은 자산계급 상호간의 투쟁이다"를 인용했다. 그가 이 문구를 인용한 것은, 분명히 목전 역사적 조건 아래서의 민족운동의 사회적 의의에 대해 내린 정의가 정확하다는 것을 암시하려는 때문이었다. 그러나 스탈린의 이 소책자는 제국주의전쟁 이전에 쓰인 것이다. 그때 민족문제는 마르크스주의자가 볼 때에 아직 전 세계적 의의를 지니는 문제는 아니었고, 민족자결권이란 기본적 요구를 아직 무산계급 사회주의혁명의 일부분으로 여기지 않고 자산계급 민주주의혁명의 일부분으로 간주했다. 그 이후로 국제정세는 이미 근본적으로 변했고, 전쟁과 러시아 10월혁명을 거치며 민족문제는 이미 자산계급 민주주의혁명의 일부분으로부터 무산계급 사회주의혁명의 일부분으로 변화되었다.——이 점을 명확히 관찰하지 않으면 안된다. 레닌은 이미 1916년 10월에 「민족자결권 문제에 관한 토론의 총결」에서 민족문제 중 민족자결권에 관한 기본 문제는 더 이상 일반적 민주운동의 일부분이 아니라 이미 일반적 무산계급 사회주의혁명의 한 구성부분으로 변했다고 보았다. 레닌과 다른 대표적 러시아 공산주의자들의 민족문제에 관한 이후의 저작에 대해서는 더 이야기할 필요가 없을 것이다. 현재 우리는 새로운 역사적 환경으로 인하여 새로운 시대——무산계급혁명 시대에 진입하고 있다. 이 모든 일이 전개된 이후에 쎄미치가 스탈린이 러시아 자산계급 민주혁명 시기에 쓴 그 소책자의 한 대목을 인용한 것은 무슨 의미가 있을 수 있는가? 그것은 다만 이러한 의미가 있을 뿐이다. 즉, 쎄미치는 시간과 공간을 벗어나 살아있는 역사적 환경을 고려하지 못한 채 인용했으므로 변증법의 가장 기본적인 요구를 위반했다. 다시 말하면 그것은 어떤 역사적 환경 아래서는 정확한 사실이 다른 역사적 환경에서는 부정확하다는 점을 고려치 못한 것이다.

이상에서 우리는 두 종류의 세계혁명이 있다는 사실을 알 수 있다. 첫 번째는 자산계급과 자본주의 범주의 세계혁명에 속한다. 그러나 이러한 세계혁명의 시기는 벌써 지나갔다. 이는 1914년 제1차 제국주의대전 폭발시기, 특히 1917년 러시아 10월혁명 시기에 종결된 것이다. 이후부터는 두 번째 종류의 세계혁명, 즉 무산계급 사회주의혁명이 시작됐다. 이 무산계급 사회주의혁명은 자본주의국가의 무산계급이 주력군이 되고 식민지·반식민지의 피압박민족을 동맹군으로 한다. 피압박민족 중에서 혁명에 참가한 계급·당파 또는 개인은 어떠한 계급·당파·개인을 불문하고, 또한 그들이 이 점을 의식하고 있는지, 혹은 그들이 주관적으로 이 점을 이해하고 있는지 여부에 관계없이 그들이 오직 제국주의를 반대하기만 한다면 그들의 혁명은 곧 무산계급 사회주의혁명이 일부분이 되며 그들은 곧 무산계급 사회주의혁명의 동맹군이 된다.

중국혁명은 오늘날 그 의의가 더욱 증대되고 있다. 오늘날 자본주의의 정치위기와 경제위기로 인하여 세계가 제2차 제국주의대전으로 진입하고, 또한 소련이 사회주의로부터 공산주의로 이전되는 과도기에 있다. 소련은 세계무산계급과 피압박민족이 제국주의 전쟁을 반대하고 자본주의 반동을 타도하는 것을 적극 지원하고 영도할 수 있는 능력을 구비하고 있으며, 개개 자본주의국가의 무산계급은 자본주의를 타도하고 사회주의를 실현시키려 준비하고 있다. 이런 시기에 중국의 무산계급·농민계급·지식분자와 기타 소자산계급은 중국공산당의 영도 아래 이미 위대한 독립적인 정치역량을 형성했다. 오늘날 이러한 시대적 상황 속에서 우리는 중국혁명의 세계사적 의의가 더욱 증대되었다고 평가해야 하지 않겠는가? 나는 당연히 그래야 한다고 생각한다. 중국혁명은 세계혁명의 위대한 일부분인 것이다.

중국혁명 제1단계(이는 다시 많은 작은 단계로 구분된다)의 사회적 성격은 새로운 형태의 자산계급 민주주의혁명이지 무산계급 사회주의혁명은 아니다. 그렇지만 무산계급 사회주의 세계혁명의 일부분이 됐으며, 현재는 세계혁명의 더욱 중요한 일부분이 되어 세계혁명의 위대한 동맹군이 되었다. 이 혁명의 제1보, 제1단계에서는 결코 중국 자산계급 독재의 자본주의사회가 건립되지 못할 것이며, 중국 무산계급의 영도 아래 중국 각 혁명계급 연합독재 방식의 신민주주의사회를 건설함으로써 제1단계 혁명을 완성할 것이다. 그러고 나서 다시 제2단계 혁명으로 발전시켜 중국 사회주의 사회를 건설할 것이다.

이것이 바로 현재 진행되고 있는 중국혁명의 기본적 특징이다. 이는 20여 년 이래(1919년 5 · 4운동으로부터 가산하여)의 새로운 혁명과정이며, 중국혁명의 생동적이고도 구체적인 내용인 것이다.

신민주주의 정치

중국혁명은 두 개의 역사적 단계로 나눠진다. 제1단계는 신민주주의혁명이며, 이것이 중국혁명의 새로운 역사적 특징이다. 이러한 새로운 특징이 중국내부의 정치 · 경제적 관계에 어떻게 구체적으로 나타나는가? 지금부터는 이에 대해 설명하기로 한다.

1919년 5 · 4운동 이전(5 · 4운동은 1914년 제1차 제국주의대전과 1917년 러시아혁명 이후에 일어났다)의 중국 자산계급 민주주의혁명의 정치지도자는 소자산계급과 자산계급(그들 계급의 지식분자)이었다. 이 때까지 중국 무산계급은 어떤 각성한 독립적인 계급역량을 정치무대에 등장시키지 못했다. 다만 소자산계급과 자산계급을 뒤따르는 사람으로서 혁명에 참가했는데, 예를 들어 신해혁명 당시의 무산계급은 바로 이러한 계급이었다.

5·4운동 이후 중국의 민족자산계급은 계속 혁명에 참가했지만 이 자산계급 민주주의혁명을 이끄는 정치지도자는 이미 중국의 자산계급에 속한 것이 아니라 중국의 무산계급에 속하게 되었다. 이때의 중국 무산계급은 스스로의 성장과 러시아혁명의 영향으로 이미 각성된, 독립적인 정치역량으로 급속히 전환했다. 제국주의를 타도하려는 구호와 중국 자산계급 민주주의혁명의 철저한 강령은 모두 중국공산당이 제기했으며, 토지혁명 수행도 중국공산당이 단독으로 진행했다.

그렇지만 중국의 민족자산계급은 식민지·반식민지국가의 자산계급이므로 제국주의의 압박을 받는다. 그러므로 제국주의시기에 처해 있기는 하지만 그들은 일정한 시기와 일정한 정도 면에서 외국의 제국주의와 본국의 관료·군벌정부에 반대하는(예를 들어 신해혁명과 북벌전쟁 시기) 혁명성을 가짐으로써 무산계급 및 소자산계급과 함께 연합 궐기하여 그들이 물리치고자 하는 적에 대항한다. 이것이 중국의 자산계급이 옛 러시아제국 자산계급과 다른 점이다. 옛 러시아제국은 이미 군사 봉건적 제국주의로서 다른 나라를 침략하고 있었기 때문에 러시아 자산계급은 어떠한 혁명성도 갖지 않았다. 당시 러시아에서 무산계급의 임무는 자산계급을 반대하는 것이지 그들과 연합하는 것이 아니었다. 그러나 중국은 식민지·반식민지이므로 다른 나라로부터 침략을 받는다. 그러므로 중국의 민족자산계급은 일정한 시기, 일정한 정도에서 혁명성을 갖는다. 따라서 중국 무산계급의 임무는 민족자산계급의 이러한 혁명성을 경시하지 않고 그들과 함께 제국주의와 관료·군벌정부에 반대하는 통일전선을 결성하는 것이다.

그렇지만 동시에 그들은 식민지·반식민지 자산계급이므로 정치적·경제적으로 대단히 유약하며 또 다른 성질, 즉 혁명의 적에 대한 타협성도 가지고 있다. 중국의 민족자산계급은 혁명을 진행할 때도 제국주의와 완전히 손을 끊는 것을 원하지 않는다. 또한 농촌 토지지주의 착취와 밀접한 관련을 맺고 있으므로 그들은 제국주의나 봉건세력이 철저히 붕괴되는 것을 원하지 않을 뿐만 아니라 그들을 철저히 붕괴시킬 능력도 없는 것이다. 그리하여 중국의 자산계급민주주의혁명의 두 가지 기본문제, 두 가지 커다란 기본임무는 중국의 민족자산계급으로서는 그 해결이 불가능하다. 국민당으로 대표되는 중국의 대자산계급은 1927년부터 1937년에 이르는 긴 기간에 제국주의의 품에 안겼었고, 또한 봉건세력과 동맹을 결성하여 혁명적 인민에 반대했다. 중국의 민족자산계급은 1927년과 이후 시기에 반혁명으로 돌아서거나 이에 의지하는 경우도 있었다. 항일전쟁 중에 왕징웨이(汪精衛)11)를 대표로 하는 일부 대자산계급은 적에게 투항하여 이 계급의 새로운 배반을 드러냈다. 이것이 또한 중국의 자산계급이 역사상 구미 각국의 자산계급, 특히 프랑스 자산계급과 다른 점이다. 구미 각국, 특히 프랑스 혁명시대에 있어서의 자산계급혁명은 비교적 철저했다. 그러나 중국의 자산계급은 이러한 철저성조차 전혀 갖고 있지 않다.

한편으로는 혁명에 참가할 수 있는 가능성, 또 다른 한편으로는 혁명의 적에 대한 타협성, 이것이 중국의 자산계급이 갖는 '하나의 몸에 두 임무를 띤' 양면성이다. 이러한 양면성은 구미 역사상의 자산계급도 갖고 있었다. 커다란 적이 나타나면 그들은 노동자·농민과 연합하여 적

---

11) 왕징웨이(1883~1944), 본적은 저장(浙江)성 산인(山陰)이고 광둥(廣東) 판위(番禺)에서 출생했다. 일찍이 중국동맹회에 참가했고, 1925년 광저우(廣州)에서 국민정부 주석을 지냈다. 1927년 7월 15일 우한(武漢)에서 반혁명 정변을 일으켰고, 1937년 항일전쟁이 발발한 후 중국국민당 부총재로 재직했다. 1938년 말에 공개적으로 일본제국주의에 투항한 이후 일본제국주의가 지원하는 난징(南京)괴뢰정부의 주석이 되었다.

에 반대하지만, 노동자와 농민이 각성하게 되면 그들은 적과 연합하여 노동자·농민에 반대한다. 이것은 세계 각국 자산계급의 일반적 성격이다. 다만 중국의 자산계급은 이러한 특징이 더욱 두드러지게 나타나고 있을 뿐이다.

중국에서의 사정은 아주 명명백백하다. 인민을 영도하여 제국주의와 봉건세력을 축출하려는 사람은 곧 인민의 신망을 얻을 수 있다. 왜냐하면 인민이 죽음으로 맞서는 적은 제국주의와 봉건세력, 특히 제국주의이기 때문이다. 오늘날, 인민을 영도하여 일본 제국주의를 축출하고 민주정치를 실시한다면 그가 바로 인민을 구하는 별이 될 것이다. 중국의 자산계급은 이 책임을 다할 수 없었다. 이 책임은 결국 무산계급의 어깨 위에 떨어질 수밖에 없었다는 사실을 역사는 이미 증명하고 있다.

그러므로 중국은 무산계급·농민·지식분자, 그리고 기타 소자산계급이야말로 국가운명을 결정하는 기본세력이다. 이들 계급들은 이 점을 이미 깨달았거나 혹은 깨닫기 시작하고 있다. 그들은 필연적으로 중화민주공화국의 국가구성과 정권구성의 가장 기본적 부분이며, 그 중에서도 무산계급이 이에 대한 지도적 역량을 가지고 있다. 현재 건설하려는 중화민주공화국은 무산계급이 영도하는 일체의 반제·반봉건 인민의 연합독재 민주공화국이어야 한다. 이것이 바로 신민주주의공화국이며, 이것이야말로 진정한 혁명적 3대 정책을 실천하는 신삼민주의(新三民主義)공화국이다.

이러한 신민주주의공화국은 한편으로는 지난날의 형식적이며 구미식의, 자본계급독재의 자본주의공화국과는 다르다. 그것은 구민주주의공화국이었으며, 그러한 공화국은 이미 지나간 시대의 것이다. 또한 다른 한편으로, 신민주주의공화국은 소련식의, 무산계급독재의 사회주의공화국과도 구별된다. 이러한 사회주의공화국은 소련에서 이미 흥성하고 있고 여러 자본주의 국가에서도 건설하려 하고 있는데, 앞으로 틀림없이 공업선진국의 국가구성과 정권구성의 지배적 형태가 될 것이다. 그러나 이러한 공화국은 일정한 역사적 시기에는 모든 식민지·반식민지국가의 혁명과정에 적용될 수 없다. 따라서 모든 식민지·반식민지국가들의 혁명이 일정한 역사적 시기에 취하는 국가형태로는 제3의 형태만이 가능하다. 이것이 이른바 신민주주의공화국이다. 이는 일정한 역사적 시기의 형태이기 때문에 과도기적 형태이지만 다른 것으로 바꿀 수 없는, 필요한 형태이다.

전 세계 다양한 국가체제를 그 정권의 계급적 성격에 따라 분류하면 다음 세 가지로 나눌 수 있다. ①자산계급독재공화국 ②무산계급독재공화국 ③몇 가지 혁명적 계급연합독재공화국 등이다.

첫 번째 형태는 구민주주의국가다. 오늘날 제2차 제국주의전쟁 발발 이후, 수많은 자본주의국가에서는 이미 민주적 분위기가 사라지고 자산계급의 피비린내 나는 군사독재로 전환되거나 되려 하고 있다. 지주와 자산계급 연합의 독재국가도 이 부류에 넣을 수 있다.

두 번째 형태는 아직은 소련에서만 실현되고 있을 뿐, 여러 자본주의국가에서 성장하고 있는 중이며, 장래 일정한 시기에 세계적으로 지배적 형태가 될 것이다.

세 번째 형태는 식민지·반식민지 국가혁명에서의 과도기적 국가형식이다. 각 식민지·반식민지 국가혁명은 필연적으로 약간씩 다른 특성을 지니겠지만 결국엔 대동소이하다. 즉, 식민지·반식민지의 혁명과 그 국가구성 및 정권구성은 기본적으로는 필연적으로 같을 수밖에 없는데, 몇 갈래 반제국주의계급들이 연합한 공동독재의 신민주주의국가이다. 오늘날 중국의 이러한 신민주주의국가 형태는 바로 항일 통일전선의 형식이다. 이는 항일하는 것이자 제국주의에 반대하는 것이고, 또한 몇 갈래 혁명적 계급이 연합한 것이자 통일전선을 추진하는 것이다. 그렇지만 안타깝게도 항전이 길어지자 공산당이 영도하는 항일민주 근거지 이외의 대부분 지역에서는 아직 기본적으로 민주적 조치가 착수되고 있지 않다. 그리하여 일본제국주의는 이를 가장 근본적인 약점으로 이용하여 대대적으로 밀고 들어오고 있다. 계획이 더 이상 변경되지 않는다면 민족의 운명이 대단히 위험한 상태이다.

여기에서 이야기하려는 것은 '국체'(國體)의 문제이다. 이 국체의 문제는 청나라 말기부터 제기된 이래 몇 십 년 동안 떠들어왔으나 아직도 명확하지 않은 상태이다. 사실 이는 오로지 한 가지 문제, 즉 국가 속에서 각 사회계급이 어떠한 지위를 차지하는가 하는 문제이다. 자산계급은 그들의 계급적 지위를 은폐시키고 '국민'이라는 이름을 이용해 그 자신의 계급독재라는 실체에 이른다. 이러한 은폐성과 기만성은 혁명적 인민에게 아무런 이익이 될 수 없기에 명백히 밝혀야만 한다. '국민'이라는 명칭이 사용될 수는 있다. 그러나 이 국민 속에 반혁명분자와 매국노를 포함시킬 수는 없다. 반혁명분자와 매국노에 대한 모든 혁명적 계급의 독재야말로 현재 우리들이 필요로 하는 바의 국가이다.

"근세 각국의 이른바 민권제도는 왕왕 자산계급에게 독점된 채 평민을 억압하는 도구가 되고 있다. 그렇지만 국민당의 민권주의는 일반 평민에 기반을 두며 소수인의 사유물이 아니다." 이것은 국공합작이 형성된 1924년 국민당 제1차 전국대표대회선언 중에 들어있는 장엄한 성명이다. 그러나 16년이 지난 지금 국민당은 스스로 이 성명을 배반함으로써 오늘날 우리나라에 중대한 위기국면을 조성케 했다. 이것은 국민당의 절대적인 착오이다. 우리는 국민당이 항일운동이라는 세례 속에서 이러한 잘못을 고칠 수 있기 바란다.

또한 이른바 '정체(政體)'의 문제가 있다. 그것은 바로 정권 구성형식의 문제로서, 일정한 사회계급이 어떠한 형식으로 적에게 대적하고 자신을 보호하는 정권기관을 조직하는가의 문제이다. 적절한 정권기관이 없으면 국가를 대표할 수 없다. 중국은 현재 전국인민대표대회 · 성(省)

인민대표대회 · 현(縣)인민대표대회 · 구(區)인민대표대회 · 향(鄕)인민대표대회 등 여러 인민대표대회 계통을 통해 각급 대표대회에서 선거를 통해 정부를 구성한다. 남녀 · 신앙 · 재산 · 교육 등의 차별이 없는 진정한 보통 · 평등의 선거제를 반드시 실시해야 각 혁명계급이 국가의 일정한 지위에 올라가게 되고, 신민주주의 정신과도 합치될 수 있다. 이러한 제도가 바로 민주집중제이다. 이러한 민주집중제 정부야말로 모든 혁명적 인민의 의지를 충분히 발휘할 수 있으며, 반혁명적인 적과 가장 역량있게 맞설 수 있는 기반인 것이다. "소수인의 사유물이 아니다"는 정신이 반드시 정부나 군대에 나타나야 한다. 진정한 민주제도가 없다면 그러한 목적은 달성될 수 없으며 정체(政體)와 국체(國體)는 서로 조응하지 않게 된다.

국체는 각 혁명계급 연합독재, 정체는 민주집중제, 이것이 바로 신민주주의 정치이고 신민주주의 공화국이며 항일통일전선 공화국이다. 그리고 3대 정책의 신삼민주의 공화국이며 명실상부한 중화민국이다. 우리들은 현재 중화민국이라는 이름을 갖고는 있으나 아직 중화민국의 내용을 갖고 있지 못하다. 이것을 명실상부하게 하는 것이 오늘날 우리들의 임무인 것이다.

이것이 바로 혁명적 중국, 항일의 중국이 마땅히 건설해야 할, 또한 건설하지 않으면 안되는 내부 정치관계이며, 이것이 오늘날 '건국'이라는 공작사업의 정확하고도 유일한 방향이다.

신민주주의 경제

중국에 건설하는 이러한 공화국은 정치에서뿐만 아니라 또한 경제분야에서도 필수적으로 신민주주의여야 한다. 대은행 · 대공업 · 대상업은 이러한 공화국 국가에서 소유해야 한다. "내국인과 외국인의 기업 중에서 독점적 성격의 기업이나 규모가 너무 커서 개인이 경영하지 못하는 것, 예컨대 은행·철도·항공사업 등은 국가에서 경영·관리하여 사유(私有)자본제도로써 국민생계를 마음대로 뒤흔들지 못하게 한다. 이것은 곧 자본을 조절·통제하려는 요지이다." 이 또한 국공합작이 진행되고 있을 때 국민당 제1차 전국대표대회의 선언문에서 선포했던 장엄한 성명으로, 이는 바로 신민주주의공화국 경제 구성의 정확한 방침이다. 무산계급 영도 하의 신민주주의 공화국에서 국영경제는 사회주의적 성격을 띠며, 이는 국민경제를 지도하는 역량을 갖는다. 그렇지만 신민주주의 공화국은 자본주의적 사유재산을 몰수하지 않으며, '국민 생계를 마음대로 뒤흔들 수 없는' 자본주의적 생산의 발전은 금지하지 않는다. 왜냐하면 중국 경제가 아직 충분히 발전되지 못했기 때문이다.

이 공화국은 어떤 적절한 방법으로 지주의 토지를 몰수하여 토지가 없거나 토지가 적은 농민에게 분배해 준다. 쑨원(孫文)선생의 '토지는 경작하는 사람들에게(耕者有田)'라는 구호를 실행하여 농촌에서의 봉건적 토지관계를 일소시키고 토지를 농민의 사유로 만든다. 농촌에 부농경제가 존재하는 것도 용인된다. 이것이 바로 '토지 소유권의 균등화(地權平均)' 방침이다. 이 방침의 정확한 구호는 '토지는 경작하는 사람들에게'라는 것이다. 이 단계에서 일반적으로 아직 사회주의 농업을 건설하는 것은 아니지만 '토지는 경작하는 사람들에게'라는 기반 위에서 발전시킨 여러 합작경제에는 또한 사회주의적 요소가 담겨있다.

중국 경제가 나아가야 할 방향은 반드시 '자본의 조절·통제'와 '토지 소유권 균등화'의 길로서, 절대로 '소수인의 사리 독점'을 허용치 않고, 소수 자본가·지주가 "국민생계를 마음대로 뒤흔들지 못하게" 함으로써 결코 구미식 자본주의사회를 건립하거나 예전의 반(半)봉건사회가 지속되지 않도록 해야 한다. 누구든지 감히 이 방향을 반대하여 거슬러 가

212

면 결국 목적을 이루지 못한 채 파멸하고 말 것이다.

이것이 바로 혁명적 중국, 항일 중국이 마땅히, 필연적으로 건설해야 할 내부의 경제관계이다.

이러한 경제가 바로 신민주주의 경제이다. 그리고 신민주주의 정치는 바로 이러한 신민주주의 경제의 집중적 표현이다.

자산계급독재를 반박함

이러한 신민주주의 정치와 신민주주의 경제의 공화국은 전국 인민의 100분의 90 이상이 찬성하고 있는 것으로, 이 길을 버리고 달리 갈 수 있는 제2의 길은 없다.

자산계급독재의 자본주의사회를 세우는 길로 걸어갈 것인가? 그러나 이 길은 구미 자산계급이 이미 걸었던 낡은 길이며, 국제적·국내적 환경을 막론하고 중국이 그런 길을 가도록 용인하지도 않을 것이다.

먼저 국제적 환경에 의거해서 생각해봐도 이 길로 갈 수 없는 상황이다. 기본적으로 현재의 국제적 환경은 자본주의와 사회주의가 투쟁하는 가운데 자본주의는 몰락하여 가고 사회주의가 상승·성장하고 있다. 중국에 자산계급독재의 자본주의 사회를 건설하려고 한다면 먼저 국제자본주의, 즉 제국주의가 용인하지 않을 것이다. 중국의 근대사는 바로 제국주의가 중국을 침략하면서 중국의 독립을 반대하고 중국자본주의의 발전을 반대해온 역사였다. 역사상 중국혁명의 실패는 모두 제국주의가 교살시켰기 때문이고, 무수한 혁명열사가 이로 인해 한을 품은 채 죽어갔다. 지금 강대한 일본제국주의가 쳐들어와서 중국을 식민지화하려고 한다. 일본은 지금 중국에서 자국의 자본주의를 발전시키려고 하는 것이지 중국의 자본주의를 발전시키려는 것은 아니다. 현재는 일본 자산계급의 중국에 대한 독재이지 중국 자산계급의 독재는 아니다. 그렇다. 지금은 제국주의가 최후 발악하는 시기인 만큼 그것은 머지않아 숨을 거둘 것이다. "제국주의는 사멸해 가는 자본주의인 것이다."[12] 하지만 그렇게 곧 숨을 거둘 지경이기 때문에 제국주의는 더욱 식민지·반식민지에 의존해 생존하고자 하면서 어떠한 식민지·반식민지사회에서도 자산계급독재의 자본주의사회 건설을 결코 용납하지 않는다. 일본제국주의는 바로 그 자신이 심각한 정치적·경제적 위기에 빠졌기 때문에, 말하자면 곧 죽을 지경이었기 때문에 기어코 중국을 공격하여 저들의 식민지로 만들려 했고, 중국에서 자산계급독재 건립과 민족자본주의 발전의 길을 끊어버리려 하는 것이다.

그 다음으로는, 사회주의가 용납하지 않는다. 이 세계에서 제국주의는 모두 우리의 적이다. 중국이 독립을 하려면 사회주의국가와 국제 무산계급의 지원을 받아야만 한다. 이 말은 곧 우리는 소련의 원조를 받지 않을 수 없으며, 또한 일본과 영국·미국·프랑스·독일·이탈리아 등 각국 무산계급이 본국에서 수행하는 반자본주의 투쟁의 지원과 연결되어야 한다는 뜻이다. 그렇지만 반드시 일본과 영국·미국·프랑스·독일·이탈리아 여러 나라, 혹은 그 가운데 한, 두 나라에서 혁명이 승리한 이후에야 중국 혁명이 승리한다는 뜻은 아니다. 다만 그들의 힘이 보태져야만 우리가 승리할 수 있다는 것만은 의심할 여지가 없다. 특히 소련의 원조는 항전에서 최후 승리를 얻는 데 결코 없어서는 안될 조건이다. 소련의 원조를 거절하면 혁명은 바로 실패한다. 1927년 이후의 반소(反蘇)운동[13]의 교훈이 아주 명확히 말해주고 있지 않은가?

---

12) 레닌의 『제국주의는 자본주의의 최고 단계다』에서 인용.
13) 장제스가 혁명을 배반한 후 국민당 정부가 진행한 일련의 반소운동을 말한다. 1927년 12월 13일, 국민당 반동파가 광저우(廣州)에서 소련 부영사를 살해하였고, 같은 달 14일 난징(南京) 국민당정부는 '러시아인 제거 명령'을 내려 각 성의

오늘날 세계는 혁명과 전쟁이 이어지는 새로운 시대에 처해 있다. 자본주의는 결정적으로 망하고 사회주의가 결정적으로 융성할 시대인 현 상황 아래서 중국이 반제ㆍ반봉건 투쟁에서 승리한 후 다시 자산계급 독재의 자본주의사회를 건설하려 한다면 이는 완전히 잠꼬대가 아니고 무엇이겠는가?

특수한 조건(자산계급이 그리스 침략에 대해 승리했고, 무산계급의 역량이 매우 빈약할 때) 때문에 제1차 제국주의대전과 10월혁명 이후 케말 파샤 식의 미약한 자산계급 독재 형태의 터키[14]가 있을 수 있었다. 그렇지만 제2차 세계대전 및 소련에서 사회주의사회가 이미 건설된 이후로 결코 다시는 터키와 같은 나라가 생겨나는 일은 있을 수 없으며, 더구나 '4억 5천만 명의 인구를 가진 터키'는 존재할 수 없다. 중국의 특수한 조건(자산계급의 연약성과 타협성, 무산계급의 강고함과 혁명에 대한 철저성)으로 말미암아, 중국에서는 이제껏 지난날의 터키와 같이 함부로 무시당할 일은 없었다. 1927년 중국 제1차 대혁명 실패 후 중국의 자산계급은 이미 케말주의를 제창해보지 않았던가? 그렇지만 중국에 케말은 어디 있는가? 중국에 자산계급독재와 자본주의사회가 또한 어디에 있단 말인가? 하물며 케말이 이끄는 터키도 최후에는 영국과 프랑스 제국주의의 품 안으로 들어가지 않을 수 없게 되고, 나날이 반식민지로 전락하여 제국주의 반동세계의 일부가 되고 말았다. 오늘날 이러한 국

소련영사를 승인하지 않고, 소련 상사(商事)가 문을 닫도록 탄압했다. 1929년 8월, 장제스는 다시 제국주의의 사주를 받아 동북(東北)지역에서 소련을 향해 도전하며 군사적 충동을 일으켰다.

14) 케말 파샤(1881~1938)는 제1차 세계대전 후 터키 민족상업자산계급을 대표했던 인물이다. 제1차 대전 후 영국제국주의자들이 그리스로 하여금 터키를 무력으로 침략하게 하자 터키 인민은 소련의 도움을 얻어 1922년 그리스 군대를 격파했다. 1923년 터키에 자산계급독재 공화국이 세워지면서 케말이 대통령으로 선출됐다.

제환경 속의 식민지·반식민지에서는 어떠한 영웅호걸도 제국주의 전선에 선다면 세계 반혁명 세력의 일부분이 되고, 반제국주의 전선에 서면 세계 혁명 역량의 일부분이 되는 것이니, 두 길 중에 한 가지 길을 택할 수 있을 뿐 다른 길이란 없다.[15]

다음으로 국내환경에 의거하여 살펴보자면, 중국의 자산계급은 마땅히 필요한 교훈을 얻었어야 했다. 중국 자산계급은 대자산계급을 우두머리로 하여 1927년 무산계급·농민·소자산계급의 역량으로 혁명에 승리한 후 오히려 이들 인민대중을 내팽개친 채 혁명의 과실을 독점하였다. 또한 제국주의 및 봉건세력과 결탁하여 반혁명 연맹을 만들어 '아홉 마리 소와 두 마리 호랑이(九牛二虎)' 같은 엄청난 힘으로 10여 년간 '공산당 토벌(剿共)' 전쟁을 실행했다. 그 결과는 어떠한가? 현재 강대한 적이 국토에 깊숙이 들어와 항일전쟁을 벌인 지 2년이 지난 지금, 아직도 구미 자산계급의 지난 시기 낡은 견본을 답습하려 한단 말인가? 지난 '공산당 토벌 10년' 과정에서 아무런 자산계급독재의 자본주의사회도 그 토벌의 결과로 산출하지 못했는데 그래도 한번 더 시험해보겠단 말인가? 그렇다. '공산당 토벌 10년'에서 '일당 독재' 하나는 토벌 결과로 산출해냈지만 그것은 반(半)식민지·반(半)봉건독재에 지나지 않았다.

---

15) 1958년 9월 2일, 마오쩌둥은 브라질 기자 마로긴과 더틀레 부인과의 대담에서 이 관점을 수정했다. 그 내용은 다음과 같다. "「신민주의론」에서는 제2차 세계대전이 폭발한 이후 식민지·반식민지 자산계급을 언급할 때, 그들은 제국주의 전선에 서거나 반제국주의 전선에 서는 어느 한 길을 택해야 할 것이며, 그 밖에 다른 길은 없다고 말했었습니다. 사실상 이러한 관점은 일부 국가에만 적용될 뿐입니다. 즉 인도·인도네시아·아랍연맹공화국 등 국가에서는 적용되지 않는데, 그들은 민족주의 국가입니다. 라틴아메리카에도 이런 국가가 많이 있습니다. 이러한 국가들은 제국주의 편에 서는 것도 아니고, 사회주의 편에 서는 것도 아니며 중립적인 입장에 서서 쌍방 집단 어느 쪽에도 참가하지 않습니다. 이것은 그들의 현재 상황에 적합한 일입니다."

그리고 '공산당 토벌' 4년(1924년~1931년 9·18[16])만에 토벌 결과로 이미 만주국(滿洲國)[17]을 출현시켰고, 다시 6년이 지난 1937년에는 일본 제국주의를 중국본토 내에 깊숙이 끌어들이고 말았다. 지금부터 다시 10년을 '토벌'하려 한다면 그것은 새로운 '공산당 토벌'의 전형이 되어 과거의 방식과는 상당히 차별이 날 것이다. 그렇지만 이러한 신식 '공산당 토벌' 사업에 먼저 발을 내딛고 용감하게 떠맡은 자가 이미 있지 않은가? 다름아닌 왕징웨이(汪精衛)가 바로 그 인간이다. 그는 신식 반공 인물로서 그 명성이 이미 자자하다. 그런 무리에 가담하고자 한다면 그거야 안될 것도 없겠지만 그러고 나서 자산계급독재니 자본주의사회니 케말주의니 현대국가니 일당독재니 일개(一個)주의니 하는 따위의 멋부리는 수작을 해댄다면 한층 거북살스런 구호가 아니겠는가? 만일 왕징웨이 무리에 가담하지 않고 항일에 함께 참여하겠다면서 항일 승리 후엔 항일인민을 발길질 해버린 채 스스로 항일의 성과를 독점하여 '일당독재 만세!'를 부르짖고자 생각한다면 이 또한 꿈꾸는 일과 거의 다름없지 않겠는가? 항일, 항일을 말하는데, 그것은 과연 누구 힘에 의한 것인가? 노동자·농민과 기타 소자산계급을 떠나서는 한 발자국도 나아갈 수 없는 것이다. 누구든지 감히 그들을 차버리고자 한다면 그 자신이 분쇄되고 말 것이다. 이 역시 지극히 상식적인 일이 아니던가? 그러나

---

16) 1931년 9월 18일 중국 동북(東北) 경내에 주둔하고 있던 일본의 소위 '관동군'이 선양(瀋陽)을 공격했는데, 중국은 이 침략을 9·18사변이라고 부른다. 사변이 발생한 후 선양 및 동북 여러 지방에 주둔하고 있던 중국 군대는 저항하지 말라는 장제스의 명령에 따랐고, 이에 일본 군대는 랴오닝(遼寧)·지린(吉林)·헤이룽장(黑龍江) 등 3개 성을 신속히 점령할 수 있었다.

17) 1931년 일본 제국주의가 중국 동북(東北)지역을 점령한 후 1932년 3월 창춘(長春)에서 세운 괴뢰정권으로, 푸이(溥儀)를 '집정(執政)'으로 내세웠다. 1934년 3월 '만주제국'이라 칭하면서 '집정'도 '황제'로 바꿔 불렀다. 1945년 8월 항전 승리와 함께 사라졌다.

중국 자산계급 완고파(내가 말하고 있는 것은 '완고파'이다)는 20년 동안 아무런 교훈도 얻지 못한 것 같다. 그들이 아직도 '공산당을 제한하자(限共)', '공산당을 용해시키자(溶共)', '공산당을 반대하자(反共)'는 따위 구호를 소리높이 부르짖고 있는 것을 볼 수 있지 않은가? 그들이 만든 「타당(他黨)활동 방지·제한 방법」이나 그 후의 「타당문제 처리방법」 및 「타당문제 처리 실시방안」[18]을 보지 않았던가? 한심한 무리들, 그들이 이렇게 '제한'과 '처리'를 해나갈 때 전 민족 운명은 어떤 지경에 처하게 될지, 또 그들 자신은 어디에 있게 될지 알기나 하는지? 우리는 성심성의를 다해 그런 선생들에게 충고 드린다. 눈을 크게 뜨고 중국과 세계를 보고, 국내 상황과 국제정세가 어떻게 돌아가는지를, 지금이 어떤 상황인지를 살펴보라. 제발 그대들의 잘못을 다시 범하지 말라. 만일 또 다시 잘못을 이어나가면 민족의 운명은 분명 재앙을 맞게 될 것이며, 그대들 자신의 사정도 매우 어렵게 될 것이다. 이는 단연코 필연적이고 확실한 노릇이다. 만일 중국 자산계급 완고파가 이를 인식하지 못하면, 그들의 사정은 아주 좋지 못하게 되고, 결국 자멸의 길로 들어서고 말 것이다. 그러므로 우리는 중국의 항일통일전선이 견지되기를 바란다. 한 집안의 단독 패권이 아니라 여러 사람이 합작하여 항일사업

---

18) 1938년 10월 우한(武漢)이 함락된 후 국민당은 반공활동을 점차 강화하게 된다. 1939년 봄 이후 국민당중앙은 비밀리에 「타당활동 방지·제한 방법」, 「타당문제 처리 방법」, 「타당문제 처리 실시 방안」 등 반동문서를 계속적으로 반포했다. 이들 문서에는 파쇼통치 방법을 채택하여 공산당원과 모든 진보분자의 사상·언론·행동을 제한하고 일체의 항일군중조직을 파괴하도록 규정하고 있다. 국민당 반동파들이 '타당활동이 가장 강한 구역'이라고 생각하는 지역에서는 '연보·연좌법(聯保連坐法)'을 실시하도록 규정했는데, 이는 보갑(保甲)조직 가운데 '통신망', 즉 반혁명적 특무조직을 통해 인민의 활동을 수시로 감시하고 제한하기 위한 것이다. 아울러 화중(華中)·화베이(華北) 각지에서는 공산당에 대한 정치적 압박과 군사적 공격을 펼쳐나갔다.

을 승리로 이끄는 일이 최선의 방책이고, 그 밖의 것은 모두 하책(下策)에 불과하다. 이는 우리 공산당원들의 충심에서 우러나오는 권고로서, 후에 "사전에 미리 예고하지 않았다고 탓하지 않기(勿謂言之不預也)" 바란다.

중국에는 "밥이 있으면 여럿이 먹자(有飯大家吃)"는 옛말이 있다. 이 말은 매우 이치가 있는 말이다. 적이 있으면 여럿이 공격하는 법이며, 밥이 있으면 당연히 여럿이 먹어야 하는 법이며, 일이 있으면 여럿이 해내야 하는 법이며, 책이 있으면 여럿이 읽어야 하는 법이다. '혼자 독식'하며 '아무도 날 건드리지 못한다(人莫予毒)'는 식 무리들의 행위는 봉건영주의 상투적 장난질에 불과하므로 20세기 40년대에 와서는 전혀 통할 리가 없다.

우리 공산당원들은 모든 혁명적인 사람들을 절대로 배척해서는 안된다. 우리는 끝까지 항일하려는 모든 계급·계층·정당·정치단체 및 개인들과 통일전선을 굳게 유지하고 장기적인 합작을 실행하려고 한다. 그렇지만 그 누구라도 공산당을 배척하려 한다면 그것은 안되는 일이다. 통일전선을 분열시키려 한다면 이 역시 안되는 일이다. 중국은 반드시 계속 항전해 나가야 하며 단결해 나가야 하며 진보해 나가야 한다. 누구든지 투항하거나 분열하거나 퇴보하려 한다면 우리는 이를 용납할 수 없다.

'좌'경 공론주의를 반박함

자산계급독재의 자본주의 길을 걷지 않으면 바로 무산계급독재의 사회주의 길을 걷게 될 수 있는 것인가?

그러나 그것도 불가능하다.

현재의 혁명은 제1보이며 장차 더욱 발전하여 제2보, 즉 사회주의로 들어갈 것이 틀림없다. 중국도 진보하여 사회주의시대가 되면 진정 행복한 시대가 된다. 그러나 아직은 사회주의를 실현할 시기가 못되었다. 현재 중국혁명의 임무는 반제·반봉건이다. 이 임무를 완성하기 전에는 사회주의를 논할 수 없다. 중국혁명은 두 걸음을 걸어 나가야만 한다. 그 첫걸음은 신민주주의이고, 두 번째 걸음이 사회주의이다. 첫걸음은 시간이 상당히 많이 걸리며 절대로 일조일석에 성취할 수 없다. 우리는 공상가가 아닌 만큼 당면한 실제 조건을 떠날 수 없다.

일부 악의적 선전가는 이 두 개의 다른 혁명단계를 고의로 혼동시켜 이른바 '일차혁명론'을 제창하여, 어떤 혁명이든 모두 삼민주의 속에 포괄된다고 주장함으로써 공산주의의 존재근거를 없애버린다. 이러한 '이론'을 이용해서 공산주의와 공산당, 팔로군(八路軍)·신사군(新四軍)·산간닝변구(陝甘寧邊區)를 애써 반대한다. 그 목적은 어떠한 혁명도 모두 근본적으로 말살시키자는 의도로 자산계급 민주혁명의 철저성에 반대하고 항일의 철저성에 반대하여 원수 일본에 투항하는 여론을 조성하려는 것이다. 이러한 상황은 일제가 계획적으로 조성한 것이다. 일본제국주의가 우한(武漢)을 점령한 후 중국을 무력으로만 점령할 수 없다는 사실을 깨닫고 정치적 공세와 경제적 유인에 착수한 것이다. 이른바 정치적 공세란 항일진영 내의 동요분자를 유혹하여, 통일전선을 분열시키고 국공합작을 파괴하는 것이다. 경제적 유인이란 이른바 '합작기업'이다. 일제는 합작기업을 실시하여 화중·화난지방에서는 중국자본가가 출자의 51%를, 그리고 일제자본가는 49%를 내어 합작하며, 화베이지역에서는 일제자본이 51%, 중국자본이 49%를 갖게 한다. 그리고 그들은 중국자본가가 가지고 있던 모든 시설을 돌려주면서 그것을 환산하여 자본으로 충당하도록 허락했다. 그리하여 양심을 잃어버린 자본가는 이익만을 생각할 뿐 정도(正道)를 잃어버린 채 계속 그 길로 나아가고자 매달린다. 왕징웨이를 대표로 하는 일부 자본가들은 이미 그렇게 투항했으며, 또다른 일부 자본가들은 항일진영 내에 숨어서 역시 그 길로 달려 나가고자 한다. 그렇지만 '도적이 제 발 저리다'는 격으로 그들은 공허한 마음에서 공산당이 제 앞길을 막지 않을까 두려워하고, 특히 일반대중이 매국노라고 욕할 것을 겁낸다. 그리하여 그들은 떼를 지어 모임을 갖고 먼저 문화계와 여론 문제부터 대응하기로 결의했다. 계책이 정해지자 서둘러 몇몇 현학쟁이 학자19)를 고용하고 트로츠키 이름을 내세우는 몇 명을 더 끌어와 총대로 삼은 붓을 함부로 놀리면서 제멋대로 공격하고 헐뜯게 하고 있다. 그리하여 '일차혁명론'이니, 공산주의는 중국 상황에 맞지 않는다느니, 공산주의는 중국에 존재할 필요가 없다느니, 팔로군·신사군이 항일을 파괴하면서 떠돌기만 할 뿐 진격은 하지 않는다느니, 산간닝변구는 봉건영주가 할거하는 곳이라느니, 공산당이 말을 듣지 않아 통일이 안 되고 음모로 날뛴다는 등등 주장으로 세상물정 모르는 사람들을 속이고 있다. 이는 적당한 때를 만나기만 하면 자본가들은 정당한 이유인 것처럼 49% 또는 51%를 취하는 대신 전민족의 이익을 몽땅 적에게 팔아먹으려는 수작이다. 그야말로 대들보를 훔치고 기둥을 바꿔버리려는 셈으로, 투항하기 전에 자기들을 합리화시키는 논리와 여론을 준비하자는 것이다. 이런 선생 무리들이 '일차혁명론'을 제창하여 공산주의자와 공산당을 반대하는 것은 다른 이유 때문이

---

19) 마오쩌둥이 여기에서 가리키고 있는 것은 장쥔마이(張君勵)와 그 일파다. 장쥔마이는 1923년 일종의 유심주의 철학사상, 즉 '자유의지'적인 '현학(玄學)'을 공개적으로 선양하여 '과학과 현학'이라는 논쟁을 불러일으켰는데, 당시 그는 '현학귀(玄學鬼)'라 불렸다. 1938년 12월에는 장제스의 의견에 맞춰 「마오쩌둥 선생에게 보내는 공개편지」를 발표하여 팔로군·신사군 및 산시(陝西)·간쑤(甘肅)·닝샤(寧夏)변구를 없앨 것을 주장해 일본제국주의와 장제스가 흡족해 눈을 휘둥그레 뜨도록 만들었다.

아니라 오로지 49% 또는 51%를 얻기 위한 노릇이니, 참으로 괴롭고 골치 아픈 심사가 아닐 수 없다. '일차혁명론'이라는 것은 혁명을 하지 말자는 주장이다. 이것이 문제의 본질이다.

그런데 또 다른 일부 사람들은 악의를 품은 것 같지는 않지만 '일차혁명론'에 현혹되어 있고, 이른바 "정치혁명과 사회혁명을 단번에 끝내자"고 하는 순수 주관적 생각에 미혹된 채 혁명은 단계 구분이 있어 하나의 혁명에서 다른 혁명으로 나아갈 수 있을 뿐 "단번에 끝내는" 일은 없다는 점을 알지 못한다. 이러한 관점은 혁명의 발걸음을 혼란하게 하여 당면한 임무에 대한 노력을 저하시키기에 역시 매우 유해한 것이다. 만일 두 개의 혁명단계 중 전자는 후자의 준비단계로서, 이 두 단계가 반드시 접목되고 자산계급독재라는 단계가 끼어들지 못하도록 해야 한다고 여긴다면 이는 정확한 관점이며, 이것이 바로 마르크스주의 혁명 발전론이다. 만일 민주혁명에서 자신의 일정한 임무가 없거나 또한 일정한 시간이 없다고 해서, 어떤 다른 시기에 가서야 완성할 수 있는 다른 임무, 예를 들면 사회주의 임무를 민주주의 임무와 합병해 완성시킬 수 밖에 없다고 여기면서 이를 '단번에 끝낸다'고 부른다면, 이는 공상에 지나지 않는 것으로 진정한 혁명가가 취할 바가 아니다.

완고파를 반박함

이렇게 되자, 자산계급 완고파들이 튀어나와 다음과 같이 말한다. "좋아, 너희들 공산당은 이미 사회주의 사회제도를 다음 단계로 파악하여 뒤로 미뤘고, '삼민주의가 오늘날 중국에 필요하므로 우리 당은 삼민주의를 철저히 실현하기 위해 투쟁한다.'[20]라고 했으니, 그렇다면 공산주의를 잠시 걷어치우라." 이러한 주장은 이른바 '일개주의(一個主義)'라는 표제 아래 이미 미친 망언의 아우성으로 변했다. 이러한 아우성의 본질은 완고분자들의 자산계급 독재주의다. 좀 더 양보하여 말한다 해도 전혀 상식이 없는 짓이라 할 수 있을 것이다.

공산주의는 무산계급의 전체적 사상체계며, 아울러 하나의 새로운 사회제도이기도 하다. 이러한 사상체계와 사회제도는 다른 어떤 사상체계 및 사회제도와도 구별되는 것으로, 인류역사상 가장 완전하고 진보적이며 가장 혁명적이고 합리적인 제도다. 봉건주의 사상체계와 사회제도는 이미 역사박물관으로 들어갔다. 자본주의 사상체계와 사회제도도 이미 일부분은 박물관으로 들어갔고(소련에서), 나머지 부분도 "서산에 기우는 해처럼 숨이 곧 넘어갈 듯, 목숨이 다급해 아침에 저녁 일을 알 수 없는(日薄西山, 氣息奄奄, 人名危淺, 朝不慮夕)" 처지로 곧 박물관으로 들어가고 말 것이다. 오로지 공산주의 사상체계와 사회제도만이 산을 밀어내고 바다를 뒤덮고 벼락을 치는 듯 거대한 힘으로 전 세계에 퍼져나가면서 그 아름다운 청춘을 드러내고 있다. 중국에 과학적 공산주의가 보급된 뒤로 인민의 시야는 제고되고 혁명의 면모도 일신되었다. 중국의 민주혁명은 공산주의가 영도하지 않으면 성공할 수 없으며, 혁명의 제1단계는 더더욱 말할 필요가 없다. 이것이 바로 자산계급 완고파가 어째서 공산주의를 걷어치우라고 떠드는가 하는 까닭이다. 사실 공산주의는 걷어치울 수 없는 것으로, 만일 걷어치운다면 중국은 망하고 만다. 현재 세계는 공산주의를 구원의 별로 여기고 있고, 오늘날의 중국 역시 그러하다.

사회제도와 관련해 공산당은 현재의 강령과 미래의 강령, 또는 최저 강령과 최고 강령이라는 두 갈래로 주장하고 있음을 잘 알 것이다. 현재는 신민주주의, 미래는 사회주의다. 이는 유기적으로 구성된 두 부분

---

20) 1937년 9월 22일 발표된 「중공중앙의 국공합작 공포(公布) 선언」에서 인용.

으로서, 동시에 모든 공산주의 사상체계가 영도하는 것이다. 공산당의 최저 강령과 삼민주의의 정치원리가 기본적으로 같기 때문에 공산주의를 걷어치우라고 미친 듯 떠들어대는 것은 너무나 황당무계한 수작이 아니겠는가? 공산당원은 공산당의 최저 강령과 삼민주의 정치원리가 기본적으로 동일하기 때문에 "삼민주의를 항일통일전선의 정치적 토대로 삼을 것"을 승인했던 것이며, "삼민주의가 오늘날의 중국에 필요하므로 우리 당은 이를 철저히 실현하기 위해 분투할 것"을 승인할 수 있었던 것이다. 그렇지 않았으면 이는 불가능한 일이었다. 이는 민주혁명 단계에서 삼민주의와 공산주의의 통일전선이다. 쑨원 선생이 이른바 "공산주의는 삼민주의의 좋은 동무"[21]라고 한 말은 바로 이 통일전선을 의미하는 것이다. 공산주의를 거부하면 실제로는 통일전선을 부인하는 것이다. 완고파도 그 일당주의를 실행하고 통일전선을 부인하기 위해 공산주의를 부정하는 그런 황당하고 잘못된 설법을 조작해 낸 것이다.

'일개주의'는 통할 리 없다. 계급이 존재하는 조건 아래서 계급이 여러 개 있으면 주의(主義) 또한 여러 개 있는 것이며, 심지어 한 계급 내 각개 집단 중에도 각각의 주의가 있는 것이다. 현재 봉건계급은 봉건주의, 자산계급은 자본주의, 불교도는 불교주의, 기독교인은 기독교주의, 농민은 다신(多神)주의를 따른다. 또한, 근래 일부 사람들은 무슨 케말주의니, 파쇼주의니, 유생(唯生)주의[22]니, 노동에 따라 분배하자는 주의

---

21) 쑨중산의 『민생주의 강연』제2강(1924년)을 참고할 것.

22) 1933년 국민당중앙 조직부 부장 천리푸(陳立夫)가 『유생론(唯生論)』이라는 책을 발표하여 우주의 실체는 '생명의 흐름'이고, 만물의 근본문제는 '생명을 구하는(求生)' 데 있다고 선전하면서 계급투쟁 학설을 반대했다. 아울러 그는 우주만물에는 저마다 하나의 중심(重心)이 있다고 여기며 인류의 사회현상으로 말하자면 한 명의 영수(領袖)만이 있을 수 있고 그렇지 못하면 그 균형과 생존을 유지할 방법이 없다고 주장했다. 이러한 '유생주의' 이론은 국민당 반동파들이 파쇼독재에 봉사하기 위한 것이었다.

(按勞分配主義)23) 따위를 주장하기도 한다. 그런데 어째서 무산계급은 공산주의라는 이 주의를 가질 수 없는가? 그토록 수많은 주의가 있는데 왜 공산주의만 보면 '걷어치우라'고 소리를 지르는가? 사실을 따져 말한다면 '걷어치울 수' 없는 것이니, 한번 겨뤄보기로 하자. 누구든지 공산주의와 겨뤄 이길 수 있다면 우리 공산당원들은 잠자코 그 실패를 스스로 인정하겠다. 그렇게 하지 못할 것 같으면 이른바 '일개주의'라는 반민권주의 작풍을 하루빨리 걷어치워야 한다.

완고파들이 시야를 넓혀 공산주의와 삼민주의를 오해하는 일이 없도록 이 두 주의의 통일성과 차별성을 명확히 규명할 필요가 있다.

삼민주의와 공산주의라는 두 주의를 비교하면 서로 같은 부분과 서로 다른 부분이 있다.

첫째, 서로 동일한 부분은 이 두 주의가 중국 자산계급 민주혁명 단계상의 기본 정강(政綱)이라는 점이다. 1924년 쑨원 선생이 새로 해석한 삼민주의 중의 혁명적 민족주의 · 민권주의 · 민생주의라는 세 정치 원칙은 공산주의의 중국 민주혁명 단계의 정강과 기본적으로 동일하다. 이러한 동일성 때문에, 그리고 삼민주의가 실시되고 있었기 때문에 두 주의, 두 정당의 통일전선이 이루어진 것이다. 이 점을 경시하면 잘못이다.

둘째, 서로 다른 부분으로는 ① 민주혁명 단계에서 일부 강령이 서로 같지 않다. 공산주의는 전체 민주혁명 정강 중에 인민권력과 8시간 노동제의 철저한 실현과 철저한 토지혁명에 관한 강령이 있으나 삼민주의

---

23) '노동에 따라 분배하는 주의'라는 이 말은 산시(山西)지방의 대지주이자 거대 매판층 대표인 군벌 옌시산(閻錫山)이 내걸었던 구호다. 그 주요 내용을 살펴보면, 군사적 방법으로 노동인민을 강제 억압하여 촌공소(村公所)가 관할하는 일정한 토지나 관에서 관리하는 공장 · 상점 등지에서 농노식 노동에 종사케 한 뒤 아주 적은 노동 결과를 노동 상황에 따라 이들 노동자들에게 분배한다는 것이다.

에는 이런 것이 없다. 만일 삼민주의가 이 부분을 보충하지 않고 또 실행하려고 준비하지 않으면 그것은 민주정강과 기본적으로만 동일할 뿐 완전히 같은 것은 아니다.

② 사회주의 혁명 단계의 유무가 다르다. 공산주의는 민주혁명 단계 외에 사회주의혁명 단계가 있음으로써 최저 강령 외에도 최고 강령, 즉 사회주의제도와 공산주의 사회제도를 실현한다는 강령이 있다. 그렇지만 삼민주의는 민주혁명 단계만 있고 사회주의혁명 단계는 없기 때문에 최저 강령만 있고 최고 강령, 즉 사회주의와 공산주의 사회제도 건설에 관한 강령은 없는 것이다.

③ 세계관이 다르다. 공산주의 세계관은 변증법적 유물론과 사적유물론인데 비해 삼민주의 세계관은 이른바 민생사관으로서 실질적으로 이원론(二元論) 또는 유심론(唯心論)이므로 양자는 서로 상반된다.

④ 혁명의 철저성이 다르다. 공산주의는 이론과 실천이 일치한다. 즉 혁명의 철저성이 있다. 그렇지만 삼민주의는 혁명과 진리에 가장 충실한 사람들 이외에는 이론과 실천이 일치하지 않으며 말과 행동이 서로 모순된다. 즉 혁명의 철저성이 없다.

이상 양자 사이의 차이점으로 인하여 공산주의와 삼민주의 사이에는 구별이 있는 것이다. 이러한 구별을 소홀히 하여 통일의 측면만 보고 모순의 측면을 보지 못하면 그것은 대단히 잘못된 것이다.

이러한 것들을 분명히 하고 난 후에야 자산계급 완고파가 왜 공산주의를 '걷어치우라'는 요구를 하는지, 그것이 무슨 뜻인지 이해할 수 있을 것이다. 그들의 주장은 자산계급의 독재주의이거나 아니면 너무나 몰상식한 것이다.

구삼민주의와 신삼민주의

자산계급 완고파는 역사적 변화를 전혀 알지 못하며 그들의 지식은 빈약하기 짝이 없어 거의 무(無)에 가깝다. 그들은 공산주의와 삼민주의의 차이점을 모르고, 또한 신삼민주의와 구삼민주의를 구별할 줄도 모른다.

우리는 공산당이 "삼민주의를 항일 민족통일전선의 정치적 기초로 삼는다"는 것을 승인한다. 또한 "삼민주의가 오늘날의 중국에 필요하므로 우리 당은 삼민주의를 철저히 실현하기 위해 투쟁한다"는 것도, 공산주의의 최저 강령과 삼민주의의 정치 원칙이 기본적으로 같다는 점도 승인한다. 그렇다면 이러한 삼민주의는 어떠한 삼민주의인가? 이러한 삼민주의는 어떤 다른 삼민주의가 아니라 바로 쑨원 선생이 '중국국민당 제1차 전국대표대회 선언' 중에서 새로 해석한 삼민주의다. 나는 완고파 선생들이 '공산당을 제한하자'(限共), '공산당을 용해시키자'(溶共), '공산당을 반대하자'(反共)는 따위 활동에서만 의기양양하지 말고 그 선언도 한번 살펴보기 바란다. 원래 쑨원 선생은 이 선언 중에서 "국민당의 삼민주의에 대한 참된 해석은 이러하다"고 말한 것만 보아도 오로지 이러한 삼민주의만이 진정한 삼민주의이며 다른 것은 모두 거짓 삼민주의임을 알 수 있다. 오직 '국민당 제1차 전국대표대회 선언' 중에서 해석된 삼민주의만이 '참된 해석'이고 다른 것은 모두 가짜 해석이다. 이것은 공산당이 날조해낸 것이 아니다. 이 선언이 통과될 때 나와 국민당 당원들이 모두 직접 목격한 사실이다.

이 선언은 삼민주의를 역사적으로 두 시기로 구분했다. 이 선언 이전의 삼민주의는 구 범주의 삼민주의로서, 예전의 반(半)식민지 자산계급 민주혁명의 삼민주의, 구민주주의의 삼민주의, 즉 구삼민주다.

이 선언 이후의 삼민주의는 새로운 범주의 삼민주의로, 새로운 반식민지 자산계급 민주혁명의 삼민주의, 신민주주의 삼민주의, 즉 신삼민주의다. 오로지 이러한 삼민주의만이 새로운 시기의 혁명적 삼민주의이다.

이러한 새로운 시기의 혁명적 삼민주의, 신삼민주의 또는 진정한 삼민주의는 소련과 연합하고(聯蘇), 공산당과 연합하여(聯共), 농민·노동자를 돕는(扶助農工) 3대 정책의 삼민주의다. 이러한 3대 정책이 없으면, 또는 3대 정책 중 하나라도 없다면 새로운 시기 삼민주의란 모두 가짜 삼민주의, 또는 반(半)삼민주의다.

첫째, 혁명적 삼민주의, 신삼민주의 또는 진정한 삼민주의는 반드시 소련과 연합하는 삼민주의다. 현재의 상황은 지극히 명백한 것으로 연소(聯蘇)정책이 없으면, 즉 사회주의 국가와 연합하지 않으면 결국 연제(聯帝)정책, 즉 제국주의와 연합할 것이다. 1927년 이후 이미 이러한 상황을 겪어보지 않았던가? 사회주의 소련과 제국주의 사이의 투쟁이 더욱 첨예화되면 중국은 이쪽이 아니면 저쪽에 서야 하는 게 필연적인 추세다. 그렇다면 어느 쪽에도 쏠리지 않고 의지하지 않으면 될 게 아니냐고? 그건 몽상이다. 전 지구는 하나같이 이 두 개의 전선에 휩쓸려 들어가게 될 것인데, 앞으로의 세계에서 '중립'이라는 말은 사람을 기만하는 단어에 불과할 것이다. 이미 자신의 국토 깊숙이 침입해온 제국주의와 투쟁하고 있는 중국으로서는 소련의 원조가 없으면 최후의 승리를 생각할 수 없다. 소련과 연합하는 것을 버리고 제국주의와 연합한다면 반드시 '혁명'이란 두 글자를 지워버린 채 반동적 삼민주의로 변하고 말 것이다. 단적으로 말해 '중립'적 삼민주의란 없고, 혁명적 아니면 반혁명적 삼민주의만 있을 뿐이다. 이전 왕징웨이의 말대로 '협공 중 분투'[24]

---

24) 왕징웨이는 1927년에 혁명을 배반한 후 얼마 안되어 「협공 중의 분투」라는 글을 발표했다.

를 전개하기로 한다면 '협공 중 분투'하는 삼민주의야말로 어찌 용감하지 않은가? 그러나 애석하게도 그것을 만들어낸 왕징웨이 선생까지도 이러한 삼민주의를 방기한(혹은 걷어치운) 채 현재는 제국주의와 연합하는 삼민주의로 바꿔 타고 말았다. 만일 제국주의를 동·서로 구별한다면, 그가 연합한 것은 동양의 제국주의로 그는 나와 상반된다. 서양의 일부 제국주의와 연합하여 동쪽을 향해 공격한다면 이 또한 어찌 혁명이 아니라 말할 수야 있겠는가? 그러나 서양제국주의는 반소반공(反蘇反共)하려는 만큼 그들과 연합하면 그들은 그대에게 북쪽을 향해 공격하라고 요청할 것이니 그대의 혁명은 또한 실패하고 말 것이다. 이 모든 상황은 혁명적 삼민주의, 신삼민주의 또는 진정한 삼민주의는 필연코 소련과 연합하는 삼민주의이지 결코 제국주의와 연합해 소련을 반대하는 삼민주의가 아니라는 점을 확인해준다.

둘째, 혁명적 삼민주의, 신삼민주의 또는 진정한 삼민주의는 반드시 공산당과 연합해야 한다. 만약 공산당과 연합하지 않으면 반공으로 나설 것이다. 반공은 일본제국주의와 왕징웨이의 정책이다. 그대가 반공에 나서고자 한다면 그거야 어쩌겠나? 하지만 그들은 곧장 그대를 자신들의 반공회사에 가입하도록 초청할 것이다. 그러나 그렇게 되면 매국노라는 의심을 받지 않을 수가 있겠는가? 일본을 따라가자는 건 아니고, 그저 다른 나라를 따라 가는 것이라고 한다면 그 역시 아주 우스운 일이다. 누구를 따라가든 반공을 한다면 그는 매국노다. 더 이상 항일을 할 수 없기 때문이다. 독립적으로 반공을 하겠다, 그것도 잠꼬대일 뿐이다. 식민지·반식민지에서 제국주의의 힘을 빌리지 않고 이러한 반혁명 대사업을 수행할 수 있는 호걸이 있겠는가? 일찍이 전 세계 제국주의의 힘을 다 동원하여 10년간이나 반공을 진행했으나 결국 실패하고 말았는데, 오늘날 갑자기 '독립'적으로 반공을 수행할 수 있단 말인가? 외부에서 어떤 사람은 "반공은 좋으나 할 수가 없다"고 떠든다고 한다.

이 소문이 거짓이 아니라면 이 말의 절반은 잘못되었다. 반공이 어째서 좋단 말인가? 다른 절반의 말은 옳다. 반공은 진정 '해낼 수 없는' 것이다. 그 원인은 기본적으로 공산당에 있는 게 아니라 일반 백성한테 있다. 백성들이 '공'(共)을 좋아하고 '반'(反)을 싫어하기 때문이다. 백성들은 절대 사정을 봐주지 않는다. 민족의 적이 국토 깊숙이 쳐들어왔을 때 반공을 하면 백성들이 결코 용서치 않을 것이며, 또한 그런 사람들의 생명을 빼앗아 버릴 것이다. 분명한 점은, 누구든지 반공을 하면 그는 박살나서 가루가 될 각오를 해야 할 것이다. 그렇게 박살나서 가루가 될 결심이 없다면 분명코 반공을 하지 않는 편이 나을 것이다. 이것은 우리가 모든 반공 영웅들에게 권하는 진심어린 충고다. 그러므로 오늘날의 삼민주의는 공산당과 연합하는 삼민주의이어야 하고, 그렇지 않으면 망한다는 사실은 너무나 명명백백하다. 이는 삼민주의의 존폐문제다. 연공(聯共)하면 삼민주의는 존속하게 되고 반공하면 멸망할 것이다. 누가 그렇지 않다고 증명할 수 있겠는가?

셋째, 혁명적 삼민주의, 신삼민주의 또는 진정한 삼민주의는 반드시 농민·노동자(農工)정책을 갖춘 삼민주의다. 농민·노동자정책을 갖추지 않은 채 노동자·농민을 진심으로 부조하지 않고, 〈총리 유촉(遺囑)〉 속 '민중을 불러일으키는' 일을 실천하지 않는다면 혁명은 실패하게 될 것이고 스스로도 실패할 것이다. 스탈린은 "이른바 민족문제는 사실상 농민문제다"[25]라고 말했다. 이 말은 곧 중국혁명이 본질적으로는 농민혁명이며, 현재의 항일이 본질적으로는 농민의 항일이라는 의미

---

25) 1925년 3월 30일, 스탈린은 공산당 국제집행위원회 남슬라브위원회 회의석상에서 「남슬라브 민족문제를 논함」이라는 연설을 했다. 그 속에서 "농민은 민족운동의 주력군으로, 이러한 농민군대가 없이는 강력한 민족운동이 존재할 수도, 가능하지도 않다. 이른바 민족문제가 본질적으로는 농민문제라는 것은 바로 이 점을 말하고 있는 것이다"고 했다.

다. 신민주주의 정치는 실질적으로 농민에게 권리를 부여하는 것이다. 신삼민주의, 진정한 삼민주의는 본질적으로 농민혁명주의다. 대중문화는 실질적으로는 바로 농민문화를 향상시키는 일이다. 항일전쟁은 본질적으로는 농민혁명주의다. 항일전쟁은 본질적으로는 농민전쟁이다. 지금은 '산상주의(山上主義)'[26] 시기로 모두 산 위에서 회의도 하고 사무도 보고 공부도 하고 신문도 내고 책도 써내고 연극도 하는 것은 실질적으로는 모두 농민을 위한 것이다. 모든 항일, 모든 생활은 실질적으로는 다 농민이 제공한 것이다. 여기서 '실질적'이란 말은 기본적이라는 뜻이며 여타의 부분을 경시하는 것은 아니다. 이 점은 스탈린이 이미 해석했던 바다. 중국 인구의 80퍼센트 이상이 농민이라는 것은 소학생도 다 아는 상식이다. 그러므로 농민문제는 중국혁명의 근본문제이며, 농민의 힘은 중국혁명의 주요 역량이다. 농민 이외에 중국 인구 가운데 두 번째 부분은 노동자다. 중국에서 산업노동자는 수백만 명, 수공업자와 농업노동자는 수천만 명이다. 이들 각종 산업노동자들이 없으면 중국은 생활할 수 없다. 왜냐하면 그들은 산업경제의 생산자이기 때문이다. 근대 산업노동자계급이 없다면 혁명은 승리할 수 없다. 그들이 중국혁명의 영도자이고 혁명성이 가장 풍부하기 때문이다. 이러한 상황 아래서 혁명적 삼민주의, 신삼민주의 또는 진정한 삼민주의는 필연적으로 농민·노동자정책을 갖춘 삼민주의다. 농민·노동자정책이 없고 농민·노동자를 돕지 않으며 '민중을 불러일으키는' 일을 실천하지 않는 삼민주의라면 그러한 삼민주의는 분명 망하고 말 것이다.

그러므로 소련과 연합(聯蘇)하고 공산당과 연합(聯共)하며 농민·노

---

26) 공산당 내 일부 교조주의자들은 마오쩌둥이 농촌의 혁명근거지를 중시하는 것을 두고 '산상주의'(山上主義)라고 비웃었다. 마오쩌둥은 여기에서 교조주의자들의 바로 이러한 비웃는 말을 되받아 농촌 혁명근거지의 위대한 역할에 대해 설명하고 있다.

동자를 돕는(扶助農工) 3대 정책을 떠난 삼민주의는 앞날이 없다. 모든 양심적 삼민주의자들은 이 점을 진지하게 고려해야 한다.

이러한 3대 정책의 삼민주의, 혁명적 삼민주의, 신삼민주의, 진정한 삼민주의는 신민주주의적 삼민주의로서, 구삼민주의가 발전된 형태다. 이는 쑨원 선생의 큰 공로이자 중국혁명이 사회주의 세계혁명의 일부분이 되는 시대의 산물이다. 중국공산당은 오로지 이러한 삼민주의만을 "오늘날의 중국에 필요하다"고 보았기에 "이것을 철저히 실현하기 위하여 투쟁한다"고 선언한 것이다. 오로지 이러한 삼민주의만이 중국공산당의 민주혁명 단계 중의 정강, 즉 그 최저 강령과 기본적으로 동일하다.

구삼민주의의 경우, 이는 중국혁명의 구시대 산물이다. 그 당시 러시아는 제국주의러시아였으므로 러시아와 연합하는 정책은 불가능했다. 그 당시 국내에는 아직 공산당이 없었기에 공산당과 연합하는 정책도 있을 수 없었다. 그 당시 노동자·농민운동도 스스로의 정치적 중요성을 충분히 드러내지 못하여 미처 사람들의 주위를 끌지 못했으므로 노동자·농민과의 연합정책도 당연히 있을 수 없었다. 그러므로 1924년 국민당 개각 이전의 삼민주의는 구범주의 삼민주의로, 이미 시기가 지난 삼민주의였다. 이를 신삼민주의로 발전시키지 못했다면 국민당은 전진할 수 없었을 것이다. 현명한 쑨원 선생은 이 점을 간파하고 소련과 중국공산당의 도움을 얻어 삼민주의를 다시 해석함으로써 새로운 역사적 특성을 지니게 했고, 이로써 삼민주의와 공산주의의 통일전선을 마련하고 제1차 국공합작을 성립시켜 전국 인민의 지지와 성원을 획득한 결과, 마침내 1924년에서 1927년에 이르는 혁명을 수행했다.

구삼민주의는 구시기에는 혁명적이었으며, 구시기의 역사적 특성을 반영한 것이었다. 그러나 신시기에 신삼민주의가 이미 만들어진 이후에도 다시 예전 낡아빠진 방법을 되살린다든지, 사회주의국가가 등장한

232

후에 소련을 반대한다든지, 공산당이 성립된 후에 공산당과의 연합을 반대한다든지, 노동자 · 농민이 이미 각성하여 자신의 정치세력을 드러 낸 이후로도 노동자 · 농민정책을 반대한다면, 이것은 시대의 흐름을 모르는 반동적인 것이다. 1927년 이후의 반동이 바로 이렇게 시대의 흐름을 몰랐던 결과이다. "시대의 흐름을 아는 자가 뛰어난 인물이다(識時務 者爲俊傑)"라는 말이 있다. 오늘날 삼민주의자들은 이 말을 잘 되새겨보 길 바란다.

옛 범주의 삼민주의가 공산주의의 최저 강령과 기본적으로 동일한 점이 없는 까닭은 바로 그것은 이미 시기가 지난 구시대의 것이기 때문이다. 만일 어떤 종류의 삼민주의가 반소, 반공, 반농민 · 노동자 운동을 한다면, 그것은 반동적 삼민주의로, 이는 공산주의의 최저 강령과 전혀 같지 않을 뿐 아니라 공산주의의 적이기에 전혀 언급할 필요도 없다. 이 점도 삼민주의자는 마땅히 신중히 고려해야 한다.

그러나 어쨌든 반제 · 반봉건 임무가 기본적으로 완결되기 전에는 모든 양심적 인사들은 신삼민주의를 버리지 못할 것이다. 그것을 방기하는 사람은 오로지 왕징웨이(汪精衛) · 리징웨이(李精衛) 같은 무리들밖에 없을 것이다. 왕징웨이 · 리징웨이 따위들이 반소, 반공, 반농민 · 노동자운동의 거짓 삼민주의를 죽어라고 떠들어댈지라도, 양심적이고 정의감이 있는 사람이라면 계속하여 쑨원 선생의 참된 삼민주의를 옹호할 것이다. 1927년 반동 이후에도 수많은 진정한 삼민주의자들이 중국혁명을 위해 계속 분투했다면 민족의 적이 국토에 깊숙이 침입해온 오늘날에는 이들은 수천, 수만 명으로 늘어갈 것이다. 우리 공산당원은 시종일관 진정한 삼민주의자들과 장기적으로 합작할 것이며, 저 매국노들과 죽어라고 변치 않는 반공분자들을 제외하고는 어떠한 벗들도 결코 포기하지 않을 것이다.

신민주주의 문화

　우리는 앞에서 중국정치의 새로운 시기상의 역사적 특징, 즉 신민주주의 공화국의 문제를 설명했다. 다음에는 문화 문제로 넘어가보기로 하자.

　일정한 문화는 어떤 일정한 사회의 정치·경제의 관념형태로서의 반영이다. 중국에는 제국주의문화가 있다. 이것은 바로 제국주의가 중국을 정치적·경제적으로 통치 또는 반(半)통치하는 것의 반영이다. 이러한 부분의 문화는 제국주의가 중국에서 직접 관장하는 문화기관 이외에도 일부 파렴치한 중국인들도 제창하고 있다. 일체의 노예사상을 포함한 문화는 모두 이 종류에 속한다. 중국에는 또한 반(半)봉건문화도 있는데, 이것은 반(半)봉건 정치와 경제를 반영한 것이다. 무릇 공자를 존경하고 경서 읽기를 주장하며, 낡은 예절과 낡은 사상을 제창하면서 새로운 문화, 새로운 사상을 반대하는 사람들은 모두 이런 문화를 대표하는 사람들이다. 제국주의문화와 반(半)봉건문화는 대단히 친숙한 형제로서, 그들은 문화적 반동동맹을 결성하여 중국의 신문화를 반대한다. 이러한 반동문화는 제국주의와 봉건계급을 위해 복무하므로 당연히 타도해야 할 대상이다. 이들을 타도하지 않으면 신문화는 건설되지 못한다. 〔구문화를〕 파괴하지 않으면 〔신문화가〕 서지 못하며 〔구문화를〕 막지 않으면 〔신문화가〕 흐르지 못하며 〔구문화를〕 제지하지 못하면 〔신문화가〕 실행될 수 없으니(不破不立, 不塞不立, 不止不行) 그들 사이의 투쟁은 생사를 건 투쟁이다.

　신문화란 관념형태에 새로운 정치·경제가 반영된 것으로서, 이는 새로운 정치·경제를 위해 복무한다.

　우리가 이미 제3절에서 살펴본 바와 같이 중국은 자본주의경제가 발생한 이래 사회 성격이 변하여 봉건적 경제가 아직도 우세하긴 하지만 완전한 봉건사회가 아니라 반(半)봉건사회로 변했다. 이러한 자본주의 경제는 봉건경제에 대응하여 말하자면 새로운 경제다. 이러한 자본주의 경제와 동시에 발생·발전한 새로운 정치역량은 바로 자산계급·소자 산계급과 무산계급의 정치역량이다. 이러한 새로운 경제와 새로운 정치 역량이 관념형태로 반영되어 그것을 위해 복무하는 것이 바로 신문화 다. 자본주의경제가 없고 자산계급·소자산계급 및 무산계급이 없고, 또한 이들 계급의 정치역량이 없으면 이른바 새로운 관념형태, 즉 신문 화는 발생할 수 없다.

새로운 정치역량, 새로운 경제역량, 새로운 문화역량은 모두 중국의 혁명역량으로, 그것들은 낡은 정치, 낡은 경제, 낡은 문화를 반대한다. 낡은 정치, 낡은 경제, 낡은 문화는 두 부분이 결합된 것으로, 그 한 부 분은 중국 자신의 반(半)봉건적 정치·경제·문화이고, 다른 한 부분은 제국주의적 정치·경제·문화다. 이 가운데 후자가 맹주다. 그러나 이 들은 하나같이 다 나쁜 것으로, 마땅히 철저하게 파괴시켜야 한다. 중국 사회의 신·구 투쟁은 바로 인민대중(각 혁명계급)이라는 새로운 세력 과 제국주의 및 봉건계급의 구세력 사이의 투쟁이다. 이러한 신·구 투 쟁은 곧 혁명과 반혁명의 투쟁이다. 이러한 투쟁의 시간은 아편전쟁으 로부터 계산하면 이미 꼭 백 년이 지났으며, 신해혁명으로부터 계산해 도 거의 30년이 다 되었다.

그러나 앞서 말한 바와 같이 혁명 역시 신·구로 나뉜다. 어떤 역사 적 시기에는 새로운 것이 다른 역사시기에는 이미 낡은 것으로 되고 만 다. 중국 자산계급민주혁명 백 년 동안은 앞 80년과 뒤 20년이란 두 단 락으로 나뉜다. 이 두 단락에는 각각 기본적 역사적 특징이 있다. 즉, 앞 80년간의 중국 자산계급민주혁명은 낡은 범주에 속하며, 뒤 20년은 국제적·국내적 정치정세의 변화에 따라 새로운 범주에 속한다. 구민주 주의——이것은 앞 80년간의 특징이며, 신민주주의——이것은 뒤 20년

간의 특징이다. 이 구별은 정치적으로도 그러하며 또한 문화적으로도 그러하다.

이러한 구별은 문화면에서 어떻게 표현되는가? 이것이 우리가 아래에서 설명하려는 문제다.

중국 문화혁명의 역사적 특징

중국의 문화전선 또는 사상전선은 5·4운동 이전과 5·4운동 이후라는 두 개의 상이한 역사적 시기로 구분된다.

5·4운동 이전 중국 문화전선에서의 투쟁은 자산계급의 신문화와 봉건계급의 구문화 사이의 투쟁이었다. 5·4운동 이전의 학교와 과거(科擧)의 싸움[27], 신학(新學)과 구학(舊學)의 싸움, 서구 학문과 중국 학문과의 싸움 등은 모두 이러한 성격을 띤 것이었다. 당시 이른바 학교·신학·서학이라는 것들은 기본적으로 자산계급 대표들이 필요로 하는 자연과학과 자산계급의 정치사회학설이었다.(기본적이란 말은 그 중간에 아직도 중국의 봉건적 잔재가 많이 내재해 있었음을 뜻한다.) 당시 이러한 이른바 신학 사상은 중국 봉건사상과 싸우는 데 혁명적으로 작용했으며, 구시기 자산계급민주혁명을 위해 복무했다. 그러나 중국 자산계급의 무능, 그리고 세계가 이미 제국주의 시대로 진입함으로써 이러한 자산계급사상은 몇 차례 시련을 겪고는 외국 제국주의 노예사상과 중국 봉건주의 복고사상이라는 반동동맹으로부터 타격을 받았다. 그러

---

27) '학교'는 당시 구미 자본주의국가를 모방하려는 교육제도를, '과거'는 중국에서 원래 유지되어왔던 봉건적 고시제도를 가리킨다. 19세기말부터 '유신'을 주창하는 지식분자들은 과거제도를 폐지하고 학교를 세워야 한다고 주장했고, 봉건 완고파들은 온 힘을 다해 이 주장에 반대했다.

한 사상적 반동동맹군의 미미한 공격에 이른바 신학은 깃발을 내리고 북을 거둔 채 퇴각을 선언하고는 영혼을 잃어버리고 단지 껍질만 남게 되었다. 구자산계급 민주주의 문화는 제국주의시대에 이미 부패되고 무능해져서 그 실패는 필연적이었다.

5·4운동 이후는 전혀 사정이 다르다. 5·4운동 이후 중국에는 완전히 참신한 새로운 문화주력군이 탄생했다. 그것은 바로 중국 공산당원들이 이끄는 공산주의적 문화사상, 즉 공산주의 세계관과 사회혁명론이다. 제1차 세계대전과 10월혁명 이후 5·4운동이 일어난 1919년, 그리고 중국공산당의 성립과 진정한 노동운동이 시작된 1921년, 즉 민족문제와 식민지 혁명이 전 세계에서 과거의 면모를 개변했을 때, 중국혁명과 세계혁명의 연계는 대단히 획기적이었다. 중국의 정치주력군, 즉 중국무산계급과 중국공산당이 중국의 정치무대에 등장함으로써 이 문화주력군은 곧 새로운 장비와 무기로써 모든 가능한 동맹군과 연합하여 자기 진용을 갖추고 제국주의문화나 봉건주의문화에 대항하여 용맹한 진격을 시작했다. 이 문화주력군은 사회과학 영역과 문화예술 영역, 특히 철학·경제학·정치학·군사학·역사학 방면과 문학·예술 방면(연극·영화·음악·조각·회화 등을 막론하고)에서 획기적인 발전을 이루었다. 20년 이래 이 새로운 문화군의 예봉이 향하는 곳마다 사상으로부터 형식(문자 등)에 이르기까지 광대한 혁명을 일으키지 않을 수 없었다. 그 거대한 성세와 맹렬한 위력은 참으로 천하무적이었으며, 그 광대한 동원 범위는 중국의 어떠한 역사적 시기보다도 월등한 것이었다. 루쉰(魯迅)은 바로 이 새 문화부대의 가장 위대하고 뛰어난 기수다. 그는 중국 문화혁명의 주장(主將)이며 가장 위대한 문학가인 동시에 또한 위대한 사상가, 위대한 혁명가다. 루쉰은 대쪽같이 곧은 사람으로, 추호라도 굽실거리는 노예근성이나 비굴한 태도라고는 볼 수 없었다. 이는 식민지·반식민지 인민에게 요구되는 가장 고귀한 성격이다. 루쉰은 문

화전선에서 전 민족의 대다수를 대표하여 적을 향해 돌격하고 진지를 함몰시킨, 가장 정확하고 가장 용맹한, 가장 굳세고도 가장 충실한, 가장 정열적인, 일찍이 없었던 민족영웅이다. 그러므로 루쉰의 방향이 바로 중화민족 신문화의 방향이다.

5 · 4운동 이전 중국의 신문화는 구민주주의 성격을 띤 문화로, 세계 자산계급 자본주의 문화혁명의 일부분에 속하는 것이었다. 그렇지만 5 · 4운동 이후의 중국 신문화는 신민주주의문화이며, 세계 무산계급 사회주의 문화혁명의 일부분에 속한다.

5 · 4운동 이전 중국의 신문화운동, 중국의 문화혁명은 자산계급이 지도했는데, 그들은 아직 지도적 역량을 갖추고 있는 편이었다. 그렇지만 5 · 4운동 이후로 그들 계급의 문화사상은 오히려 정치적인 면보다 더욱 낙후되어 곧 그 지도적 역할을 모두 잃게 되었고, 혁명적 시기에는 그저 일정 정도의 동맹군 자격밖에 갖지 못했다. 그러므로 그 지도적 역할은 무산계급 문화 · 사상의 어깨 위에 짐지워질 수밖에 없게 되었다. 이것은 누구나 다 아는 일반적 사실이다.

이른바 신민주주의문화는 곧 인민대중의 반제 · 반봉건문화이며, 오늘날에 있어서는 바로 항일통일전선의 문화다. 이러한 문화는 오로지 무산계급의 문화사상, 즉 공산주의 사상이 영도할 수 있을 뿐 어떤 다른 계급의 문화사상도 이를 영도하지 못한다. 이른바 신민주주의문화를 한 마디로 말하면 무산계급이 영도하는 인민대중의 반제 · 반봉건적 문화다.

네 개의 시기

문화혁명은 관념적 형태로 정치혁명과 경제혁명을 반영하고 있는 것이며, 이 두 혁명을 위해 복무한다. 중국의 경우 문화혁명은 정치혁명과 마찬가지로 하나의 통일전선을 지닌다.

이러한 문화혁명의 통일전선은 20년 이래 네 개의 시기로 구분된다. 즉, 제1기는 1919년부터 1921년까지 2년간, 제2기는 1921년부터 1927년까지 6년간, 제3기는 1927년부터 1937년까지 10년간, 제4기는 1937년부터 현재까지 3년간이다.

제1기는 1919년 5·4운동에서 1921년 중국공산당이 성립된 시기까지다. 이 시기는 5·4운동이 주요한 표지(標識)가 된다.

5·4운동은 반제국주의 운동이며 또한 반봉건운동이다. 5·4운동의 위대한 역사적 의의는 신해혁명에서는 볼 수 없었던 태도, 즉 철저하고 비타협적인 반제국주의와 반봉건주의에 있다. 5·4운동이 이러한 성격을 띠게 된 것은 당시 중국 자본주의경제가 이미 진일보 발전했기 때문이다. 또한 중국의 혁명적 지식분자들이 러시아·독일과 오스트리아 등 3대 제국주의국가가 이미 붕괴되었고, 영국·프랑스 등 대제국주의국가도 상처를 입었으며, 러시아 무산계급은 이미 사회주의국가를 건설했고 독일·오스트리아(헝가리)·이탈리아 등 세 나라 무산계급도 혁명 중에 있다는 것을 목격했기 때문이다. 이러한 것들이 중국 민족해방에 새로운 희망을 준 것이다. 5·4운동은 당시 세계혁명의 기치 아래, 또한 러시아혁명과 레닌의 주창 아래 발생한 것이다. 5·4운동은 당시 무산계급 세계혁명의 일부분이었다. 5·4운동 시기에 중국공산당은 아직 없었으나 이미 러시아혁명을 찬성하는 초보적 공산주의사상을 가진 지식인이 많이 있었다. 5·4운동의 시작은 공산주의적 지식인, 혁명적 소자산계급 지식인 그리고 자산계급 지식인(그들은 당시 운동에서 우익이었다)라는 세 갈래 사람들이 통일전선을 이뤄 이룩한 혁명운동이었다. 이 5·4운동의 약점은 그 운동이 단지 지식인들에게만 국한된 채 노동자·농민 등이 참가하지 않았다는 것이다. 그러나 6·3운동[28]으로 발전했을 때는 지식인뿐만 아니라 광범한 무산계급과 소자산계급 및 자산계급

이 참여한 전국적 범위의 혁명운동이 되었다. 5·4운동이 진행한 문화운동은 철저히 봉건문화를 반대하는 운동으로, 중국 역사 이래 이와 같이 위대하고 철저한 문화혁명은 없었다. 당시 낡은 도덕을 반대하고 새로운 도덕을 제창하며, 낡은 문학을 반대하고 신문학을 제창한다는 문화혁명의 양대 기치는 위대한 공훈을 쌓았다. 이 문화운동은 당시에는 아직 노동자·농민계급에까지 파급될 가능성이 없었다. 이 운동은 '평민문학'을 구호로 내세웠다. 그러나 당시 제창한 '평민'은 실제로는 단지 도시의 소자산계급과 자산계급 지식인, 즉 시민계급 지식분자에 국한되었다. 그렇지만 5·4운동은 사상적으로 또한 구성간부 면에서 1921년의 중국공산당 창건을 마련했고, 또한 5·30운동과 북벌전쟁을 준비했다. 당시 자산계급지식인들은 5·4운동의 우익이었는데, 두 번째 시기가 다가오자 그 대부분은 적과 타협하여 반동적 방향으로 돌아서고 말았다.

제2기는 중국공산당 창립과 5·30운동, 북벌전쟁 등이 그 지표가 된다. 아울러 이 시기에는 5·4운동 시기 세 계급의 통일전선을 지속하면서 더 발전시켜 농민계급의 참여를 불러일으켰고, 정치적으로 이들 계급의 통일전선을 형성해냈다. 이것이 바로 제1차 국공합작이다. 쑨원 선생의 위대한 점은 그가 위대한 신해혁명(비록 구시대의 민주혁명이기는 하지만)을 영도했을 뿐만 아니라 나아가 "세계조류에 적응하고 민중의 요구에 부합하기 위해" 소련과 연합하고(聯蘇), 공산당과 연합하고(聯共), 농민·노동자를 돕는(扶助農工) 3대 혁명정책을 제시하면서 삼

---

28) 1919년의 5·4운동은 그 해 6월 초에 새로운 단계로 접어들게 되었다. 즉, 6월 3일 베이징 학생들이 군경의 진압에 항의하는 집회와 강연을 시작했고, 학생들의 동맹휴강으로부터 상하이·난징·톈진·항저우·우한·지우장(九江) 및 산둥성·안후이성 등 각지 노동자들의 파업과 상인들의 철시로 발전해나갔다. 이에 5·4운동은 마침내 무산계급·도시소자산계급과 민족자산계급이 참가하는 대규모 군중운동으로 확대되었다.

민주의를 새롭게 해석함으로써 이러한 3대 정책을 담은 새로운 삼민주의를 수립했다는 사실이다. 그 이전까지의 삼민주의는 교육계·학술계 그리고 청년들과의 연계가 적었다. 그 이유는 반제국주의 구호와 사회제도 및 문화사상에 대한 반봉건주의 구호를 제시하지 못했기 때문이다. 그 이전의 삼민주의는 구삼민주의로서 이 삼민주의는 사람들에게 일부 인사들이 정치권력을 획득하기 위한 것으로 인식되었다. 다시 말해 관리가 되기 위하여 임시로 이용하는 기치, 순수한 정치활동의 기치로 간주되었다. 그렇지만 그 이후에 나타난 3대 정책의 신삼민주의는 국·공(國共) 양당이 합작하고 양 정당의 혁명당원들이 노력한 결과 전국으로 확대되었으며, 일부 교육계와 학술계 및 청년학생들 속에 광범하게 파급되었다. 이는 전적으로 이전의 삼민주의가 반제·반봉건적 3대 정책을 담은 신민주주의 삼민주의로 발전했기 때문이다. 이러한 발전이 없었다면 삼민주의사상의 전파는 불가능했을 것이다.

이 시기에 이러한 혁명적 삼민주의는 국·공 양당과 각 혁명계급의 통일전선에 그 정치적 기초를 두었으며, "공산주의는 삼민주의의 좋은 벗"이라는 말과 같이 이 두 주의가 통일전선을 결성하게 된 것이다. 계급론에 의하면 이것은 무산계급·농민계급·도시소자산계급·자산계급의 통일전선이다. 그 당시 공산당의 「향도주보(向導週報)」[29], 국민당의 상하이 「민국일보(民國日報)」[30], 그리고 기타 각지의 신문을 진지로 삼아 공동으로 반제국주의 주장을 선전하고, 공자를 존경하며 경서를 읽

---

29) 중공중앙의 기관지. 1922년 9월 13일 상하이에서 창간되었고, 1927년 7월 18일 우한에서 정간되었다.

30) 1916년 1월 창간된 신문으로, 국민당 제1차대표회의 후 정식으로 이 당의 기관지가 되었다. 중국공산당의 영향과 국민당좌파의 노력으로 반제국주의·반봉건주의 주장을 펼치기도 했지만, 1925년 11월 이후 '시산(西山)회의파'의 장악으로 국민당우파 신문이 되었다가 1947년 정간되었다.

는 봉건적 교육과 케케묵은 봉건적 구문학과 문언문(文言文)에 함께 반대하며, 반제·반봉건을 내용으로 하는 신문학과 백화문(白話文)을 제창했다. 광둥(廣東)전쟁과 북벌전쟁 과정에서는 처음으로 중국 군대에 반제·반봉건사상을 주입해 이를 개조시켰다. 또한 수천만 농민 군중 속에서 '탐관오리와 토호신사를 타도하자'라는 구호가 제시되면서 위대한 농민혁명투쟁이 일어났다. 이러한 점과 더불어 소련의 원조가 있었기 때문에 북벌을 승리로 이끌 수 있었다. 그러나 대자산계급은 정권을 잡게 되자마자 곧 이 혁명을 끝내버리고 말았다. 그 결과 새로운 정치 국면으로 진입하게 되었다.

제3기는 1927년부터 1937년까지의 새로운 혁명 시기다. 앞의 제2기 말에 혁명진영 속에 변화가 발생하자 중국의 대자산계급은 제국주의와 봉건세력의 반혁명 진영으로 넘어갔고, 민족자산계급도 대자산계급을 뒤따라갔다. 본래 혁명진영 안에 있던 네 계급은 이제 무산계급, 농민계급과 기타 소자산계급(혁명적 지식인을 포함하여) 등 세 계급만 남게 되었다. 그리하여 이 시기에 중국혁명은 부득이 새로운 시기로 들어서지 않을 수 없었으며, 중국공산당이 단독으로 혁명을 영도하게 되었다.

이 시기는 한편으로는 반혁명적인 '포위토벌(圍剿)'이 진행되고, 다른 한편으로는 혁명이 심화되는 시기였다. 이 시기에 두 가지 반혁명적 '포위토벌'이 있었는데, 바로 군사적 '포위토벌'과 문화적 '포위토벌'이다. 혁명도 두 갈래로 심화되었던 바, 즉 농촌혁명과 문화혁명이 깊숙이 진행되었다. 이러한 두 '포위토벌'은 제국주의 책동 아래서 전 중국과 전 세계의 반혁명 역량을 동원했던 것으로, 무려 10년간이나 끌어왔다. 그 잔혹함은 전 세계적으로 유례가 없는 것으로 수십만 공산당원과 청년학생들을 살육했고, 수백만 명의 노동자·농민을 살상했다. 이 짓을 하던 사람들은 "공산당과 공산주의의 씨를 깡그리 말려 버릴 수 있다"고 생각했다. 그러나 그 결과는 반대로 참패였다. 군사적 '포위토벌'의 결과로 홍군(紅軍)이 북상(北上)하여 항일하게 되었고, 문화적 '포위토벌'로 인해 1935년 '1·29운동'이라는 청년혁명운동이 폭발했다. 이러한 두 '포위토벌'에서 공통적으로 드러난 결과는 전국 인민의 각성이었다. 이 세 가지는 모두 긍정적 결과다. 그 중 가장 기이한 점은 국민당 통치구역 내 모든 문화기관에서는 공산당이 저항할 수 있는 힘이 전혀 없었는데 어째서 문화적 '포위토벌'조차 여지없이 패배할 수밖에 없었는가 하는 점이다. 이 점을 깊이 생각해야하지 않을까? 공산주의자인 루쉰은 오히려 바로 이 '포위토벌' 중에 중국 문화혁명의 위인이 되었던 것이다.

반혁명적 '포위토벌'의 부정적 결과는 바로 일본 제국주의가 깊숙이 쳐들어왔다는 점이다. 이것이 바로 전국 인민들이 이 반공정책을 어째서 10년이나 끌어야 했는가 하고 지금까지도 통탄하는 최대 원인이다.

이 시기 투쟁 중 혁명방면에서는 인민대중이 반제·반봉건의 신민주주의와 신삼민주의를 견지했으며, 반혁명 방면에서는 제국주의 지휘 아래 지주계급과 대자산계급이 연합한 전제주의가 진행되었다. 이러한 전제주의는 정치적·문화적으로 쑨원 선생의 3대 정책이나 신삼민주의를 중도 포기함으로써 중화민족에게 심대한 재난을 초래했다.

제4기는 오늘날의 항일전쟁 시기다. 중국혁명의 곡선운동 중에서 다시 한 번 네 계급의 통일전선이 이루어졌다. 그렇지만 그 범위가 한층 확대되어 상층계급으로 많은 통치자를 포함했고, 중간계급으로는 민족자산계급과 소자산계급을 포괄했으며, 하층계급은 모든 무산자를 포괄하여 전국 각 계층 모두 동맹군이 되어 굳건히 일본제국주의에 항거하고 있다. 이 시기의 제1단계는 우한(武漢) 함락 이전이다. 이때는 전국 각 방면에서 모든 것이 잘 되어가던 상황으로 정치의 민주화 추세와 문화의 보편적 증원이 뒤따랐다. 그러나 우한 함락 이후의 제2단계에서는 정치상황에 많은 변화가 발생했다. 일부 대자산계급은 적에게 투항했고, 그들 중 다른 일부 또한 항전을 서둘러 끝내려 했다. 문화방면에서는 이러한 상황의 반영으로 예칭(葉靑)·장쥔마이(張君勸)와 같은 반동이 등장하고 언론출판의 부자유가 나타났다.

이러한 위기를 극복하기 위해서는 항전·단결·진보를 반대하는 일체 사상과 굳건히 투쟁하는 일이 반드시 필요하다. 이러한 반동사상을 격파하지 않으면 항전 승리는 기대할 수 없다. 이 투쟁의 전망은 어떠한가? 이것은 전 국민 가슴 속에 있는 커다란 문제다. 국내적·국제적 조건에 근거해보면 항전 과정에서 아무리 많은 난관들이 있을지라도 중국 인민은 마침내 승리할 것이다. 전체 중국역사를 살펴볼 때, 5·4운동 이후 20년간의 진보는 그 앞 80년간을 넘어설 뿐만 아니라 그야말로 이전 수천 년을 능가한다. 이제 앞으로 20년만 더 지난다면 중국의 진보는 어디까지 갈 수 있을까? 우리는 가히 상상할 수 있지 않은가? 내외에서 창궐하는 모든 암흑세력은 우리 민족에게 재앙을 가져다주고 있다. 이렇게 그들이 창궐한다는 사실은 그들에게 아직도 힘이 있다는 것을 말해주고 있지만, 다른 한편으로는 그들의 최후 발악을 드러내는 것이며, 나아가 인민대중이 점차 승리하고 있음을 나타내는 것이다. 이러한 사실은 중국에서 그러할 뿐만 아니라 동방에서, 나아가 전 세계에서도 마찬가지다.

문화의 성격문제에서의 편향성

모든 새로운 것은 힘들고 고통스러운 투쟁 속에서 단련을 거쳐 등장한다. 신문화도 이와 마찬가지로 20년 동안 세 차례 곡절이 있었고, 그렇게 갈 '지(之)'자로 걸어오면서 좋고 나쁜 것을 두루 거쳐왔다.

자산계급 완고파는 문화문제에서도 그들의 정치문제와 마찬가지로 완전히 잘못을 저지르고 있다. 그들은 중국 신시대의 역사적 특징을 알지 못하며, 인민대중의 신민주주의 문화를 인정하지 않는다. 그들의 출발점은 자산계급 전제주의이며, 문화에서도 자산계급의 문화전제주의다. 일부 친구미파 문화인들[31](나는 일부라 말한다)은 이미 국민당정부의 문화면에서의 '공산당 토벌(剿共)' 정책을 실제로 도와주었으며, 지금은 또 '공산당 제한(限共)' 정책이나 '공산당 용해(溶共)' 정책을 돕고 있는 모양이다. 그들은 노동자·농민이 정치면에서, 또한 문화면에서 부상하는 것을 원하지 않는다. 자산계급 완고파의 이러한 문화전제주의 노선은 통할 리가 없으며, 정권문제에서와 마찬가지로 국내·국제적인 조건에 맞지 않는다. 이 때문에 이러한 문화전제주의 또한 아예 '걷어치우는' 게 상책일 것이다.

국민문화의 방침 측면에서 말하자면, 지도적 지위에 있는 것은 공산주의 사상으로, 우리는 반드시 노동자계급 내부에서 사회주의와 공산주의를 힘써 선전해야 한다. 또한 순차적으로 그리고 적절한 방식으로 사회주의로 농민 및 기타 민중을 교육해야 한다. 그러나 지금 전반적인 국민문화는 아직은 사회주의적인 것이라 할 수 없다.

신민주주의 정치·경제·문화는 모두 무산계급이 영도하기 때문에 공히 사회주의적 요소를 지니며, 이는 보통의 의미로서가 아니라 결정적 요인으로 작용한다. 그러나 모든 정치상황·경제상황·문화상황을 살펴볼 때, 아직은 사회주의적이라고 할 수 없으며 오히려 신민주주의적인 것이다. 왜냐하면 현 단계 혁명의 기본 임무는 주로 외국 제국주의와 우리나라 봉건주의를 반대하는 자산계급 민주주의혁명이지 자본주의 타도를 목표로 삼는 사회주의혁명이 아니기 때문이다. 국민문화의 영역이라는 측면에서 말할 때, 현재의 전반적 국민문화를 곧장 사회주의적 국민문화라고 여긴다면, 이는 잘못된 것이다. 이런 태도는 공산주

---

31) 친구미파 문화인들이란 후스(胡適) 등으로 대표되는 사람들을 가리킨다.

의 사상체계 선전을 당면한 행동강령의 실천으로 간주하는 것이고, 공산주의 입장과 방법으로 문제를 관찰하고 학문을 연구하고 일을 처리하며 간부를 훈련하는 일을 중국 민주혁명 단계에서 전반적 국민교육과 국민문화의 방침으로 삼아버리는 것이다. 사회주의를 그 내용으로 삼는 국민문화는 반드시 사회주의적 정치·경제를 반영한다. 우리가 정치·경제적으로 사회주의적 요소를 가진다면 우리의 국민문화에도 이런 사회주의적 요소가 반영되게 된다. 그러나 전체 사회를 두고 말하자면, 현재는 아직 이러한 사회주의적 정치·경제가 형성되지 않은 상태다. 따라서 이러한 사회주의적 국민문화가 온전히 존재할 수 없다. 현재 중국 혁명은 세계 무산계급 사회주의혁명의 일부분이기 때문에 중국의 신문화 역시 세계 무산계급 사회주의 신문화의 일부분이며, 위대한 동맹군이다. 이 일부분이 사회주의문화의 중요한 요소를 포함하고 있기는 하지만, 그러나 전체 국민문화를 두고 말하자면 아직은 완전히 사회주의문화의 자격으로 참가하는 게 아니라 오히려 인민대중의 반제·반봉건적 신민주주의문화의 자격으로 〔이 동맹군에〕 참가하고 있는 것이다. 현재의 중국혁명은 중국 무산계급의 영도를 떠나 진행될 수 없으므로, 현 시기 중국 신문화 또한 중국 무산계급의 문화·사상 면에서의 영도, 즉 공산주의 사상의 영도를 떠날 수 없다. 그러나 현 단계에서 이러한 영도는 인민대중을 영도하여 반제·반봉건의 정치혁명과 문화혁명을 수행하는 일이다. 그러므로 현재의 새로운 국민문화의 전체적 내용은 여전히 신민주주의문화이지 사회주의문화는 아닌 것이다.

현재는 응당 공산주의사상 선전을 확대하고 마르크스·레닌주의 학습을 견실히 해야 한다는 점은 추호도 의심할 여지가 없다. 이러한 선전과 학습 없이는 중국혁명을 앞으로의 사회주의 단계로 인도하지 못할 뿐만 아니라 현재의 민주혁명도 승리로 이끌 수 없다. 그러나 우리는 당연히 공산주의 사상체계 및 사회제도에 대한 선전과 신민주주의 행동

강령의 실천은 서로 구분하여야 한다. 또한 당연히 문제를 관찰하고 학문을 연구하며 일을 처리하고 간부를 훈련하는 공산주의적 이론 및 방법과 전반적 국민문화의 신민주주의적 방침을 서로 구분해야 한다. 이 두 가지를 혼동하여 하나로 합쳐 말하는 것은 전혀 타당치 않은 일이다.

이상에서 살펴보았듯이, 현 단계 중국의 새로운 국민문화의 내용은 자산계급의 문화전제주의도 아니고, 또한 무산계급의 사회주의도 아니며, 바로 무산계급 사회주의 문화사상이 영도하는 인민대중의 반제·반봉건적 신민주주의라는 것을 알 수 있다.

민족적 · 과학적 · 대중적 문화

이러한 신민주주의 문화는 민족적이다. 그것은 제국주의의 압박을 반대하고 중화민족의 존엄과 독립을 주장한다. 그것은 우리 민족의 것이며 우리 민족의 특성을 띠고 있다. 그것은 모든 민족들의 사회주의 문화 및 신민주주의 문화와 연합하여 상호 흡수하고 상호 발전하는 관계를 수립, 함께 세계의 신문화를 형성한다. 그러나 다른 어떤 민족의 제국주의 반동문화와도 결코 서로 연합할 수 없다. 왜냐하면 우리들의 문화는 혁명적 민족문화이기 때문이다. 중국은 응당 외국의 진보적 문화를 대량으로 흡수하여 자기 문화 양식의 원재료로 삼아야 한다. 그런데 이러한 작업이 과거에는 충분히 이루어지지 않았다. 이는 당면한 사회주의 문화와 신민주주의 문화에만 그치지 않고, 외국의 고대문화, 예컨대 여러 자본주의국가 계몽시대의 문화 가운데 오늘날 우리가 활용할 수 있는 것들은 모두 다 흡수해야 한다는 뜻이다. 그러나 일체의 외국문화는 우리들이 음식물을 먹을 때와 마찬가지로 반드시 입에서 씹고 위장운동을 거치면서 침, 위액, 장의 분비물이 들어가 음식물을 정수(精

髓)와 찌꺼기라는 두 부분으로 분해한 후 찌꺼기는 배설하고 [영양분이 되는] 정수를 흡수해야만 우리 몸에 유익하게 만들 수 있는 것처럼 결코 비판없이 날것으로 통째 집어삼켜서는 안 된다. 이른바 '전반적 서구화'[32]라는 주장은 일종의 착각에 불과하다. 형식주의적으로 외국 것을 흡수하는 바람에 중국은 과거에 많은 손실을 입었다. 중국의 공산주의자가 마르크스주의를 중국에 적용하는 작업도, 앞에서 말한 바와 같이, 반드시 마르크스주의의 보편적 진리와 중국혁명의 구체적 실천을 완전히 합당하게 통일시켜야 한다. 즉, 민족적 특징과 서로 결합시켜 일정한 민족형식을 얻어야 비로소 그 의미가 있는 것이지, 결코 주관적·공식적으로 응용해서는 안 된다. 도식적 마르크스주의자는 마르크스주의와 중국혁명을 가지고 그저 장난을 치는 꼴이니, 중국혁명의 대오 안에 그들이 설 자리는 없다. 중국문화는 당연히 자신만의 형식이 있는 바, 이것이 바로 민족형식이다. 민족적 형식, 신민주주의적 내용——이것이 바로 오늘날 우리의 신문화이다.

이러한 신민주주의 문화는 과학적이다. 그것은 일체의 봉건사상과 미신사상을 반대하고, 실사구시를 주장하고, 객관적 진리를 주장하고, 이론과 실천의 일치를 주장한다. 이러한 점에서 중국 무산계급의 과학적 사상은 진보성을 지닌 자산계급 유물론자 및 자연과학자와 더불어 반제·반봉건·반미신의 통일전선을 건립할 수 있다. 그러나 결코 그 어떤 반동적 유심론과도 통일전선을 건립할 수 없다. 공산당원은 일부 유심론자, 심지어는 종교인과도 정치행동에 있어서는 반제·반봉건 통일전선을 형성할 수 있으나, 그들의 유심론 또는 종교 교리에는 결코 찬동할 수 없다. 장기간에 걸친 중국 봉건사회에서는 찬란한 고대문화가

---

32) 이 '전반적 서구화'는 일부 자산계급 학자들의 주장으로, 그들은 중국의 모든 것들이 구미 자본주의국가를 완전 모방해 이뤄져야 한다고 주장한다.

창조되었다. 이러한 고대문화의 발전과정을 정리할 때 그 봉건성의 찌꺼기는 버리고 그 민주성의 정수를 흡수하는 것이 민족의 신문화를 발전시키고 민족의 자신감을 고양시키는 데 필요한 조건이다. 결코 이를 비판없이 흡수하고 축적하면 안 된다. 고대 봉건통치계급의 모든 부패한 것들과 고대의 우수한 인민문화, 즉 어느 정도 민주성과 혁명성을 지닌 것들은 반드시 구별돼야 한다. 오늘날 중국의 새로운 정치 · 경제는 고대의 낡은 정치 · 경제로부터 발전되어 나온 것이며, 신문화 역시 고대의 구문화로부터 발전된 것이다. 그러므로 우리들은 반드시 스스로의 역사를 존중해야 하며 결코 우리의 역사를 절단해서는 안 된다. 그러나 이러한 존중은 역사에 일정한 과학적 지위를 부여하자는 것이며, 그 역사의 변증법적 발전을 존중하자는 것이지 옛 것은 무조건 찬양하고 오늘날의 것은 나쁘게 보려는 게 아니며, 또한 결코 어떤 봉건적 독소를 찬양하려는 것이 아니다. 그 주요 핵심은 인민대중과 청년학생을 뒤로 인도하자는 것이 아니라 오히려 앞으로 인도하기 위한 것이다.

이러한 신민주주의 문화는 대중적이며, 그러기에 민주적이다. 그것은 당연히 전민족의 90% 이상을 차지하는 노동자 · 농민 등 근로민중을 위해 봉사해야 하며, 그리하여 점차 그들의 문화로 되어야 한다. 혁명간부를 교육하는 지식과 혁명대중을 교육하는 지식을 그 정도 면에서 상호 구별하면서도 서로 연결해야 하며, 지식의 제고(提高)와 보급(普及)을 상호 구별하면서도 서로 연결해야 한다. 혁명적 문화는 인민대중에게 있어서는 유력한 혁명의 무기다. 혁명적 문화는 혁명 전에는 혁명을 위한 사상적 준비이며, 혁명 중에는 혁명의 모든 전선에서 필요한, 중요한 전선인 것이다. 그러므로 혁명의 문화일꾼들은 바로 이 문화전선에서의 각급 지휘관이다. "혁명적 이론 없이 혁명적 운동은 있을 수 없다"[33]라

---

33) 레닌 『어떻게 할 것인가?』 제1장 제4절에서 인용.

는 말은 혁명의 문화운동이 혁명의 실천운동에 대해 얼마나 중요한가를 표현한 것이다. 이러한 문화운동과 실천운동은 다같이 군중적이다. 그러므로 모든 진보적인 문화일꾼들은 항일전쟁 과정에서 반드시 자신의 문화군대를 확보해야 하는 바, 이 군대는 바로 인민대중이다. 혁명적 문화인으로서 인민대중에 다가서지 않으면 그는 곧 '병사 없는 지휘관(無兵司令)'이 되고 말아 그의 화력은 적을 분쇄할 수 없게 된다. 이 목적에 도달하기 위해서는 일정한 조건 아래 문자를 반드시 개혁해야 하고, 언어도 반드시 민중에 접근시켜야 한다. 민중이야말로 혁명적 문화의 무한하게 풍부한 원천임을 알아야만 한다.

민족적·과학적·대중적 문화는 바로 인민대중의 반제·반봉건문화이고, 신민주주의문화이며, 중국민족의 신문화다.

신민주주의 정치, 신민주주의 경제, 신민주주의 문화가 서로 결합된 것이 바로 신민주주의 공화국이며, 이것이 바로 명실상부한 중화민국이고, 이것이 바로 우리가 건설하려는 새로운 중국이다.

새로운 중국이 모든 인민 앞에 서 있다. 우리는 반드시 그것을 맞아들여야 한다.

새로운 중국이라는 항선의 돛대가 이미 수평선에 나타났다. 우리, 박수로써 그를 환영해야 한다.

그대의 두 손을 높이 들어라. 새로운 중국은 우리의 것이다.

제5부

당팔고黨八股에 반대함

(1942년 2월 8일)

이 글은 마오쩌둥이 당시 옌안 간부회의에서 강연한 내용으로, 이후 1942년 6월 18일 옌안에서 발간된 『해방일보(解放日報)』에 실렸다.(원주) 제목에 보이는 당팔고(黨八股)라는 말은 당시 공산당 내에 존재하는 상투적 표현형식——팔고문 방식을 의미한다. 원래 팔고문은 명·청(明淸) 시기 과거제도에서 활용된 특수한 문체로, 한 문장은 파제(破題)·승제(承題)·기강(起講)·입제(入題)·기고(起股)·중고(中股)·후고(後股)·속고(束股) 등 여덟 부분으로 이루어진다. '파제'는 대개 2구로 제목의 요지를 설파하고, '승제'는 3구에서 5구로 '파제'의 의미를 이어 받아 설명한다. '기강'은 문장의 전체를 개설하여 의론(議論) 시작을 준비하는 부분이고, '입제'는 '기강' 후 의론이 시작되는 곳이며, '기고'·'중고'·'후고'·'속고' 등 네 단락이 정식 의론 부분이다. 이 중 '중고'가 전편의 중심이라 할 수 있다. 이 네 단락 속 각 단락은 두 짝의 대우(對偶)가 이어져서 결국 모두 8개의 기둥을 세운 것 같다고 해 팔고문이라 부르는 것이다. 이렇게 지극히 형식을 중시하는 문체로 과거시험을 치른 결과 당시의 문사(文士)들은 등용문에 오르기 위해 팔고문에만 매달리는 풍조가 이어졌고, 그 폐해가 몹시 심했던 것이다. 마오쩌둥은 이 글에서 당시 주관주의·종파주의에 빠진 일부 당원들이 명·청 시대에 유행하던 이 팔고문처럼 지극히 형식적이고 상투적인 표현에 얽매이는 것을 여러 갈래로 비판하고 있다.(역주)

방금 카이펑(凱豊)¹⁾ 동지가 오늘 회의의 요지를 이야기했습니다. 내가 지금 이야기하려는 것은, 주관주의와 종파주의가 어떻게 당팔고를 그들의 선전도구나 표현형식으로 삼고 있는가 하는 점입니다. 우리는 주관주의와 종파주의를 반대하는데, 이 당팔고까지 함께 청산해버리지 않는다면 그들은 여전히 숨을 곳이 있게 되고, 결국 그곳에 숨어버릴 것입니다. 우리가 당팔고까지 타도해버린다면 주관주의와 종파주의에게 최후의 '장군(將軍)!'²⁾을 보내 이 두 괴물의 원형을 완전히 드러낼 수 있게 되고, '길가에 쥐새끼 지나가면 모두 소리치며 때려잡을' 때처럼 이 두 괴물도 쉽사리 소멸시킬 수 있을 것입니다.

한 개인이 당팔고를 써서 오직 자기만 본다면 별 문제가 되지 않습니다. 그러나 그것을 다른 사람에게 보내어 읽게 하고 그런 독자의 수가 배로 늘어나게 된다면 그 해독은 이미 적지 않은 것입니다. 더군다나 그 글을 벽에 붙이거나 유인물로 만들고, 신문에 싣거나 책으로 찍어내면 문제는 더욱 커지고 더 많은 사람들에게 영향을 끼치게 됩니다. 당팔고를 쓰는 자들은 언제나 다수의 독자를 생각하고 쓰는 것입니다. 그러므로 어떻게든 이들을 적발하고 격퇴하지 않으면 안됩니다.

당팔고도 사실은 양팔고(洋八股)의 한 종류입니다. 루쉰(魯迅)은 일찍이 이 양팔고를 반대했었습니다.³⁾ 그런데 우리는 어째서 이것 또한 당

---

1) 허카이펑(何凱豊, 1906~1955)은 장시(江西) 핑샹(萍鄉)출신이며, 당시 중국공산당 중앙선전부 대리부장직을 맡고 있었다.

2) '장군!'은 장기 용어로, 한쪽이 수를 써서 상대편 '장군'을 잡겠다는 선포로 '장군!' 하고 소리치는 것을 말한다. 장기는 양군이 맞서 싸우는 형식을 취해 한쪽 편이 상대방의 '궁'으로 들어가 '장군'을 잡으면 끝난다.

3) 루쉰은 자신의 작품 속에서 신·구 팔고문에 대하여 일관되게 반대하고 있다. 그는 『위자유서(僞自由書)』「철저한 투시(透底)」라는 글에서 "팔고문은 원래 바보들의 산물이다. 첫째로, 관리를 뽑는 시험관이 번잡스러움을 귀찮아하는 데서 나왔다.——그들의 머리란 대부분 땅과 물에 오랫동안 파묻혀 아주 단단한 음침

팔고라고 부르는 것인가요? 거기에는 서양냄새뿐만 아니라 본토냄새도 약간 들어있기 때문입니다. 그러니 어쨌든 하나의 창작이라 볼 수도 있는 셈이지요! 우리에게 창작이라고는 전혀 없다고 그 누가 말한단 말입니까? 바로 여기에 하나가 있지 않습니까? (큰 웃음소리)

당팔고는 우리 당내에서 이미 오랜 역사를 지니고 있으며, 특히 토지혁명시기에는 때로 아주 시끌벅적하게 유행했었습니다.

역사적으로 볼 때, 당팔고는 5·4운동[4]에 대한 하나의 반동입니다.

5·4운동 시기에 일군의 새로운 인물들은 문언문(文言文)에 반대하여 백화문(白話文)을 제창했고, 낡은 교조에 반대하여 과학과 민주를 제창했는데, 이들은 모두 옳은 일이었습니다. 그 때 이 운동은 생기발랄하고 전진적, 혁명적이었습니다.

당시의 통치계급은 공자(孔子)의 도리로 학생들을 가르쳤고, 공자의 일련의 가르침을 종교 교리처럼 신봉하도록 인민에게 강요했습니다. 그

목(陰沈木)으로 되어 있다──그 무슨 성현들의 말씀을 잇는 문장에서 기승전결이나 문장의 기운(氣韻)을 따질 때 일정한 표준이 없어서 파악하기 어렵기 때문이다. 그러므로 한 조목(一股)씩 정해진 대로 만들어 내면 법적 격식에 부합되는 것으로 간주하고, 이 격식으로 '문장을 가늠하면' 한눈에 그 경중을 쉽게 알아볼 수 있었던 데서 기인한 것이다. 둘째로, 응시하는 자들도 힘이 덜 들고 골치 아프지 않다고 생각한 데서 나왔다. 이러한 팔고는 신·구를 막론하고 모두 소탕해야 한다."라고 말했다. 양팔고는 5·4운동 이후 일부 천박한 지식분자들이 발전시킨 것인데, 그들의 전파를 통해 장기적으로 혁명대열 속에 존재하게 되었다. 루쉰은 앞글의 부록 「주슈샤(祝秀俠)에 보내는 회신」에서 이러한 양팔고를 비판하고 있다. "팔고는 낡은 것이든 새로운 것이든 다 일소되어야 할 것입니다. …… 예컨대, 욕설이나 공갈, 심지어는 판결만 할 줄 알뿐 과학에 의해 얻어진 공식을 구체적, 실제적으로 적용해 나날의 새로운 사실, 새로운 현상을 해명하는 게 아니라, 그저 공식 하나만 베껴서 그것을 모든 일마다 무턱대고 맞춰대는 것, 이 역시 일종의 팔고입니다."

4) 1919년 5월 4일에 일어난 반제·반봉건 혁명운동. 자세한 사항은 「실천론」 각주 9(이 책 24쪽) 내용을 참고할 것.

리고 문장을 쓰는 사람들은 모두 문언문을 사용했습니다. 요컨대, 당시 통치계급과 그들에게 빌붙은 자들의 문장과 교육은 그 내용과 형식에 관계없이 모두 팔고문 방식, 교조적 방식이었습니다. 이것이 곧 옛 팔고, 옛 교조입니다.

이러한 옛 팔고, 옛 교조의 추태를 인민에게 폭로하여 그들이 옛 팔고, 옛 교조에 반대하도록 불러일으킨 점이야말로 5·4운동 시기의 커다란 공적입니다. 5·4운동에는 이와 관련된 반제국주의운동이라는 커다란 공적도 들어있지만 이처럼 옛 팔고, 옛 교조에 반대한 투쟁 또한 그 커다란 공적 중의 하나인 것입니다.

그러나 나중에는 양팔고·양교조(洋教條)가 생겨났습니다. 그리고 우리 당내 마르크스주의를 위반하는 일부 사람들이 이러한 양팔고·양교조를 발전시켜 주관주의·종파주의, 그리고 당팔고라는 것을 만들어냈습니다. 이것들이 바로 새로운 팔고, 새로운 교조입니다.

이러한 새로운 팔고, 새로운 교조는 우리 많은 동지들의 머릿속에 깊이 뿌리내리고 있기에, 이제 우리가 개조작업을 실행하려면 아주 많은 노력이 필요할 지경입니다. 이렇게 살펴본 것처럼 5·4운동 시기에 생기발랄하고 전진적·혁명적으로 봉건주의의 옛 팔고, 옛 교조에 반대했던 운동은 나중에 일부 사람들에 의해 그 반대쪽으로 발전되어 새로운 팔고, 새로운 교조를 만들어냈던 것입니다. 이들은 생기발랄한 것이 아니라 뻣뻣하게 죽은 것이며, 전진적인 것이 아니라 퇴보적인 것이며, 혁명적인 것이 아니라 혁명을 가로막는 것입니다. 다시 말하면, 양팔고나 당팔고는 5·4운동의 근본 성격에 대한 반동입니다.

그러나 5·4운동도 자체의 결점을 가지고 있었습니다. 당시 많은 지도적 인물은 아직 마르크스주의의 비판정신이 없었고, 그들이 사용한 방법도 일반적으로 자산계급의 방법, 즉 형식주의 방법이었습니다. 그들이 옛 팔고, 옛 교조에 반대하고 과학과 민주를 주장한 것은 옳았습니다. 그러나 그들은 당시 상황과 역사에 대해, 외국의 사물에 대해 사적유물론의 비판정신이 결여되어 있었기 때문에, 이른바 나쁜 것은 절대적, 전체적으로 나쁘고, 좋은 것은 절대적으로, 전체적으로 좋다는 식이었습니다. 이렇게 형식주의로 문제를 파악하는 방식은 그 이후 이 운동의 발전에 영향을 주었습니다.

5·4운동의 발전은 두 가지 흐름으로 나뉘게 됩니다. 일부 사람들은 5·4운동의 과학정신과 민주정신을 계승하여 그것을 마르크스주의의 토대 위에서 개조시켰습니다. 이것이 바로 공산당원과 일부 당원이 아닌 마르크스주의자가 해냈던 작업입니다. 다른 사람들은 자산계급의 길로 들어섰는데, 이는 곧 형식주의의 우향적 발전이라 하겠습니다. 그러나 공산당 내에서도 [주장이] 일치된 것이 아니어서 그 중 일부 사람들은 편향(偏向)으로 흘러 마르크스주의를 잘 이해하지 못한 채 형식주주의의 잘못을 범했습니다. 이것이 바로 주관주의·종파주의, 그리고 당팔고라는 모습이며, 형식주의의 '좌'향적 발전입니다.

이렇게 볼 때 당팔고는 결코 우연한 게 아니라 한편으로는 5·4운동의 적극적 요소에 대한 반동이며, 다른 한편으로는 5·4운동의 소극적 요소를 계승·지속, 혹은 발전시킨 것입니다. 우리는 이 점을 잘 이해하는 게 좋겠습니다. 5·4시기에 옛 팔고와 옛 교조주의를 반대한 것은 혁명적이자 필수적인 일이었습니다. 그렇다면 오늘 우리가 마르크스주의로 새로운 팔고와 새로운 교조주의를 비판하는 것 또한 혁명적이고 필수적인 일입니다. 만약 '5·4'시기에 옛 팔고와 옛 교조주의에 반대하지 않았다면, 중국 인민의 사상은 옛 팔고와 옛 교조주의의 속박으로부터 해방될 수 없었고, 중국은 자유롭게 독립할 희망을 가질 수 없었던 것입니다. 이 과업은 5·4운동 시기에는 그저 하나의 시작이었을 뿐이었고, 이제 전국 인민들로 하여금 옛 팔고와 옛 교조주의의 지배로부터 완전히 벗어날 수 있게 하려면 아직도 많은 노력이 요구되는 것이며,

이는 금후 혁명개조 노선 상에서 해내야 할 거대한 공정입니다.

지금 우리가 새로운 팔고와 새로운 교조주의를 반대하지 않는다면 중국인민의 사상은 다시 또 하나의 형식주주의의 속박을 받게 될 것입니다. 우리가 당내 일부 동지(당연히 일부뿐이지만)를 중독시키고 있는 당팔고의 해독과 그들이 범하고 있는 교조주의의 오류를 제거하지 않는다면 생동감 있고 활발한 혁명정신을 계발할 수 없고, 마르크스주의에 대하여 부정확한 태도를 취하는 악습을 숙정하여 진정한 마르크스주의를 널리 전파시키거나 발전시킬 수 없게 됩니다. 또한 옛 팔고와 옛 교조주의가 중국 인민에 끼치는 영향에 대하여, 아울러 양팔고와 양교조주의가 전국의 많은 인민에 끼치는 영향에 대하여 힘있는 투쟁을 전개하거나 철저히 청산하고자 하는 목표에 다다를 수 없게 됩니다.

주관주의·종파주의 그리고 당팔고, 이 세 가지는 모두 반마르크스주의적이며, 무산계급이 필요로 하는 게 아니라 착취계급이 필요로 하는 것입니다. 우리 당내에서 이들은 소자산계급의 사상을 반영하는 것입니다. 중국은 소자산계급 성분이 아주 광범위한 국가입니다. 우리 당은 이 광대한 계급의 포위 속에 처해 있고, 또한 우리 당원 중에서도 아주 많은 수가 이 계급 출신입니다. 그들이 길든 짧든 소자산계급의 꼬리를 하나씩 달고 당에 들어오는 것은 피할 수 없는 일입니다. 소자산계급 혁명분자의 열광성(熱狂性)과 편면성(片面性)은 절제와 개조를 거치지 않으면 쉽사리 주관주의·종파주의를 만들어 내며, 그 표현형식 중의 하나가 바로 양팔고 혹은 당팔고인 것입니다.

이러한 것들에 대해 숙청작업과 청소작업을 하려면 쉽지가 않습니다. 할 바에야 타당하게, 즉 이치에 아주 잘 맞게 해야 하기 때문입니다. 이치를 잘, 타당하게 설명한다면 분명 효력이 있을 것입니다. 이치를 설명하는 우선적인 방법 가운데 하나는 환자에게 따끔한 자극을 주는 것입니다. 즉 그들을 향해 대갈일성(大喝一聲)으로 "너는 병들었어!" 하고 소리치면 그 환자는 깜짝 놀라 식은 땀 투성이가 될 것입니다. 그런 다음 그들을 잘 치료하는 겁니다.

이제 당팔고의 나쁜 점이 어디에 있는가를 분석해 나가기로 합시다. 우리도 팔고식 문장의 필법을 본따서, 즉 독(毒)으로 독을 치료하는 것처럼 '팔고' 하나를 지어5) 이를 '여덟 가지 죄상(罪狀)'이라 불러 봅시다.

당팔고의 제1조 죄상은 '공허한 말로 지면을 가득 채우되 쓸모 있는 내용이라고는 전혀 없는 것(空話連篇, 言之無物)'입니다. 우리 중에 어떤 동지들은 길다란 문장을 쓰기 좋아하는데 하지만 아무런 내용도 없습니다. 말하자면 "게으른 여자의 전족용 헝겊띠처럼 길다랗고 냄새가 나는"6) 것입니다. 무엇 때문에 꼭 그렇게 길게, 그렇게 텅텅 비어있는 글을 써야 한단 말입니까? 오직 하나의 대답이 있을 수 있습니다. 바로 군중들에게 보이지 않으려는 결심을 했던 겁니다. 길고 텅 비어 있으면 군중들은 보자마자 고개를 저어버릴 터이고 어디 더 읽어내려 가려고 하겠습니까? 그리하여 그들은 할 수 없이 유치한 사람이나 속여 보려고 하면서 그들 속에 나쁜 영향을 뿌려 놓고 나쁜 습관을 조성하는 것입니다.

작년 6월 22일 소련이 그토록 거대한 반침략전쟁을 진행했을 때 스탈린이 7월 3일에 발표한 연설 한 편은 겨우 우리 『해방일보(解放日報)』7) 사설 한 편 정도의 길이였습니다. 우리 어르신네들이 썼다면 적어도 몇 만자가 넘는, 굉장한 것이었을 것입니다. 지금은 전쟁시기입니다. 우리

---

5) 팔고문이 파제(破題)로부터 속고(束股)까지 여덟 부분으로 구성되며 대우(對偶)를 이루는 문자를 쓰는 것을 본떠, 마오쩌둥도 팔고문의 죄상을 여덟 가지로 열거하면서 각 조항의 제목도 이하에서 보듯이 문언(文言)으로 표현하고 있다. (역주)

6) 구시대 여자들의 습관이었던 전족(纏足)은 아주 긴 헝겊으로 만든 띠로 발을 칭칭 동여매는 것인데, 게으른 여자는 이 띠를 자주 빨지 않을 것이기 때문에 냄새가 난다고 표현하고 있는 것이다. (역주)

7) 중공중앙의 기관지로서 1941년 5월 16일 옌안에서 창간되어 1947년 3월 27일 정간되었다.

는 문장을 어찌하면 짧게, 정수(精粹)만을 쓸 수 있을까 연구해야 합니다. 옌안에는 아직 전쟁이 없지만 군대가 매일 전방에서 전투를 하고 있고 후방에서도 공작에 바쁜데 문장이 너무 길다면 누가 보겠습니까? 어떤 동지는 전방에서도 긴 보고서 쓰기를 좋아합니다. 그들이 힘들여 써서 보내오는 목적은 우리더러 보라는 것입니다. 하지만 [그 긴 보고를] 어떻게 감히 보겠습니까?

길고 텅 비어 있는 것이 좋지 않다면 짧고 비어 있는 것은 괜찮습니까? 역시 안됩니다. 우리는 모든 텅 빈 말을 근절해야 합니다. 그러나 지금 우선적으로 중요한 임무는 '게으른 여자의 길고 냄새나는 전족용 띠'를 어서 빨리 쓰레기통에 던져버리는 일입니다.

그러면 어떤 사람은 말할 것입니다. "『자본론』은 아주 길지 않습니까? 그건 어찌할까요?" 대답은 쉽습니다. 읽어 가면 됩니다. 속담에서도 '어느 산에 올랐느냐에 따라 부르는 노래도 달라진다(到什麼山上唱什麼歌)' 혹은 '반찬에 따라 밥을 먹고, 몸에 맞추어 옷을 꿰맨다(看菜來飯, 量體裁衣)'고 하지 않습니까? 우리가 무슨 일을 하든지 상황에 따라 처리해야 하듯이 문장과 연설도 이와 마찬가지입니다. 우리가 반대하는 것은, 공허한 말로 지면을 가득 채우면서 쓸모있는 내용이 전혀 없는 팔고문 가락이지, 무엇이든 짧은 게 좋다는 말은 아닙니다. 전쟁시기에는 분명 짧은 문장이 요구되지만 특히 더욱 요구되는 것은 내용 있는 문장입니다. 가장 써서는 안 되는, 가장 반대해야 할 것은 쓸모 있는 내용이라고는 전혀 없는 문장인 것입니다. 연설도 마찬가지입니다. 공허한 말로 가득 채우면서 쓸모 있는 내용이란 전혀 없는 연설은 그만두어야 합니다.

당팔고의 제2조 죄상은 '껍데기만 요란한 허장성세로 사람들에게 겁을 주는 것(裝腔作勢, 借以嚇人)'입니다. 어떤 당팔고는 공허한 말로 지면을 가득 채울 뿐만 아니라 요란한 허장성세로 고의적으로 겁을 주는

데, 여기에 아주 나쁜 독소가 담겨 있습니다. 공허한 말로 지면을 가득 채우며 쓸모있는 내용이 전혀 없는 것은 유치하다고나 말할 수 있겠지만, 껍데기만 요란한 허장성세로 사람들에게 겁을 주는 것은 유치할 뿐만 아니라 아예 무뢰한 같은 짓입니다. 루쉰은 일찍이 이러한 자들을 비평하여 "욕을 해대고 윽박질러 겁주는 것은 결코 전투가 아니다(辱罵和恐嚇決不是戰鬪"[8]고 말했습니다.

과학적인 것은 언제라도 다른 사람이 비평하는 것을 두려워하지 않습니다. 과학은 진리이므로 사람들이 반박하는 것을 결코 두려워하지 않는 것입니다. 당팔고 식의 문장과 연설로 표현된 주관주의와 종파주의는 다른 사람들이 반박하는 것이 두려워 몹시 겁을 먹습니다. 그리하여 허장성세로 사람들에게 겁을 줍니다. 그렇게 겁을 주면 사람들이 입을 다물 것이고, 자신은 '승리하여 개선할' 것이라고 생각하기 때문입니다. 이러한 허장성세로는 진리를 반영할 수 없고 오히려 진리에 방해가 됩니다. 무릇 모든 진리는 허장성세로 겁을 주는 것이 아니라 그저 알차게 이야기하고 행동해 나갈 뿐입니다.

이전에 많은 동지들의 문장과 연설 속에는 항상 두 가지 단어, 곧 "잔혹하게 투쟁한다", "무참하게 공격한다"는 표현이 있었습니다. 이러한 수단은 적과 적대적 사상에 대해 쓸 때는 틀림없이 필요하지만, 자기의 동지에게 쓴다면 그릇된 것입니다. 당내에도 항상 적과 적대적인 사상이, 예를 들어 『소련공산당(볼셰비키) 역사요점 독본』의 결론 부분 제4조 내용 같은 것들이 뚫고 들어옵니다. 이러한 것들에 대해서는, 조금도 주저할 것 없이 잔혹하게 투쟁하고 무참하게 공격하는 수단을 채택해야만 할 것입니다. 왜냐하면 그들 나쁜 자들이 바로 이러한 수단으로 당과 대적하는데, 우리가 그들에게 관용이나 베푼다면 그들 나쁜 자들의

---

8) 이는 루쉰이 1932년에 쓴, 『남강북조집(南腔北調集)』 중 한 문장의 제목이다.

간계(奸計)에 빠져들고 말 것이기 때문입니다. 그렇지만 동일한 수단을 우연히 잘못을 저지른 동지에게 사용해서는 안됩니다. 이러한 동지에게는 비판과 자아비판이라는 방법을 사용해야 합니다. 이것이 바로 『소련 공산당의 역사요점 독본』 결론부분 제5조에서 말하고 있는 방법입니다.

이전에 우리 일부 동지가 다른 동지에게 "잔혹하게 투쟁한다"거나 "무참하게 공격한다"고 큰 소리로 말했던 것은 한편으로는 대상에 대한 분석이 없었고, 다른 한편으로는 허장성세로써 겁을 주려고 했기 때문입니다. 어떤 사람에게도 이러한 허장성세로 겁을 주려는 방법을 써서는 안 됩니다. 왜냐하면 이렇게 겁을 주는 전술은 정작 적에게는 아무런 쓸모가 없고 동지에게는 피해만 입히기 때문입니다. 이렇게 겁을 주는 전술은 착취계급과 떠돌이 건달계층이 상투적으로 사용하는 수단일 뿐, 무산계급에게는 이러한 수단이 필요하지 않습니다.

무산계급의 가장 날카롭고 가장 효과적인 무기는 오직 하나 뿐입니다. 그것은 곧 엄숙하고 전투적인 과학적 태도입니다. 공산당은 사람을 위협하여 밥을 먹는 게 아니고 마르크스 · 레닌주의의 진리에 의거하여, 실사구시(實事求是)에 의거하여, 과학에 의거하여 밥을 먹습니다. 허장성세로 명예와 지위를 얻으려는 것은 더더욱 비열한 생각이니 더 말할 것도 없습니다. 결국 어느 기관이 결정을 내리고 지시를 보낼 때, 어떤 동지가 문장을 쓰고 연설을 할 때를 막론하고 항상 마르크스 · 레닌주의의 진리에 의거하여, 유용성(有用性)에 의거하여야 합니다. 이것에 의거해야만 혁명의 승리를 쟁취할 수 있게 되며 그 밖의 것은 모두 무익한 것입니다.

당팔고의 제3조 죄상은 '표적도 없이 활을 쏘며 대상을 고려치 않는 것(無的放矢, 不看對象)'입니다. 지난 몇 년 전, 옌안의 담벼락에서 '노동자 · 농민은 단결하여 항일전의 승리를 쟁취하자!'라는 표어를 본 적이 있습니다. 이런 표어의 의미가 잘못된 것은 아니었지만 노동자(工人)라는 공(工)자의 두 번째 획이 곧게 내리 그은 것이 아니라 두 번 구불거리면서 '丂' 모습으로 쓰여 있었습니다. 그 오른 쪽에 있는 사람 인(人)자도 세 번의 삐침을 더하여 '彡' 모습으로 되어 있었습니다. 이 글자를 쓴 동지는 고대 문인·학자의 학생임에 틀림없습니다. 그러나 그가 항일시기의 옌안이라는 이곳 담장에 그런 자형을 쓴 것은 괴상한 노릇입니다. 아마 그 또한 일반 백성이 알아 볼 수 없게 하자는 결심에서 그렇게 했을 겁니다. 그렇지 않다면 해석해 낼 도리가 없는 일이니까요. 그러므로 공산당원은 진정으로 선전하고자 한다면 마땅히 대상을 고려해야 합니다. 즉, 자신의 문장이나 연설·담화·글씨 등이 누구에게 보이고, 듣게 하려는 것인가를 먼저 생각해 보아야 하는 것입니다. 그렇지 않다면 다른 사람이 보지 못하게, 듣지 못하게 결심한 경우와 마찬가지입니다.

대부분 사람들은 항상 자신이 쓰고 말하는 내용을 모두가 보고 들어서 잘 이해한다고 생각하지만 사실은 전혀 그렇지 못합니다. 그가 쓰고 말하는 것이 당팔고인데 사람들이 어떻게 이해할 수 있단 말입니까? '소 앞에서 거문고 탄다'(對牛彈琴)는 이 표현에는 대상을 비웃는 의미가 담겨 있습니다. 우리가 이 뜻을 제거해 버리고 오히려 대상을 존경하는 의미를 끼워 넣는다면 결국 거문고 켜는 사람을 비웃는 뜻만이 남을 것입니다. 어찌하여 대상을 고려하지 않고 마음대로 거문고를 켠단 말입니까? 하물며 양팔고의 경우에는 아예 까마귀 소리로서 인민 군중을 향해 까악까악 죽어라고 소리치고 있는 것입니다. 화살을 쏠 때엔 과녁을 생각해야 하고 거문고를 켤 때는 청중을 의식해야 하듯 문장을 쓰고 강연을 할 때에 독자와 청중을 고려하지 않을 수 있는 노릇이겠습니까? 우리가 그 누구와 친구가 되려 할 때 서로의 마음을 이해하지 못하거나 서로의 가슴 속에 무슨 생각들을 하고 있는지 알지 못하면서 지기(知己)로서의 친구가 될 수 있겠습니까? 선전공작을 하려는 사람이 자신이 선전하려는 대상에 관해 조사나 연구 분석도 하지 않은 채 아무렇게나 이 야기한다는 것은 천부당만부당 불가한 일입니다.

　당팔고의 제4조 죄상은 '언어가 무미건조하여 유랑걸인처럼 말라버린 것(語言無味, 象乞癟三)'[9] 입니다. 상하이 사람들이 '베산(癟三)'이라고 부르는 걸인 모습은 바로 우리 당팔고처럼 비쩍 말라서 그 꼴이 정말이 지 차마 볼 수 없을 지경입니다. 한 편의 문장이나 연설이 뒤죽박죽된 채, 결국 몇 개 명사가 '학생말투' 일색으로 나열되어 생동감 있고 활발 한 언어란 전혀 찾아볼 수 없다면 그 어찌 무미건조하고 가증스러운 꼴 이 저 '베산'과 같지 않겠습니까? 어떤 사람이 일곱 살에는 초등학교에, 열 몇 살에는 중학교에 들어가고 스물 몇 살에는 대학교를 졸업하면서 인민군중과는 접촉한 적이 없었다면, 언어가 풍부하지 못하고 몹시 단 순한 것은 이상한 노릇이 아닙니다. 그러나 우리는 군중을 위해 일하는 혁명당원입니다. 군중의 언어를 배우지 아니하면 일을 제대로 해낼 수 없습니다. 지금 우리 가운데 선전공작을 하는 대부분 동지들도 언어를 배우지 않는 실정입니다. 그들의 선전은 아예 무미건조해서 극소수 사 람들만이 그들의 문장을 보기 좋아할 뿐이며, 역시 소수 사람들만이 그 들의 연설을 듣고자 합니다. 어째서 언어를 배워야, 게다가 많은 노력을 들여 힘껏 배워야 하는 것입니까? 왜냐하면 언어란 것은 거저 쉽게 터 득할 수 있는 게 아니며 힘든 노력 없이는 얻어질 수 없기 때문입니다. 첫째로는, 인민군중을 향해 다가가 그 언어를 배워야 합니다. 인민의 어 휘는 아주 풍부하고 생동적이고 활발하며 실제생활을 잘 표현하고 있습 니다. 우리 가운데 상당수 사람들은 이 언어를 잘 배우지 못했기 때문 에 문장을 쓰고 연설을 할 때 생동적이고 활발한, 절실하고 힘있는 말

---

9) 해방 전 상하이 사람들은 도시에서 정상적인 직업 없이 구걸하며 살아가는 떠돌 이를 '베산(癟三)'이라 불렀는데, 그들이 대개 깡마른(癟) 모습이었기 때문이다.

은 몇 마디도 하지 못하고 그저 **뻣뻣**이 죽은 힘줄 몇 오라기뿐이어서 저 비렁뱅이 '베산'처럼 눈뜨고 보기 힘들 정도로 비쩍 마른 채 건강한 사람 같지가 않습니다.

두 번째로는 외국어 속에서 우리가 필요로 하는 요소들을 흡수해야 합니다. 우리는 외국어를 그대로 들여오거나 남용할 것이 아니라 외국어 속에 있는 좋은 점을 우리에게 적당한 것으로 받아들여야 한다는 뜻입니다. 중국은 고유의 어휘가 쓰기에 충분치 않아, 지금 우리가 쓰고 있는 어휘 가운데에는 아주 많은 부분이 외국에서 흡수한 것입니다. 예를 들어 오늘 개최한 '간부대회'의 이 '간부'라는 두 글자도 바로 외국에서 배워 온 것입니다. 우리는 앞으로도 외국의 신선한 점을 많이 흡수해야 하는데, 그들의 진보적인 이론뿐만 아니라 그들의 신선한 용어도 받아들여야 합니다.

세 번째로, 우리는 또한 예전 사람들의 언어 중에서 생명력 있는 것을 배워야 합니다. 우리가 노력하여 배우지 않았기 때문에 옛사람들의 언어 속에서 생기 있는 많은 말들이 충분하게, 그리고 합리적으로 이용되고 있지 못합니다. 물론 우리는 이미 죽어버린 어휘와 전고(典故)를 사용하는 일에는 단호히 반대합니다. 이것은 분명한 사실입니다. 그러나 좋은 점, 여전히 쓸모 있는 점은 여전히 계승해야 합니다.

지금 당팔고에 깊이 중독되어 있는 자들은 민간의, 외국의, 옛사람의 언어 가운데에 있는 유용한 점에 대해 힘들여 배우려 하지 않기 때문에 군중은 그들의 무미건조한 선전을 환영하지 않습니다. 우리도 이러한 절름발이 식의, 한 쪽에 치우친 선전가를 필요로 하지 않습니다. 선전가는 누구일까요? 교원이나 신문기자, 문예창작가들뿐만 아니라 우리 공작간부들도 모두가 선전가인 것입니다. 예컨대 군사지휘관은 결코 대외적으로 선언을 하지는 않지만 사병들에게 강연을 하고 인민들과 접촉하는데 이것도 선전이 아니고 무엇이겠습니까? 한 사람이 다른 사람을 향해 이야기를 하고 있다면 그는 바로 선전활동 중인 것입니다. 그가 벙어리가 아니라면 어쨌든 몇 마디 말을 해야겠지요. 그러므로 우리 동지들은 모두가 언어를 배우지 않으면 안되는 것입니다.

당팔고의 제5조 죄상은 '갑·을·병·정 식으로 한약방을 차리는 것(甲乙丙丁, 開中藥舖)'입니다. 한약방을 한번 살펴보십시오. 그곳 약상자에는 수많은 네모꼴 서랍이 달려 있고, 모든 서랍 앞에는 당귀(當歸)·숙지(熟地)·대황(大黃)·망초(芒硝) …… 등 약이름이 없는 게 없을 정도로 붙어 있습니다. 이렇게 열거하는 방법을 우리 동지들도 배워 온 것입니다. 그리하여 그들은 문장을 짓고 연설을 할 때, 책을 쓰거나 보고서를 작성할 때면 맨 처음에는 큰 일·이·삼·사(壹貳叄肆), 두 번째는 작은 일·이·삼·사(一二三四), 세 번째는 갑·을·병·정(甲乙丙丁), 네 번째는 자·축·인·묘(子丑寅卯), 그 다음엔 대문자 A·B·C·D, 소문자 a·b·c·d, 다시 아라비아숫자 1·2·3·4 …… 식으로 열거해 나가는데 정말 많기도 많습니다!

다행스럽게도 옛사람들과 외국인이 우리에게 이런 많은 부호를 만들어 주었으니 우리가 한약방을 여는 것은 전혀 힘들지 않은 일입니다. 그들이 쓴 한 편의 문장에는 이런 부호들만 가득한 채 어떤 문제를 제시하고 분석하여 해결하지는 않으면서, 무엇을 찬성하는지, 무엇에 반대하는지도 나타내지 않습니다. 이리저리 이야기하면서 그저 여전히 한약방을 열자는 식일 뿐 어떤 참되고 절실한 내용이 없는 것입니다. 내가 말하고자 하는 것은 갑·을·병·정 등의 글자를 써서는 안된다는 게 아니라 그런 식으로 문제를 대하는 방법이 옳지 않다는 것입니다.

지금 많은 동지들이 이런 식으로 한약방을 여는 방법에 깊이 맛을 들이고 있는데, 사실은 가장 저급하고 가장 유치하며 가장 비속한 방법입니다. 이는 형식주의 방법으로서, 사물을 외부로 나타난 특징에 따라 분류할 뿐 그들의 내부 연관성에 따라 분류하지 않는 것입니다. 단순히 사물의 외부로 드러난 특징에 따를 뿐 서로 내부적 연관관계라고는 없는 한 무더기 개념을 한 편의 문장이나 연설, 혹은 보고서에 열거하는 이 방법은 그 자신 개념의 유희를 하는 중이며, 아울러 다른 사람들도 이런 유희에 빠져들게 하자는 것입니다. 결국 사람들로 하여금 머리를 써서 문제를 생각하거나 사물의 본질을 사고할 수 없게 만들고, 갑·을·병·정 식의 현상 나열에 만족하게 하는 것입니다.

무엇을 '문제'라고 부릅니까? 문제란 사물의 모순을 말합니다. 해결해야 할 모순이 있는 바로 그곳에 문제가 있는 것입니다. 문제가 있다면 우리는 결국 어느 한 방면에 찬성하고 다른 방면에 반대함으로써 문제를 '끌어내는' 것입니다. 문제가 제시되었으면 먼저 문제, 즉 모순의 두 가지 기본측면에 대해 대략적인 조사와 연구를 해야 합니다. 그럼으로써 모순의 성질이 무엇인지를 깨달을 수 있게 됩니다. 이것이 바로 문제를 발견하는 과정입니다. 대략적인 조사와 연구는 문제를 발견하고, 문제를 제시할 수는 있지만 아직 문제를 해결할 수 있는 것은 아닙니다. 문제를 해결하기 위해서는 다시 계통 있고 주도면밀한 조사작업과 연구작업이 요구됩니다. 문제를 제시할 경우에도 분석이 요구됩니다. 그렇지 않으면 모호하게 뒤섞인 한 무더기 사물의 현상을 대하면서 문제, 즉 모순의 소재를 파악할 수 없기 때문입니다.

여기에서 말하는 분석과정이란 계통있고 주도면밀한 분석의 과정을 가리킵니다. 줄곧 문제를 제시하고도 해결하지 못하는 것은 사물의 내부 연관을 미처 밝혀내지 못했기 때문입니다. 즉, 앞서 말한 계통있고 주도면밀한 분석을 아직 거치지 못했기 때문에 문제의 모습이 여전히 분명하지 못하고, 종합적인 작업을 할 수 없으며, 또한 문제를 잘 해결할 수도 없는 것입니다. 한 편의 문장이나 연설이 만일 중요하고 지도적 성격을 지닌 것이라면, 반드시 하나의 문제를 제시하고 아울러 분석한 다음에 종합함으로써 문제의 성격을 밝혀내고 해결방법을 제공해야 합니다.

이러한 과정은 형식주의 방법으로는 해낼 수 없는 것입니다. 유치하고 저급한, 용속하고 머리는 쓰지 않으려는 이런 형식주의 방법이 우리 당 내부에 크게 유행하고 있으므로 우리는 이를 반드시 타파해야 합니다. 그래야만 모든 사람이 마르크스주의 방법을 응용하여 문제를 관찰하고 문제를 제시하며 그들 문제를 분석하고 해결하는 법을 배울 수 있게 되어, 우리가 하고자 하는 일이 잘 처리되고 우리의 혁명사업도 승리할 수 있게 되는 것입니다.

당팔고의 제6조 죄상은 '책임은 지지 않으면서 도처에서 사람들에게 해를 끼치는 것(不負責任, 到處害人)'입니다. 앞에서 이야기한 여러 가지는 한편으로는 유치하기 때문에 생기는 것이지만 다른 한편으로는 결국 책임감이 부족한 데서 나타나는 것입니다. 세수하는 일을 예로 들어 봅시다. 우리는 매일 세수를 해야 합니다. 대부분 사람들은 얼굴을 한 번 씻는데 그치지 아니하고, 씻고 난 다음에는 다시 거울에 한 번씩 비추어 보고는 '조사하고 연구하면서'(웃음) 어디 잘못된 곳이 없는지 살펴봅니다. 보십시오! 얼마나 책임감이 있습니까? 우리가 문장을 쓰고 연설을 할 때에도 이렇게 세수할 때의 책임감만 있으면 좋을 것입니다. 드러내서는 안되는 것은 드러내지 않아야 합니다. 이는 다른 사람의 사상과 행동에 영향을 끼친다는 사실을 반드시 알아야 합니다. 한 사람이 우연히 하루 이틀 세수를 하지 않는 것은 분명 잘한 일이 아니겠고, 세수를 하고도 한 두 부분이 검게 남아 있다면 그 또한 보기에 좋은 일은 아니겠습니다만, 그렇다고 결코 크게 위험한 노릇은 아닙니다. 그러나 문장을 쓰거나 연설을 할 때는 이와 다릅니다. 이런 일들은 오로지 다른 사람에게 영향을 주려는 목적에서 나온 것이기 때문입니다. 그런데도 우리 동지들은 대충대충 함부로 하려 듭니다. 경중(輕重)이 뒤바뀐 것이죠. 많은 사람들이 문장을 쓰고 연설을 할 때 미리 연구하거나 준비하지 않을 수도 있겠습니다. 그러나 문장을 다 쓴 다음에도 세수를 하고 난 뒤 거울을 여러 번 볼 때와는 달리 몇 번 더 읽어 보지도 않고 대충 발표해버립니다. 그 결과는 대개 '붓을 들어 천 마디 말을 하고 있지만 주제에서 만리나 벗어난(下筆千言, 離題萬里)' 꼴입니다. 겉으로는 재주 있는 사람 같이 보이지만 사실은 곳곳에서 사람들에게 해를 끼치고 있는 것입니다. 이렇게 책임감이 박약한 나쁜 습관은 반드시 옳게 고쳐야 합니다.

제7조 죄상은 '당 전체에 해독을 뿌리며 혁명을 방해하는 것(流毒全黨, 妨害革命)'입니다.

제8조 죄상은 그것이 '전파되어 나가 나라에 화를 일으키고 인민에게 재앙을 주는 것(傳播出去, 禍國殃民)'입니다.

이 두 조항의 의미는 자명한 일이므로 많은 설명이 필요치 않을 것입니다. 요컨대, 당팔고를 개혁시키지 않고 이대로 발전해 나가도록 놔둔다면 매우 심각한 결과가 초래되고 지극히 좋지 않은 상황에 이를 것입니다. 당팔고 안에 담겨진 것은 주관주의·종파주의라는 독물(毒物)이며, 이 독물이 널리 퍼져나가면 당과 나라에 해를 끼칠 것입니다.

위에서 말한 여덟 가지 죄상은 바로 우리가 당팔고를 토벌하기 위해 내건 격문입니다.

당팔고라는 이 형식은 혁명정신을 표현하는 데 불편할 뿐 아니라 혁명정신을 아주 쉽게 질식시켜 버립니다. 혁명정신이 발전해 나갈 수 있게 하기 위해서는 당팔고를 버리고 생동감 있고 활발한, 신선하고 힘있는 마르크스·레닌주의 문풍(文風)을 취해야 합니다. 이러한 문풍은 일찍부터 존재해 왔지만 아직 튼튼하지 못하고 보편적으로 발전하지 못했습니다. 우리가 양팔고와 당팔고를 제거하고 나면 새로운 문풍이 충실해지고 보편적으로 발전할 수 있을 것입니다. 그리하여 당의 혁명사업도 진취적으로 추진해 나아갈 수 있을 것입니다.

문장과 연설 속에만 당팔고가 나타나는 게 아니라 회의에서도 있습니다. '첫째, 개회. 둘째, 보고. 셋째, 토론. 넷째, 결론. 다섯째, 폐회.' 어느 때 어느 곳이든, 크든 작든 모든 회의가 이렇게 판에 박은 듯한 순서에 따라 열린다면 이것도 당팔고가 아니겠습니까? 회의장에서 '보고'를 할 때에도 항상 '첫째, 국제. 둘째, 국내. 셋째, 변방지구. 넷째, 본부.' 식이며, 아침부터 저녁까지 회의를 열면서 할 말이 없는 사람도 한 번씩이라도 이야기를 해야지 그렇지 않으면 다른 사람들에게 미안한 일이 되는 것만 같습니다. 결국 실제상황은 살피지 않으면서 판에 박힌 옛 형식과 낡은 습관을 사수하려는 이런 현상도 개혁해야 하지 않겠습니까?

지금 많은 사람들이 민족화·과학화·대중화 등을 제창하고 있는 중입니다. 참 좋은 일입니다. 그러나 '화(化)'라는 말은 머리부터 꼬리까지, 안에서 바깥까지 그 모든 것을 해내는 것을 의미합니다. 어떤 사람들은 '조금도' 실행하지 않으면서 어떻게 '화(化)'를 제창하겠다는 것입니까? 나는 그러한 동지들에게 먼저 '조금이라도' 해내고 나서 '화(化)'에 나서라고 권합니다. 그렇지 않으면 여전히 교조주의와 당팔고를 벗어날 수 없으며, 눈만 높고 손(실행)은 낮은, 뜻만 크고 재주가 적은 꼴인지라 아무런 결과가 없을 것입니다. 예를 들어 입으로는 대중화(大衆化)를 이야기하면서 실제로는 소중화(小衆化)를 행하는 사람들은 아주 조심해야 합니다. 어느 날, 대중 속 한 사람이 길에서 그를 만났을 때 "선생, '화(化)'해서 내게 좀 보여 주시오!"라고 '장군(將軍)!'을 부를지도 모르기 때문입니다. 입으로 대중화를 제창할 뿐만 아니라 스스로도 참되게 실행하고자 하는 사람은 일반 민중에게서 실제적으로 배워야 합니다. 그렇지 못하면 여전히 '화(化)'할 수 없습니다. 날이면 날마다 대중화를 외쳐대는 어떤 사람들 중에서는 민중의 말을 세 마디도 해내지 못하는 이들이 있으니 그들은 일반 민중에게서 배우겠다는 결심을 한 적이 없었던 것이며, 그들의 뜻은 사실상 '소중화(小衆化)'일 따름입니다.

오늘 회의장에는 『선전안내』라는 소책자가 배포되어 있는데, 그 책에는 네 편의 문장이 담겨 있습니다. 나는 동지 여러분들이 여러 번 읽어 보기를 권합니다.

제1편은 『소련공산당(볼셰비키) 역사요점 독본』에서 뽑은 것으로, 레닌이 어떻게 선전했는가를 말하고 있습니다. 그 안에는 레닌이 전단을 쓰던 상황을 이야기하는 부분이 있습니다.

> "레닌의 영도 아래 페테르부르크의 '노동계급해방투쟁협회'는 러시아에서 첫 번째로 사회주의와 노동자운동을 결합시키게 된다. 어느 공장에서 파업이 폭발했을 때 '투쟁협회'는 자체 소그룹 안의 참가자를 통해 각 기업의 상황을 아주 상세히 파악하고 있었기 때문에, 즉시 전단과 사회주의 선언을 인쇄하여 그 파업에 호응했던 것이다. 이 전단들은 공장주가 노동자들을 학대한 사실을 폭로하고 노동자들이 어떻게 자신의 이익을 위해 투쟁해야 하는가를 설명하면서 노동민중의 요구를 밝혀 싣고 있었다. 전단의 내용은 자본주의라는 유기체의 병든 종기와 노동자들의 곤궁한 생활, 매일 열두 시간부터 열네 시간에 이르는 과도하고 막중한 노동, 그러면서도 그들에게는 전혀 주어지지 않는 권리 등에 관한 진상을 남김없이 폭로했다. 아울러 이 전단을 통해 적절한 정치적 요구도 제시하고 있다."

'아주 상세히 파악했던' 것입니다! 그리고 '남김없이 폭로했던' 것입니다.

> "1894년 말, 레닌은 노동자 바부슈킨(Babusukin)의 협력 아래 이러한 선전전단과 페테르부르크에서 파업에 돌입한 세미얀니코프(Semyannikov)공장의 노동자들에게 보내는 편지를 처음으로 썼다."

하나의 전단을 쓰는 데에도 상황을 숙지하고 있는 동지와 상의해야 하는 것입니다. 레닌은 바로 이러한 조사·연구방법을 바탕으로 문장을 쓰고 공작했던 것입니다.

> "이렇게 쓰여진 하나하나의 전단은 노동자들의 정신을 크게 고무시
> 켰다. 그들은 사회주의자가 그들을 돕고 보호한다는 것을 알게 되
> 었다."

우리는 레닌에게 찬성합니까? 만일 찬성한다면 레닌의 이러한 정신
으로 활동해나가야만 합니다. 텅 빈 말로 알맹이 없는 이야기를 해서는
안되며, 표적없이 활을 쏘듯 대상을 고려치 않아서는 안되며, 자기만이
옳다고 이야기를 떠벌려서도 안됩니다. 바로 레닌의 이러한 방식으로
해나가야만 됩니다.

두 번째 문장은 디미트로프[10]가 코민테른 제7차 대회에서 발표한 보
고서에서 뽑은 것입니다. 디미트로프는 무엇을 이야기하고 있습니까?

> "책 속의 공식적인 말을 이용할 것이 아니라 대중사업을 위해 투쟁하
> 고 있는 전사(戰士)들의 언어를 사용하여 군중과 이야기하는 법을 잘
> 배워야 한다. 이러한 전사들의 말 하나하나, 생각 하나하나마다 모두
> 수백만 수천만 군중의 사상과 정서를 반영해내고 있기 때문이다."

> "우리가 대중이 알아들을 수 있는 말을 터득하지 못한다면 저 광대한
> 군중들은 우리의 결의(決議)를 깨닫지 못할 것이다. 우리는 언제라도
> 간단하고도 구체적으로, 군중들이 잘 알고 쉽게 이해하는 형상으로

---

10) 디미트로프(Dimitrov, 1882~1949)는 불가리아 사람으로 1921년 국제노조 중앙
이사회 이사로 지명되었고, 1935년부터 1943년까지 코민테른 집행위원회 총서
기로 재임했다. 1945년 11월 귀국한 후엔 불가리아공산당 총서기 및 부장회의
주석을 맡았다.

이야기하는 법을 잘 해내지 못한다. 우리는 여전히 통째로 암기한 추상적 공식을 포기할 수 없는 것이다. 사실상 그대들이 우리의 전단과 신문, 결의문과 강령 등을 한번 살펴본다면 이들이 바로 그러한 언어로 쓰여 있다는 것을, 그토록 어려운 나머지 심지어 당의 간부조차 이해하기 힘들 정도인지라 일반 노동자는 더 말할 필요조차 없다는 것을 깨닫게 될 것이다."

어떻습니까? 이 내용이야말로 바로 우리의 병폐를 단도직입적으로 꼬집고 있지 않습니까? 맞습니다. 당팔고는 중국에도, 외국에도 있는 공통된 병인 것입니다.(웃음) 그러나 우리는 이 디미트로프 동지의 지시에 따라 우리 스스로의 병을 어서 빨리 고쳐야만 하겠습니다.

"우리는 누구나 아래와 같은 최소한도의 규칙을 제대로 깨달아서 이를 정해진 규칙, 볼셰비키의 규칙으로 삼아야 한다. 문장을 쓸 때나 이야기를 할 때는 항상 일반 노동자들이 모두 알아듣고, 그대의 구호를 믿고 그대를 따르기로 결심할 수 있게 해야 한다. 그대가 과연 누구를 위하여 글을 쓰고, 누구에게 이야기를 하고 있는가를 반드시 생각해야 한다."[11]

이것은 곧 코민테른이 우리의 병을 치유하기 위해 내린 약처방으로, 반드시 지켜 나가야 합니다. 이는 '규칙'인 것입니다.

세 번째 문장은 『루쉰전집(魯迅全集)』에서 뽑아 온 것으로, 루쉰이 북두잡지사(北斗雜誌社)[12]의 질문에 의거해 '어떻게 문장을 쓸 것인가

---

11) 이상 문장들은 디미트로프가 1935년 8월 13일 코민테른 제7차 대표대회에서 발표한 결론 「노동자 계급이 일치단결하여 파시즘에 반대하기 위한 투쟁을 위하여」의 서론 부분과 제6부분 「정확한 노선만으로는 부족하다」에 보인다.

하는 문제를 토론하고 있는 편지글입니다. 그는 무어라고 말하고 있습니까? 그는 문장 쓸 때의 규칙을 모두 여덟 가지로 열거하고 있는데, 나는 그 몇 개를 뽑아서 이야기할까 합니다.

제1조는 '여러 가지 사정을 살펴서 많이 볼 것, 조금만 보고 나서 그대로 쓰지 말 것'입니다. '여러 가지 사정을 살펴보라'고 말하고 있습니다. 한 가지, 반 가지 사정이라고 말한 게 아닙니다. '많이 보라'고 말하고 있습니다. 한 번, 반 번만 보는 게 아닙니다. 우리는 어떻습니까? 이와는 정반대로 조금만 보고는 그대로 써버리지 않습니까?

제2조는 '써낼 수 없을 경우에는 억지로 쓰지 말 것'입니다. 우리는 어떻습니까? 분명히 머릿속에는 아무 것도 없는데 죽어라고 대서특필하는 게 아닙니까? 조사하지 않고, 연구하지도 않고 붓을 들어서 '억지로 쓰는 것', 이것이 바로 무책임한 태도입니다.

제4조는 '쓴 다음에는 적어도 두 번을 다시 살핀다. 있어도 좋고 없어도 좋은 글자나 문장은 조금도 아낌없이 빼버리도록 노력한다. 소설로 쓸 수 있는 재료를 소품(小品)으로 줄일지언정 소품으로 쓸 재료를 소설로 늘리지는 않는다'는 것입니다. 공자는 '다시 생각하기'(再思)[13]를 제창했고, 한유도 '행실은 생각을 바탕으로 이루어진다(行成于思)'[14]고 말했습니다. 이는 고대의 사정입니다. 오늘날의 경우, 문제가 아주 복잡해서 어느 상황에서는 서너 번씩 생각하고 생각해도 부족할 지경입니다. 루쉰은 '적어도 두 번을 다시 살핀다'고 했는데, 그렇다면 최대로는? 그는 최대에 대해서는 말하지 않았습니다. 내 생각에 중요한 문장은 열

---

12) 『북두(北斗)』는 중국좌익작가연맹이 1931년부터 1932년까지 출판한 문예월간지다. 「북두잡지사의 물음에 대답함」은 루쉰의 『이심집(二心集)』에 실려 있다.

13) 『논어』 '공야장(公冶長)' 편에 보인다.

14) 당대(唐代) 문인 한유(韓愈, 768~824)의 「진학해(進學解)」에 "행실은 사고에서 이루어지고 마음대로 하다보면 실패하고 만다(行成于思, 毁于隨)"는 대목이 보인다.

번이 넘게 착실하게 수정한 다음에 발표하는 것도 좋다고 생각합니다. 문장은 객관사물에 대한 반영인데, 사물이란 우여곡절이 있고 복잡한 것이니 반복적으로 연구해야만 올바르게 반영할 수 있는 것입니다. 대충대충 써도 된다고 여긴다면 문장을 짓는 가장 기초적인 지식마저도 이해하지 못하는 꼴입니다.

제6조는 '자신밖에는 그 누구도 알지 못하는 형용사 따위를 억지로 만들어내지 않는다'는 것입니다. 우리가 '억지로 만들어내는' 것은 너무나 많습니다. 결국엔 '아무도 모르는 것들'입니다. 한 문장에 길게는 4, 50개의 단어가 이어져서 '아무도 이해하지 못하는 형용사들'이 가득 쌓여 있습니다. 입을 열기만 하면 루쉰을 옹호하는 수많은 사람들이 오히려 루쉰의 뜻을 위배하고 있는 것입니다.

마지막 문장은 중국공산당 제6기 제6차 전체회의에서 선전의 민족화 문제를 논한 글입니다. 제6기 제6차 전체회의는 1938년에 열렸는데, 그때 우리는 "중국적인 특징을 제쳐놓고 마르크스주의를 논한다면 추상적이고 공허한 마르크스주의가 될 따름이다"[15]고 말했었습니다. 이 말은 바로 공허한 마르크스주의를 반드시 반대해야 한다는 뜻입니다. 중국에서 생활하는 공산당원은 반드시 중국혁명의 실제 상황에 연계해서 마르크스주의를 연구해야 하는 것입니다.

"양팔고는 반드시 폐지해야 한다. 공허하고 추상적인 가락을 줄여나가고 교조주의를 없애야만 한다. 그 대신에 신선하고 활발한, 중국의 일반민중이 듣기 좋아하고 보기 즐거워하는 중국식 풍조와 기운을 일

---

15) 마오쩌둥 「민족전쟁 중에서 중국공산당의 지위」에 보인다. 이 문장은 1938년 10월 중국공산당 중앙위원회 제6기 제6차 확대전체위원회에서 마오쩌둥이 발표한 보고로, 이 해 11월 25일 옌안에서 발간된 『해방(解放)』 제57기에 실렸다.

으켜야 한다. 국제주의의 내용과 민족형식을 분리해버리는 것은 국제주의를 이야기하는 사람들의 관점을 조금도 이해하지 못하는 것이며, 우리는 이 양자를 긴밀하게 결합해야 한다. 이 문제를 해결하기 위해서는 우리 대오 가운데 엄중하게 존재하고 있는 착오를 반드시 성실하게 극복해내야만 한다."16)

　여기에서 양팔고를 폐지하자고 했는데 어떤 동지들은 실제로 아직까지도 이를 제창하고 있는 중입니다. 여기에서 공허하고 추상적인 가락은 줄여서 부르자고 했는데, 어떤 동지들은 아직도 한사코 더 많이 부르려 하고 있습니다. 여기에서 교조주의를 그만두자고 했는데 어떤 동지들은 교조주의를 잠에서 일어나라고 깨우고 있습니다. 결국, 많은 사람들이 제6차 전체회의에서 통과된 보고를 마이동풍(馬耳東風) 격으로 여기면서 마치 의식적으로 적대시하려는 것 같습니다. 당중앙위원회에서 이제 당팔고와 교조주의 같은 무리들을 철저히 청산해야 한다고 결정지었습니다. 그래서 내가 많은 이야기를 했던 것입니다. 동지들께서는 내가 이야기한 것을 잘 생각하고 분석해보시기 바랍니다. 아울러 각자 자신의 상황에 대해서도 분석해보기 바랍니다. 모든 사람들은 스스로를 잘 생각해 보아야 하고, 나아가 자신이 분명하게 생각할 수 있게 된 것에 대해서는 마음을 주고받는 친구들과 토론을 하고, 주위에 있는 다른 친구들과도 의논하면서 자신의 잘못을 철저히 고쳐 나가야 할 것입니다.

---

16) 『민족전쟁 중에서 중국공산당의 지위』 속 '학습(學習)' 부분에서 인용.

제6부

옌안 문예좌담회에서의 연설

(1942년 5월)

이 글은 원래 1943년 10월 19일 옌안(延安)에서 발간된 『해방일보(解放日報)』에 실렸다.

이끄는 말 (1942년 5월 2일)

동지들! 오늘 여러 동지들을 소집하여 이 좌담회를 개최하게 된 목적은 문예사업과 일반 혁명사업의 관계에 대해 여러분과 의견을 교환하고 연구하기 위해서입니다. 즉, 혁명문예가 정확히 발전하도록 하기 위해, 그리고 이 혁명문예가 여타 혁명사업에 대해 더욱 양호하게 협조할 수 있게 함으로써 우리 민중의 적을 타도하고 민족해방의 임무를 완성하기 위해서입니다.

중국인민 해방을 위한 우리의 투쟁에는 여러 가지 전선(戰線)이 있습니다. 그 안에는 문·무(文武) 두 전선이 있다고 볼 수 있는데, 그것은 바로 문화전선(文化戰線)과 군사전선(軍事戰線)입니다. 우리가 적과 싸워 이기기 위해서는 먼저 손에 총을 든 군대에 의존해야 합니다. 그러나 단지 이러한 군대만 가지고는 충분하지 못합니다. 우리는 다시 문화라는 군대를 가져야 합니다. 이는 우리 자신들이 단결하여 적과 싸워 이기기 위해서는 결코 없어서는 안될 부대입니다. 5·4운동[1] 이래 이 문화군대가 우리 중국에 형성된 후 혁명을 도와 중국의 봉건문화 및 제국주의 침략에 호응하여 생긴 매판문화(買辦文化)의 기반을 점점 축소시키고 그 힘을 차츰 약화시켰습니다. 그리하여 이제 중국의 반동파는 단지 '양으로 질에 대항하는' 방식으로만 겨우 신문화와 대항할 수 있을 정도입니다. 즉, 그들은 비록 좋은 것들은 생산치 못하면서도 돈은 얼마든지 있으므로 한사코 많이 산출할 수는 있는 것입니다. 5·4운동 이래 문화전선에서 문학과 예술은 상당한 성과를 낸 중요한 부분입니다. 혁명적인 문학예술운동은 십 년 동안의 내전(內戰) 시기에 커다란 발전이

---

1) 1919년 5월 4일에 일어난 반제·반봉건 혁명운동. 자세한 사항은 「실천론」 각주 9(이 책 24쪽) 내용을 참고할 것.

있었습니다. 그런데 이 운동은 당시 혁명전쟁과 근본적인 방향에서는 일치되고 있었지만, 실제사업에서는 서로 결합되지 못했습니다. 그 원인은 그 시기의 반동파가 이 두 형제 군대를 가운데로부터 갈라놓았기 때문입니다. 항일전쟁(抗日戰爭)이 폭발한 이후, 옌안과 각 항일근거지에는 혁명적인 문예활동가들이 많이 모여들었는데, 이는 매우 좋은 일이라 할 것입니다. 그러나 근거지에 왔다고 해서 곧 근거지의 인민 대중과 완전히 결합되었다고 말할 수 있는 것은 결코 아닙니다. 우리가 앞을 향해 혁명사업을 추진시켜 나아가게 하려면 이 양자가 완전히 결합되도록 해야 할 것입니다. 우리들이 오늘 이 모임을 여는 것도 문예로 하여금 혁명이라는 전체 기계의 한 부분조직으로서의 역할을 잘 하게 함으로써, 인민을 단결시키고 교육하며 적에 타격을 가하고 소멸시키는 유력한 무기가 되어 인민들이 마음과 뜻을 합하여 적과 투쟁하도록 도울 수 있게 하는 데 있는 것입니다.

그렇다면 이 목적을 위해 어떤 문제들을 해결해야 되겠습니까? 나는 그것이 문예종사자들의 입장문제·태도문제·사업대상문제·사업문제와 학습문제 등이라고 생각합니다.

먼저 입장문제입니다.

우리는 무산계급과 인민대중의 입장에 서 있습니다. 공산당원에 대해서 말하자면 당의 입장에 서야 하며 당성(黨性)과 당 정책의 입장에 서야 합니다. 이 문제에 대해 우리의 문예종사자들 중에 아직도 인식이 부족하거나 불명확한 사람은 없습니까? 나는 아직 있다고 생각합니다. 많은 동지들이 항상 자신의 정확한 입장을 견지하지 못하고 있습니다.

다음으로 태도문제입니다.

입장에 따라서 우리가 각종 구체적인 사물을 대할 때의 구체적인 태도도 결정됩니다. 예컨대 노래할 것인가, 폭로할 것인가 하는 문제는 바로 이 태도의 문제입니다. 그렇다면 어떤 태도가 우리들에게 요구되는 태도이겠습니까? 나는 두 가지 태도 다 필요하지만 문제는 그 태도가 어떤 사람들에 대한 것인가에 있다고 봅니다. 우리에게는 세 종류의 사람들이 있으니, 하나는 적(敵)이고, 또 하나는 통일전선 중의 동맹자이며, 다른 하나는 우리편입니다. 이 세 번째 사람들이 바로 인민대중과 그 선봉대인 것입니다. 우리는 이들 세 종류 사람들에 대해서 각기 세 가지 다른 태도를 지녀야 할 것입니다. 적들, 즉 일본제국주의와 모든 인민의 적들에 대해 우리 혁명문예종사자들의 임무는, 그들의 포악함과 속임수를 폭로하고, 그들이 필연적으로 실패하게 되는 추세를 지적함으로써 일제에 항거하는 군민(軍民)을 격려, 그들이 한 마음 한 뜻으로 굳세게 적들을 물리치도록 하는 데 있습니다. 통일전선을 이루고 있는 여러 서로 다른 동맹자들에 대해서는, 연합하면서도 비판해야 할 것입니다. 즉, 각종 다른 연합이 있으므로 그에 따라 각기 다른 비평이 있어야 할 것입니다. 우리는 그들의 항전을 찬성합니다. 만약 그들에게 성과가 있으면 우리는 그것을 찬양해야 할 것입니다. 그러나 항전에 적극적이지 않다면 마땅히 그를 비판해야 할 것입니다. 만약 어떤 사람이 공산당과 인민을 반대하면서 나날이 반동의 길을 걷는다면, 그에 대해서 굳세게 반대해야 할 것입니다. 인민대중과 인민의 노동·투쟁, 인민의 군대, 인민의 정당 등에 대해서 우리는 당연히 찬양해야 할 것입니다. 인민 역시 결점이 있습니다. 무산계급 가운데 많은 사람들이 아직도 소자산계급 사상을 지니고 있고, 농민과 도시의 소자산계급은 낙후된 사상을 가지고 있으니, 이 점들이 바로 그들이 투쟁 중에 짊어져야 하는 짐인 것입니다. 우리는 마땅히 참을성 있게 장기적으로 그들을 교육하여 그들이 등에 진 짐을 벗고 자신들의 결점이나 오류와 투쟁하도록 도와주어, 그들로 하여금 큰 걸음으로 전진할 수 있도록 해주어야 하겠습니다. 그들은 투쟁하는 가운데에서 이미 자신을 개조했거나 지금 개조하고 있는 중입니다. 우리의 문예는 마땅히 그들의 이 개조과정을 묘사해야 하겠습니다. 잘못을 굳게 고수하려는 사람만 아니라면 우리는 한쪽 면만을 보고 그들을 비웃어버리거나 심지어 적대시하는 잘못을 저질러서는 안되겠습니다. 우리가 쓰는 것들은 마땅히 그들을 단결케 하고, 그들을 진보케 하며, 그들이 한마음으로 앞을 향해 분투해 나아가 낙후된 것들을 버리고 혁명적인 것들을 발양할 수 있도록 해야 하는 것이어야 하지, 결코 이와 반대되는 쪽으로 진행해서는 안됩니다.

그 다음은 사업대상 문제입니다. 이는 문예작품을 누구에게 보여줄 것인가 하는 문제입니다. 산시(陝西)·간쑤(甘肅)·닝샤(寧夏) 등 변구(邊區)와 화베이(華北)·화중(華中)의 각 항일근거지에서는 이 문제가 국민당통치구와는 다르며, 항일전쟁 이전의 상하이(上海)와는 더욱 다릅니다. 상하이 시기에 혁명문예작품을 받아들인 사람은 주로 일부 학생과 직원·점원 등이었으며, 항전 이후의 국민당통치구에서는 그 범위가 약간 더 확대되었긴 하지만 기본적으로는 역시 그들이었습니다. 그것은 그곳 정부가 노동자·농민·병사를 혁명문예와 격리시켰기 때문입니다. 그러나 우리의 근거지에서는 상황이 완전히 다릅니다. 우리 근거지에서 문예작품을 받아들이는 사람들은 노동자·농민·병사 및 혁명간부들입니다. 근거지에도 학생들이 있지만 이들은 구식 학생들과는 다릅니다. 그들은 과거의 간부가 아니면 곧 미래의 간부인 것입니다. 각종 간부, 부대의 전사, 공장의 노동자, 농촌의 농민, 그들 중에 글자를 아는 사람들은 책이나 신문을 보고, 글자를 모르는 사람들은 연극·영화를 보거나 노래 혹은 음악을 듣거나 부릅니다. 그들이 바로 우리 문예작품을 받아들이는 사람들입니다. 간부의 경우, 여러분들은 이 부분의 사람수가 적다고 생각할지도 모릅니다. 그러나 그 수는 국민당통치구에서 나오는 책 한 권의 독자수보다 훨씬 많습니다. 국민당통치구에서는 책 한 종류에 보통 2천여 권밖에 안 찍으므로 삼판(三版)이라고 해도 겨우 6천 권에 불과합니다. 하지만 근거지 간부의 경우, 단지 옌안에서만도 능히 책을 볼 수 있는 사람이 1만여 명이나 되는 것입니다. 뿐만 아니라, 이들 간부들은 대부분 오랜 기간에 걸쳐 단련돼온 혁명가들로서 전국 각지에서 왔고 또 각지로 다시 가서 일하고자 하는 사람들입니다. 그렇기 때문에 이들에 대해 교육활동을 하는 것은 중대한 의의가 있는 것입니다. 우리 문예종사자들은 응당 그들에 대한 이 교육활동을 잘 해내야 하겠습니다.

문예사업의 대상이 노동자·농민 및 그 간부들이라고 하면, 그 뒤엔 그들을 잘 이해하고 그들에 익숙해야 한다는 문제가 발생합니다. 그리고 그들을 잘 이해하고 그들에 익숙하기 위해서는, 즉 당정(黨政)기관·농촌·공장·팔로군·신사군 속의 각종 사람들과 어울려 갖가지 사정들을 두루 이해하고 그에 익숙해지기 위해서는 많은 일들을 해야 합니다. 우리의 문예종사자들은 자신의 문예사업을 해야 하지만 먼저 이 사람들을 이해하고 익숙해지는 것이 맨 처음으로 해야 될 일입니다. 그러면 이 문제에 대한 우리 문예종사자들의 이전 상황은 어떠했습니까? 이전엔 익숙하지 못했고 이해하지 못해서 '영웅이 무예를 쓸 여지가 없는' 격이었다고 말하지 않을 수 없습니다.

익숙하지 못했다는 건 무슨 의미겠습니까? 사람에 익숙하지 못했던 것입니다. 문예종사자가 자기의 묘사대상과 작품을 받아들이는 사람들에 대해 익숙하지 못했던 것이고, 때로는 아주 생소하기까지 했던 것입니다. 즉, 우리의 문예종사자들은 노동자에 익숙하지 못했고, 농민에 익숙하지 못했으며, 병사에 익숙하지 못했고, 그들의 간부에 대해서도 익숙하지 못했던 것입니다.

그러면 이해하지 못했다는 건 무슨 뜻이겠습니까? 언어를 이해하지 못했던 것입니다. 다시 말하면 인민대중의 풍부하고도 생동적인 언어에 대해 충분한 지식이 결핍되어 있었던 것입니다. 많은 문예종사자들이 스스로 대중으로부터 벗어나 있었고 생활이 공허했기 때문에, 결국 인민의 언어에 익숙하지 못했던 것입니다. 그리하여 그들 작품의 언어는 현저하게 무미건조했고, 늘상 생경하게 지어낸 것이기에 인민의 언어와는 서로 대립되는, 이것도 저것도 아닌 어구들이 끼어 있었던 것입니다. 많은 동지들이 대중화라는 말을 좋아합니다만, 그러나 대중화란 과연 무엇을 말하는 것입니까? 그것은 바로 우리 문예종사자들의 사상·감정과 노·농·병(勞農兵) 대중의 사상·감정이 혼연일체가 되는 일을 가리키는 것입니다. 그렇게 혼연일체가 되기 위해서는 마땅히 진지하게 대중의 언어를 학습해야 할 것입니다. 대중의 언어에 대해서도 잘 이해하지 못하면서 어찌 문예창작을 이야기할 수 있겠습니까?

'영웅이 무예를 쓸 여지가 없는' 격이라는 것은, 다시 말해서 여러분이 갖고 있는 큰 도리를 대중은 이해하지 못한다는 것입니다. 대중 앞에서 여러분의 자질이 좀 더 노련한 듯, 좀 더 영웅인 듯 내세우면 내세울수록, 그것을 더욱 더 팔아먹으려고 하면 할수록 대중은 여러분에게 더욱 흥미를 잃어 갈 것입니다. 여러분이 자기 자신을 대중에게 이해시키려면, 대중과 혼연일체가 되려면 반드시 장기간에 걸친, 심지어는 고통스럽기까지 할 연마를 거쳐야겠다는 결심을 해야만 합니다.

이제 나는 스스로의 감정이 변화된 경험을 하나 이야기하고자 합니다. 나는 학생 출신입니다. 학교를 다니면서 몸에 밴 학생습관 때문에, 어깨로는 짐을 지지 못하고 손으로는 물건을 들지 못하는 여러 학생들 앞에서 짐을 지는 일 같은 하찮은 노동이라도 할 경우에 체면이 깎이는 것처럼 느꼈습니다. 그 무렵, 세상에서 깨끗한 사람은 지식인뿐이고, 노동자·농민은 아무래도 그보다 더럽기 마련이라고 생각했습니다. 지식인들의 옷은 깨끗하다고 생각되어 다른 사람의 것이지만 입어도 좋다고 여겼지만, 노동자·농민의 옷은 더럽다고 생각되었으므로 나는 입고 싶지가 않았습니다. 혁명을 하게 되면서 노동자·농민 및 혁명군 전사와 함께 생활하게 되자 나는 점차 그들을 잘 알게 되었고 그들 역시 나를 점점 잘 알게 되었습니다. 이 때, 겨우 이 때가 되어서야 나는 비로소 자산계급의 학교가 나에게 교육시킨 그 자산계급적, 소자산계급적 감정을 개변시킬 수 있었던 것입니다. 이 때 아직 개조되지 않은 지식인을 노동자·농민과 비교해 보니 그들 지식인은 깨끗하지 못한 자들이고, 오히려 가장 깨끗한 사람은 바로 노동자·농민이라고 느껴졌습니다. 그들의 손이 검고 그들의 발에는 소똥이 묻어있다 할지라도 자산계급과 소자산계급의 지식인보다는 더 깨끗하다고 여겨졌던 것입니다. 이것이 바로 '감정에 변화가 생겼다'고 하는 것이고, 한 계급에서 다른 한 계급으로 변화되었다고 하는 것입니다. 우리들 지식인 출신의 문예종사자는 자신의 작품이 대중에게 환영받도록 하기 위해서는 자신의 사상·감정에 반드시 일대 변화를, 일대 개조를 가해야 할 것입니다. 이런 변화가 없고, 이런 개조가 없이는 어떤 일도 잘 해낼 수가 없으며 모든 게 다 틀어지는 것입니다.

마지막 문제는 학습문제입니다. 나의 뜻은 마르크스·레닌주의를 학습하고 사회를 학습하라는 것입니다. 스스로를 마르크스주의 혁명작가라고 자임하는 작가, 특히 당원작가라면 반드시 마르크스·레닌주의에 대한 지식이 있어야 할 것입니다. 그러나 지금 어떤 동지들은 오히려 마르크스주의의 기본관점이 결여되어 있습니다. 비유해서 말하자면, 마르크스주의의 기본관점은 '존재가 의식을 결정한다'는 것, 계급투쟁과 민족투쟁의 객관적 현실이 우리의 사상·감정을 결정한다는 것입니다. 그러나 우리 가운데 어떤 동지들은 이 문제를 전도시켜 일체의 모든 것은 '사랑'으로부터 출발해야 한다는 따위로 말하고 있습니다. 사랑에 대해 말하자면, 계급사회 속에서는 단지 계급적인 사랑이 있을 뿐입니다만 이들 동지들은 도리어 무슨 초계급적인 사랑, 추상적인 사랑, 그리고 추상적인 자유, 추상적인 진리, 추상적인 인간성 등을 추구하고자 하는 것입니다. 이것은 이들 동지들이 자산계급의 영향을 아주 깊게 받고 있다는 것을 나타내는 것입니다. 그러므로 이들 동지들은 마땅히 이런 영향을 철저히 청산하고 아주 겸허하게 마르크스·레닌주의를 학습해야만 하겠습니다. 문예종사자는 의당 문예창작을 학습해야 한다는 것은 옳은 말이지만, 마르크스·레닌주의는 모든 혁명가가 마땅히 학습해야 할 과학이므로 문예종사자라고 예외일 수는 없는 것입니다. 문예종사자가 사회를 학습해야 한다는 말은 곧 사회의 각 계급을 연구하고, 그들의 상호관계와 각각의 상황을 연구하며, 그들의 면모와 심리를 연구해야 한다는 것을 의미합니다. 이것들을 분명히 해야만 우리의 문예에 비로소 풍부한 내용과 정확한 방향이 담길 수 있게 되는 것입니다.

오늘 나는 단지 이 몇 가지 문제만을 제기하여 '이끄는 말'로 삼을까 합니다. 여러분들께서는 이들 문제와 그밖에 관련된 문제들에 대해 의견을 발표하시기 바랍니다.

결론 (1942년 5월 23일)

동지들! 우리는 이 모임을 한 달 동안에 모두 세 번 열었습니다. 모두들 진리 추구를 위해서 열렬한 토론을 전개했던 바, 당과 당 외의 동지 수십 명이 발언에 나서서 문제를 개진했고, 또 구체화시켰습니다. 나는 이것이 전체 문학예술운동에 아주 좋은 도움을 줄 것이라고 생각합니다.

우리가 문제를 토론할 때 반드시 실제에서 출발해야지 정의(定義)에서 출발해서는 안될 것입니다. 만약에 우리가 교과서에 따라 무엇이 문학이고 무엇이 예술인가 하는 정의를 찾고, 그런 다음 그 내용에 비추어 지금의 문예운동의 방침을 규정하여 오늘날 발생한 각종 견해와 논쟁을 평가한다면, 이런 방법은 정확하지 못한 것입니다. 우리는 마르크스주의자이고, 마르크스주의는 우리에게 문제를 볼 때 추상적인 정의에서 출발하지 말고 객관적으로 존재하는 사실로부터 출발하도록 요구하며, 이들 사실을 분석하는 가운데에서 방침·정책·방법들을 찾아낼 것을 요구합니다. 우리가 지금 문예사업을 토론하는 경우에도 마땅히 이렇게 해야 할 것입니다.

현재의 상황은 어떻습니까? 사실은 이렇습니다. 중국에서 이미 5년간이나 진행해온 항일전쟁, 전 세계의 반파시스트 전쟁, 중국의 대지주·대자산계급의 항일전쟁 과정에서의 동요와 인민에 대한 고압(高壓)정책, '5·4' 이래의 혁명 문예운동, 그리고 이 운동이 혁명에 대해 23년간에 걸쳐 이룩한 위대한 공헌과 수많은 결점, 팔로군과 신사군의 항일민족근거지, 아울러 이들 근거지 속에서 이루어진 많은 문예종사자와 팔로군·신사군 및 노동자·농민과의 결합, 근거지의 문예종사자와 국민당통치구 문예종사자의 환경과 임무의 구별, 목전의 옌안과 각 항일근거지의 문예사업에서 이미 발생한 논쟁문제 등등, 이것들은 실제로 존재하는 부인할 수 없는 사실이며, 우리들은 이런 사실들의 기초 위에서 우리들의 문제를 생각해야 하겠습니다.

그러면 우리 문제의 중심은 무엇이겠습니까? 나는 우리의 문제는 기본적으로 대중을 위한 문제와 어떻게 대중을 위할 것인가라는 문제라고 생각합니다. 이 두 가지 문제를 해결하지 아니하거나, 혹은 부적당하게 해결하게 되면, 우리 문예종사자는 결국 스스로가 처한 환경 및 임무에 제대로 대응할 수 없게 되고, 외부 및 내부로부터 오는 일련의 문제에 부딪히게 될 것입니다. 나는 이 결론에서 이 두 가지 문제를 중심으로 삼고, 동시에 이와 관련된 몇 가지 다른 문제도 같이 이야기하고자 합니다.

1

첫 번째 문제는 '우리의 문예는 누구를 위한 것인가?'하는 것입니다. 이 문제는 본래 마르크스주의자, 특히 레닌이 일찍이 해결해 놓았습니다. 레닌은 1905년에 이미 우리의 문예는 마땅히 "수백만 수천만 노동인민을 위해 봉사해야 한다"[2]고 지적한 바 있습니다. 우리의 각 항일근거지에서 문학예술운동에 종사하는 동지들의 경우에는 이 문제가 이미 거의 해결되어 다시 거론할 필요가 없을 것 같지만, 사실은 그렇지 않습니다. 아주 많은 동지들이 이 문제에 대해 결코 명확한 해답을 얻고 있지 못합니다. 그리하여 그들의 정서 속에, 그들의 작품 속에, 그들의 행동 속에, 그들의 문예방침문제에 대한 의견 속에 많든 적든 대중의 수요와 서로 부합하지 않고, 실제 투쟁의 수요와 서로 부합되지 않는 상황이 벌어지는 것을 피할 수가 없는 것입니다. 현재 당 · 팔로군 ·

---

2) 레닌 「당의 조직과 당의 문학」(후에 「당의 조직과 당의 출판물」로 번역됨)에서 인용. 레닌은 이 논문에서 다음과 같이 기술했다. "그것은 자유로운 글쓰기일 것이다. 새로운 힘을 글쓰기 대열에 지속적으로 끌어들인 것으로, 사리 · 탐욕이나 명예로운 지위가 아니라 사회주의 사상과 노동인민에 대한 동정으로 이루어진 것이기 때문이다. 그것은 자유로운 글쓰기일 것이다. 온종일 포식하는 귀부인이나 아무 하는 일없이 게을러빠져 비만에 시달리는 권태로운 '수만 명 상층계급'에 봉사하는 것이 아니라 나라의 정화이고 나라의 역량이며 나라의 미래인 수백만 수천만 노동인민에게 봉사할 것이기 때문이다. 그것은 자유로운 글쓰기일 것이다. 인류 혁명사상의 최고 성과를 사회주의적 무산계급의 경험과 생기발랄한 활동에 기초해 풍부하게 만들고, 과거의 경험(원시적 · 공상적 형식의 사회주의에서 발전해 과학적 사회주의가 이루어진 일)과 현재의 경험(노동자 동지들의 목전 투쟁)이 끊임없이 상호 작용하게 만들 것이다."

신사군과 함께 위대한 해방투쟁에 종사하는 많은 문화인 · 문학가 · 예술가 및 일반 문예종사자들 가운데에 비록 일시적인 기회주의자가 약간 있을 수도 있는 것은 당연한 일이겠지만, 절대다수 사람들은 공동사업을 위해서 힘써 일하고 있습니다. 이들 동지들에 의해서 우리의 문학사업과 희극사업 · 음악사업 · 미술사업은 전반적으로 아주 큰 성과를 얻게 되었습니다. 이들 문예종사자들 중에 많은 사람들이 항전 이후에 활동을 시작했지만, 또한 상당수 사람들은 항전 이전부터 줄곧 장기적으로 혁명사업에 뛰어들어 많은 시련을 거쳤고 자신들의 활동과 작품으로 광범한 대중에게 영향을 끼쳐왔습니다. 그렇다면 왜 여전히 이들 동지들 중에 문예가 누구를 위한 것인가 하는 문제를 명확히 해결하지 못한 사람이 있다고 하는 것이겠습니까? 설마 그들이 혁명문예가 인민대중을 위한 것이 아니고, 착취자 · 억압자를 위한 것이라고 주장한단 말이겠습니까?

물론 착취자 · 억압자를 위한 문예도 있습니다. 어떤 문예가 지주계급을 위한 것일 때, 그 문예는 봉건주의 문예입니다. 중국의 봉건시대 통치계급의 문학예술이 바로 그러한 것이었지요. 그런데 오늘날에 이르러서도 그런 종류의 문예는 중국에서 아직도 아주 큰 세력을 갖고 있습니다. 문예가 자산계급을 위한 것일 때, 그것은 자산계급의 문예입니다. 루쉰(魯迅)이 비평한 바 있는 량스츄(梁實秋)[3] 같은 자들은 비록 입으로는 문예가 무슨 초계급적이라는 따위 얘기를 하지만, 실제로는 자산계급 문예를 주장하고 무산계급 문예를 반대하는 것입니다. 문예가 제국주의자를 위한 것일 때, 예컨대 저우쭤런(周作人) · 장쯔핑(張資平)[4] 등

---

3) 량스츄(梁實秋)는 저장(浙江) 항현(杭縣) 출신으로, 신월사(新月社)의 주요 구성원이었다. 푸단(復旦)대학 · 베이징대학 등에서 교편을 잡았다. 문예평론을 쓰기도 하면서 오랫동안 문학번역작업과 산문 창작에 힘을 기울였다. 그에 대한 루쉰의 비판은 『삼한집(三閑集)』 속 「신월사 비평가의 임무」, 『이심집(二心集)』 속 「억지 번역(硬譯)」과 '문학의 계급성」 등 문장에 보인다.

이 바로 그러합니다만, 그것은 매국노[5]문학이라고 하는 것입니다. 우리들에게 문예는 위에 말한 사람들을 위한 것이 아니며 인민을 위한 것입니다. 우리는 일찍이 현단계의 중국 신문화는 무산계급이 영도하는 인민대중의 반제(反帝)·반봉건(反封建)의 문화라고 말한 바 있습니다. 현재 진정한 인민대중의 것은 반드시 무산계급이 영도하는 것입니다. 자산계급이 영도하는 것은 인민대중에 속할 수가 없습니다. 신문화 가운데 신문학·신예술 또한 자연히 그러한 것입니다. 중국과 외국에서 과거 시대가 남겨놓은 풍부한 문학예술 유산과 우수한 문학예술 전통을 우리는 계승해야 하겠지만, 그 목적은 여전히 인민대중을 위한 것이어야 합니다. 또한 과거 시대의 문예형식을 이용하는 일을 우리가 결코 거부하는 것은 아니지만, 이들 낡은 형식이 우리의 손에 들어왔을 때는 그것을 개조하고 새로운 내용을 집어넣어 인민을 위해 봉사하는 혁명적인 것으로 변화시켜야 할 것입니다.

그러면 누가 인민대중입니까? 가장 광범한 인민은 전 인구의 90퍼센트 이상을 차지하는 인민, 즉 노동자·농민·병사와 소자산계급입니다. 그러므로 우리의 문예는 첫째로 노동자를 위한 것으로, 이들은 혁명을 영도하는 계급입니다. 둘째로는 농민을 위한 것으로, 이들은 혁명 중의 가장 광범하고 가장 튼튼한 동맹군입니다. 셋째로는 무장한 노동자와 농민, 즉 팔로군·신사군과 기타 인민 무장조직을 위한 것이니, 이들은

---

4) 저우쭤런(1885~1967)은 저장(浙江) 사오싱(紹興) 출신으로 베이징대학·옌징(燕京)대학 등에서 교편을 잡았다. 5·4운동 때 신문학 창작활동에 종사했고, 산문집·문학전문서·번역작품 등 저술이 아주 많다. 장쯔핑(1893~1959)은 광둥(廣東) 메이현(梅縣) 출신으로 많은 소설을 창작했고, 지난(暨南)대학·따샤(大夏)대학 등에서 교편을 잡기도 했다. 두 사람은 1938년과 1939년에 베이핑·상하이에서 중국을 침략해온 일본에 투항해 빌붙은 바 있다.
5) 원문은 '漢奸'. 적(외국침략자)과 내통한 자를 가리킨다.(역주)

혁명전쟁의 주력(主力)입니다. 넷째로는 도시의 소자산계급 노동대중과 지식인을 위한 것인데, 그들 역시 혁명의 동맹자로서 장기간 우리와 협력하여 일할 수 있습니다. 이 네 종류 사람들은 중화민족의 가장 큰 부분을 이루고 있는, 가장 광범한 인민대중인 것입니다.

우리의 문예는 마땅히 위에서 말한 네 종류 사람들을 위한 것이어야 합니다. 우리가 이 네 종류 사람들을 위해 봉사하려면, 반드시 무산계급의 입장에 서야만 하며, 자산계급의 입장에 서서는 안됩니다. 오늘날 개인주의적인 자산계급 입장을 견지하는 작가는 진정으로 혁명을 위한 노동자·농민·병사 대중을 위해 일할 수 없습니다. 그들의 흥취는 주로 소수 소자산계급 지식인에 있으며, 우리가 지금 일부 동지가 문예는 누구를 위한 것인가 하는 점을 정확히 해결하지 못하고 있다고 지적한 문제의 관건도 바로 여기에 있는 것입니다. 내가 이렇게 말하는 것은 이론상으로 말하는 것이 아닙니다. 이론상으로, 또는 입으로는 우리 대오 중에서 노동자·농민·병사 대중을 소자산계급 지식인보다 더 중요하지 않다고 보는 사람은 단 한 사람도 없습니다. 내가 말하는 것은 실제로는 어떤가, 행동에서는 어떤가 하는 점입니다. 실제로는, 행동으로는 그들이 소자산계급 지식인들을 노동자·농민·병사보다 더욱 중요하게 여기는 게 아닌가요? 나는 그렇다고 생각합니다. 많은 동지들이 좀 더 많이 소자산계급 지식인을 연구하고 그들의 심리를 분석하는 데 치중하고, 힘들여 그들을 표현하여 그들의 결점을 양해·변호하고 있습니다. 그들로 하여금 자기와 함께 노·농·병 대중에 접근해서 대중의 실제투쟁에 참가하도록 만들거나 그들 대중을 표현하고 그들 대중을 교육하도록 인도하고 있지 않는 것입니다. 많은 동지들이 자신들이 소자산계급 출신이고 지식인이기 때문에 오로지 지식인 대오 중에서 친구를 찾고 자신의 주의력을 그들에 관해 연구하고 묘사하는 데 쏟고 있습니다. 이러한 연구와 묘사가 만약 무산계급의 입장 위에 서 있는 것이라면, 그것은 정당한 것이겠습니다만 그들은 결코 그렇지 않거나, 불완전하게 그럴 따름입니다. 그들은 소자산계급의 입장에 서서 자신들의 작품을 소자산계급의 자아표현으로 삼아 창작하고 있습니다. 우리는 상당히 많은 문학예술 작품 가운데서 이러한 것들을 발견할 수 있습니다. 그들은 많은 경우에 소자산계급 출신의 지식인에게 동정을 가득 보내며 그들의 결점까지도 동정하는 것은 물론, 심지어는 고취하기까지 합니다. 반면, 노동자·농민·병사 대중에 대해서는 접근하려 하지도, 이해하려 하지도 않으며, 연구가 부족하고 마음을 아는 친구가 적어 그들을 잘 묘사하지 못하는 것입니다. 묘사한다 할지라도 의복은 노동인민의 것으로 묘사하면서도 얼굴은 소자산계급 지식인의 그것으로 그려놓는 것입니다. 그들이 어떤 면에서는 노동자·농민·병사들을 사랑하고, 또 그들 출신의 간부를 사랑합니다만, 전혀 사랑하지 않는 때도 있고 사랑하지 않는 점도 있습니다. 즉, 그들의 감정을 사랑하지 않고, 그들의 모습을 사랑하지 않으며, 그들의 맹아상태의 문예(벽보·벽화·민가·민간이야기 등)를 사랑하지 않는 것입니다. 그런 작가들이 때로는 이런 면들을 사랑하기도 하지만 그것은 기이한 것을 찾기 위해서이고, 자신의 작품을 장식하기 위해서이며, 심지어는 그 안에 존재하는 낙후된 것들을 추구하기 위해서인 것입니다. 어떤 때는 공개적으로 그런 면들을 멸시하는 반면 소자산계급 내지 자산계급적인 것들을 편애합니다. 이들 동지들은 여전히 소자산계급 지식인의 입장에 서 있습니다. 좀 더 문아(文雅)한 표현으로 바꾸어 말하자면 그들의 영혼 깊숙한 곳엔 아직도 소자산계급 지식인의 왕국이 자리하고 있습니다. 그들은 이처럼 누구를 위한 것인가 하는 문제를 아직 해결하지 못했거나, 혹은 명확히 해결하지 못하고 있습니다. 이것은 단지 옌안(延安)에 온 지 얼마 되지 않은 사람들만을 지적하고 있는 게 아닙니다. 전방에도 가 보았고 근거지·팔로군·신사군에서 몇 년 간 있었던 사람들 중에도 아직 많은 사람들이 이 문제를 철저히 해결치 못하고 있습니다. 이 문제를 철저히 해결하려면 8년 내지 10년 정도의 장시간이 걸리지 않으면 안 될 것입니다. 그러나 시간이 얼마나 오래 걸리든지 간에 우리는 반드시 이를 해결해야 하며, 그것도 명확하고 철저하게 해결해야만 합니다. 우리의 문예 종사자는 반드시 이 임무를 완성해야 하며, 서 있는 지점을 옮겨와서 반드시 노동자·농민·병사 대중에 깊이 파고들고 실제 투쟁 과정 속에 깊이 파고들어야 합니다. 마르크스주의를 학습하고 사회를 학습하는 과정을 통해 점차적으로 노동자·농민·병사 쪽으로, 무산계급 쪽으로 이동해와야만 할 것입니다. 이렇게 해야만 우리는 비로소 진정으로 노동자·농민·병사를 위한 문예, 진정으로 무산계급을 위한 문예를 가질 수 있게 될 것입니다.

누구를 위할 것인가 하는 문제는 근본적인, 원칙적인 문제입니다. 과거에 일부 동지들 사이에 벌어졌던 논쟁·분기(分岐)·대립과 분열 등은 결코 이 근본적이고도 원칙적인 문제에 바탕을 둔 것이 아니었고, 몇 가지 덜 중요하거나 심지어는 원칙적이지 않은 문제와 관련된 것이었습니다. 그러면서도 이 원칙문제에 대해서는 논쟁하는 쌍방간에 오히려 아무런 의견 차이 없이 거의 일치되었습니다. 그러나 다들 어느 정도씩 노·농·병을 경시하고 대중으로부터 벗어난 경향이 있었기에 일치되었던 것입니다. 내가 어느 정도라고 말하는 것은, 일반적으로 말해서 이들 동지가 노동자·농민·병사들을 경시하고 대중으로부터 벗어났던 게 국민당이 그렇게 했던 것과는 다르지만, 어쨌든 이런 경향이 있었다는 뜻입니다.

이 근본적인 문제가 해결되지 않으면 다른 많은 문제들도 쉽게 해결할 수 없습니다. 문예계의 종파주의(宗派主義)를 예로 들어 봅시다. 이 역시 원칙문제이지만 종파주의를 제거하려면 오직 노동자·농민을 위해서, 신사군·팔로군을 위해서 대중 속으로 들어가자는 구호를 제기하고 절실하게 실행할 때에만 그 목적을 달성할 수 있으며, 그렇지 않으면 종파주의 문제는 단연코 해결할 수 없는 것입니다. 루쉰은 일찍이 이렇게 말했습니다. "연합전선은 공동의 목적이 있다는 것을 필요조건으로 한다. …… 우리의 전선이 통일되지 못하는 것은 곧 우리의 목적이 일치되지 못한 채 작은 단체만을 위하거나 개인만을 위하고 있음을 증명하고 있다. 만약 모두가 목적을 노·농 대중에 둔다면 전선은 당연히 통일될 것이다."[6] 이 문제는 그 당시 상하이에 존재했고 지금은 충칭(重慶)에도 존재합니다. 이들 지역에서는 이 문제가 철저히 해결되기가 어렵습니다. 왜냐하면 그곳의 통치자들은 혁명문예가들을 억누르면서 그들에게 노동자·농민·병사 대중에게로 들어가려는 자유를 허가하지 않기 때문입니다. 그러나 우리가 있는 이곳에서는 상황이 완전히 다릅니다. 우리는 혁명문예가들이 적극적으로 노동자·농민·병사들에게 다가가 친숙해지도록 격려하면서 그들에게 대중 속으로 들어갈 수 있는 완전한 자유, 진정한 혁명문예를 창작할 수 있는 완전한 자유를 제공하고 있습니다. 그러므로 이 문제는 이곳에서는 거의 해결에 이르게 되었습니다. 거의 해결에 이르렀다는 말은 완전하고 철저하게 해결되었다는 것과는 다릅니다. 우리가 마르크스주의를 학습하고 사회를 학습해야 한다고 말한 것은 이 문제를 완전하고 철저하게 해결하기 위해서입니다. 우리가 말하는 마르크스주의는 대중생활과 대중투쟁 속에서 실제로 응용할 수 있는, 살아있는 마르크스주의이지 말 뿐인 마르크스주의가 아닙니다. 말 뿐인 마르크스주의를 실제생활 속의 마르크스주의로 변화시키게 되면 종파주의는 없어지게 됩니다. 그렇게 되면 비단 종파주의 문제를 해결할 수 있을 뿐만 아니라 여타 수많은 문제도 함께 해결할 수 있게 될 것입니다.

---

6) 루쉰 『이심집(二心集)』 속 「좌익작가연맹에 대한 의견」에 보인다.

2

누구를 위해 복무할 것인가 하는 문제가 해결된 다음에는 곧이어 '어떻게' 복무할 것인가 하는 문제가 제기됩니다. 동지들의 표현을 빌리자면 제고(提高)[7]에 힘쓸 것인가, 아니면 보급(普及)에 힘쓸 것인가 하는 문제입니다.

어떤 동지들은 과거에 상당히, 혹은 아주 심할 정도까지 보급을 홀시한 반면 지나치다 싶을 만큼 부적절하게 제고를 강조했습니다. 제고는 마땅히 강조되어야 하지만, 일방적으로 배타적으로 이를 강조하거나 적당치 못한 정도까지 강조하게 되면 그것은 옳지 않은 일입니다. 내가 앞부분에서 지적한, '누구를 위할 것인가' 라는 문제가 명확히 해결되지 않았다는 사실은 이 점에 있어서도 나타나는 것입니다. 아울러 누구를 위할 것인가 하는 점을 분명히 할 수 없었기 때문에 그들이 말하는 보급과 제고에는 정확한 표준이 없었고, 양자간의 정확한 관계도 당연히 찾아낼 수 없었던 것입니다. 우리의 문예는 기본적으로 노동자·농민·병사를 위하는 것이므로 이른바 보급이란 노동자·농민·병사들을 향해 진행되어야 하며, 제고 또한 그들의 수준으로부터 이루어져야 합니다.

무엇을 가지고 그들에게 보급해야 하겠습니까? 봉건지주계급이 필요로 하고 받아들이기 편한 것들이겠습니까? 자산계급이 필요로 하고 받아들이기 편한 것들이겠습니까? 아니면 소자산계급 지식인들이 필요로 하고 받아들이기 편한 것들이겠습니까? 그것들은 모두 안됩니다. 오로지 노동자·농민·병사 스스로가 필요로 하고 받아들이기 편한 것들만

---

7) 제고(提高)는 질적인 향상을 꾀한다는 뜻으로, 여기서는 원어를 그대로 살려 쓰되 전체 문장의 흐름상 필요한 경우에는 가끔 '향상'이라는 말도 같이 쓰기로 한다.(역주)

을 보급해야 할 것입니다. 따라서 노동자·농민·병사들을 교육하려는 임무에 앞서, 먼저 노동자·농민·병사들을 학습해야 하는 임무가 주어지게 됩니다. 제고의 문제는 더욱 그렇습니다. 제고에는 하나의 기초가 필요합니다. 한 통의 물을 들어 비유하자면, 땅에서부터 들어올리지 않고 공중으로부터 들어올리는 경우가 있겠습니까?

그렇다면 문예의 제고는 어떤 기준에서 제고시켜야 하겠습니까? 봉건계급의 기초로부터입니까? 아니면 소자산계급의 기초로부터입니까? 자산계급의 기초로부터입니까? 이들 모두가 아닙니다. 오로지 노동자·농민·병사 대중의 기초로부터 제고시킬 수 있을 뿐입니다. 봉건계급·자산계급·소자산계급 지식인들의 '높은 정도'에까지 제고시키자는 것이 아니라 그들 스스로가 전진하는 방향을 따라, 무산계급이 전진해 나아가는 방향을 따라 제고시키자는 것입니다. 여기에서 바로 노동자·농민·병사들을 학습해야 한다는 임무가 제기되는 것입니다. 노동자·농민·병사들로부터 출발해야만 우리는 비로소 보급과 제고에 대해 정확히 이해를 할 수 있고 양자 간의 정확한 관계도 찾아낼 수 있는 것입니다.

모든 종류의 문학예술의 원천은 결국 어디로부터 온 것이겠습니까? 관념형태로서의 문학작품은 모두 특정한 사회생활이 인류의 두뇌 속에 반영된 산물입니다. 혁명문예는 인민의 생활이 혁명적 작가의 두뇌 속에 반영된 산물인 것입니다. 인민의 생활 가운데에는 본래 문학예술의 원료가 되는 지하자원이 존재하고 있습니다. 이것은 자연상태의 것들이어서 거칠고 조잡스러우나 또한 가장 생동적이고 가장 풍부하며 가장 기본적인 것들입니다. 이 점에서 일체의 문학예술은 이들에 비해 아무래도 부족한 것이며, 그리하여 일체의 문학예술이 아무리 취해도 다하지 않고, 아무리 써도 다하지 않는 유일한 원천으로 작용하는 것입니다. 이것이 유일한 원천이라는 것은 이러한 원천만이 있을 수 있고 그 밖에 또 다른 두 번째 원천이란 있을 수 없기 때문입니다.

어떤 사람은 책 속에 있는 문예작품들, 이전 시대와 외국의 문예작품들도 원천이 아닌가, 라고 말합니다. 그러나 사실상 과거의 문예작품들은 원천(源)이 아니고 흐름(流)입니다. 이 또한 옛사람들과 외국인들이 자신이 처했던 그 당시 그곳에서 얻은, 인민의 생활 속에 존재하는 문학예술의 원료를 바탕으로 삼아 창조해 낸 것들입니다. 우리는 반드시 일체의 우수한 문학유산을 계승하고 그 중의 유익한 것들을 비판적으로 흡수하여 이를 이 시대, 이곳 인민들의 생활 속에 존재하는 문학예술의 원료로부터 작품을 창조할 때의 본보기로 삼아야 하겠습니다. 이러한 본보기가 있는 것과 없는 것은 차이가 나는 일입니다. 여기에는 문아(文雅)와 조야(粗野)의 분별이 있고, 정세(精細)와 조잡(粗雜)의 차이가 있으며, 고상(高尙)과 저급(低級)의 차별이 있고, 쾌속(快速)과 지만(遲慢)의 구분이 있습니다. 그러므로 우리는 옛사람과 외국인들의 것이 봉건계급과 자산계급의 것들이라 해서 그런 것들로 본보기 삼는 일을 거부해서는 결코 안될 것입니다. 그렇지만 계승과 본보기로 삼는 일 자체를 자신의 창조를 대신하는 일로 변질시켜서는 안됩니다. 이는 결코 대치될 수 없는 일입니다. 문학예술 중에서 옛사람과 외국인의 것을 아무 비판없이 억지로 그대로 옮겨오거나 모방하는 것은 가장 장래성 없고, 가장 사람을 해치는 문학 교조주의이며 예술 교조주의입니다. 중국의 혁명적인 문학가 · 예술가, 유망한 문학가 · 예술가들은 반드시 대중 속으로 들어가야 합니다. 반드시 장기적으로, 또 무조건적으로 그리고 전심전력해서 노동자 · 농민 · 병사 대중 속에 들어가야 합니다. 불과 같이 뜨거운 투쟁 속으로, 유일하고 가장 광대한, 가장 풍부한 원천 속으로 들어가야만 합니다. 거기에서 모든 사람들, 모든 계급, 모든 대중, 모든 생동하는 생활형식과 투쟁형식, 모든 문학예술의 원시자료들을 관찰하고 체험하며 연구하고 분석한 다음에야 비로소 창작과정에 들어갈 수 있게 되는 것입니다. 그렇지 못하다면 여러분들의 노동은 대상이 없게 됩니다. 루쉰이 그의 유촉(遺囑) 중에서 자신의 아들에게 절대로 그리 되어서는 안된다고 신신당부했던, 그런 공허한 문학가나 공허한 예술가가 될 수밖에 없을 것입니다.[8]

인류의 사회생활이 문학예술의 유일한 원천이 되고, 문학예술에 비해 비교할 수 없을 정도로 생동적이고 풍부한 내용을 갖고 있기는 하지만 인민들은 그래도 전자에 불만족하며 후자를 요구합니다. 이것은 왜 그러하겠습니까? 두 가지 모두 아름답기는 하지만 문예작품이 반영해 내고 있는 생활은 보통의 실제생활보다 더욱 수준 높고 더욱 강렬하며, 더욱 집중적이고 더욱 전형적이며, 더욱 이상적이기에 한층 보편성을 지닐 수 있기 때문입니다. 또한 마땅히 그래야만 하기 때문입니다. 혁명문예는 응당 실제생활을 바탕으로 각양각색의 인물을 창조함으로써 대중이 역사발전을 추진해 가도록 도와야 합니다. 예를 들어, 한편에서는 사람들이 굶주림과 추위와 억압을 당하고 있고, 다른 한편에서는 사람이 사람을 착취하고 사람이 사람을 억압하고 있습니다. 그리고 이런 사실이 도처에 존재하고 있는데도 사람들은 평안하고 담담하게 보고만 있습니다. 문예는 바로 이런 일상적인 현상을 '집중'해내고 그 중의 모순과 투쟁을 '전형화'해서 문학작품이나 예술작품을 만들어 냅니다. 그리하여 이를 통하여 인민대중을 각성케 하고 발분케 하며, 단결과 투쟁을 향해 나아가도록 하고, 스스로의 환경을 개조해 나가도록 해줄 수 있는 것입니다. 만약 이러한 문예가 없다면 이 임무는 달성될 수 없거나 유력하고도 신속하게 완성해낼 수 없을 것입니다.

자, 문예사업 중의 보급과 제고란 무엇일까요? 이 두 가지 임무간의 관계는 어떠한 관계이겠습니까? 보급하는 일은 비교적 간단하고 쉽기

---

8) 루쉰 『차개정잡문 말편(且介亭雜文末編)』 부록집 중 「죽음」 부분을 참고할 것.

때문에 목전의 광대한 인민대중이 비교적 쉽고도 신속하게 받아들일 수 있습니다. 그러나 수준 높은 작품은 비교적 섬세하고 꼼꼼하게 만들어지기 때문에 창작해내기가 아무래도 쉽지 않고 또한 대개는 목전의 광대한 인민대중 속에 신속하게 전파되기도 쉽지 않습니다. 지금 노동자·농민·병사들의 시급한 문제는 적과 잔혹한 유혈투쟁을 벌이는 일입니다. 게다가 그들은 장기간에 걸친 봉건계급과 자산계급의 통치로 인하여 글자도 모르거나 문화가 없기에 보편적인 계몽운동을 절박하게 요구하고 있으며, 그들이 당장 필요로 하고 쉽게 받아들일 수 있는 문화지식과 문예작품을 구할 수 있기를 절박하게 희망하고 있습니다. 그리하여 그들은 이들 문화지식이나 문예작품들이 자신들의 투쟁 정열과 승리에 대한 믿음을 고양시키고, 자신들의 단결을 강화해 모두가 일심협력하여 적과 투쟁해 나가도록 제고시켜 줄 수 있기를 바라고 있습니다. 그들이 가장 필요로 하는 것은 '비단 위에 꽃을 더하는 것(錦上添花)'이 아니고 '눈 오는 날에 숯을 가져다주는 일(雪中送炭)'입니다.[9] 그러므로 현재의 조건 하에서는 보급사업의 임무가 한층 절실한 상태이며, 이러한 보급사업을 경시하거나 소홀히 여기는 태도는 잘못된 것입니다.

그러나 보급사업과 제고사업을 확연히 나눌 수는 없는 일입니다. 우수한 작품들 중 일부분은 현재도 보급될 수 있고, 또한 광대한 대중의 문화수준 역시 부단히 제고되고 있습니다. 보급하는 자가 영원히 일정한 수준에 머무르고 있다면, 한 달, 두 달, 석 달이 지나건, 일 년, 이년, 삼 년이 되건 결국 똑같은 품질, 똑같은 식의 '어린 목동(小放牛)'[10]

---

9) '금상첨화'는 이미 충분한데 더욱 좋게 만드는 경우이고, '설중송탄'은 시급히 필요할 때 제대로 도와주는 경우다.(역주)

10) 중국의 전통적인 간단한 가무극(歌舞劇). 극 전반을 통해 배우 두 사람밖에 등장하지 않는다. 남자배우는 목동, 여자배우는 시골의 소녀로서 서로 창(唱)을 주고

과 같은 간단한 형식, 똑같은 '사람(人)·손(手)·입(口)·칼(刀)·소(牛)·양(羊)'같은 언어11)뿐일 것입니다. 그렇다면 교육자와 피교육자 모두가 항상 똑같은 꼴이 아니겠습니까? 이런 보급활동이 더 무슨 의의가 있겠습니까? 대중은 보급을 요구하지만 뒤이어 질적 향상도 요구하며, 달이 가고 해가 갈수록 더욱 더 제고되길 요구합니다. 이때의 보급은 인민대중을 향한 보급이며 제고도 인민을 위한 제고입니다. 그리고 이러한 제고, 질적 향상은 공중으로부터 향상시키는 게 아니고, 문을 닫아걸고 향상시키는 게 아닙니다. 보급에 기초를 두고 향상시키는 것입니다. 이러한 제고는 보급에 의해 결정되고, 동시에 보급을 지도합니다. 중국의 경우, 혁명과 혁명문화의 발전은 균형적으로 진행되는 게 아니라 점차적으로 확대되고 있는 중입니다. 한 곳에서는 보급이 되고 그 기초 위에서 제고가 이루어졌으나 다른 곳에서는 아직 보급도 되지 않은 곳이 있습니다. 그러므로 한 곳에서 보급으로부터 제고에 이른 좋은 경험을 다른 곳에 응용할 수 있도록 지도하면 그곳의 보급사업이 여러 우여곡절을 덜 겪을 수 있게 될 것입니다. 국제적으로 보자면, 외국의 좋은 경험, 특히 소련의 경험은 우리에게 좋은 지침이 될 것입니다. 그러므로 우리의 제고는 보급의 기초 위에서의 제고이고, 우리의 보급은 제고의 지도에 따른 보급입니다. 바로 이렇기 때문에 우리가 말하는 보급사업은 제고를 방해하지 않을 뿐 아니라 목전의 범위가 제한된 제고사업에 기초를 제공해 주고, 앞으로 범위가 훨씬 더 광대한 제고사업에 필요한 조건을 준비해 줄 것입니다.

받는 방식으로 극의 내용을 표현한다. 항일전쟁 초기에 혁명적인 문예공작자가 이 가무극 형식을 이용해 원래의 어구를 변화시켜 항일정신을 선전하였는데, 한 때 매우 유행했다.

11) 이 글자들은 필획이 비교적 간단한 한자이기 때문에 옛날 초등학교 국어교과서에서는 이 글자들을 제1권의 처음 부분에 실었다.

직접적으로 대중이 요구하는 제고 외에도 간접적으로 대중이 필요로 하는 제고가 있으니, 이는 바로 간부가 필요로 하는 제고입니다. 간부는 대중 속의 선진분자로서, 그들은 일반적으로 대중보다 교육을 더 많이 받았으므로 비교적 수준 높은 문학예술을 필요로 합니다. 이 점을 소홀히 하는 것은 잘못된 일입니다. 간부를 거쳐야만 대중을 교육·지도할 수 있기 때문에 이러한 간부를 위하는 것은 완전히 대중을 위하는 일입니다. 만약 이러한 목적에 위배된다면, 우리가 간부들에게 제공하는 것이 간부들로 하여금 대중을 교육하고 지도하는 데 도움을 줄 수 없는 것이라면 우리의 제고사업은 결국 과녁 없이 화살을 쏘는 것과 같이 인민대중을 위한다는 근본원칙에서 벗어나게 되는 것입니다.

종합적으로 이야기하자면, 인민생활 가운데의 문학예술의 원료는 혁명적인 작가의 창조적인 노동을 거쳐서 관념형태로서의 대중을 위한 문학예술로 형성되는 것입니다. 이 사이에는 초급의 문예기초 위에서 발전되어 질적으로 제고된 대중이 필요로 하는 것도 있고, 대중 가운데 간부가 우선적으로 필요로 하는 고급문예가 있으며, 다시 이러한 고급문예의 지도 아래 이루어진, 대개는 오늘날의 가장 광대한 대중이 최우선적으로 필요로 하는 초급문예도 있는 것입니다. 고급문예이든 초급문예이든 간에 우리의 문학예술은 모두 인민대중, 무엇보다도 노동자·농민·병사를 위한 것이므로, 노동자·농민·병사를 위해 창작하고, 그들이 이용할 수 있도록 해야 하는 것입니다.

우리가 제고와 보급의 관계 문제를 이미 해결했으니 전문가와 보급 일꾼 사이의 관계 문제도 이에 따라 해결할 수 있을 것입니다. 우리의 전문가는 단지 간부만 위할 게 아니라 주로 대중을 위해야 합니다. 우리 문학전문가들은 대중의 벽보에 주목해야 하고, 군대와 농촌에서의 통신문학에 주목해야 할 것입니다. 우리 연극전문가들은 군대와 농촌에 있는 소극단에 주목해야 하고, 음악전문가들은 대중의 노래에 주목해야 하며, 미술 전문가들은 대중의 미술에 주의를 기울여야 할 것입니다. 이런 작업을 하는 모든 동지들은 대중 가운데에서 문예 보급활동을 하는 동지들과 긴밀한 연결 관계를 가져야 하며, 그들을 돕고 그들을 지도하면서 한편으로는 그들로부터 학습하면서 그들을 통해 대중으로부터 자양분을 흡수하여야 합니다. 그리하여 자신을 충실케 하고 풍부케 하며 자신의 전문업무가 대중을 이탈하거나 실제에서 벗어나서 아무런 내용도, 아무런 생기도 없는 '공중누각'이 되지 않도록 하여야 할 것입니다. 우리는 마땅히 전문가를 존중해야 합니다. 전문가는 우리의 사업에 있어서 아주 귀중한 존재입니다. 그러나 우리는 그들에게 모든 혁명적 문예가·예술가는 대중과 연결되고 대중을 표현하고 자신을 대중의 충실한 대변인으로 삼아야만 그들의 활동이 비로소 의의를 가지게 된다는 사실을 반드시 알려주어야 합니다. 대중을 대표해야만 비로소 대중을 교육할 수 있는 것이고, 대중의 학생이 되어야만 비로소 대중의 스승이 될 수 있는 법입니다. 만일 자신을 대중의 주인으로 생각하고, '미천한 사람들(下等人)'의 머리 위에 높이 군림하는 귀족으로나 여긴다면 그들에게 얼마나 많은 재능이 있든지 간에 대중은 그들을 필요로 하지 않게 되고 그들의 활동은 전도가 없는 것입니다.

우리의 이런 태도를 공리주의(功利主義)라 볼 수 있겠습니까? 유물론자는 일반적으로 공리주의를 결코 반대하지 않습니다. 다만 봉건계급적, 자산계급적, 소자산계급적 공리주의를 반대하며, 말로는 공리주의를 반대하면서 실제로는 가장 이기적이고 가장 근시안적인 공리주의를 견지하고 있는 위선자들을 반대합니다. 세계에는 초공리주의(超功利主義)라는 것은 없습니다. 계급사회에서는 이 계급의 공리주의가 아니면, 저 계급의 공리주의가 있을 따름입니다. 우리는 무산계급의 혁명적 공리주의자입니다. 우리는 전체 인구의 백분의 구십 이상을 차지하고 있는 가장 광대한 대중의 당면한 이익과 장래 이익의 통일을 출발점으로 삼기 때문에 가장 넓고 가장 먼 것을 목표로 삼는 혁명적 공리주의자이지, 단지 국부적인 것이나 눈앞의 것만 보는 편협한 공리주의는 아닙니다. 예를 들어, 어떤 작품은 오직 소수자에게만 편애될 뿐 대다수 사람들에게는 필요하지 않을 뿐 아니라, 심지어는 그들에게는 유해하기도 합니다. 그런데도 기어이 그것들을 시장에 내다놓고 대중에게 선전함으로써 개인적 혹은 협소한 집단의 공리만을 추구하려고 하면서도 나아가서는 대중의 공리주의를 책망하려 한다면, 이는 단순히 대중을 모욕하는 일일 뿐만 아니라 너무나도 스스로를 알지 못하는 일이라 하겠습니다. 어떤 것이든 그것이 반드시 인민대중에게 진실한 이익이 될 때, 비로소 좋은 것입니다. 당신의 것이 비교적 고급음악이라 할 수 있는 '양춘백설(陽春白雪)'에 속한다 합시다. 이것은 소수자가 잠시 향유하는 것이라면, 대중은 여전히 저쪽에서 '하리파인(下里巴人)'12)을 노래할 것입니다. 이럴 때 여러분이 그를 질적으로 향상시키지 아니하고 그들에게 욕이나 한다면 아무리 욕을 해대어도 헛수고에 불과합니다. 지금의 문제는 '양춘백설'과 '하리파인'을 통일시키는 문제이며, 제고시키는 일과 보급시키는 일을 통일하는 문제입니다. 통일시키지 않는다면 그 어떤 전문가의 가장 고급스런 예술이라 할지라도 가장 편협한 공리주의가 되는 것을 피할 수 없습니다. 기어이 이 또한 맑고 고상한 것 운운하면서 우긴다면 그건 스스로 고상하다고 자처하는 것일 뿐, 대중이 이를 인정할 리 없습니다.

---

12) '양춘백설'과 '하리파인'은 모두 기원전 3세기 초(楚)나라의 가곡이다. '양춘백설'은 소수인들이 즐기는 비교적 고급음악이었고 '하리파인'은 아주 널리 유행된 민간가곡이었다. 『문선(文選)』의 「송옥이 초왕에게 답함〔宋玉對楚王問〕」이라는 글에, 어떤 사람이 초나라 수도에서 노래를 불렀는데 '양춘백설'을 불렀을 때에는 나라에서 따라 부르는 사람이 수십 명에 불과했지만 '하리파인'을 부를 때에는 수천 명이 따라 불렀다는 이야기가 실려 있다.

노동자 · 농민 · 병사들을 위해야 한다는 것, 그리고 노동자 · 농민 · 병사들을 어떻게 위할 것인가 하는 기본방침 문제가 이미 해결된 뒤에는, 광명면을 쓸 것인가, 암흑면을 쓸 것인가 하는 문제나 단결의 문제 등, 여타의 많은 문제들이 모두 한꺼번에 해결됩니다. 만약 여러분들이 이러한 기본방침에 동의한다면 우리의 문학예술공작자 · 문학예술학교 · 문학예술간행물 · 문학예술단체와 모든 문학예술활동은 마땅히 이 방침에 따라 실천해나가야 할 것입니다. 이 방침에서 벗어나는 것은 잘못된 일이며, 이 방침과 부합되지 않는 부분들은 반드시 적절히 수정을 가해야 할 것입니다.

3

우리의 문예가 인민대중을 위한 것이라면 우리는 더 나아가 당내 관계의 문제, 즉 당의 문예사업과 당의 전체사업과의 관계문제에 대해서, 그리고 당외(黨外) 관계의 문제, 즉 당의 문예사업과 당 외부 문예사업과의 관계문제, 이른바 문예계의 통일전선문제를 토론할 수 있을 것입니다.

먼저 첫 번째 문제를 이야기해 봅시다. 오늘날의 세계에서는 모든 문화 혹은 문학예술은 모두 특정한 계급에 속하고 특정한 정치노선에 속해 있습니다. 예술을 위한 예술, 초계급적인 예술, 정치와 병행하거나 상호독립적인 예술이란 사실상 존재하지 않습니다. 무산계급의 문학예술은 무산계급 전체 혁명사업의 일부분이며, 레닌이 말한 바와 같이 전체 혁명기계 속의 '톱니바퀴와 나사못'[13]인 것입니다. 그러므로 당의 전

---

13) 레닌, 『당의 조직과 당의 문학』에 보인다. 그는 이 논문에서 "글쓰기 사업은 무산계급의 총체적 사업의 한 부분이 되어야 하고, 전체 노동자계급의 모든 각성

체 혁명사업 가운데 당의 문예사업이 차지하는 위치는 확정되고 배치가 끝나 있는 것으로서, 당이 일정한 혁명시기 안에서 규정한 혁명임무에 복종해야 합니다. 이러한 배치 규정에 반대하면 틀림없이 이원론이나 다원론에 빠져 실질적으로 트로츠키처럼 '정치는 마르크스주의적, 예술은 자산계급적'으로 될 것입니다. 우리는 문예의 중요성을 오류를 범할 정도까지 지나치게 강조하는 것은 찬성하지 않지만, 그렇다고 문예의 중요성을 지나치게 낮게 평가하는 것도 찬성하지 않습니다. 문예는 정치에 종속되는 것이지만, 거꾸로 정치에 위대한 영향을 미치기도 하는 것입니다. 혁명문예는 전체 혁명사업의 일부분이고 톱니바퀴와 나사못입니다. 다른 더 중요한 부분과 비교하자면 당연히 경중·완급과 제1·제2의 구별이 있겠지만 그것은 전체 기계에 있어 빼놓을 수 없는 톱니바퀴와 나사못인 것이며, 전체 혁명사업에서 없어서는 안 될 부분입니다. 만일 가장 광의적이고 가장 보편적인 문학예술마저 없다면 혁명운동은 진행될 수 없고 승리할 수도 없을 것입니다. 바로 이 점을 인식하지 못하는 것은 잘못된 일입니다. 그리고 우리가 말하는 바, 문예는 정치에 종속된다고 할 때의 정치는 계급의 정치, 대중의 정치를 가리키는 것이지 이른바 소수 정치가의 정치는 아닌 것입니다. 정치는 혁명적인 것이나 반혁명적인 것을 막론하고 모두 계급의 정치이고 대중의 정치이지 이른바 소수 정치가들의 정치를 말하는 게 아닙니다. 혁명적 사상투쟁과 예술투쟁은 반드시 정치투쟁에 복종해야 합니다. 왜냐하면 정치를 거쳐서만 계급과 대중의 수요는 비로소 집중적으로 표현될 수 있기 때문입니다. 혁명적인 정치가들, 혁명적인 정치과학이나 정치예술을 이해하는 정치전문가들은 그저 수천, 수만, 수억 대중이라는 정치가들의 지

___

된 선봉대가 가동시키는 거대한 사회민주주의라는 기계의 '톱니바퀴'와 '나사못'
이 되어야 한다"고 말하고 있다.

도자일 뿐입니다. 그들의 임무는 바로 이들 대중이라는 정치가들의 의견을 집중시키고 제련시킨 다음 이를 다시 대중 속으로 돌려보내 그들이 이를 받아들이고 실천에 옮기도록 하는 데 있는 것입니다. 문을 닫아 건 채 수레를 만들면서 스스로를 총명하다고 여기거나, 여기 우리 집 밖에 또 다른 분점이란 없다는 투의 귀족적인 '정치가'일 수는 없습니다. 이것이 무산계급 정치가가 부패한 자산계급 정치가와 원칙적으로 구별되는 점입니다. 바로 이러하기 때문에 우리 문예의 정치성과 진실성은 비로소 완전히 일치될 수 있는 것입니다. 이 점을 인식하지 못하고 무산계급의 정치와 정치가를 용속화(庸俗化)시켜 버리는 것은 잘못된 일입니다.

다음으로, 문예계의 통일전선문제를 이야기하겠습니다. 문예가 정치에 종속된다고 할 때, 오늘날 중국정치의 첫 번째 근본문제는 항일(抗日)이므로 당의 문예일꾼들은 먼저 항일이라는 면에서 당 외부의 모든 문학예술가(당의 지지자, 소자산계급 문예가로부터 항일을 찬성하는 모든 자산계급·지주계급 문예가에 이르기까지)와 단결해야 할 것입니다. 다음에는, 민주(民主)라는 면에서 단결해야 합니다. 그러나 이 점에 있어서는 일부 항일문예가들이 찬성하지 않기 때문에 그 단결의 범위가 약간 축소되는 것을 피할 수는 없습니다. 그 다음에는, 문예계의 특수문제, 즉 예술방법·예술작풍(作風) 면에서 단결해야 합니다. 우리는 사회주의적 현실주의를 주장하고 있으나 일부 사람들이 이를 찬성치 않는다면 단결범위가 좀 더 좁아질 것입니다. 한 문제에 대해서는 단결하지만 다른 문제에 대해서는 투쟁이 벌어지고 비판이 제기됩니다. 각각의 문제는 피차 분리되어 있으면서도 서로 연관되고 있기 때문에 단결을 이룩하는 문제에 있어서도 항일의 문제에서와 같이 투쟁이 있고 비평이 있는 것입니다. 하나의 통일전선 속에 단결만 있고 투쟁이 없거나, 혹은 투쟁만 있고 단결이 없다면 이는 과거의 몇몇 동지들이 범했던 우경(右

傾) 투항주의나 추종주의, 혹은 좌경 배타주의나 종파주의처럼 모두 잘
못된 노선을 따르는 것입니다. 정치에서도 이러하고 예술에 있어서도
이러합니다.

　문예계 통일전선을 이루고 있는 여러 역량 가운데에서도 소자산계급
문예가는 중국에서 하나의 중요한 역량입니다. 그들의 사상과 작품에는
많은 결점이 있습니다만 비교적 혁명 쪽으로 기울고 있으며 또한 노동
인민 쪽에 비교적 접근해 있습니다. 그러므로 그들이 결점을 극복할 수
있도록 도와주고, 그들이 노동인민을 위해 복무하는 전선에 나설 수 있
도록 만들어내는 일은 아주 중요한 임무입니다.

4

　문예계에서 주요 투쟁방법 중 하나는 문예비평입니다. 문예비평은 마
땅히 발전되어야 하는데도 지금까지 이 방면에서의 작업은 아주 부족하
였습니다. 동지들이 이 점을 지적한 것은 옳습니다. 문예비평은 복잡한
문제인 까닭에 많은 전문적인 연구를 필요로 합니다. 나는 여기에서 기
본적인 비평의 기준이라는 문제에만 중점을 두고 이야기하고자 합니다.
그런 다음, 그밖에 일부 동지들이 제출한 몇 가지 개별적인 문제와 부
정확한 관점에 대해서도 내 의견을 간략하게 이야기할까 합니다.

　문예비평에는 두 가지 기준이 있습니다. 그 하나는 정치적 기준이고
다른 하나는 예술적 기준입니다.

　정치적 기준에 의거하여 말한다면, 항일과 단결에 이롭고 대중을 한
마음 한 뜻이 되도록 격려하면서, 후퇴를 반대하고 진보를 촉진시키는
일체의 것들은 모두 좋은 것입니다. 반면에, 항일과 단결에 불리하고 대
중의 마음과 뜻을 흐트러뜨리면서, 진보를 반대하고 사람들을 후퇴하도
록 잡아끄는 일체의 것들은 다 나쁜 것입니다. 여기에서 말하는 바의

좋고 나쁨은 과연 동기(주관적 기대)를 두고 말하는 것이겠습니까, 아니면 효과(사회적 실천)을 두고 말하는 것이겠습니까? 유심론자는 동기를 강조하고 효과를 부정하는 반면, 기계적 유물론자는 효과를 강조하고 동기를 부정합니다. 그러나 우리는 이들과는 달리 변증법적 유물론에 입각한, 동기와 효과의 통일론자입니다. 대중을 위한 동기와 대중에게 환영받는 효과는 서로 분리될 수 없는 것으로서, 이 양자는 반드시 통일되어야 합니다. 개인을 위한 동기와 협소한 집단을 위한 동기는 좋지 않은 것이며, 대중을 위한 동기라 할지라도 대중에게 환영받지 못하는, 대중에게 유익하지 못한 효과는 역시 좋지 않은 것입니다. 한 작가의 주관적인 기대, 즉 그 동기가 정확한지 아닌지 혹은 옳은지 그른지 여부를 검증하려면 그의 선언을 볼 것이 아니라 그의 행위(주로 작품)가 사회 대중에게 일으키는 효과를 살펴야 합니다. 사회적 실천과 그 효과는 주관적 기대 혹은 동기를 검증하는 기준인 것입니다. 우리의 문예비평은 종파주의를 원하지 않습니다. '단결하여 항일한다'는 대원칙 아래 우리는 각양각색의 정치적 태도를 지닌 문예작품의 존재를 당연히 허용해야 할 것입니다. 그러나 이와 함께 우리의 문예비평은 원칙과 입장을 뚜렷이 견지하면서 일체의 반민족·반과학·반대중적인, 그리고 반공적인 관점을 나타내는 문예작품에 대해서는 반드시 엄격한 비판과 반박을 가해야 할 것입니다. 왜냐하면 이들이 말하는 바의 문예는 그 동기와 효과가 모두 '단결하여 항일하는' 일을 파괴하는 것이기 때문입니다.

　예술적 기준에 의거하여 말하자면, 예술성이 비교적 높은 것들이 좋은 것이거나 비교적 좋은 것이고, 예술성이 비교적 낮은 것은 나쁜 것이거나 비교적 나쁜 것입니다. 이러한 구별 또한 당연히 사회적 효과를 고려해야 할 것입니다. 자신의 작품이 아름답지 않다고 여기는 문학가란 거의 없습니다. 그러므로 우리의 비평도 이러한 각양각색의 여러 예술작품끼리 자유롭게 경쟁하도록 허용해야만 할 것입니다. 그러나 예술과학적인 기준에 의거하여 정확한 비판을 가함으로써 비교적 저급한 예술이 점차 고급예술로 향상될 수 있도록, 그리고 광대한 대중들의 투쟁 요구에 부적합한 예술은 그 투쟁요구에 적합하게 될 수 있도록 변화시켜야 합니다. 이는 반드시 필요한 일입니다.

그러면 정치적 기준과 예술적 기준, 이 양자 간의 관계는 어떠한 것일까요? 정치는 결코 예술과 동등한 것이 아닙니다. 일반적으로는 세계관도 예술창작이나 예술비평의 방법과 결코 동등하지 않습니다. 우리는 절대불변하고 추상적인 정치적 기준을 부인할 뿐만 아니라 추상적이고 절대불변적인 예술적 기준도 역시 부인합니다. 여러 계급사회 속 각 계급들은 서로 다른 정치적 기준과 예술적 기준을 갖고 있습니다. 그러나 어떠한 계급사회 안의 어떠한 계급도 결국 정치적 기준을 첫째로 놓고 예술적 기준을 그 다음으로 놓습니다. 자산계급은 무산계급의 문학예술 작품에 대해서는 그 예술성과가 얼마나 높든지 간에 항상 배척합니다. 무산계급은 과거 시기의 문학예술작품에 대하여 먼저 그것들이 대중에 대하여 취하고 있는 태도가 어떠한지, 역사상에서 진보적 의의가 있는지 없는지 여부를 반드시 검증한 후 그 결과에 따라 분별적으로 다른 태도를 지녀야 할 것입니다. 어떤 작품들은 정치적인 면에서는 근본적으로 반동적이지만 모종의 예술성이 있을 수 있습니다. 내용이 반동적인 작품이 예술성을 지니면 지닐수록 대중에게는 더욱더 해독을 끼치게 되므로 더욱더 이들을 배척해야 할 것입니다. 몰락시기에 처한 일체의 착취계급 문예의 공통적인 특징은 바로 그 반동적인 정치내용과 예술형식 사이에 존재하는 모순입니다. 우리의 요구는 정치와 예술을 통일시키자는 것이며, 혁명적인 정치내용과 가장 완미한 예술형식을 통일시키자는 것입니다. 예술성이 결핍된 예술품은 정치적으로는 얼마만큼 진보적이든 간에 역량은 없는 것입니다. 그러므로 우리는 먼저 정치적 관점이 잘못된 예술품도 반대하지만, 정치적 관점은 정확하지만 예술적 역량은 없는, 이른바 '표어와 구호식' 경향도 반대하는 것입니다. 우리는 문예문제에 있어서 이 두 가지 노선의 투쟁을 진행시켜 나가야 할 것입니다.

이 두 가지 경향이 우리 많은 동지들의 사상 가운데에 존재하고 있습니다. 많은 동지들이 예술을 경시하는 경향을 지니고 있는데, 그들은 마땅히 예술의 질적 향상에 주의를 기울여야 할 것입니다. 그러나 지금 더욱 문제가 되는 것은 역시 정치방면에 있다고 나는 생각합니다. 어떤 동지들은 기본적인 정치상식이 결여되어 있어서 각종 부정확하고도 애매한 관념에 빠집니다. 이곳 옌안에서의 몇 가지 예를 들어 보기로 하겠습니다.

"인성론人性論"

인성이라는 것이 있습니까, 없습니까? 당연히 있습니다. 그러나 오로지 구체적인 인성이 있을 뿐 추상적인 인성은 없는 것입니다. 계급사회 속에서는 계급성을 지닌 인성만 존재할 뿐 초계급적인 인성이란 없습니다. 우리는 무산계급의 인성, 인민대중의 인성을 주장하는 반면, 지주계급과 자산계급은 지주계급·자산계급의 인성을 주장합니다. 그렇지만 그들은 입으로는 이렇게 이야기하지 않고 유일한 인성이라는 식으로 말할 뿐입니다. 어떤 소자산계급 지식인들이 고취하는 인성은 대중을 벗어나 있거나 대중을 반대하고 있습니다. 그들이 말하는 바의 인성은 사실상 자산계급의 개인주의에 지나지 않습니다. 그들의 안중에는 무산계급의 인성은 인성에 부합되지 않는다고 생각하는 것입니다. 현재 옌안에서 어떤 사람들이 주장하는, 이른바 문예이론의 기초로 삼고 있는 '인성론'이란 바로 이런 식으로 이야기를 하고 있는 것이며, 이는 완전히 잘못된 견해입니다.

"문예의 기본적인 출발점은 사랑, 인류에 대한 사랑이다."

사랑이 출발점일 수 있지만 다른 또 하나의 기본적인 출발점이 있습니다. 사랑은 관념적인 것이며 객관적 실천의 산물입니다. 근본적으로 우리는 관념으로부터 출발하는 게 아니라 객관적 실천으로부터 출발합니다. 우리의 지식인 출신 문예일꾼이 무산계급을 사랑하는 것은 사회가 그들로 하여금 그들이 무산계급과 공동운명체라는 것을 느끼게 한 결과인 것이며, 우리가 일본제국주의를 증오하는 것은 일본제국주의가 우리를 억압한 결과인 것입니다. 세상에 아무런 까닭도 없는 사랑이란 결코 존재하지 않으며, 마찬가지로 아무런 까닭이 없는 증오도 없는 법입니다. 이른바 '인류에 대한 사랑 ― 인류애'라는 것도 인류가 계급으로 분화된 이후로는 이러한 통일적인 사랑이 있은 적이 없었습니다. 과거에 모든 통치계급마다 이를 제창하기를 즐겨했고 많은 성인과 현인들도 이를 제창하기 좋아했지만 그 누구를 막론하고 이를 진정으로 실행한 적은 없었습니다. 왜냐하면 계급사회 속에서 이를 실행한다는 것은 불가능하기 때문입니다. 진정한 인류애가 있을 수 있겠지만 그것은 전 세계에서 계급이 소멸된 이후일 것입니다. 계급이 사회를 수많은 대립체로 분화시킨 것인데 이 계급이 소멸된 다음에야 온전한 인류애가 존재할 수 있게 되는 것이며, 현재는 아직 없습니다. 우리는 적을, 사회의 추악한 현상을 사랑할 수 없습니다. 우리의 목적은 바로 이것들을 소멸시키는 데 있습니다. 이는 상식에 속하는 이야기인데, 설마 우리 문예일꾼들이 아직도 이해하지 못하고 있단 말입니까?

"종래의 문예작품은 다들 광명과 암흑을 반반씩 같은 비중으로 썼다."

여기에도 모호한 관념이 많이 포함되어 있습니다. 문예작품이 이제껏 늘 이러했던 것은 결코 아닙니다. 많은 소자산계급 작가들은 광명을 찾아낸 적이 결코 없었고, 그들의 작품은 그저 암흑을 폭로할 뿐이어서 '폭로문학'이라고 불렸으며, 아예 비관적이고 염세적인 것을 전문적으로 선전하는 작품들도 있었습니다. 이와는 반대로, 소련의 사회주의 건설 시기에 문학은 광명을 쓰는 데 중점을 두었습니다. 그들도 활동 중의 결점을 쓰거나 부정적인 인물을 묘사하기도 했지만 이러한 묘사는 결국 전체적인 광명을 두드러지게 하기 위한 것이었을 뿐, 결코 '반반씩'은 아니었던 것입니다. 반동시기의 자산계급문예가가 혁명대중을 폭도로 쓰고 그들 자신은 신성한 모습으로 그려낸 것은 이른바 광명과 암흑을 전도(轉倒)시킨 것입니다. 진정으로 혁명적인 문예가만이 노래하거나 폭로하는[14] 문제를 정확히 해결할 수 있습니다. 인민대중을 위해(危害) 하는 일체의 암흑세력은 반드시 폭로되어야 하며, 인민대중의 모든 혁명투쟁은 반드시 찬양되어야 합니다. 이것이 바로 혁명문예가의 기본임무입니다.

"이제까지 문예의 임무는 바로 폭로하는 데 있었다."

이런 설법은 앞의 것과 마찬가지로 모두 역사과학 지식이 결여된 견해입니다. 이제까지의 문예가 결코 폭로하는 것만이 아니었다는 점에 대해서는 앞에서 이미 말한 적이 있습니다. 혁명적인 문예가에게 폭로의 대상은 오로지 침략자·착취자·억압자, 그리고 그들이 인민에게 남겨 놓은 나쁜 영향일 뿐이며 인민대중일 수는 없는 것입니다. 인민대중에게도 결점이 있는 것이지만 이러한 결점은 인민 내부의 비평과 자아비판을 통하여 극복해야 합니다. 그리고 이러한 비평과 자아비판을 진

---

14) 광명을 '노래하고' 암흑을 '폭로한다'는 이 부분에서 '노래하다'의 원문은 '歌頌'으로, 노래하고 칭송한다는 의미. 우리말 문맥에 따라 '노래'와 '칭송' 또는 '찬양'이란 표현을 함께 쓰기로 한다.(역주)

행하는 일 또한 문예의 가장 중요한 임무 중 하나이기도 합니다. 그렇다고 이를 두고 '인민을 폭로한다' 따위로 말해서는 안됩니다. 인민에 대한 문제는 기본적으로 그들을 교육하고 향상시키는 문제입니다. 반혁명적인 문예가가 아니고서는 이른바 '인민은 천성적으로 어리석다'든가, '혁명대중은 전제적(專制的)인 폭도다'라는 식으로 묘사할 수는 없는 것입니다.

"아직도 잡문雜文시대이고, 아직도 루쉰魯迅의 필법을 필요로 한다."

　루쉰은 암흑세력의 통치 아래에서 언론의 자유가 없었기 때문에 차가운 조롱과 뜨거운 풍자라는 잡문 형식으로 투쟁을 했는데, 이는 루쉰이 전적으로 정확했다고 하겠습니다. 우리도 파시즘과 중국의 반동파, 그리고 인민을 위해하는 일체의 사물들에 대해서는 첨예하게 조소해야 합니다. 그러나 혁명문예가에게 충분한 민주·자유가 주어져 있고 반혁명분자에게만 민주·자유를 주지 않고 있는 산시(陝西)·간쑤(甘肅)·닝샤(寧夏) 등 변경지구와 적 후방의 각 항일 근거지에서는 잡문형식이 간단히 루쉰의 경우와 같을 수는 없습니다. 우리는 큰 소리로 힘껏 외칠 수 있으므로 은밀하게 이리저리 암시하여서 인민대중으로 하여금 이해하기 어렵게 해서는 안될 것입니다. 인민의 적에 대해서가 아니라 인민 자체를 다룰 때는 '잡문시대'의 루쉰도 일찍이 혁명대중과 혁명정당을 조소하거나 공격한 적이 없었고 잡문을 쓰는 방식도 적에 대한 것과는 완전히 달랐습니다. 인민의 결점에 대해서는 비평이 필요하다는 점을 앞에서 이야기한 바가 있지만, 그럴 때는 반드시 진정으로 인민의 입장에 서서, 인민을 보호하고 인민을 교육한다는, 가슴 가득한 열정을 가지고 말해야 할 것입니다. 만약 동지를 적으로 보고 대한다면 이는 바로 자신이 적의 입장에 서게 되는 것입니다. 우리는 풍자를 폐기해야 할까요? 아닙니다. 풍자는 영원히 필요한 것입니다. 그러나 풍자에는 여러 종류가 있습니다. 적에 대처하는 경우, 동맹자에 대한 경우, 우리 자신의 대오에 적용하는 경우 등에 있어 각각 태도가 달라야 합니다. 우리는 결코 전반적으로 풍자를 반대하는 것이 아닙니다. 다만 풍자를 함부로 사용하는 태도는 반드시 없애야 합니다.

"나는 공덕을 찬양하지 않는다. 광명을 노래하는 자라고 해서 그의 작품이 반드시 위대한 것이 아니며, 암흑을 그려내는 자라고 해서 그의 작품이 반드시 보잘 것 없는 것은 아니다."

그대가 자산계급 문예가라면 그대는 무산계급을 노래하지 않고 자산계급을 노래할 것입니다. 그대가 무산계급 문예가라면 그대는 자산계급을 노래하지 않고 무산계급과 노동인민을 노래할 것입니다. 이 두 종류의 문예가는 반드시 어느 하나에 속하는 것입니다. 자산계급의 광명을 노래하는 자라고 하여 그 작품이 반드시 위대한 것이 아니며 자산계급의 암흑을 그리는 자라고 해서 그 작품이 꼭 보잘 것 없는 것이 아니지만, 무산계급의 광명을 노래하는 자의 작품이 위대하지 않은 것이 없으며 무산계급의 이른바 '암흑'을 그려내는 자의 작품은 반드시 보잘 것 없다는 것, 이것이 문예사에서의 사실임을 설마 모른단 말입니까? 인민, 이 인류세계 역사의 창조자에 대해서 어찌 노래하지 않을 수 있겠습니까? 무산계급, 공산당, 신민주주의, 사회주의에 대해서 어찌 노래하지 않을 수 있단 말입니까? 인민의 사업에 대해 전혀 정열이 없으며 무산계급과 그 선봉대의 전투와 승리에 대해서 싸늘한 눈과 방관적인 태도를 지니고 있는 그런 사람들도 있습니다. 그들이 흥취를 느끼면서 피곤함을 모르고 노래하는 것은 오직 자기 자신일 뿐이거나 혹은 그 위에 그가 이끄는 소집단 가운데의 몇 역할뿐입니다. 이러한 소자산계급 개인주의자들은 당연히 혁명적 인민의 공덕을 노래하거나 혁명적 인민의 투쟁용기와 승리에 대한 믿음을 고무시키려 들지 않으려 할 것입니다. 이들은 혁명대오 가운데의 좀벌레에 불과할 뿐이므로 혁명적 인민은 사실상 이러한 '노래꾼'을 필요로 하지 않습니다.

"입장문제가 아니다. 입장도 옳고 의도[15]도 좋고 뜻도 이해할 수 있겠는데 단지 표현이 좋지 않아서 결과적으로는 오히려 나쁜 작용을 일으킨 것이다."

동기와 효과에 대한 변증법적 유물론의 관점에 관해서는 이미 앞부분에서 이야기했습니다. 이제 여기에서 이렇게 묻겠습니다. 효과문제는 입장문제이겠습니까, 아니겠습니까? 한 사람이 일을 하는 데 있어서 동기만을 따지고 그 효과를 묻지 않는 것은, 의사가 약처방을 내고는 환자가 먹고 아무리 죽게 되더라도 자신은 상관이 없다는 것과 같은 일입니다. 또는 어느 정당이 선언만 발표할 뿐 그 실행 여부는 상관없다는 식입니다. 과연 이러한 입장을 옳다고 할 수 있겠습니까? 이런 마음을 또한 바람직한 것이라 할 수 있겠습니까? 사전에 사후의 효과를 고려했더라도 물론 착오가 생길 수도 있겠지만, 사실이 효과가 나쁘다는 것을 이미 증명하고 있는데도 여전히 꼭 같은 식으로 반복한다면 이런 마음이 여전히 바람직한 것이겠습니까? 우리가 어떤 정당, 어떤 의사를 판단하기 위해서는 그 실천을, 효과를 살펴보아야 하듯 한 작가를 판단하는 경우에도 이와 마찬가지인 것입니다. 진정으로 좋은 의도를 지녔다면 반드시 그 효과를 고려해야 하는 것이며, 아울러 경험을 총괄하고, 창작과정에서는 표현수법이라고 부르는 방법을 연구해야만 합니다. 참으로 좋은 의도였다면 자신의 사업상의 결점과 오류에 대하여 완전하고 성실하게 자아비판을 해야 하며, 이들 결점과 오류를 바르게 고칠 결심

---

15) 원문은 '心', 마음을 쓰는 방향이라는 맥락에서 때로 '의도'로 옮겼다.(역주)

을 해야 하는 것입니다. 공산당원의 자아비판 방법은 바로 이런 식이어야 합니다. 이러한 입장만이 정확한 입장일 수 있는 것입니다. 아울러, 이렇게 엄숙하게 책임을 지는 실천과정을 통해서만 비로소 한 걸음 한 걸음씩 정확한 입장이란 무엇인지를 이해할 수 있게 되는 것입니다. 만일 실천과정 속에서 이런 방향을 향해 나아가지 않고 자기만이 옳다고 여긴다면, 말은 '이해하고 있다'고 할지라도 사실은 전혀 이해하지 못하고 있는 것입니다.

"마르크스주의에 대한 학습을 제창하는 것은 곧 변증법적 유물론의 창작 방법의 오류를 반복하는 것이며, 창작정서를 방해하는 일이다."

마르크스주의를 학습하라는 것은 우리가 변증법적 유물론과 사적 유물론의 관점을 가지고 세계를 관찰하고, 사회를 관찰하며, 문학예술을 관찰해야 한다는 것이지 우리더러 문학예술 작품 가운데에 철학강의를 기술하라는 것이 결코 아닙니다. 마르크스주의는 문예창작 중의 현실주의를 포괄할 수는 있겠지만 직접 대체될 수는 없는 것입니다. 이는 마르크스주의가 물리과학 중의 원자론 · 전자론 등을 포괄할 수는 있지만 대체될 수는 없는 것과 마찬가지입니다.

텅 비고 무미건조한 교조적 공식은 창작정서를 파괴할 것입니다. 그것은 창작정서를 파괴할 뿐만 아니라 그보다 먼저 마르크스주의를 파괴할 것입니다. 교조주의적인 '마르크스주의'는 결코 마르크스주의가 아니고 반(反)마르크스주의인 것입니다. 그렇다면 마르크스주의는 창작정서를 파괴하지 않는다는 것일까요? 파괴할 것입니다. 마르크스주의는 저들 봉건적인, 자산계급적인, 소자산계급적인, 자유주의적인, 개인주의적인, 허무주의적인, 예술을 위한 예술적인, 귀족적인, 퇴폐적인, 비관적인, 그리고 기타 여러 가지 인민대중의 것이 아닌, 무산계급의 것이 아닌 창작정서를 결정적으로 파괴할 것입니다. 무산계급 문예가의 경우이들 정서를 파괴해야 하겠습니까, 아니겠습니까? 나는 마땅히, 그리고철저히 그런 정서를 파괴해야 한다고 생각합니다. 그리고 파괴하는 바로 그 때에 새로운 것을 건설할 수 있게 된다고 생각합니다.

5

우리 옌안 문예계에 앞에서 말한 여러 문제들이 존재하고 있다는 점은 어떤 사실을 설명해주고 있는 것일까요? 이는 바로 문예계 안에 아직도 작풍(作風)이 올바르지 못한 작품들이 존재하고 있고, 동지들 중에 아직도 많은 유심론, 교조주의, 공상·공론, 실천 경시, 대중 이탈 등 여러 결점이 엄중하게 존재하고 있으며, 그리하여 적절하고도 엄숙한 정풍운동이 요구되고 있다는 사실을 설명해주고 있습니다.

우리에게는 아직도 무산계급과 소자산계급을 그다지 명확하게 구분하지 못하는 동지가 많이 있습니다. 많은 당원들이 조직상으로는 입당해 있지만 사상적으로는 완전하게 입당을 하지 못했거나 심지어는 전혀입당을 하지 못하고 있습니다. 사상적으로 입당을 하지 못한 이러한 사람들의 머릿속에는 아직도 착취계급의 더러운 것들이 가득 차 있으며, 무엇이 무산계급 사상이고 무엇이 공산주의인지, 무엇이 당인지 근본적으로 모르고 있는 것입니다. '무슨 무산계급 사상? 바로 그렇고 그런 거아닌가?'하고 그들은 생각합니다. 이 사상체계를 획득한다는 것이 결코쉬운 노릇이 아니라는 사실을 그들이 어찌 알겠습니까? 어떤 사람들은 평생 가도록 공산당원의 분위기란 전혀 없으니 결국 당을 떠나야 일이해결될 것입니다. 그러므로 우리의 당, 우리의 대오는 그 중 대부분이순수하기는 하지만 혁명운동을 더욱 잘 발전시키고 더욱 빨리 완성시키도록 영도하기 위해서는 사상과 조직 면에서 한바탕 정리를 해야만 하겠습니다. 조직을 정리하기 위해서는 먼저 사상을 정리해야 하며, 무산계급의 비(非)무산계급에 대한 사상투쟁이 전개되어야 할 필요가 있습니다. 옌안 문예계는 현재 이미 사상투쟁을 전개하고 있는데, 이는 매우 필요한 일입니다. 소자산계급 출신 사람들은 줄곧 여러 방법을 통해, 아울러 문학예술 방법을 통해 그들 자신을 완강하게 표현하고, 그들의 주장을 선전하며, 사람들에게 소자산계급 지식인의 면모에 의거하여 당을 개조하고 세계를 개조하자고 요구합니다. 이러한 상황에서 우리가 해야할 일은 바로 그들을 향해서 "동지들! 당신들 식으로는 안됩니다. 무산계급이 당신들 쪽으로 끌려갈 수는 없습니다. 당신들을 따른다는 것은 사실상 대지주·대자산계급을 따르는 짓이며, 바로 당과 나라를 망치는 위험한 일이란 말이요!'라고 대갈일성으로 외치는 일입니다. 그러면 누구를 따라야만 하는 것입니까? 오로지 무산계급 선봉대의 모습을 따라야만 당을 개조하고 세계를 개조할 수 있는 것입니다. 우리는 문예계 동지들이 여기 이 터전에서 전개한 대논쟁의 중요성을 인식하고 이 투쟁에 적극적으로 참가하여 각 동지들 모두를 건전하게 만들 수 있기를 희망합니다. 그리하여 우리 전체 대오가 사상적으로나 조직적으로나 모두 진정으로 통일을 이루고 공고해지기를 바라는 바입니다.

사상적으로 많은 문제가 있기 때문에 우리의 많은 동지들이 혁명근거지와 국민당통치구를 그다지 확실하게 구분하지 못함으로써 많은 오류를 범하게 됩니다. 많은 동지들이 상하이의 골방16)에서 왔습니다. 골방에서 혁명근거지에 도달하기까지는 서로 다른 두 지구를 거쳤을 뿐만

---

16) 원문은 '亭子間'. 상하이 골목 주택 속의 작은 골방을 가리킨다. 집 뒷부분 계단 곁에 짓는 작고 컴컴한 이 골방은 방세가 비교적 적기 때문에 이전에는 대개 가난한 작가·예술가·지식인·기관의 하급직원 등이 많이 살았다.

아니라 두 역사 시기를 지나온 것입니다. 하나는 대지주·대자산계급이 통치하는 반(半)봉건·반(半)식민지 사회이며, 다른 하나는 무산계급이 영도하는 혁명적 신민주주의 사회입니다. 혁명근거지에 왔다는 것은 중국의 수천 년 역사 이래 한 번도 없었던, 인민대중이 권력을 잡은 시대에 도착했다는 것입니다. 우리 주위의 인물들, 우리가 선전하는 대상은 완전히 다릅니다. 과거의 시대는 이미 가버렸고 다시 되돌아오지 않습니다. 그리하여 우리는 반드시 새로운 대중과 결합해야 하며 그 어떤 망설임을 가져서는 안됩니다. 동지들이 새로운 대중 속에서 아직도 내가 지난번에 말했던 것처럼 '익숙하지 못하고, 이해하지 못하며, 영웅이 무예를 쓸 여지가 없는' 식이라면 향촌에 내려가더라도 어려움이 발생하게 될 뿐 아니라 향촌에 가지 않고 여기 옌안에 남을지라도 마찬가지로 곤경에 처할 것입니다. 어떤 동지는 "나는 역시 대후방(大後方)[17]의 독자들을 위하여 글을 쓰는 게 좋겠어. 익숙하기도 하고 '전국적인 의의'도 있으니까"라고 생각할 것입니다. 이런 생각은 완전히 잘못된 것입니다. '대후방'도 변화하게 됩니다. '대후방'의 독자들은 혁명근거지의 작가로부터 그들이 이미 너무 많이 들어 오래 전에 싫증나버린 낡은 이야기를 듣고자 하지 않습니다. 그들은 혁명근거지의 작가가 그들에게 새로운 인물, 새로운 세계를 이야기해주길 희망하고 있습니다. 그러므로 혁명근거지의 대중을 위해 쓰는 작품이면 작품일수록 더욱 더 전국적인 의의가 있는 것입니다. 파데예프의 『파멸』[18]은 그저 아주 작은 유

---

17) 국민당 통치구를 의미한다. 항일전쟁 시기에 사람들은 일본침략군에 점령되지 않고 국민당 통치 하에 있던 중국 서남부와 서북부의 광대한 지구를 '대후방'이라고 부르는 습관이 있었다.

18) 소련 작가 파데예프(1901~1956)가 쓴 소설 『파멸』은 1927년에 출판되었는데, 그 내용은 소련의 국내전쟁 시기에 시베리아지구의 노동자·농민·혁명적 지식인들이 조직한 유격대가 국내의 반혁명 자위군과 일본 무장간섭군에 맞서 벌였

격대 이야기를 써내면서 결코 구(舊)세계 독자들의 입맛에 영합하려 들지 않았지만 오히려 전 세계에 영향을 주게 되었고, 적어도 중국에서는 여러분이 아시는 바와 같이 매우 큰 영향을 미쳤습니다. 중국은 앞으로 나아가고 있지 뒤로 후퇴하고 있지 않습니다. 중국을 앞으로 나아가도록 영도하는 것은 혁명 근거지이지 그 어떤 낙후되고 퇴보적인 지역이 아닙니다. 동지들은 정풍운동을 전개하면서 먼저 이 근본 문제들을 인식해야 할 것입니다.

새로운 대중의 시대와 결합하지 않으면 안될 바에야 개인과 대중의 관계 문제를 철저히 해결해야 합니다. 루쉰이 쓴, "뭇사람들의 손가락질을 눈 치켜뜨고 차갑게 응대하며, 머리 숙여 기꺼이 어린아이 태우는 소가 되리라(橫眉冷對千夫指, 俯首甘爲孺子牛)"[19]는 시 두 구를 마땅히 우리의 좌우명으로 삼아야 하겠습니다. '뭇 사람'이란 여기서는 바로 적을 의미하는 것인데, 아무리 흉악한 적에 대해서라도 우리는 결코 굴복하지 않아야 합니다. 여기에서 '어린아이'는 곧 무산계급과 인민대중을 나타내는 것입니다. 모든 공산당원, 모든 혁명가, 모든 혁명적인 문예공작자들은 하나같이 루쉰을 본보기로 삼고 무산계급과 인민대중의 '소'가 되어 온갖 정성을 다해 죽을 때까지 몸 바쳐 일해야 하겠습니다. 지식인이 군중과 결합하고 대중을 위해 봉사하려면 서로를 알아가는 과정이 필요합니다. 이 과정에서는 아마, 아니 틀림없이 많은 고통과 엄청난 마찰이 발생하겠지만, 여러분이 결심하기만 한다면 이런 요구는 능히 달성할 수 있을 것입니다.

오늘 내가 이야기한 것은 우리 문예운동 중의 몇 가지 근본적인 방향 문제에 불과한 것으로, 앞으로도 계속적으로 연구해야 할 구체적 문제

던 투쟁 이야기이다. 루쉰이 중국어로 번역한 바 있다.
19) 루쉰의 『집외집(集外集)』 속 「자조(自嘲)」에 보인다.

들이 아직 많이 남아 있습니다. 나는 동지들이 이러한 방향으로 나아갈 결심이 섰으리라 믿습니다. 나는 동지들이 이번 정풍과정에서, 그리고 향후의 장기간에 걸친 학습과 사업 과정에서 틀림없이 자신과 자신의 작풍 면모를 개조시키고, 대중에게 열렬히 환영받는 우수한 작품을 많이 창작해내며, 혁명근거지의 문예운동과 전 중국의 문예운동을 환히 빛나는 새 단계로 이끌어 나갈 수 있으리라 믿어 의심치 않습니다.

| 저자 소개 |

마오쩌둥毛澤東, 1893.12.26.~1976.9.9.

중국의 정치가이자 공산주의이론가, 혁명가. 후난성(湖南省) 샹탄현(湘潭縣) 출생. 젊은 시절 마르크스주의에 접하여 1921년 7월 중국공산당의 제1회 대표대회에 참가했고, 농민운동에 종사하다가 1931년 11월 장시성(江西省) 루이진(瑞金)의 중화소비에트 임시정부 주석을 맡았다. 대장정(大長征)을 거쳐 산시성(陝西省) 옌안(延安)에 근거지를 마련한 후 항일 민족통일전선을 강화하는 전술을 취해 전쟁을 승리로 이끌었다. 1949년 10월 중화인민공화국 건국과 동시에 중앙인민정부 주석이 된 후 1958년부터 대약진 운동 등 급진정책을 시행하다가 실패하여 1959년 류사오치(劉少奇)에게 국가주석을 넘겨주었다. 1966년부터 청년학생 중심의 홍위병을 앞세워 '프롤레타리아 문화대혁명'을 발동하여 중국사회에 치유하기 어려운 상처를 남겼다. 1976년 4월 오랜 독재 정치에 항거하는 톈안먼(天安門)사건이 일어났고, 그는 이 해 9월 83세를 일기로 병사했다. 1981년 6월 공산당 중앙위원회는 그의 공과(功過)에 대해 '공적이 1차적이고, 과오는 2차적'이라는 평가를 내렸다.

| 역자 소개 |

이등연

한국외국어대학교 중국어과를 졸업하고, 타이완 푸런(輔仁)대학에서 『話本小說 世界觀 硏究』로 석사학위를, 한국외국어대학교에서 『晚明 小說理論 硏究』로 박사학위를 취득했다. 현재 전남대학교 인문대학 중어중문학과 교수로 재직하고 있다. 「중국문학사의 분기 문제 논의 과정 검토」, 「20세기 전반기 중국문학사 편찬 체제 변천 연구關于20世紀前半期中國文學史編寫體例的演變」 등 논문과 『중국소설사의 이해』(공저), 『중국사상사』(공역), 『정판교집』(공역) 등 저술이 있다.

전남대학교 아시아문화연구소 총서 8

마오쩌둥 주요 문선

실천론 · 모순론 · 지구전론 · 신민주주의론 ·
당팔고에 반대함 · 옌안 문예좌담회에서의 연설

초판 인쇄   2018년 2월 20일
초판 발행   2018년 2월 28일

저   자 | 마오쩌둥
역   자 | 이등연
펴 낸 이 | 하운근
펴 낸 곳 | 學古房

주   소 | 경기도 고양시 덕양구 통일로 140 삼송테크노밸리 A동 B224
전   화 | (02)353-9908   편집부(02)356-9903
팩   스 | (02)6959-8234
홈페이지 | http://hakgobang.co.kr
전자우편 | hakgobang@naver.com, hakgobang@chol.com
등록번호 | 제311-1994-000001호

ISBN   978-89-6071-733-6   93040

값 : 18,000원

■ 파본은 교환해 드립니다